Die Kommanditgesellschaft auf Aktien als Beteiligte eines Beherrschungsvertrags und einer Eingliederung

Schriftenreihe zum Gesellschafts- und Kapitalmarktrecht

Herausgegeben von Lutz Michalski,
Axel Jäger und Klaus-Rudolf Wagner

Band 12

PETER LANG
Frankfurt am Main · Berlin · Bern · Bruxelles · New York · Oxford · Wien

Gero F. Pfeiffer

Die Kommanditgesellschaft auf Aktien als Beteiligte eines Beherrschungsvertrags und einer Eingliederung

Ein Beitrag zum Konzernrecht einer hybriden Rechtsform

PETER LANG
Europäischer Verlag der Wissenschaften

Bibliografische Information Der Deutschen Bibliothek
Die Deutsche Bibliothek verzeichnet diese Publikation in der Deutschen Nationalbibliografie; detaillierte bibliografische Daten sind im Internet über <http://dnb.ddb.de> abrufbar.

Zugl.: Bayreuth, Univ., Diss., 2005

D 703
ISSN 1619-117X
ISBN 3-631-54070-1

www.peterlang.de

Meinen Eltern

Vorwort

Das Zusammenspiel zwischen dem zweiten und dem dritten Buch des Aktiengesetzes birgt eine Vielzahl von Ungereimtheiten. Die vorliegende Arbeit befasst sich erstmals eingehender mit dieser Thematik, indem sie einerseits die Stellung der KGaA als Tochter- und Muttergesellschaft eines Beherrschungsvertrags untersucht, andererseits der Frage nachgeht, ob und inwieweit sich die KGaA – in analoger Anwendung der §§ 319 ff. AktG – auch an einem Eingliederungskonzern beteiligen kann. Als besonders brisant erweisen sich in diesem Zusammenhang die teilweise personalistischen Strukturen der KGaA, die nicht nur eine unreflektierte Anwendung des Aktienkonzernrechts verbieten, sondern auch eine Auseinandersetzung mit den in der Vergangenheit immer zahlreicher gewordenen Abhandlungen zum Konzernrecht der Personengesellschaften notwendig werden ließen.

Die Arbeit wurde im Wintersemester 2004/05 von der Rechts- und Wirtschaftswissenschaftlichen Fakultät der Universität Bayreuth als Dissertation angenommen. Ich danke meinem Doktorvater, Herrn Prof. Dr. *Lutz Michalski*, für die großen Freiräume bei der Wahl und Bearbeitung des Themas sowie Herrn Prof. Dr. *Karl-Georg Loritz* für die zügige Erstellung des Zweitgutachtens. Dank auch an meinen Freund, Herrn Rechtsreferendar *Daniel Buchinger*, für die vielen anregenden Diskussionen in der Entstehungsphase der Arbeit.

Gelnhausen, im März 2005 Gero Frederik Pfeiffer

Inhaltsverzeichnis

Erster Teil: Grundlegung

Zweiter Teil: Die KGaA als vertragsbeherrschte bzw. eingegliederte Gesellschaft

Dritter Teil: Die KGaA als Mutterunternehmen eines Beherrschungsvertrags bzw. Hauptgesellschaft

Vierter Teil: Schluss

Erster Teil: Grundlegung

§ 1: Einführung und Problemstellung

I. Einführung

Die *Kommanditgesellschaft auf Aktien* (KGaA) zählt zu den rätselhaftesten Erscheinungen des deutschen Verbandsrechts. Die im Laufe einer wechselvollen Geschichte[1] vollzogenen tiefgreifenden Prämissenwechsel in Bezug auf ihre dogmatische Einordnung, welche die KGaA zum Spielball zwischen Kommandit- und Aktienrecht haben werden lassen, dürften die Hauptursache für die bis heute anhaltenden Schwierigkeiten und Ungereimtheiten im Umgang mit dieser „exotisch" anmutenden Rechtsform liefern. Verglichen mit der Bedeutung im Rechts- und Wirtschaftsverkehr, wird der Aufwand, der bisweilen im Hinblick auf die „Kommanditaktiengesellschaft"[2] betrieben wird, bei manch einem Praktiker auf Unverständnis stoßen. Dennoch hat der deutsche Gesetzgeber – anders als z.B. der österreichische[3] – nicht den Weg einer völligen Amputation aus dem gesellschaftsrechtlichen Formenkanon gewählt. Dass diese Entscheidung keineswegs als Versäumnis zu werten ist, zeigt der Blick auf die zahlreichen Vorzüge, die der KGaA im Vergleich zur KG einerseits und der AG andererseits zufallen.[4] Auch unter dem Gesichtspunkt eines *flexiblen Unternehmensrechts* darf die Bereitstellung eines möglichst differenzierten Angebots gesellschaftsrechtlicher Strukturen als förderlich gelten, können doch auf diese Weise die spezifischen Besonderheiten des Einzelfalls berücksichtigt und die marktwirtschaftliche Bindung von privatem Kapital im produktiven Sektor optimiert werden.[5] Eine freiheitliche Rechtsordnung, die größtmöglichen Spielraum für die vielfältigen Organisationsbedürfnisse unternehmerischer Tätigkeit eröffnen will, sollte nicht davor zurückschrecken, auch solche Rechtsformalternativen zu bewahren, deren Erhaltungsbedürfnis unter rein quantitativen Gesichtspunkten verneint werden müsste.[6]

Indessen sollte die Verbreitung der KGaA auch nicht ohne Not unterschätzt werden: Lag die Anzahl dieser Rechtsform bis vor ein paar Jahren noch konstant bei etwa 25 bis 30,[7] weist die Statistik des *Deutschen Industrie und Handels-*

[1] Dazu ausführlich *Sethe*, Personalistische Kapitalgesellschaft.
[2] So die alte Bezeichnung im ADHGB von 1861 (Art. 173ff.).
[3] Dort wurde die KGaA durch das öAktG von 1965 abgeschafft.
[4] Umfangreicher Überblick jüngst bei *Göz* und *Engel* in: Schütz/Bürgers/Riotte, KGaA, § 2.
[5] So mit Recht *Mertens*, FS Barz, S. 253, 266.
[6] Vgl. *Barz*, in: GK AktG, 3. Aufl., vor § 278.
[7] So die landläufigen Angaben, z.B. *Herfs*, in: Münchener Handbuch, Bd.4, § 74, Rn. 3; *Schmidt*, GesR, S. 973; dagegen *Schaumburg/Schulte*, KGaA, Rn. 1: Bereits „mehr als 50".

kammertages für 2001 bereits 203 Gesellschaften auf.[8] Weitere Recherchen des Verfassers ergaben eine Zahl von aktuell über 250 Gesellschaften in Deutschland.[9] Verantwortlich für diesen nicht unerheblichen Anstieg zeichnet zweifellos der wegweisende Beschluss des *BGH* vom 24. Februar 1997,[10] in dem erstmals höchstrichterlich[11] die Fähigkeit einer *GmbH* anerkannt wurde, persönlich haftende Gesellschafterin einer KGaA zu sein.[12] Erwartungsgemäß führte diese Entscheidung zu einer verstärkten Attraktivität der Rechtsform, insbesondere für mittelständische Unternehmen. Es überrascht daher nicht, dass annähernd drei Viertel der gefundenen Gesellschaften atypische Strukturen[13] aufweisen, also GmbHs oder andere juristische Personen[14] die Stellung des persönlich haftenden Gesellschafters einnehmen.

Die geschilderte Ausbreitung von KGaAs lässt es umso dringlicher erscheinen, eine bis heute noch nicht abgeschlossene Aufgabe der Vollendung zuzuführen: Die vollumfängliche Integration der KGaA in das gesellschaftsrechtliche Gesamtgefüge durch Ausgestaltung zu einer einheitlichen und geschlossenen Rechtsform.[15] Die folgende Untersuchung soll dazu einen Teilbeitrag leisten, indem sie sich mit einer Problematik befasst, die bislang nur schüchtern in Erscheinung getreten ist.[16] – Jedoch: Die erfolgreiche Bewältigung derartiger Partikularmaterien wird mit darüber zu entscheiden haben, ob sich die KGaA in eine moderne und funktionstüchtige Wirtschaftsordnung einfügen lässt, oder – um mit den Worten von *Hans-Joachim Mertens* zu sprechen: ob man sie „quasi als ein mit vielen Problemen überfrachtetes Segelschulschiff des Gesellschaftsrechts ins Museum stellen" soll.[17]

II. Problemstellung

Das Bedürfnis nach Konzentration unternehmerischer Potentiale durch Bildung von Konzernen und anderen Unternehmensverbindungen ist ein rechtsform-

---

[8] Berichtet von *Meyer*, GmbHR 2002, S. 177, 178.

[9] Dem liegt eine Internet-Recherche Anfang 2004 zugrunde.

[10] BGHZ 134, S. 392 = NJW 1997, S. 1923.

[11] Vorher bereits *HansOLG*, NJW 1969, S. 1030 = AG 1969, S. 259 = GmbHR 1969, 135 m. Anm. *Hesselmann* (Eurokai).

[12] Auch der Gesetzgeber hat hierauf reagiert, vgl. z.B. § 279 II AktG.

[13] Zu dieser Terminologie *Assmann/Sethe*, in: GK AktG, § 278, Rn. 7. Gelegentlich wird dagegen von „kapitalistischer KGaA" gesprochen. Dies ist jedoch missverständlich, da die KGaA als Kapitalgesellschaft stets kapitalistische Strukturen aufweist.

[14] Die Zulässigkeit anderer juristischer Personen darf nach der genannten Entscheidung nicht mehr bezweifelt werden. Als solche kommen insbesondere AGs in Betracht. Bekannt geworden sind aber sogar Konstruktionen wie die der Stiftung & Co. KGaA (Schenkelberg).

[15] So bereits 1974 die implizite Forderung von *Mertens*, FS Barz, S. 253, 255.

[16] Vgl. neuerdings die Darstellung von *Fett*, in: Schütz/Bürgers/Riotte, KGaA, § 12, die sich allerdings schwerpunktmäßig mit der faktischen Konzernierung befasst.

[17] FS Barz, S. 253, 254 f.

übergreifendes Phänomen.[18] Die gesetzliche Regelung des Rechts der verbundenen KGaA findet sich im Dritten Buch des Aktiengesetzes und erschöpft sich in einer beiläufigen *Gleichstellung* mit der AG in diversen Vorschriften über die Unternehmensverträge, die Verantwortlichkeit bei faktischer Abhängigkeit, das Ausschlussverfahren nach §§ 327a ff. AktG und die wechselseitig beteiligten Unternehmen. Daneben gelten über den Verweis des § 278 III AktG die allgemeinen Vorschriften der §§ 15-22 AktG auch für die KGaA. Soweit einer KGaA Unternehmensqualität zukommt,[19] kann sie insbesondere auch Muttergesellschaft eines Beherrschungs- oder Gewinnabführungsvertrags (§ 291 I AktG) bzw. berechtigter Vertragsteil eines sonstigen Unternehmensvertrags (§ 292 AktG) sein.

Eine Ausnahme machen die Vorschriften der §§ 319-327 AktG über eingegliederte Gesellschaften: Der Anwendungsbereich dieses Konzerntatbestands ist ausdrücklich auf *AGs* begrenzt. Eine KGaA könnte demnach weder eingegliederte noch Hauptgesellschaft sein. Sofern sich das Schrifttum ausnahmsweise nicht auf die Wiedergabe dieser Feststellung beschränkt, werden vor allem die Argumente der persönlichen Haftung, der Selbstorganschaft und der angeblich unzureichenden Kapitalsicherung angeführt.[20] Unerwähnt bleibt jedoch, dass ein Großteil dieser Argumente (sollten sie sich als zutreffend erweisen) auch für die Beteiligung der KGaA an einem *Beherrschungsvertrag* (i.S.d. § 291 I 1 AktG) Geltung beanspruchen müsste, insbesondere dann, wenn man von einer weitgehenden Strukturgleichheit zwischen Eingliederung und Beherrschungsvertrag ausgeht. Die auf Basis einer solchen Argumentation naheliegende Schlussfolgerung der Unzulässigkeit von Beherrschungsverträgen mit KGaAs wird aber nicht gezogen und wäre auch vor dem Hintergrund der eindeutigen gesetzlichen Regelung kaum nachvollziehbar.

Auf der anderen Seite ist bemerkenswert, dass u.a. die genannten Argumente verbreitet als Beleg für die Unzulässigkeit von „echten“[21] Beherrschungsverträgen mit *Personengesellschaften* angeführt werden. Hierbei wird oft außer Acht gelassen, dass auch die KGaA partiell über personalistische Strukturen verfügt, diese Tatsache aber den Gesetzgeber des § 291 I 1 AktG zumindest von einem generellen Verbot nicht abgehalten hat.[22]

---

[18] Z.B. *Emmerich/Sonnenschein/Habersack*, KonzernR, S. 502.

[19] Zum Unternehmensbegriff vgl. *Krieger*, in: Münchener Handbuch, Bd.4, § 68, Rn. 5 ff.

[20] *Koppensteiner*, in: KK AktG, vor § 319, Rn. 5 f.; s. aber *Fett*, in: Schütz/Bürgers/Riotte, KGaA, § 12, Rn. 37 f., der eine entsprechende Anwendung der §§ 319 ff. AktG auf die GmbH & Co. KGaA für möglich hält; vgl. auch *Habersack*, in: Emmerich/Habersack, Kommentar, § 319, Rn. 6 und *DJT-KonzernR*, Rn. 257, wo die KGaA als mögliche Hauptgesellschaft angeführt wird.

[21] Zur Unterscheidung von „echten“ Beherrschungsverträgen i.S.d. § 291 I 1 AktG und „unechten“, nämlich bloß schuldrechtlichen Verträgen vgl. *Schneider*, ZGR 1980, S. 511, 520 ff.; *Burbach*, Personenhandelsgesellschaft, S. 338 ff.

[22] Auf die Möglichkeit von Beherrschungsverträgen mit KGaAs hinweisend z.B. *Michalski*, OHG, Anh. I zu § 105, Rn. 36; *Emmerich*, in: Heymann, HGB, § 105, Anhang, Rn. 20.

Die argumentative Inkonsequenz dieses Befunds soll Anlass sein, die Stellung der KGaA als *Beteiligte eines Beherrschungsvertrags* näher zu beleuchten. Dabei sind neben diversen Problemen der praktischen Durchführung auch Fragen der *Legitimität* von Interesse. Denn auch wenn das Gesetz in § 291 I 1 AktG von der grundsätzlichen Möglichkeit eines Beherrschungsvertrags mit einer KGaA ausgeht, ist damit noch nicht ausgeschlossen, die Zulässigkeit solcher Gestaltungen gegebenenfalls von zusätzlichen, ungeschriebenen Voraussetzungen abhängig zu machen, sofern bestimmte rechtsformspezifische Strukturen dies notwendig erscheinen lassen.[23] Parallel dazu soll der Frage nachgegangen werden, ob die KGaA trotz des ablehnenden Gesetzeswortlauts im Wege einer analogen Anwendung der §§ 319 ff. AktG *Beteiligte einer Eingliederung* sein kann. Eine Ungleichbehandlung der beiden genannten Konzerntatbestände wäre nur dann zu rechtfertigen, wenn sich grundlegende Unterschiede zwischen ihnen feststellen ließen.

Ausgeklammert bleiben hingegen Überlegungen zur Stellung der KGaA in anderen Unternehmensverträgen sowie in faktischen Unternehmensverbindungen.[24]

---

[23] Vgl. z.B. *Roitzsch*, Minderheitenschutz, S. 149, der einen Beherrschungsvertrag mit einer KGaA nur unter der Voraussetzung zulassen will, dass neben dem Mutterunternehmen keine außenstehenden persönlich haftenden Gesellschafter beteiligt sind.

[24] Hierzu z.B. *Fett*, in: Schütz/Bürgers/Riotte, KGaA, § 12, Rn. 24 ff.

§ 2: Die KGaA als „hybride“ Rechtsform

I. Überblick

Kaum eine andere Rechtsform hat mehr zur Entwicklung kreativer Attribute verleitet als die KGaA. Üblich geworden sind Bezeichnungen wie „Mischform zwischen KG und AG“,[1] „duale Rechtsstruktur“,[2] „doppelköpfige Rechtsfigur“,[3] „Zwei-Klassen-Gesellschaft“[4], „Zwienatur“[5] u.s.w.

Hinter dieser begrifflichen Vielfalt verbirgt sich zunächst die einfache Erkenntnis, dass sich das Recht der KGaA aus verschiedenen Quellen speist. Einerseits aus den Vorschriften des Aktiengesetzes über die AG, andererseits aus denen des Handelsgesetzbuchs über die KG. Darüber hinaus gelten die §§ 278-290 AktG als Spezialnormen, sodass die KGaA letztlich *drei* Rechtsregimen untersteht. Als Basis für diese *Normenhybridität*[6] fungieren die Verweise des § 278 II und III AktG auf das Kommandit- bzw. Aktienrecht; weitere Verweise finden sich in den §§ 283, 285 II 1 und 289 I AktG.

Abgesehen davon ist die Rechtsform der KGaA durch eine ungewöhnliche Kombination heterogener Strukturen gekennzeichnet, die teils Grund, teils Grenze der angesprochenen Normenhybridität sind und insbesondere die Reichweite der unterschiedlichen Normengruppen beeinflussen. Die nähere Betrachtung dieser strukturellen Besonderheiten und deren Einfluss auf den Anwendungsbereich von Aktien- und Kommanditrecht soll im Mittelpunkt dieses Kapitels stehen.

II. Das „Wesen“ der KGaA

Nicht selten wird bei der Behandlung spezifischer Problemstellungen das „Wesen“ eines Rechtsinstituts bemüht.[7] Diesem kommt freilich a priori keine normative Bedeutung zu.[8] Vielmehr stellt es bloß einen Inbegriff von Eigenschaften

---

[1] *Schmidt*, GesR, S. 972; *Kallmeyer*, ZGR 1983, 57 ff.

[2] *Schaumburg/Schulte*, KGaA, Rn. 3.

[3] *Kusterer*, DStR 1999, S. 1681, 1681.

[4] *Wiedemann*, FS Schilling, S. 105, 105.

[5] *Schilling*, BB 1998, S. 1905, 1905.

[6] Zum Begriff der „Hybridität“ im Zusammenhang mit der KGaA vgl. *Heermann*, ZGR 2000, S. 61, 62; *Schaumburg/Schulte*, KGaA, Rn. 3; *Veil*, NZG 2000, S. 72, 72; *Fett*, in: Schütz/Bürgers/Riotte, KGaA, § 3.

[7] Für die Eingliederung einer KGaA vgl. *Fett*, in: Schütz/Bürgers/Riotte, KGaA, § 12, Rn. 37; für Beherrschungsverträge mit Personengesellschaften vgl. *Reuter*, ZHR 146 (1982), S. 1, 15. Allg. zu den Wesenselementen der Personengesellschaft vgl. *Reuter*, GmbHR 1981, S. 129 ff.

[8] Vgl. *Scheuerle*, AcP 163 (1964), S. 429, 430, der das Wesensargument zutreffend als „Kryptoargument“ charakterisiert.

dar, die für das betreffende Rechtsinstitut von prägender – eben wesentlicher – Bedeutung sind, es insbesondere gegenüber anderen Rechtsinstituten abgrenzen. Diese werden gemeinhin als *Strukturmerkmale* bezeichnet. Nur sie weisen normativen Gehalt auf und sind daher für die Beantwortung konkreter Rechtsfragen relevant. Die Berufung auf das „Wesen“ ist allein insoweit zulässig, als die dahinterstehenden Strukturmerkmale gemeint sind.[9]

Unter der Überschrift „Wesen der Kommanditgesellschaft auf Aktien“ definiert § 278 I AktG die KGaA als „eine Gesellschaft mit eigener Rechtspersönlichkeit, bei der mindestens ein Gesellschafter den Gesellschaftsgläubigern unbeschränkt haftet (persönlich haftender Gesellschafter) und die übrigen an dem in Aktien zerlegten Grundkapital beteiligt sind, ohne persönlich für die Verbindlichkeiten der Gesellschaft zu haften (Kommanditaktionäre).“ – Damit sind die entscheidenden Strukturmerkmale apostrophiert: (1.) Die Eigenschaft als Gesellschaft und damit als Verband, (2.) das Vorhandensein zweier Mitgliedschaftstypen[10] als Ausfluss unterschiedlicher Organisationsmodelle, (3.) die Qualifikation als juristische Person mit (4.) verschiedenen Haftungsmustern und schließlich (5.) die Existenz eines „Grundkapitals“, welches zur Qualifikation der KGaA als Kapitalgesellschaft führt.

1. Vorbemerkung: Die KGaA als Verband

Die KGaA ist Verband, worunter die h.L. solche Organisationseinheiten versteht, die durch privatautonomen Willensakt geschaffen werden, auf Mitgliedschaft von Personen beruhen und einen eigenen, von den Mitgliedern unterscheidbaren Zweck verfolgen.[11]

Der von den subjektiven Zielsetzungen der Beteiligten emanzipierte, also *überindividuelle Verbandszweck* wäre von geringem Nutzen, würde er nicht durch das zweckgerichtete Wirken des Verbands mit Leben erfüllt. Hierzu muss der Verband in der Lage sein, einen Verbandswillen zu bilden und diesen gegebenenfalls zu vollziehen. Verbände sind daher nicht allein Zweckeinheiten, sondern stets auch *Wirkungseinheiten*; nur als solche können sie am Rechts- und Wirtschaftsleben teilnehmen.

Von besonderer Bedeutung sind demnach diejenigen Aspekte, die für die Handlungsfähigkeit des Verbands maßgeblich sind, die mithin die Architektur des Verbands als Wirkungseinheit betreffen. Hierher gehören vor allem die für Bildung und Vollzug des verbandsbezogenen Willens erforderlichen Strukturen, insbesondere die Verwaltung durch Geschäftsführung und Vertretung, letztlich

---

[9] Ausführlich zur Rechtsfindung aus dem Wesen eines Rechtsinstituts *Westermann*, Vertragsfreiheit, S. 57 ff.

[10] Die gängige Bezeichnung „Gesellschaftergruppen“ (z.B. *Göz*, in: Schütz/Bürgers/Riotte, KGaA, § 2, Rn. 1) ist irreführend, da weder mehrere persönlich haftende Gesellschafter noch mehrere Kommanditaktionäre nötig sind.

[11] *Schmidt*, GesR, S. 168.

aber die gesamte Kompetenzordnung, durch welche die Handlungsfähigkeit der Wirkungseinheit institutionell manifestiert wird. Dieser Gesichtspunkt ist gemeint, wenn im Folgenden vom *organisatorischen Aspekt* die Rede ist.

Darüber hinaus – zwar nicht als notwendiger Bestandteil des Verbandsbegriffs,[12] wohl aber als typische Konsequenz der Handlungsfähigkeit – kann für Verbände das Bedürfnis auftauchen, selbst als Adressat von Rechten, Pflichten und darauf bezogenen Interessen aufzutreten; oft wird erst dadurch ein sachgerechtes Wirken im Rechts- und Wirtschaftsverkehr ermöglicht. Deshalb treten neben die organisatorischen Fragestellungen auch Probleme der *Zuordnung* von Rechten, Pflichten und Interessen, insbesondere von Vermögen. Der Verband ist in diesem Fall nicht mehr nur Wirkungs-, sondern auch *Zuordnungseinheit.*

Die präzise Unterscheidung zwischen Organisations- und Zuordnungsfragen soll Ausgangspunkt der nachstehenden Betrachtungen sein.

2. Die KGaA zwischen Korporation und Personalverband

Gemeinhin wird die KGaA den *Körperschaften* (Korporationen) zugeordnet.[13] Als solche werden Verbände verstanden, deren Organisation losgelöst und souverän von den Verbandsmitgliedern Bestand hat,[14] deren Existenz also unabhängig vom Schicksal ihrer Mitglieder ist.[15] Als Ausprägungen dieser Verselbstständigung werden beispielhaft die Willensbildung nach Maßgabe des Mehrheitsprinzips, die Wahrnehmung der Handlungskompetenzen durch besondere Verbandsorgane sowie die Tatsache angeführt, dass ein Wechsel im Mitgliederbestand grundsätzlich keiner Änderung der vertraglichen Grundlagen bedarf, die Körperschaft vielmehr a priori auf wechselnden Mitgliederbestand angelegt ist.[16] Um die Emanzipierung gegenüber den Mitgliedern und die daraus folgende Souveränität der körperschaftlichen Organisation begrifflich zu verdeutlichen, wird der Gesellschaftsvertrag, der die Basis für eine körperschaftliche Verbandsverfassung ist, landläufig als „Satzung“ bezeichnet.[17]

Den Gegenentwurf stellt das Organisationsmodell des *Personalverbands* dar.[18] Hier beruht die organisatorische Architektur auf der persönlichen Verbundenheit und Individualität der Verbandsmitglieder.[19] Die für die Handlungsfähigkeit der

---

[12] *Schmidt*, GesR, S. 181 (es gibt auch reine „Innenverbände“).

[13] *Hüffer*, AktG, § 278, Rn. 4; *Schmidt*, GesR, S. 46, 655.

[14] *John*, Rechtsperson, S. 124 f.; *Michalski*, GesR II, S. 2.

[15] Dieses Organisationsmodell findet seinen Archetypus im bürgerlichrechtlichen Verein (§§ 21, 26 ff. BGB) und liegt auch dessen speziellen Ausprägungen zugrunde (§ 22 BGB i.V.m. den Vorschriften des AktG, GmbHG, GenG, VAG), allg. *Schmidt*, GesR, S. 655 ff.

[16] RGZ 146, S. 213; *Flume*, Juristische Person, S. 99.

[17] Z.B. *Raiser*, Kapitalgesellschaften, § 3, Rn. 2; bea. demgegenüber *Schmidt*, GesR, S. 80 ff.

[18] Hierzu zählen die Gesellschaft des bürgerlichen Rechts (§§ 705 ff. BGB) und deren besondere Ausprägungen, also oHG, KG, stille Gesellschaft, Partnerschaftsgesellschaft, Partenreederei.

[19] Vgl. *Schmidt*, GesR, S. 45 f., der von „Gesellschaften im engeren Sinne“ spricht und die Personengesellschaften meint.

Wirkungseinheit erforderlichen Strukturen erweisen sich als auf die Mitglieder zugeschnitten und von deren Schicksal abhängig; Veränderungen im Mitgliederbestand führen zur Neuordnung der vertraglichen Grundlagen;[20] Umgestaltungen der Organisationsstrukturen bedürfen grundsätzlich der Einstimmigkeit. Obwohl auch Personalverbände einen überindividuellen Verbandszweck verfolgen, entbehrt ihre Organisation doch der für Körperschaften typischen Verselbständigung gegenüber den Mitgliedern. Als Wirkungseinheiten „leben" sie bildhaft gesprochen in ihren Mitgliedern.[21] Deshalb knüpfen die organisationsbezogenen, also auf Teilhabe am Verbandswirken und an der verbandsbezogenen Willensbildung gerichteten Befugnisse unmittelbar an die Mitgliedschaft im Verband an, während sie in der Korporation den Verbandsorganen zugeordnet werden und die Mitglieder dementsprechend nur mittelbar, über die Mitgliedschaft in ebendiesen, an der Organisation beteiligt sind.

Maßgeblich für die Implementierung personalistischer oder korporativer Organisationsstrukturen ist der privatautonome Wille der Verbandsgründer. Aufgrund des gesellschaftsrechtlichen *numerus clausus* sind diese jedoch an die vom Gesetzgeber geschaffenen Rechtsformen gebunden, sodass eine Vermischung der beiden Archetypen nur in den vorgegebenen Grenzen möglich ist.[22] Rechtsgeschäftliche Ausgestaltungen können zwar Annäherungen schaffen, vermögen aber den Grundtyp personalistischer oder korporativer Organisation nicht völlig zu beseitigen.[23]

Hervorzuheben ist bereits an dieser Stelle, dass die Besonderheiten personalistischer bzw. korporativer Verfassungen ausschließlich die Strukturen des Verbands als Wirkungseinheit betreffen, die Charakterisierung als Körperschaft oder Personalverband somit – vor dem Hintergrund der vorangestellten Differenzierung – exklusiv den *Organisationsaspekt* berührt. Wie noch zu zeigen sein wird, hat die angesprochene Differenzierung demgegenüber keinen Einfluss auf die Eigenschaft eines Verbands als Rechts- und Interessenträger, insbesondere auf die Methode der Vermögens*zuordnung*.

Unter Berücksichtigung dieses Befunds erweist sich die Einordnung der KGaA als Körperschaft nur teilweise als zutreffend: Was die *Kommanditaktionäre* anbelangt, so entspricht deren Gesellschafterstellung vollumfänglich dem korporativen Modell. Ihre Mitgliedschaften werden durch grundsätzlich verkehrsfähige Aktien verkörpert, deren Übertragung keine Satzungsänderung erfordert.[24] Ihr Einfluss auf das Verbandshandeln erfolgt stets und notwendig im

---

[20] *Müller-Laube*, FS Wolf, S. 501, 510.

[21] Vgl. *Flume*, Personengesellschaft, S. 97, allerdings bezogen auf die Gesamthand.

[22] Zum numerus clausus und zur Grundtypenvermischung vgl. *Schmidt*, GesR, S. 51 f., 95 ff.

[23] Vgl. hierzu die Arbeiten von *Nitschke* (Körperschaftlich strukturierte Personengesellschaft) bzw. *Friedewald* (Personalistische Aktiengesellschaft) und *Immenga* (Personalistische Kapitalgesellschaft). – Werden die Grenzen des Grundtypus verlassen, so liegt die Annahme einer Rechtsformverfehlung nahe.

[24] Möglich bleibt eine Vinkulierung nach Maßgabe der §§ 278 III, 68 II AktG.

Rahmen bestimmter Verbandsorgane und ist daher nur von mittelbarer Natur. Die von ihnen wahrzunehmenden Organisationsbefugnisse knüpfen nicht an die Verbandsmitgliedschaft, sondern an besondere Organmitgliedschaften an. In Bezug auf die Kommanditaktionäre gilt schließlich das aktienrechtliche Mehrheitsprinzip (§§ 278 III, 133 I, 179 II 1, 293 I AktG etc.).

Ganz anders gestaltet sich das Bild für die *persönlich haftenden Gesellschafter* (im Folgenden phG): Dort erfordert jeder Wechsel im Gesellschafterbestand eine Satzungsänderung (§ 281 I AktG),[25] berührt also die Grundlagen des Verbands.[26] Ferner erweisen sich die organisatorischen Mitwirkungsrechte der phG (z.B. die Befugnis zur Geschäftsführung, §§ 278 II AktG, 161 II, 114 ff., 164 HGB) als unmittelbare Folge ihrer Gesellschafterstellung und nicht bloß als mittelbarer Ausfluss einer irgendwie gearteten Organmitgliedschaft. Sofern keine abweichenden Regelungen getroffen werden, gilt das Einstimmigkeitsprinzip (§§ 278 II AktG, 161 II, 114 I, 119 I HGB; § 285 II 1 AktG). Insgesamt fehlt der Mitgliedschaft der phG die korporative Färbung. Diese sind vielmehr wie Komplementäre einer KG in die Organisationsverfassung der KGaA integriert. Letztere erweist sich zwar gegenüber den Kommanditaktionären, nicht aber gegenüber den phG als verselbständigt.

Hieraus ergibt sich, dass die KGaA nicht vollumfänglich als Korporation zu qualifizieren ist. Ihre Organisationsverfassung ist vielmehr durch eine Koexistenz körperschaftlicher und personalistischer Strukturen geprägt; die KGaA ist „unechte" Körperschaft. Neben die Normenhybridität tritt eine *Organisationshybridität.*

3. Die KGaA als juristische Person

Obwohl die KGaA seit dem Handelsgesetzbuch von 1897 (§§ 320-334 damalige Fassung) gesetzessystematisch im Anschluss an die AG geregelt ist,[27] erfolgte die ausdrückliche Anerkennung als juristische Person erst relativ spät, nämlich durch das Aktiengesetz von 1937 (§ 219 AktG 1937). Seither besteht zumindest in dieser Frage Klarheit.[28]

a) Rechtsfähigkeit und Rechtspersönlichkeit

Als juristischer Person kommt der KGaA im Rechts- und Wirtschaftverkehr eine verabsolutierte Rechtsfähigkeit zu, die sie – unabhängig von ihren Gesellschaftern – zum alleinigen Zuordnungssubjekt von Rechtsbeziehungen und Vermö-

---

[25] *Schmidt*, ZHR 160 (1996), S. 265, 282.

[26] Eine andere Frage ist, inwieweit die Kompetenz zu einer solchen Satzungsänderung im Voraus den phG übertragen werden kann, dazu *Wichert*, AG 1999, S. 362, 365 ff.

[27] Davor war die KGaA eine Sonderform der KG (vgl. Art. 103-206 ADHGB v. 1861).

[28] Zur Historie vgl. *Schreiber*, KGaA, S. 6 ff. Bereits vor 1937 hatte die h.L. angenommen, die KGaA sei juristische Person; Nachweise bei *Elschenbroich*, KGaA, S. 167 ff.

genspositionen macht.[29] Sämtliche Gegenstände des Gesellschaftsvermögens stehen allein der KGaA zu. Die Gesellschafter partizipieren an ihm ausschließlich mittelbar über ihre mitgliedschaftlichen Vermögensrechte. Dies gilt insbesondere für die (fakultativen) Vermögenseinlagen der phG: Auf diese ist zwar nicht Aktien-, sondern Kommanditrecht anzuwenden (§ 278 II AktG),[30] dennoch werden sie – wie auch die Einlagen der Kommanditaktionäre – Bestandteil eines einheitlichen, allein der KGaA zugeordneten Gesellschaftsvermögens, ohne dass gesamthänderische Vermögensstrukturen entstünden.[31] Insoweit grenzt sich die KGaA von der KG ab: Dort fließen die Vermögenseinlagen in das Gesamthandsvermögen (§§ 161 II, 105 III HGB, 718 I, 719 I BGB), welches nach traditioneller Lesart der aus den Gesellschaftern gebildeten Gesamthandsgemeinschaft zugeordnet wird.[32]

Der Unterschied zwischen KG als Gesamthandsgesellschaft und KGaA als juristischer Person erweist sich freilich als obsolet, soweit man auch der Gesamthand eine gegenüber den Gesamthändern verselbständigte (Teil-)Rechtsfähigkeit zuerkennt.[33] In diesem Fall stehen sich die Figuren der Gesamthand und der juristischen Person nämlich im praktischen Ergebnis gleich;[34] die Eigenschaft als juristische Person wäre dann als Abgrenzungskriterium überflüssig.

Eine tiefergehende Stellungnahme zum Streit um die Rechtsfähigkeit der Gesamthand und deren Verhältnis zur juristischen Person kann und soll hier nicht geleistet werden,[35] zumal die Lage bei der KGaA eindeutig ist. Zu beachten ist allerdings, dass mit der Anerkennung als juristische Person nicht allein das Zugeständnis eigener Rechts*fähigkeit* einhergeht, sondern – noch weitergehend – eigene Rechts*persönlichkeit* verbunden ist (was freilich nur in § 1 I 1 AktG präzise zum Ausdruck kommt).[36] Dadurch wird der betroffene Verband zum umfassenden Zuordnungssubjekt nicht nur für Rechte und Vermögensgüter, sondern auch für hierauf bezogene *Interessen*: Nur Gebilde mit eigener Rechtspersönlichkeit vermögen für ihr Handeln und die ihnen zugeordneten Objekte auch ein eigenes Wirk- und Existenzinteresse zu entwickeln.[37] Die Eigenschaft als Rechtsperson verleiht dem Verband – bildlich gesprochen – ein eigenes „Gewissen", welches fortan den Maßstab für Wirken und Willensbildung darstellt. Dies aber setzt *mehr* voraus als die Fähigkeit, Träger von Rechten und Pflichten zu

[29] *Flume*, Personengesellschaft, S. 89 ff.; *Schmidt*, GesR, S. 183.

[30] Zur Begründung s.u., III, 1, b.

[31] *Schmidt*, GesR, S. 974. Anders noch *Schreiber*, KGaA, S. 89.

[32] *Huber*, FS Lutter, S. 107, 113 f.

[33] *Hüffer*, AktG, § 41, Rn. 4 spricht von „teilrechtsfähiger Wirkungseinheit".

[34] So insbesondere *Raiser*, AcP 194 (1994), S. 495, 499 ff.; *ders.*, FS Zöllner I, S. 469, 474 ff.; *Bälz*, FS Zöllner I, S. 35, 47 ff.; *Schmidt*, GesR, S. 184 f.

[35] Hierzu ausführlich *Huber*, FS Lutter, S. 107, 113 f.

[36] Zum Unterschied zwischen Rechtsfähigkeit und Rechtspersönlichkeit vgl. *Huber*, FS Lutter, S. 107, 109 f.

[37] Tendenziell auch *John*, Rechtsperson, S. 92, der von einer „Identitätsausstattung" spricht, diese allerdings auf den Namen und den Sitz der Rechtsperson beschränkt.

sein, denn diese Fähigkeit weisen ja auch die Gesamthandsgesellschaften auf (vgl. § 124 HGB). Der Unterschied liegt vielmehr darin, dass der juristischen Person ein eigenständiges, allein von ihr getragenes *Verbandsinteresse* zukommt, während die Gesamthand auf den Interessen der Gesamthänder aufbaut. Soweit es demgegenüber um die Rechtsfähigkeit als solche geht, mutet es angesichts § 124 HGB in der Tat formalistisch an, Unterschiede zwischen den genannten Verbandstypen konstruieren zu wollen. Wenn dennoch im Zusammenhang mit Gesamthandsgesellschaften von einer bloßen „Teil"rechtsfähigkeit gesprochen wird,[38] so liegt darin der zumindest missverständliche Versuch, die fehlende Rechts*persönlichkeit* begrifflich zu fassen.[39] In diesem Sinn sollte auch der *BGH* verstanden werden, wenn er die Gesamthandsgesellschaft „als Gruppe ihrer gesamthänderisch verbundenen Mitglieder", die juristische Person demgegenüber „als solche" für „rechtsfähig" hält.[40]

Näher betrachtet, besitzt somit auch die Gesamthandsgesellschaft eine vollwertige Rechtsfähigkeit. Dass ihr gewisse Rechtspositionen dennoch verschlossen sind (z.B. bestimmte Familienrechte), ändert nichts, denn gleiches gilt für die juristische Person.[41] Im Gegensatz zu dieser kommt der Gesamthandsgesellschaft aber keine eigene Rechts*persönlichkeit* im Sinne einer eigenständigen Interessenträgerschaft zu. – Die Bedeutung dieses Befunds wird an diversen Stellen dieser Arbeit noch eine Rolle spielen.

b) Gesamthand und juristische Person als Zuordnungsfiguren

Auf Basis der anfänglichen Differenzierung erweist sich der Antagonismus zwischen Gesamthand und juristischer Person nach alledem als *Zuordnungsproblem*. Betroffen ist die Frage, wem die Rechtsordnung Rechte, sonstige Vermögenspositionen und Interessen zuweist, wer durch die Handlungen der Wirkungseinheit berechtigt und verpflichtet wird. Mit Blick auf die Rechts- und Vermögensträgerschaft sind Unterschiede allerdings nicht begründbar, weshalb die eigentliche Bedeutung des Gegensatzes in der Zuordnung von Interessen, insbesondere des Verbandsinteresses zu sehen ist.

Nach verbreiteter Auffassung soll die Unterscheidung zwischen Gesamthand und juristischer Person aber auch Konsequenzen für das Organisationsgefüge haben.[42] So charakterisiert *Flume* die juristische Person als „Verabsolutierung der Organisation",[43] als „Wirkungseinheit",[44] der er die Gesamthand als eine

---

[38] Z.B. *Ulmer*, AcP 198 (1998), S. 113 ff., zusammenfassend S. 149 ff.

[39] Deutlich *Huber*, FS Lutter, S. 107, 112.

[40] BGHZ 146, S. 341, 343 ff. = NJW 2001, S. 1056, 1057 f.; anders dagegen noch *v. Gierke*, Deutsches Privatrecht I, S. 682: „Kraft der gesamten Hand ist die verbundene Personenmehrheit *als solche* rechtsfähig." (Hervorhebung vom Verf.).

[41] So auch *Huber*, FS Lutter, S. 107, 112.

[42] *Rittner*, Juristische Person, S. 229; *Schünemann*, Gesamthandsgesellschaft, S. 22 ff.

[43] *Flume*, Personengesellschaft, S. 89; vgl. auch *Raiser*, Kapitalgesellschaften, § 3, Rn. 10 f.

[44] *Flume*, Personengesellschaft, S. 69, 91, 93; *ders.*, Juristische Person, S. 26.

„Organisationseinheit der in der Gesamthand verbundenen Personen"[45] gegenüberstellt. Gleichwohl legt er seiner Darstellung sodann allenthalben den Begriff der „körperschaftlichen juristischen Person" zugrunde,[46] welche in Gegensatz zur personalistischen Gesamthand[47] gebracht wird.

Dieser Vermengung von Organisations- und Zuordnungsaspekt ist zu widersprechen. Maßgeblich für die Organisationsverfassung eines Verbands ist allein die – auch dem BGB zugrundeliegende – Antithese zwischen „Gesellschaft" als „individualistischer Personenmehrheit" und „Verein" als „kollektiver Einheit",[48] die sich in der Unterscheidung zwischen *personalistischen* und *korporativen* Strukturen niederschlägt:[49] Wollen die Verbandsgründer eine Wirkungseinheit schaffen, deren Handlungsfähigkeit auf souveränen, von den Mitgliedern unabhängigen Strukturen beruht, so lässt sich dieses Ziel durch eine korporative Verbandsorganisation realisieren. Eine eventuelle Anerkennung als juristische Person ist davon nicht nur gedanklich, sondern auch praktisch zu lösen. Die Erlangung von Rechtspersönlichkeit wird nämlich erst durch Registereintragung vollzogen (§§ 21 BGB, 41 I 1 AktG, 11 I GmbHG, 13 GenG). Vorher aber entsteht der Verband bereits als handlungsfähige Wirkungseinheit – und zwar im Rahmen derjenigen Organisationsverfassung, welche ihr bei Vertragsschluss zugrunde gelegt wird. Die gegründete, aber noch nicht eingetragene AG, GmbH oder Genossenschaft ist daher nach einhelliger Auffassung bereits Körperschaft, auch wenn ihr noch keine Rechtspersönlichkeit zukommt;[50] gleiches gilt für den Verein.[51] Umgekehrt bleibt die Gesellschaft bürgerlichen Rechts, die oHG oder KG ohne Frage Personalverband, selbst wenn man ihr mit der modernen Gesamthandslehre Rechtsfähigkeit zuerkennt.[52]

Die Gegenüberstellung von juristischer Person und Gesamthand als Figuren der Zuordnung und von Körperschaft und Personalverband als Organisationsarchetypen wird durch den Umstand bestätigt, dass sowohl die juristische Person als auch die Gesamthand in Verbindung mit vielfältigen Organisationsstrukturen beobachtet werden kann: So bietet die Gesamthand das passende Kleid nicht nur

---

[45] *Flume*, Personengesellschaft, S. 56.

[46] *Flume*, Personengesellschaft, S. 91.

[47] *Flume*, Personengesellschaft, S. 104.

[48] Nachweise bei *Flume*, Personengesellschaft, S. 87, Fn. 2, 4.

[49] Bea. auch die bereits im röm. Recht bekannte Differenzierung zwischen *societas* und *universitas*; hierzu *Raiser*, Kapitalgesellschaften, § 3, Rn. 1.

[50] *Schmidt*, GesR, S. 656.

[51] Wenn *Flume* (Personengesellschaft, S. 88 f.) gerade das Beispiel des nichtrechtfähigen (wirtschaftlichen) Vereins anführt, um die Maßgeblichkeit der Unterscheidung zwischen Gesellschaft und Verein (also: personalistischer und körperschaftlicher Struktur) zu entwerten, so könnte dem nur gefolgt werden, wenn diese Unterscheidung auch die Vermögenszuordnung einbeziehen wollte; Gesamthandsgesellschaft und Gesamthandsverein weichen in dieser Hinsicht tatsächlich nicht voneinander ab (vgl. auch *BGH*, NZG 2003, S. 878). Beschränkt man sie hingegen – wie hier – auf den Aspekt der Organisation einer Wirkungseinheit, so läuft die Argumentation *Flumes* ins Leere, denn auch der nichtrechtsfähige Verein ist zweifellos Körperschaft.

[52] *Schmidt*, GesR, S. 656.

für zahlreiche Personalverbände, sondern ebenso für manche Körperschaften, wie die Beispiele der Vor-Gesellschaft und des nichtrechtsfähigen Vereins belegen.[53] Auf der anderen Seite zeigen die bisherigen Ergebnisse zur KGaA, dass auch die Figur der juristischen Person nicht zwingend (ausschließlich) mit korporativen Strukturen einhergehen muss. Schließlich sei darauf hingewiesen, dass beide Zuordnungsfiguren auch außerhalb des Verbandsrechts vorkommen – und zwar bei solchen Organisationseinheiten, die mangels privatautonomer Entstehung, fehlenden Verbandszwecks oder fehlender Mitgliedschaftsstruktur überhaupt keine Verbände darstellen. Beispiele hierfür sind Güter- und Erbengemeinschaft (Gesamthandsgemeinschaften) sowie die Stiftung (juristische Person).

Auch wenn typischerweise die Gesamthand mit personalistischen und die juristische Person mit korporativen Strukturen zusammenfallen wird, ist diese Verknüpfung doch keineswegs von zwingender Natur.[54] Folgerichtig sollte präzise zwischen Zuordnungs- und Organisationsfragen unterschieden werden. Der Gegensatz zwischen Gesamthand und juristischer Person betrifft allein den ersten,[55] der zwischen personalistischen und korporativen Strukturen dagegen den zweiten Aspekt.[56]

c) Folgerungen

Überträgt man den vorstehenden Befund auf die KGaA, so ergibt sich, dass deren Eigenschaft als juristische Person keine Rückschlüsse betreffend ihrer organisatorischen Architektur zulässt. Strukturen, welche die Handlungsfähigkeit der Gesellschaft als Wirkungseinheit betreffen, also insbesondere die Kompetenzordnung, die Willensbildung oder der Willensvollzug, werden hiervon nicht berührt. Maßgeblich für diese Gesichtspunkte bleibt das oben skizzierte Nebeneinander personalistischer und korporativer Strukturen.

4. Die persönliche Haftung mindestens eines Gesellschafters

Mit den beiden vorangehenden Strukturmerkmalen nichts zu tun hat die Tatsache, dass in der KGaA mindestens ein Gesellschafter existieren muss, der den Gläubigern für die Schulden unbeschränkt mit seinem Privatvermögen haftet, während andere von einer solchen persönlichen Haftung befreit sind (*Hybridität der Haftungsverfassung*). Zwar scheint eine persönliche Mitgliederhaftung eher

---

[53] Dass die Vor-AG und die Vor-GmbH „Gesamthandsgesellschaften eigener Art" sind, ist ständige Rechtsprechung, vgl. nur BGHZ 117, S. 323, 326 f. (zur Vor-AG), und h.L., vgl. *Beuthien*, ZIP 1996, S. 305, 307.

[54] *Kübler*, GesR, S. 25 f.

[55] Von der Gesamthand als „teilrechtsfähiger Wirkungseinheit" kann dann keine Rede sein.

[56] Deutlich *Schmidt*, GesR, S. 655: Unterscheidung zwischen „äußerer Verselbstständigung" (juristische Person) und „Verselbstständigung gegenüber den Mitgliedern" (Körperschaft); ebenso *Kübler*, GesR, S. 25 f.

mit einer gesamthänderischen Vermögensordnung zu korrespondieren, denn ordnet man das Vermögen (einschließlich der Verbindlichkeiten) den Mitgliedern als Gruppe zu, so ist eine Partizipation der Gruppenmitglieder an den Verbindlichkeiten leichter begründbar als im Fall der juristischen Person.[57] Eine *individuelle* Heranziehung einzelner Mitglieder für die Gruppenschuld ist dadurch aber ebensowenig veranlasst wie die Haftung „auf das Ganze", also für die *volle* Verbindlichkeit. Hinzu kommt, dass es seit jeher Haftungsbeschränkungen auch in Gegenwart gesamthänderischer Vermögensstrukturen gegeben hat (vgl. § 171 I HS 2 HGB).[58] Die Verknüpfung zwischen persönlicher Haftung und Gesamthand erscheint schließlich vor dem Hintergrund der dogmatischen Bemühungen um deren rechtliche Verselbständigung noch weniger einleuchtend. – Gerade das Beispiel der KGaA zeigt, dass das Phänomen der persönlichen Haftung unabhängig vom Antagonismus zwischen Gesamthand und juristischer Person zu verorten ist.[59]

5. Die KGaA als Kapitalgesellschaft

Die Existenz eines Grundkapitals, also eines statuarisch fixierten Eigenkapitalpostens, macht die KGaA zur Kapitalgesellschaft.[60] Das auf diese Weise entstehende *gezeichnete Kapital* (vgl. §§ 266 III A I, 272 I 1 HGB), welches die Mindesthöhe des gebundenen Vermögens beziffert und grundsätzlich[61] gegen Dispositionen der Gesellschafter geschützt wird,[62] stellt eine Garantie für Gläubiger und Gesellschafter dar, dass die Gesellschaft über entsprechende Aktivposten verfügt. Gerade auf den Schutz und die Sicherung dieser Garantiefunktion stellen auch die – wenigen – Rechtsvorschriften ab, die an die Eigenschaft eines Verbands als Kapitalgesellschaft anknüpfen (vgl. z.B. §§ 264 ff. HGB, 19 ff. AktG).

Für die KGaA ergibt sich die Besonderheit, dass dort mitunter Vermögenseinlagen durch die phG erbracht werden (§ 281 II AktG), auf die weitgehend Kommanditrecht anzuwenden ist und die die Grundlage für deren *Kapitalanteil* sind. Dieser unterliegt jedoch – abgesehen von der beschränkten Entnahmesperre des § 288 AktG – keiner Kapitalbindung. Die Existenz eines derar-

---

[57] Vgl. *Huber*, FS Lutter, S. 107, 113.

[58] Bea. aber auch die Diskussion um eine „Handelsgesellschaft auf Einlagen"; hiezu *Arbeitskreis GmbH-Reform*, Handelsgesellschaft auf Einlagen.

[59] *Hueck*, OHG, S. 313: Persönliche Haftung nicht unvereinbar mit juristischer Persönlichkeit; *Flume*, Personengesellschaft, S. 98.

[60] Sofern dagegen für die Eigenschaft als Kapitalgesellschaft darauf abgestellt wird, dass als Maßstab für die Teilhabe am Verbandswirken (z.B. Stimmrecht) nicht die Person, sondern die *Kapitalbeteiligung* fungiert (vgl. *Flume*, Juristische Person, S. 100 ff.), ist dem zu widersprechen. Denn dann hinge die Qualifikation als Kapitalgesellschaft von der Gestaltung des Gesellschaftsvertrags ab.

[61] Zu der Situation in Beherrschungsvertrag und Eingliederung s.u., § 3, IV.

[62] *Hüffer*, GesR, S. 272 ff.; s. auch *Schmidt*, GesR, S. 1275 im Hinblick auf die Genossenschaft.

tigen Kapitalpostens steht allerdings der Qualifikation als Kapitalgesellschaft nicht entgegen. Denn die Kapitalanteile[63] der phG fließen zwar in das Eigenkapital ein, sind aber nicht Teil des (gezeichneten) Grundkapitals. Dieses unterliegt vielmehr ohne Einschränkung den gleichen Schutzbestimmungen wie das Grundkapital einer AG.

III. Regelungsbereich von Aktien- und Kommanditrecht

Die zu Beginn dieses Kapitels angesprochene Normenhybridität hat zur Folge, dass bei der KGaA in verschiedenen Bereichen das Recht der KG (§§ 161 ff. HGB) zur Anwendung gelangt.[64] Der Rückgriff auf das HGB bedingt eine weitgehende *Vertragsfreiheit* (Satzungsautonomie[65]), die in Kontrast zu der im Übrigen geltenden aktienrechtlichen *Satzungsstrenge* (§§ 278 III, 23 V AktG) steht. Der damit verbundene erweiterte Gestaltungsspielraum wird – zu Recht – als essentieller Vorteil der KGaA gegenüber der AG angesehen.[66] Über die Reichweite der Vertragsfreiheit besteht indes Unklarheit, was maßgeblich auf die unübersichtliche Verweisungstechnik zurückzuführen ist.[67] Zusätzlich erschwert wird die Abgrenzung zwischen dispositivem und kogentem Regelungsbereich durch die Bezugnahme des § 278 II AktG auf den Begriff „Gesamtheit der Kommanditaktionäre“ (vgl. auch § 287 II 1 AktG).

Die präzise Bestimmung des anwendbaren Rechtsregimes – einschließlich der damit verbundenen ungeschriebenen Grundsätze und Prinzipien – erweist sich aber zur Beantwortung spezifischer Einzelprobleme als unerlässlich. Auf die diesbezüglichen Schwierigkeiten soll deshalb zu Beginn dieser Untersuchung eingegangen werden.

1. Das Rechtsverhältnis der persönlich haftenden Gesellschafter gegenüber der „Gesamtheit der Kommanditaktionäre“

Gemäß § 278 II Alt.2 AktG fällt das Rechtsverhältnis der phG gegenüber der „Gesamtheit der Kommanditaktionäre“ in den Anwendungsbereich des Kommanditrechts. Unklar ist jedoch, wie diese „Gesamtheit“ in rechtlicher Hinsicht

---

[63] Nicht die „Vermögenseinlagen“ (so aber *Schaumburg/Schulte*, KGaA, Rn. 23).

[64] Subsidiär gilt über die Verweise der §§ 161 II bzw. 105 III HGB das Recht der oHG bzw. BGB-Gesellschaft.

[65] Behält man den Begriff der „Satzung“ ausschließlich solchen Gesellschaftsverträgen vor, die Basis für eine korporative Verbandsverfassung sind (s.o. II, 2), so wäre der Gesellschaftsvertrag einer KGaA aufgrund der dargelegten Organisationshybridität nur teilweise („unechte“) Satzung; in diesem Sinn *Schreiber*, KGaA, S. 101. Aus Gründen der Einfachheit soll gleichwohl im Folgenden von „Satzung“ die Rede sein.

[66] *Göz*, in: Schütz/Bürgers/Riotte, KGaA, § 2, Rn. 2 ff.; *Mertens*, FS Barz, S. 253, 253.

[67] Vgl. *Sethe*, Personalistische Kapitalgesellschaft, S. 109.

zu qualifizieren ist und welche Rolle ihr im Rahmen der Verbandsverfassung zukommen soll.

a) Die „Gesamtheit der Kommanditaktionäre" als Rechtssubjekt?

Durch die Bezugnahme in § 278 II Alt.2 AktG auf ein „Rechtsverhältnis" zwischen den phG und der „Gesamtheit" wird suggeriert, bei letzterer handele es sich um ein eigenständiges Rechtssubjekt. Und tatsächlich: Nur als solches könnte sie überhaupt an Rechtsverhältnissen, gleich welcher Art, beteiligt sein.

Dementsprechend finden sich Stimmen, die die „Gesamtheit der Kommanditaktionäre" als besondere, mit eigener (Teil-)Rechtsfähigkeit ausgestattete Einheit ansehen, welche zu den phG in einem gesellschaftsrechtlichen Verhältnis stünde.[68] Zum Teil ist darüber hinaus von einem eigenständigen Verband innerhalb der KGaA die Rede[69] und weiland wurde es sogar fertiggebracht, die „Gesamtheit der Kommanditaktionäre" als juristische Person zu qualifizieren.[70] – Andererseits ist die eigene Rechtsfähigkeit der „Gesamtheit" auch immer wieder bestritten worden, wobei vor allem auf die Eigenart der KGaA als juristische Person hingewiesen wurde.[71]

Sicher ist, dass der Begriff eine *Kollektivierung* der Kommanditaktionäre impliziert. Diese werden nicht individuell, sondern als Einheit angesprochen. Nach der Intention des Gesetzgebers soll der „Gesamtheit" auf diese Weise die Rechtsstellung des Alleinkommanditisten einer KG eingeräumt werden.[72] Um die angestrebte Kollektivierung der Kommanditaktionäre in zweckmäßige Bahnen zu lenken, wird nach einhelliger Auffassung insoweit auf die aktienrechtlichen Vorschriften über die Hauptversammlung zurückgegriffen. Die Interessenkoordinierung und Willensbildung innerhalb der „Gesamtheit" findet demgemäß in formaler Hinsicht nach Maßgabe der §§ 118 ff. AktG statt. Dies folgt bereits aus § 278 III AktG, weil insoweit das Verhältnis der Kommanditaktionäre untereinander betroffen ist,[73] aber auch aus dem Umstand, dass allein die Vorschriften über die Hauptversammlung ein sachgerechtes System zur Kollektivierung von individuellen Aktionärsinteressen bieten.[74] Daraus ergibt sich, dass die „Gesamtheit der Kommanditaktionäre" jedenfalls *institutionell mit der Hauptversammlung identisch* ist. – In dieser Feststellung erschöpft sich freilich der unstreitige Erkenntnisstand.

Indes: Die Frage, ob der „Gesamtheit der Kommanditaktionäre" die Fähigkeit zuerkannt wird, Adressat von Rechtsverhältnissen mit den phG zu sein, bräuchte

[68] *OLG Hamm*, AG 1969, S. 295; *Herfs*, in: Münchener Handbuch, Bd.4, § 76, Rn. 44.

[69] RGZ 74, S. 303; *Barz*, in: GK AktG, 3. Aufl., § 287, Anm. 8.

[70] *Ritter*, AktG, § 219, Anm. 4b.

[71] *Würdinger*, AktienR, 3. Aufl., S. 227; ihm folgend *Mertens*, in: KK AktG, § 278, Rn. 37 und *ders.*, FS Barz, S. 253, 255 f.

[72] *Sethe*, Personalistische Kapitalgesellschaft, S. 114, Fn. 22.

[73] *Semler/Perlitt*, in: MK AktG, § 278, Rn. 119.

[74] Vgl. *Herfs*, in: Münchener Handbuch, Bd.4, § 76, Rn. 43.

nur dann vertieft zu werden, wenn die besonderen Strukturen der KGaA eine solche Rechtszuordnung dem Grunde nach überhaupt zuließen. Sollte sich aber herausstellen, dass die Verbandsverfassung der KGaA der Beteiligung einer irgendwie gearteten Kommanditaktionärsgesamtheit an verbandsbezogenen Rechtsverhältnissen von vornherein entgegenstünde, so wäre das Problem ihrer Rechtsfähigkeit ohne praktische Relevanz; ein Rechtssubjekt ohne dazugehöriges Rechtsverhältnis ist sinnlos. Der Begriff der „Gesamtheit der Kommanditaktionäre" müsste in diesem Fall einer Neubestimmung zugeführt werden, wollte man vermeiden, dass der Verweis des § 278 II Alt.2 AktG auf das Kommanditrecht ins Leere liefe.

Sachgerecht ist es demnach, zunächst festzustellen, welche Wirkrichtung verbandsbezogene Rechtsverhältnisse innerhalb der KGaA überhaupt entfalten können. Sodann kann entschieden werden, welche Rolle der „Gesamtheit der Kommanditaktionäre" hierbei zufällt.

b) Vermögensbezogene Rechtsverhältnisse in der KGaA

Die KGaA wurde als *juristische Person* beschrieben. Wie dargelegt, ist hiermit (allein) ein besonderes Prinzip der Rechts- und Interessenzuordnung angesprochen. Das Gesellschaftsvermögen steht ausschließlich der KGaA zu, nicht den Gesellschaftern. Deshalb existieren Rechtsverbindungen mit vermögensbezogenem Inhalt[75] nur *zwischen Gesellschaft und Gesellschaftern*, nie aber im Verhältnis der Gesellschafter untereinander – auch nicht in kollektivierter Form.[76] Dies gilt für die phG in gleichem Maße wie für die Kommanditaktionäre.

Hieraus folgt, dass das in § 278 II Alt.2 AktG unterstellte „Rechtsverhältnis der persönlich haftenden Gesellschafter (...) gegenüber der Gesamtheit der Kommanditaktionäre" jedenfalls im Hinblick auf die Vermögensrechte gar nicht bestehen *kann*. Die dahingehende Gesetzesformulierung stammt noch aus einer Zeit, in der die KGaA als Abart der KG und dementsprechend als Gesamthandsgesellschaft begriffen wurde.[77] Auch als solche würde das Gesellschaftsvermögen zwar nicht unmittelbar den Gesellschaftern, sondern der Gesamthand zugeordnet, weshalb vermögensrechtliche Beziehungen formal betrachtet allein zu dieser bestünden. Nach traditionellem Verständnis sollte die Gesamthand aber die „Gesamthänder als Gruppe" verkörpern,[78] sodass sich Rechtsverhältnisse zur Gesamthand (aus der Binnenperspektive) auch als solche zwischen den Gesamthändern untereinander begreifen ließen;[79] freilich mit der praktisch wichtigen Einschränkung, dass die Rechtsmacht des einzelnen Gesamthänders durch

[75] In Betracht kommen insbesondere Ansprüche auf Gewinn und Liquidationserlös, die Einlageverpflichtungen, Bezugsrechte bei Kapitalerhöhungen sowie eventuelle Abfindungs- und Ausgleichsansprüche im Konzernfall. Überblick bei *Jaques*, NZG 2000, S. 401, 408.

[76] Vgl. *Wichert*, Finanzen, S. 54 f. im Hinblick auf die Vermögenseinlage.

[77] Art. 186 I ADHGB. Vgl. auch *Schreiber*, KGaA, S. 89.

[78] S.o, II, 3, a.

[79] *Flume*, Personengesellschaft, S. 95.

das Gesamthandsprinzip beschnitten ist.[80] Unabhängig von der Richtigkeit eines solchen Verständnisses, erscheint es spätestens seit Anerkennung der KGaA als juristische Person dogmatisch nicht mehr haltbar, Vermögensrechte außerhalb der Beziehung zwischen Gesellschaft und Gesellschaftern zu verorten.[81]

Die Vorstellung von der „Gesamtheit" als eigenständigem Rechtssubjekt läuft mithin mit Blick auf die Vermögensrechte ins Leere.

c) Verwaltungsbezogene Rechtsverhältnisse in der KGaA

Als Verwaltungsrechte werden diejenigen Mitgliedschaftsrechte bezeichnet, welche sich im weiteren Sinne auf das Handeln des Verbands als Wirkungseinheit beziehen, mithin – unter Anknüpfung an die bisher gebrauchte Terminologie – den Organisationsaspekt berühren. Hierher gehören Leitungsbefugnisse (Geschäftsführungs- und Vertretungsbefugnis) genauso wie das Recht auf Teilhabe an sonstigen Akten der verbandsbezogenen Willensbildung, z.B. Beschlüssen, einschließlich der diese betreffenden Klage- und Anfechtungsrechte.[82]

Die Organisationsstrukturen der KGaA sind teils von korporativer, teils von personalistischer Natur. Mit Rücksicht auf das oben definierte Untersuchungsprogramm ist zu problematisieren, inwieweit die damit angesprochene *Organisationshybridität* Konsequenzen für die Wirkrichtung der Verwaltungsrechte hat. Sofern sich danach ergeben sollte, dass die „Gesamtheit der Kommanditaktionäre" auch als Adressat derartiger Rechtsverhältnisse ausfällt, wäre die These von der „Gesamtheit" als Zuordnungssubjekt wohl weitgehend entkräftet. Zu klären wäre dann nur noch, wie der Verweis auf das Kommanditrecht in § 278 II Alt.2 AktG tatsächlich zu verstehen ist.

In Bezug auf die Behandlung von Verwaltungsrechten existieren essentielle Unterschiede zwischen *personalistischen* und *korporativen* Strukturen, die einer einheitlichen Beurteilung bei der insoweit heterogen gefügten KGaA entgegenstehen.

aa) Verwaltungsrechte im Personalverband

In personalistischen Strukturen kommt der persönlichen, auf Individualität beruhenden Verbundenheit zwischen den Verbandsmitgliedern konstitutive Bedeutung für die Verbandsorganisation zu.[83] Durch die Wahl einer personalistischen Rechtsform bekunden die Gründer ihren Willen zur Schaffung einer Verbandsorganisation, die sich aus Perspektive ihrer Mitglieder als unselbständiges Ord-

---

[80] Dazu z.B. *Flume*, Personengesellschaft, S. 62.

[81] Das Gesagte gilt freilich erst ab dem Zeitpunkt, in dem die KGaA durch Eintragung (§§ 278 III, 41 I 1 AktG) die Eigenschaft als juristische Person erlangt. Vorher besteht eine Vor-KGaA, welche sich in Bezug auf die Vermögensordnung – wie die „Vor-AG" – als Gesamthandsgesellschaft eigener Art darstellt (BGHZ 117, S. 323, 326 f. f. d. AG); zur Vor-KGaA vgl. *Bürgers/Schütz*, in: Schütz/Bürgers/Riotte, KGaA, § 4, Rn. 25, 48.

[82] Überblick bei *Schmidt*, GesR, S. 601 ff.

[83] S. bereits oben, II, 2.

nungsgefüge darstellt. In Kontrast zum körperschaftlichen Modell, soll hier das Schicksal der Verbandsmitglieder nicht ohne Einfluss auf das Schicksal des Verbands als Wirkungseinheit bleiben.

Konsequenz der organisatorischen Unselbständigkeit ist, dass die Verwaltungsbefugnisse im Personalverband *unmittelbar der Verbandsmitgliedschaft entspringen* und nicht bloß indirekt an die Mitgliedschaft in besonderen Verbands*organen* anknüpfen. Den Mitgliedern wird nicht bloß die Teilhabe an einer verselbständigten Organisation zugestanden, sie sind vielmehr selbst Bestandteil der Wirkungseinheit, welche gleichsam „in ihnen lebt" (*Organisationsgemeinschaft*).[84] Das Wirken des Verbands berührt jedes Verbandsmitglied unmittelbar in seiner originär mitgliedschaftlichen Position. Verwaltungsrechte erfüllen demzufolge die Funktion, der Mitgliedschaft von vornherein innewohnende Befugnisse auf einander abzustimmen; ihnen kommt im Personalverband unmittelbar *mitgliedschaftskoordinierende* Funktion zu.

Dies führt nach zutreffendem Verständnis dazu, die Verwaltungsrechte dort als *Rechtsbeziehungen zwischen den Gesellschaftern* zu charakterisieren.[85] Die verbandsspezifische Organisation tritt als allseitig mitgliedschaftskoordinierendes Ordnungsgefüge hervor, als Geflecht von Rechtsverhältnissen zwischen den Mitgliedern untereinander. Nichts anderes ist gemeint, wenn gelegentlich von einem *„personalistischen Band"* zwischen den Gesellschaftern die Rede ist.[86] – Zwischen dem Personalverband als solchem und seinen Mitgliedern existieren indessen, mangels einer von diesen emanzipierten Organisation, keine Rechtsverhältnisse mit organisationsbezogenem Inhalt.[87]

Mit dem Modell der Gesamthand hat diese Erkenntnis freilich nur vordergründig etwas zu tun. Diesem wurde nämlich eigenständige Bedeutung im Vergleich zur juristischen Person allein für die Zurechnung von Interessen zugestanden, nicht aber im Hinblick auf die Fähigkeit, Zuordnungssubjekt von Rechten zu sein. Die beschriebene organisationsbezogene Unselbständigkeit des Personalverbands gilt daher losgelöst von dessen Eigenschaft als Gesamthandsgesellschaft, bleibt daher auch unberührt von der Diskussion um die Verselbständigung der Gesamthand. Insoweit erweist sich die von *Karsten Schmidt* vorgeschlagene Differenzierung zwischen innerer und äußerer Verselbständigung als treffend.[88]

Die mitgliedschaftskoordinierende Funktion der Verwaltungsrechte setzt jedoch nicht zwingend voraus, dass *alle* Verbandsmitglieder an der Verwaltung beteiligt sind. Die kooperative Verwaltung mag zwar den Prototyp einer personalistischen Verbandsorganisation bezeichnen (Modell der Mitunternehmer-

[84] Vgl. *Beuthien*, FS Zöllner I, S. 87, 99.

[85] *Martens*, in: Schlegelberger, HGB, § 114, Rn. 1; *Schneider*, FS Bärmann, S. 873, 879.

[86] *Ballerstedt*, JuS 1963, S. 253, 258; vgl. auch *Flume*, Personengesellschaft, S. 95, der von einem *iuris vinculum inter personas* spricht.

[87] Zutreffend *Röttger*, Kernbereich, S. 56 m.w.N.

[88] *Schmidt*, GesR, S. 656.

schaft, vgl. §§ 709 I BGB, 114 I HGB).[89] Dennoch ist ein weitgehender Ausschluss einzelner Gesellschafter von den Verwaltungsbefugnissen in der Praxis eine oft genutzte Option und wird selbst vom Gesetzgeber vielerorts anerkannt bzw. vorausgesetzt (z.B. §§ 710 BGB, 114 II, 125 IV, 164 S.1 HS 1, 170 HGB; vgl. auch § 146 I 1 HGB). Derartige Gestaltungen stehen indes nicht im Widerspruch zum vorstehenden Befund: Die Verwaltungsrechte bleiben Rechtsverhältnisse zwischen den Verbandsmitgliedern, auch wenn diese nicht in persona mit deren Wahrnehmung befasst sind. Auch in diesem Fall betrifft das Wirken des Verbands nämlich unmittelbar jedes einzelne Mitglied und hat demzufolge allseits mitgliedschaftskoordinierende Wirkung.

Das durch die Entscheidung für ein individualistisches Organisationsmodell geknüpfte „personalistische Band" bliebe selbst dann unberührt, wenn *sämtliche* Mitglieder von der Verwaltung ausgeschlossen wären und diese künftig durch Verbandsfremde wahrgenommen würde. Das durch diese repräsentierte Wirken des Verbands wäre – zumindest aus der Binnenperspektive – weiterhin das Wirken der aus allen Mitgliedern gebildeten Organisationsgemeinschaft. Wer zum Sachwalter dieses Wirkens berufen ist bzw. werden darf, steht auf einem anderen Blatt. Auch der von der Verwaltung ausgeschlossene Gesellschafter hätte dann ohne weiteres einen Anspruch gegen seine Mitgesellschafter auf Einhaltung des Gesellschaftsvertrags bei allen Maßnahmen der Verwaltung,[90] welcher sich – im Fall der Fremdverwaltung – in einen Anspruch auf Abberufung des Geschäftsleiters wandeln kann.

Wenn *§ 717 S.1 BGB* die isolierte Abspaltung der mitgliedschaftlichen Verwaltungsrechte verbietet,[91] so erfasst dies lediglich die Herauslösung einzelner Mitglieder aus der beschriebenen Organisationsgemeinschaft, sprich: aus dem mitgliedschaftskoordinierenden Rechtsgeflecht. Ein solcher Vorgang würde im Widerspruch zu der privatautonomen Entscheidung der Gesellschafter für eine personalistische und gegen eine korporative Organisationsform stehen. Entgegen verbreiteter Lesart ist damit noch keine Aussage über die Zulässigkeit sog. *Fremdorganschaft* getroffen, also der Einschaltung verbandsfremder Personen zur Wahrnehmung organschaftlicher Verwaltungsbefugnisse. Ob und in welchem Umfang dies möglich ist, richtet sich danach, ob eine solche Gestaltung für die Betroffenen zumutbar ist. Dies freilich lässt sich nur unter Rückgriff auf die *Interessenlage* beantworten.[92]

Exemplarisch angewendet auf die KG folgt hieraus: Die Verwaltungsrechte der Gesellschafter, namentlich die Geschäftsführungs- und Vertretungsbefugnis, sind als Rechtsverhältnisse zwischen den Komplementären und den Kommanditisten und – sofern mehrere vorhanden – auch in deren Verhältnis untereinander

---

[89] *Schulze-Osterloh*, Gemeinsamer Zweck, S. 22, Fn. 45, 62.

[90] Vgl. *Flume*, Personengesellschaft, S. 95.

[91] Zur einheitlichen Übertragung der Mitgliedschaft vgl. *Huber*, Vermögensanteil, S. 117 ff.

[92] Dazu ausführlich unten, § 9.

zu qualifizieren. Auch das Vertretungsverbot für die Kommanditisten (§ 170 HGB) und der grundsätzliche Ausschluss von der (gewöhnlichen) Geschäftsführung (§ 164 S.1 HS 1 HGB) ändern hieran nichts, denn das „personalistische Band“ umfasst, wie aufgezeigt, selbst solche Beteiligte, die von der Verwaltung ausgeschlossen sind, weil auch deren Mitgliedschaft durch die Verwaltung unmittelbar tangiert wird. Dieser Umstand bietet die Grundlage einerseits für eine weitgehende *Treuepflicht* auch im Verhältnis zwischen Komplementären und Kommanditisten,[93] andererseits für den mit der *actio pro socio* zu verfolgenden Anspruch auch der von der Geschäftsführung ausgeschlossenen Kommanditisten gegen die geschäftsführenden Mitgesellschafter auf Einhaltung des Gesellschaftsvertrags bei allen Maßnahmen der Geschäftsführung.[94]

bb) Verwaltungsrechte in der Korporation

Körperschaftlich strukturierte Verbände fußen auf dem Willen ihrer Gründer, ein von der Mitgliedschaft unabhängiges, überindividuelles Organisationsgefüge zu schaffen. Diesem Anliegen würde die Annahme von Verwaltungsrechten im Verhältnis der Verbandsmitglieder untereinander widerstreben. Wegen der organisatorischen Emanzipation des korporativen Verbands von seinen Mitgliedern, knüpft deren Befugnis zur Teilhabe am Verbandswirken nicht unmittelbar an die Verbandsmitgliedschaft, sondern *mittelbar* an die Mitgliedschaft in besonderen *Verbandsorganen* an (z.B. der Mitgliederversammlung, § 32 BGB). Dem Verbandsmitglied kommen Mitwirkungsrechte grundsätzlich nur im Rahmen der dafür vorgesehenen Organe zu, mithin in seiner Eigenschaft als „Organwalter”.[95] Aus seiner Mitgliedschaft folgt dann lediglich ein Recht gegenüber dem Verband auf Ausübung der Mitwirkungsrechte innerhalb derjenigen Verbandorgane, denen es kraft Gesetz, Satzung oder Verfassungsakt angehört (abgeleitete Organverwaltung). Insoweit unterscheidet sich die Position des Verbandsmitglieds nicht von der sonstiger, nicht verbandsangehöriger Organwalter; auch diese haben gegenüber der Gesellschaft einen Anspruch auf Teilhabe an der organspezifischen Willensbildung, freilich ohne dass dieser von mitgliedschaftlicher Natur wäre.[96]

Das Organisationsgefüge der korporativen Wirkungseinheit ist folglich nicht von mitgliedschaftskoordinierender Natur. Es stellt sich als *Kompetenzordnung der Verbandsorgane* dar. Rechtsverhältnisse – und zwar solche, die auf Mitwirkung in den Organen gerichtet sind – bestehen insoweit allein zwischen den

---

[93] Vgl. BGHZ 25, S. 47, 53 f.

[94] BGHZ 76, S. 160 steht dem nicht entgegen, da es im dort entschiedenen Fall um Maßnahmen ging, die im überwiegenden Gesellschaftsinteresse geboten waren (vgl. S. 167 f. d. E.).

[95] Zum Begriff des „Organwalters“ vgl. *Schmidt*, GesR, S. 415.

[96] *Mertens*, in: KK AktG, vor § 76, Rn. 1 ff.

Verbandsmitgliedern und dem Verband. Von einer Organisationsgemeinschaft der Mitglieder kann keine Rede sein.[97]

Freilich wird teilweise vorgebracht, auch die Organe als solche könnten im Verhältnis untereinander über ihnen zugeordnete Befugnisse prozessieren (sog. *Organstreit*).[98] Vorausgesetzt, es geht dabei bloß um die Einräumung von verfahrensrechtlicher Parteifähigkeit in speziellen Situationen (vgl. auch § 245 Nr.4 AktG), steht diese Ansicht dem eben erzielten Befund nicht entgegen, da mit der Zuerkennung von Parteifähigkeit nicht notwendig auch materielle Rechtsfähigkeit einher gehen muss.[99] Soweit den Organen auch materielle Rechtsfähigkeit zukommen soll, muss der These vom Organstreit indes – im Einklang mit der noch h.M.[100] – widersprochen werden: Die Organe „verkörpern" den korporativ organisierten Verband, welcher erst durch sie zur handlungsfähigen Wirkungseinheit wird. Sie sind im Hinblick auf Existenz und Funktion bloß unselbstständige Teile des Verbands, weshalb zwischen ihnen und diesem *Teilidentität* anzunehmen ist.[101] Als Zuordnungssubjekt für materielle Rechtsbeziehungen kann neben den Organwaltern allein der Verband in Betracht kommen. Den Organen selbst kommt dagegen keine eigene materielle Rechtsfähigkeit zu.[102]

Maßgeblicher Zeitpunkt für die korporative Verselbstständigung des Organisationsgefüges ist die *Verbandsgründung*, d.h. die Feststellung der Satzung durch den Gründer oder die Gründergemeinschaft. Im Zuge dieses Rechtsakts entsteht der Verband als Wirkungseinheit mit den geschilderten körperschaftlichen Merkmalen. Keineswegs entscheidend ist dagegen die Erlangung der (nur typischerweise beifolgenden) Eigenschaft als juristische Person durch Eintragung ins Handels-, Vereins- oder Genossenschaftsregister. Diese besitzt nämlich – wie bereits dargelegt – keine Bedeutung für die internen Organisationsstrukturen.

cc) Verwaltungsrechte in der KGaA

Will man die Wirkrichtung von Verwaltungsrechten in der KGaA bestimmen, so darf nicht außer Acht bleiben, dass dort zwei von ihrer Grundstruktur konträre Mitgliedschaftsmodelle nebeneinander stehen.

(1) Kommanditaktionäre

Die Gesellschafterstellung der *Kommanditaktionäre* ist von korporativer Natur, entspricht also der Position von Aktionären einer AG. Ihnen gegenüber tritt die

---

[97] *Schneider*, ZGR 1975, S. 253, 267, der von einer „verselbstständigten" Wirkungseinheit spricht; vgl. auch *Rittner*, Juristische Person, S. 210 ff., 229.

[98] Vgl. *Schmidt*, GesR, S. 421 ff. m.w.N.

[99] *Zöllner*, in: KK AktG, §§ 245, Rn. 59; 246, Rn. 24; *Westermann*, FS Bötticher, S. 369, 376: AG als klagende und beklagte Partei (Insichprozess).

[100] Überblick bei *Hüffer*, AktG, § 90, Rn. 16 ff.

[101] Vgl. BGHZ 20, S. 119, 125; *Weick*, in: Staudinger, BGB, § 26, Rn. 10.

[102] BGHZ 122, S. 342, 345; *Mertens*, in: KK AktG, vor § 76, Rn. 4.

Verbandsorganisation als verselbstständigtes, überindividuelles Gefüge auf, an welchem sie nur indirekt, über die Mitwirkung in dafür vorgesehenen Organen, beteiligt sind. Würde man den Kommanditaktionären darüber hinaus ein originäres, aus der Mitgliedschaft fließendes Recht auf unmittelbare Teilhabe am Verbandswirken zuerkennen, so stünde dies im Widerspruch zu ihrer korporativen Gesellschafterstellung, welche gerade durch die Emanzipierung der Wirkungseinheit von den Verbandsmitgliedern geprägt ist.

Hieraus folgt, dass sich die mitgliedschaftlichen Verwaltungsrechte der Kommanditaktionäre als Teilhaberechte begreifen lassen, welche auf Mitwirkung in den entsprechenden Verbandsorganen gerichtet sind. Solche Rechtspositionen können freilich allein gegenüber der Gesellschaft selbst bestehen, weil den Organen insoweit keine Eigenständigkeit zufällt. Keinesfalls handelt es sich aber um Rechtsverhältnisse zwischen den Kommanditaktionären untereinander.

(2) Persönlich haftende Gesellschafter

Die *phG* hingegen sind wie Komplementäre in die Organisationsverfassung integriert. Ihre mitgliedschaftliche Stellung entspricht in organisationsbezogener Hinsicht dem Mitgliedschaftsmodell der Personalverbände. Eine Verselbständigung der Wirkungseinheit findet im Verhältnis zu den phG nicht statt; die Organisation der KGaA ist deshalb nur teilweise überindividuell.[103] Aus der Mitgliedschaft der phG folgt deshalb ein unmittelbares Recht auf Teilhabe am Wirken des Verbands, weshalb sich aus ihrem Blickwinkel die Verwaltungsrechte als unmittelbar mitgliedschaftskoordinierend darstellen.

Sind mehrere phG vorhanden, so treten die Verwaltungsrechte, z.B. Geschäftsführung und Vertretung, mithin *auch* als Rechtsbeziehungen in deren Verhältnis untereinander in Erscheinung.[104] Zwischen mehreren phG besteht ein „personalistisches Band“. Es gilt insoweit nichts anderes als für die Komplementäre einer KG.

Die Position des Komplementärs im Organisationsgefüge der KG ist aber typischerweise nicht nur durch die Befugnisse anderer Komplementäre beschnitten (§§ 161 II, 114 I, 116 II HGB), sondern zugleich durch das Vorhandensein von Kommanditisten (vgl. § 164 S.1 HS 2 HGB). Begriffe man die Verwaltung der KGaA ausschließlich als ein Gefüge von Rechtsverhältnissen zwischen den phG untereinander, so würde die berechtigte Frage aufkommen, wem die Kommanditistenrechte des HGB zugeordnet werden. Einer solchen Annahme stünde auch der Wortlaut des § 278 II AktG im Weg, der den Anwendungsbereich des Kommanditrechts gerade nicht auf das Verhältnis der phG untereinander beschränkt. Besonders deutlich wird dies, wenn nur ein einziger phG beteiligt ist.

---

[103] Dies erkennt bereits *Schreiber*, KGaA, S. 101, wenn er konstatiert, dass der Gesellschaftsvertrag einer KGaA „zugleich Körperschaftssatzung“ sei.

[104] Vgl. *Martens*, AG 1982, S. 113, 116.

Wer sollte in diesem Fall das Bezugssubjekt für das „personalistische Band" mit dem phG sein?

(3) Organqualität der Kommanditaktionärsgesamtheit

Das Gesetz ordnet die den Kommanditisten zufallenden Befugnisse der *„Gesamtheit der Kommanditaktionäre"* zu (§ 278 II Alt.2 AktG). Hierdurch wird der Einfluss der phG grundsätzlich[105] dem von Komplementären einer KG angepasst. Wie gesehen, entspricht es allerdings dem korporativen Mitgliedschaftsmodell der Kommanditaktionäre, dass die Verbandsverwaltung ausschließlich durch Organe wahrgenommen wird und die Kommanditaktionäre allenfalls ein Recht auf Mitwirkung in diesen haben (abgeleitete Organverwaltung). Hieraus folgt zwingend die *Organqualität* der „Gesamtheit".

Unzutreffend ist allerdings die Hypothese, es handle sich um ein *Organ der Kommanditaktionäre.*[106] Wäre dies der Fall, so träfen die verwaltungsbezogenen Organisationsbefugnisse letzten Endes wiederum die Kommanditaktionäre als solche, weil allein diese durch ein derartiges Organ repräsentiert würden. Auch hierdurch würde die gebotene Trennung von Verbandsmitgliedschaft und Verbandsverwaltung aufgehoben, denn die Verwaltungsbefugnisse fielen den Kommanditaktionären dann unmittelbar aufgrund ihrer Gesellschafterstellung zu und wären – obwohl in der Gruppe vergemeinschaftet – gerade nicht vom Verband abgeleitet. Ein solches Verständnis hätte zudem die paradoxe Konsequenz, dass das Organ und das durch dieses organschaftlich repräsentierte Zuordnungssubjekt identisch wären.[107]

Bei der „Gesamtheit der Kommanditaktionäre" kann es sich deshalb nur um ein *Organ der KGaA* handeln. Weder kommt ihr die Qualität eines besonderen Personenverbands noch die Funktion eines Organs der Kommanditaktionäre zu. Ist aber entschieden, dass die „Gesamtheit" als reguläres Verbandsorgan zu qualifizieren ist und stellt man in Rechnung, dass diesem ohnehin ausschließlich die Kommanditaktionäre angehören, so spricht nichts mehr dagegen, die „Gesamtheit" umfassend mit der *Hauptversammlung* gleichzusetzen.[108] Zwischen dieser und jener besteht demzufolge nicht nur eine institutionelle, sondern auch eine *funktionale* Identität.

(4) Fazit

Wie bereits dargelegt, kommt der Hauptversammlung als Verbandsorgan keine eigene Rechtssubjektsqualität zu. Vielmehr verkörpert sie den Verband als sol-

---

[105] Zu den diesbezüglichen Gestaltungsmöglichkeiten s.u., § 9, IV.

[106] So aber *Barz*, in: GK AktG, 3. Aufl., § 287, Anm. 5.

[107] Dies ist nicht einmal im Verhältnis zwischen Einmann-GmbH und deren Gesellschafterversammlung der Fall, denn die GmbH ist – anders als die Gruppe der Kommanditaktionäre – juristische Person.

[108] Im Ergebnis auch *Assmann/Sethe*, in: GK AktG, § 278, Rn. 93; *Sethe*, Personalistische Kapitalgesellschaft, S. 114, Fn. 23.

chen und ist mit diesem nach zutreffendem Verständnis teilidentisch. Hieran wird deutlich, dass das in § 278 II Alt.2 AktG angesprochene „Rechtsverhältnis der persönlich haftenden Gesellschafter (...) gegenüber der Gesamtheit der Kommanditaktionäre“ auch in organisationsbezogener Hinsicht nur ein solches zwischen den phG und der *Gesellschaft selbst* sein kann.[109] Die diesbezüglich wenig präzise Formulierung in § 278 II AktG beruht auch hier auf einer unreflektierten Übertragung von kommanditrechtlichen Strukturvorstellungen auf die strukturhybride KGaA. Es ist indes davon auszugehen, dass der Gesetzgeber allein die kommanditrechtliche Zuständigkeitsverteilung, nicht auch die Organisationsstrukturen der KG auf die KGaA hatte übertragen wollen.[110]

Die Verwaltung der KGaA offenbart sich folglich als ein *multipolares Gefüge aus Rechtsverhältnissen einerseits zwischen den phG untereinander (sofern mehrere vorhanden), andererseits zwischen diesen und der Gesellschaft*, wobei letztere insoweit (grundsätzlich) durch die Hauptversammlung handelt.[111] Für die Kommanditaktionäre bleibt es hingegen beim korporativen Prinzip der abgeleiteten Organverwaltung, d.h. ihre verwaltungsbezogenen Mitgliedschaftsrechte richten sich ausschließlich gegen die Gesellschaft und beschränken sich gegenständlich auf eine Mitwirkung in bestimmten Verbandsorganen.

d) Sonstige Rechtsverhältnisse in der KGaA

Als sonstige Rechtsverhältnisse kommen noch *Treuepflichten* sowie *Informations-* und *Kontrollrechte* in Betracht. Diese stehen jeweils in engem sachlichen Zusammenhang mit den aus der Mitgliedschaft fließenden Verwaltungs- und Vermögensrechten, deren Ausübung sie im Einzelfall beeinflussen bzw. flankieren.[112] Die Wirkrichtung dieser Rechte wird sich folglich typischerweise nur in Verbindung mit den jeweiligen Verwaltungs- und Vermögensrechten bestimmen lassen. – Insbesondere für die Treuepflichten in der KGaA bedeutet dies:

Treuepflichten bestehen ohne Zweifel zwischen den phG untereinander sowie zwischen diesen und der Gesellschaft; zutreffender Maßstab ist hierbei das Personengesellschaftsrecht (§ 278 II Alt.1 u. 2 AktG).[113] Treuepflichten existieren ebenfalls im Verhältnis der Kommanditaktionäre und der KGaA; maßgeblich sind hier allerdings die Grundsätze des Aktienrechts (§ 278 III AktG).[114]

Fraglich ist, ob gegenseitige, über die allgemeine Deliktshaftung hinausgehende Treuebindungen auch im Verhältnis der Kommanditaktionäre untereinander

---

[109] Im Ergebnis wohl ebenso *Mertens*, in: KK AktG, § 278, Rn. 37.

[110] Explizit *Würdinger*, AktienR, 3. Aufl., S. 227 m.w.N.

[111] Zu diesem letzten Punkt s.u., e, bb.

[112] Beispiele zum Geltungsbereich der Treuepflicht: BGHZ 98, S. 276, 278 f. = NJW 1987, S. 189 (Stimmrecht); *Michalski*, OHG, § 122, Rn. 5 (Entnahmerecht); BayObLGZ 1974, S. 208, 213 = NJW 1974, S. 2094; *OLG Frankfurt*, AG 1984, S. 25 (Auskunftsrecht); BGHZ 107, S. 296 = NJW 1989, S. 2689 (Kochs Adler; Anfechtungsrecht).

[113] Hierzu allg. *Michalski*, OHG, § 109, Rn. 16 ff. m.w.N.

[114] Hierzu *Lutter*, JZ 1976, S. 225 ff.; *Werner*, FS Semler, S. 419 ff.

sowie zwischen diesen und den phG zum Tragen kommen. Zumindest aus dem Blickwinkel der Kommanditaktionäre erscheint dies nicht ohne weiteres einsichtig,[115] denn ihnen gegenüber stellt sich nicht nur die Vermögensordnung, sondern auch das Organisationsgefüge der KGaA als verselbständigt dar. Vermögens- und Verwaltungsrechte richten sich deshalb allein gegen die Gesellschaft; insoweit stehen die Kommanditaktionäre weder untereinander noch gegenüber den phG in Rechtsbeziehung. – Auch in dieser Hinsicht können die Kommanditaktionäre allerdings nicht anders behandelt werden als Aktionäre einer AG. Für diese bejaht der überwiegende Teil des Schrifttums[116] – dem sich die Rechtsprechung angeschlossen hat[117] – die Existenz von Treuepflichten auch im Verhältnis untereinander, wenngleich allerdings der Rückgriff hierauf häufig aufgrund spezieller gesetzlicher Regelungen überflüssig sein dürfte.[118] Folgt man dem Ergebnis der h.M. auch im Bereich der KGaA und unterstellt dementsprechend Treuepflichten zwischen den Kommanditaktionären, so muss dies in gleichem Maße für deren Verhältnis gegenüber den phG gelten. Es wäre nicht einzusehen, ausgerechnet diese Beziehung von Treuebindungen freizuhalten.[119]

Als Adressat von Treuepflichten kommt freilich – neben der Gesellschaft – ausschließlich der *individuelle* Gesellschafter in Betracht, nicht etwa eine irgendwie geartete „Gesamtheit" als Kollektiv der Kommanditaktionäre. Da dieser weder in vermögens- noch in organisationsbezogener Hinsicht eine eigenständige Funktion im Verbandsgefüge der KGaA zufällt, wäre die Anerkennung von auf sie bezogenen Treuebindungen nicht nur unnötig, sondern geradezu unsinnig.[120]

e) Folgerungen

Es hat sich gezeigt, dass das Kollektiv der Kommanditaktionäre als Zuordnungssubjekt für mitgliedschaftliche Rechtsverhältnisse weder im Hinblick auf Vermögens- noch auf Verwaltungsrechte in Betracht kommen kann. Ebenfalls scheidet die „Gesamtheit der Kommanditaktionäre" als Adressat von mitgliedschaftlichen Treuepflichten bzw. Informations- und Kontrollrechten aus.

---

[115] Dezidiert *Wilhelm*, KapitalgesellschaftsR, Rn. 700 (aus Perspektive des Aktionärs).

[116] Übersicht bei *Hüffer*, AktG, § 53a Rn. 13 ff.; kritisch aber *Flume*, Juristische Person, S. 268 ff.; *ders.*, ZIP 1996, S. 161 ff.

[117] BGHZ 103, S. 184, 194 (Linotype); BGHZ 129, S. 136, 142 ff. (Girmes). Ablehnend noch *BGH*, JZ 1976, S. 561 (VW-Audi/NSU) mit krit. Anm. *Lutter*.

[118] Vgl. z.B. § 317 I 2 AktG; hierzu *Emmerich/Sonnenschein/Habersack*, KonzernR, S. 399 (dort auch zum Verhältnis des § 317 zu § 117 und zur Treuepflicht). Ähnliches gilt für § 117 AktG – allerdings mit dem Unterschied, dass dort die Ausübung des Stimmrechts in der Hauptversammlung explizit ausgeklammert ist.

[119] Anders *Fett*, in: Schütz/Bürgers/Riotte, KGaA, § 3, Rn. 23.

[120] A.A. *Fett*, in: Schütz/Bürgers/Riotte, KGaA, § 3, Rn. 22.

aa) Die Gesellschaft als alleiniger Bezugspunkt

Will man vermeiden, dass der folgenträchtige Verweis auf das Kommanditrecht in § 278 II Alt.2 AktG ins Leere läuft, so wird man nicht umhin kommen, das dort unterstellte „Rechtsverhältnis der persönlich haftenden Gesellschafter (...) gegenüber der Gesamtheit der Kommanditaktionäre" umfassend als ein solches zwischen den phG und der Gesellschaft zu behandeln. § 278 II Alt.2 AktG bezieht sich dann exklusiv auf dieses Verhältnis.[121] In der praktischen Rechtsanwendung führt dies dazu, dass die KGaA im Geltungsbereich des Kommanditrechts die Position eines (Allein-)Kommanditisten einnimmt, mithin sämtliche (Verwaltungs-)Rechte, die das HGB den Kommanditisten gewährt, künftig der KGaA als solcher zugeordnet werden. Bildlich gesprochen gestaltet sich die Rechtslage nicht anders, als ob eine selbständige KG in das Verbandsgefüge der KGaA implementiert wäre, in welcher die Stellung der Komplementäre durch die phG, die eines Alleinkommanditisten dagegen durch die KGaA eingenommen würde.

Die Vorstellung, die Kommanditaktionäre in corpore bildeten einen eigenen, von der Gesellschaft verschiedenen Rechtsträger, welchem die rechtliche Stellung eines Kommanditisten eingeräumt werde, ist hingegen weder mit der Eigenschaft der KGaA als juristischer Person noch mit den in ihr partiell herrschenden körperschaftlichen Strukturen in Einklang zu bringen.[122] Sie ist allein historisch zu erklären und findet ihren dogmatischen Ursprung in der Frühphase des Rechts der Kommanditaktiengesellschaft – in einer Zeit also, in welcher diese noch als Spielart der KG behandelt wurde (vgl. Art. 186 I ADHGB).[123]

bb) Reflexzuständigkeit der Hauptversammlung

Zumindest in einer Beziehung erweist sich der missverständliche Begriff von der „Gesamtheit der Kommanditaktionäre" jedoch als aufschlussreich: Räumt man nämlich der KGaA als solcher die rechtliche Stellung eines Alleinkommanditisten ein, so taucht das Problem auf, *wer* die ihr zufallenden Befugnisse im konkreten Fall wahrnehmen soll. Dass die phG hierfür nicht in Betracht kommen können, liegt auf der Hand, denn durch die Geltung der kommanditrechtlichen Zuständigkeitsverteilung soll deren Machtstellung gerade begrenzt werden.

Denkbar wäre, die Gesellschaft insoweit durch den *Aufsichtsrat* repräsentieren zu lassen; hierfür könnte der Rechtsgedanke des § 112 AktG ins Feld geführt werden. Die vom Gesetzgeber gewählte Terminologie „Gesamtheit der Kommanditaktionäre" spricht indes für die *Zuständigkeit der Hauptversammlung*, welche ja zumindest institutionell die Kommanditaktionäre in ihrer Gesamtheit

---

[121] *Mertens*, in: KK AktG, § 278, Rn. 37; *ders.*, FS Barz, S. 253, 255 f.; a.A. *Cahn*, AG 2001, S. 579, 581, der das Verhältnis der phG zur Gesellschaft als übrige Materie i.S.d. § 278 III AktG qualifiziert; unklar *Fett*, in: Schütz/Bürgers/Riotte, KGaA, § 3, Rn. 6.

[122] Kritisch auch *Wichert*, Finanzen, S. 47.

[123] Deutlich *Mertens*, in: KK AktG, § 278, Rn. 37.

erfasst. Hierdurch wird dem ursprünglichen Anliegen des Gesetzgebers, die Kommanditaktionäre im Anwendungsbereich des Kommanditrechts an bestimmten Verwaltungskompetenzen zu beteiligen, jedenfalls im Ergebnis zur Geltung verholfen. Zu bedenken ist freilich, dass diese Beteiligung nicht die Folge einer unmittelbaren Geltung von Kommanditrecht für das Kollektiv der Kommanditaktionäre ist, sondern bloß einen *Reflex* aus dessen Anwendung im Verhältnis der phG zur KGaA darstellt.[124] Es gilt, dass das Kommanditrecht allein um der phG willen für anwendbar erklärt wird, nicht aber, um die Stellung der Kommanditaktionäre zu stärken.

Die hier vorgeschlagene Interpretation des Begriffs „Gesamtheit der Kommanditaktionäre" beugt somit einerseits dem Missverständnis vor, die Hauptversammlung als Gesellschaftsorgan sei selbst Adressat von mitgliedschaftlichen Rechtsverhältnissen mit den phG. Andererseits macht sie aber auch deutlich, dass die KGaA in Wahrnehmung der aus diesen Rechtsverhältnissen fließenden Befugnisse typischerweise durch die Hauptversammlung – und damit durch die Kommanditaktionäre in ihrer Gesamtheit – repräsentiert wird.

cc) § 287 II AktG

Versteht man unter der „Gesamtheit der Kommanditaktionäre" in § 278 II Alt.2 AktG die Gesellschaft selbst, so kann schließlich auch im Hinblick auf *§ 287 II 1 AktG* nichts anderes gelten: Dort ist bestimmt, dass in Rechtsstreitigkeiten mit den phG grundsätzlich der Aufsichtsrat, gegebenenfalls ein besonderer, von der Hautversammlung gewählter Vertreter, die „Gesamtheit der Kommanditaktionäre" repräsentiert. Diese – oft kritisierte[125] – Vorschrift gewinnt an Kontur, wenn man auch hier die oben getroffene Gleichsetzung vornimmt. In diesem Fall bezieht sich der Regelungsbereich des § 287 II AktG auf Rechtsstreitigkeiten zwischen den phG und der Gesellschaft.[126] In diesem Verhältnis gilt aber gem. § 278 II Alt.2 AktG eigentlich Kommanditrecht und somit *nicht* die Vorschrift des *§ 112 AktG*, die den Aufsichtsrat als Vertretungsorgan der Gesellschaft bestimmt. Stattdessen würden nach kommanditrechtlichen Grundsätzen die gesetzlichen bzw. statuarischen Vertretungsregeln grundsätzlich auch für den Rechtsverkehr zwischen Gesellschaft und vertretungsberechtigten Gesellschaftern gelten, wobei jedoch interne Bindungen in vollem Umfang zum Tragen kämen und insbesondere § 181 BGB beachtlich wäre.[127] Interessenkonflikte bei den phG,

[124] Fraglich ist daher, ob diese Zuständigkeit stets von zwingender Natur ist. Hierzu s.u., § 9.

[125] Statt aller *Mertens*, in: KK AktG, § 287, Rn. 13.

[126] Vgl. *Mertens*, in: KK AktG, § 287, Rn. 2; *ders.*, FS Barz, S. 260, Fn. 26 a.E. – Die Kostenregelung des § 287 II 2 AktG erweist sich dann als selbstverständlich, die Regressmöglichkeit auf die Kommanditaktionäre hingegen als Sonderfall, der nur in Ausnahmefällen relevant werden dürfte (z.B. wenn die besonderen Vertreter nicht sorgfältig ausgewählt werden); vgl. hierzu *Hüffer*, AktG, § 287, Rn. 3.

[127] Zur analogen Situation in der oHG vgl. *Michalski*, OHG, § 126, Rn. 8, 19.

gegebenenfalls sogar Handlungsunfähigkeit der Gesellschaft, könnten in diesem Fall nicht ausgeschlossen werden.[128]

Um dies zu vermeiden, erscheint es sachgerecht, eine dem § 112 AktG entsprechende Kompetenzregelung auch für die KGaA zu implementieren mit der Folge, dass grundsätzlich dem *Aufsichtsrat* die Vertretungsbefugnis gegenüber den phG zuerkannt wird. Gerade darin liegt die Bedeutung des § 287 II AktG.[129]

Damit die sachlich gebotene Gleichwertigkeit mit § 112 AktG erzielt wird, sollte dann jedoch der Begriff der „Rechtsstreitigkeit" in § 287 II AktG möglichst extensiv ausgelegt werden, sodass auch gewöhnliche Rechtsgeschäfte darunter subsumiert werden können.[130] Die verbleibende Alternative, nämlich an Stelle des Aufsichtsrats über die Hauptversammlung besondere Vertreter zu bestimmen (§ 287 II 1 a.E. AktG), stellt einen Restbestand kommanditrechtlicher Dispositionsfreiheit dar, welche ihren Ursprung in § 278 II Alt.2 AktG findet.

dd) § 287 I AktG

Vergleichbare Erwägungen gelten für *§ 287 I AktG*, wonach „Beschlüsse der Kommanditaktionäre" grundsätzlich durch den Aufsichtsrat ausgeführt werden: Hiermit sind Beschlüsse der Hauptversammlung und somit – aufgrund von deren Organstellung – solche der KGaA gemeint. Die Befugnis (und die Pflicht) zum Vollzug des in der Hauptversammlung gebildeten Willens der Gesellschaft obliegt in der AG gem. § 83 II AktG dem Vorstand; in der KGaA treten die phG an Stelle des Vorstands. Die Regelung des § 83 II AktG würde deren Verhältnis zur Gesellschaft betreffen und ist daher aufgrund des § 278 II Alt.2 AktG in der KGaA unanwendbar. Stattdessen gilt Kommanditrecht, wonach der Vollzug des Verbandswillens Aufgabe der geschäftsführungs- und vertretungsberechtigten Gesellschafter ist. Letzten Endes wären daher auch in der KGaA die phG zur Ausführung der Hauptversammlungsbeschlüsse befugt.

Gerade diese Konsequenz erweist sich aber in den Fällen als unzweckmäßig, in denen Kompetenzen von phG und Hauptversammlung gemeinschaftlich wahrzunehmen sind, wie z.B. bei außergewöhnlichen Geschäftsführungsmaßnahmen (vgl. § 164 S.1 HS 2 HGB) oder bei Grundlagengeschäften (vgl. § 285 II 1 AktG). Würden die phG hier zugleich in eigener Sache und als Sachwalter der Hauptversammlung auftreten, so bestünde die Gefahr von Interessenkonflikten. Dem wirkt die Spezialvorschrift des § 287 I AktG entgegen, indem sie die Vollzugskompetenz bezüglich besagter Hauptversammlungsbeschlüsse grundsätzlich dem Aufsichtsrat überträgt;[131] dieser tritt hierbei freilich als Organ der

[128] Zu diesem Problem im Bereich der Personengesellschaften vgl. *Schmidt*, GesR, S. 1405 f.

[129] Im Ergebnis auch *Hüffer*, AktG, § 287, Rn. 2 und *Fett*, in: Schütz/Bürgers/Riotte, KGaA, § 3, Rn. 6: § 287 II 1 als reine Kompetenznorm.

[130] Die h.M. wendet § 112 AktG demgegenüber ohne weiteres an, vgl. *Semler/Perlitt*, in: MK AktG, § 278, Rn. 260.

[131] Gem. § 287 III AktG dürfen die phG selbst nicht Mitglieder des Aufsichtsrats sein.

Gesellschaft auf, nicht als Organ der Kommanditaktionäre.[132] Wegen der Möglichkeit, durch Satzungsbestimmung von dieser Zuständigkeitsregel abzuweichen (beispielsweise wieder zugunsten der phG), besteht, entgegen verbreiteter Auffassung,[133] kein Anlass, die Regelung auf kommanditrechtlich veranlasste Beschlüsse (z.B. §§ 278 II Alt.2 AktG, 164 S.1 HS 2 HGB) zu begrenzen.

ee) Zusammenfassung

Nach alledem lässt sich festhalten, dass ein Rechtsverhältnis zwischen den phG und den Kommanditaktionären in ihrer Gesamtheit nicht besteht. Mit der „Gesamtheit der Kommanditaktionäre" ist sowohl in § 278 II Alt.2 AktG als auch in § 287 AktG allein die KGaA als solche gemeint. Wichtigste Konsequenz hieraus ist der Umstand, dass das Verhältnis der phG gegenüber der KGaA umfassend dem Kommanditrecht unterstellt wird.

2. Das Rechtsverhältnis der persönlich haftenden Gesellschafter gegenüber Dritten (§ 278 II Alt.3 AktG)

a) Persönliche Haftung

Die Existenz von unmittelbar am Unternehmensrisiko beteiligten, persönlich haftenden Gesellschaftern wurde als Strukturmerkmal der KGaA beschrieben (§ 278 I AktG). Die normative Umsetzung erfolgt durch § 278 II Alt.3 AktG, wodurch die kommanditrechtlichen Vorschriften der *§§ 161 II, 128 f., 130, 159 f. HGB* für die phG einer KGaA für anwendbar erklärt werden. Wie Komplementäre haften diese den Gläubigern gegenüber persönlich, unbeschränkt, unmittelbar und primär, auf die ganze Verbindlichkeit.[134] Wie dort besteht zwar zwischen mehreren phG, nicht aber zwischen diesen und der KGaA ein Gesamtschuldverhältnis.[135]

b) Vertretung

Nach einhelliger Auffassung soll auch die Befugnis zur *Vertretung* der KGaA Teil des Rechtsverhältnisses zwischen den phG und Dritten sein und demgemäß unter § 278 II Alt.3 AktG fallen.[136] Dieser Einordnung kann nur teilweise gefolgt werden. Die Vertretungsbefugnis wurde nämlich als *Verwaltungsrecht* qualifiziert und betrifft daher in der KGaA das Verhältnis der phG untereinander und gegenüber der Gesellschaft (§ 278 II Alt.1 u. 2 AktG), nicht aber das Verhältnis zu Dritten (§ 278 II Alt.3 AktG). Diese Sichtweise ist schon deshalb

---

[132] S.o, III, 1, c, cc, (3); auch *Mertens*, in: KK AktG, § 287, Rn 13.

[133] Vgl. *Kallmeyer*, ZGR 1983, S. 57, 59.

[134] Zu dieser Charakterisierung der persönlichen Haftung vgl. *Michalski*, OHG, § 128, Rn. 5.

[135] Str.; für die oHG vgl. *Michalski*, OHG, § 128, 15; für die KGaA einerseits *Schütz/Reger*, in: Schütz/Bürgers/Riotte, KGaA, § 5, Rn. 223, andererseits *Herfs*, in: Münchener Handbuch, Bd.4, § 76, Rn. 19.

[136] Z.B. *Semler/Perlitt*, in: MK AktG, § 278, Rn. 159, 245.

sachgerecht, weil sich Geschäftsführung und Vertretung regelmäßig als einheitliche Vorgänge darstellen.[137]

Dass der historische Gesetzgeber die Vertretungsregelungen der oHG (und KG) dennoch dem Titel über das Rechtsverhältnis der *Gesellschafter* zu Dritten zugeordnet hat (§§ 123 ff. HGB) und auch in § 714 BGB von der Vertretung der *Gesellschafter* gegenüber Dritten spricht, hängt mit der gesamthänderischen Vermögensordnung dieser Gesellschaften zusammen: Die Gesamthand wird nach traditionellem Verständnis durch die Gesellschafter als Gruppe verkörpert; sämtliche Rechtsbeziehungen zu Dritten treffen ebendiese Gruppe. Geht es um die rechtliche Vertretung der Gesellschaft, so ist die Vertretung der Gruppe – und somit der Gesellschafter (in ihrer gesamthänderischen Verbundenheit) gemeint. Dieser Umstand macht die erwähnte Terminologie bei den Gesamthandsgesellschaften zumindest nachvollziehbar; für die KGaA als juristische Person ist sie schlicht unzutreffend: Zuordnungssubjekt von Forderungen und Verbindlichkeiten ist hier allein die Gesellschaft, keinesfalls die Gesellschafter – nicht einmal als Gruppe.

Echte Außenwirkung entfaltet die Vertretungsbefugnis nur insoweit, wie es um die Beachtlichkeit bzw. Unbeachtlichkeit von Beschränkungen gegenüber dem Rechtsverkehr geht (vgl. vor allem §§ 125 IV, 126 II, III HGB). Die Bedeutung der dritten Alternative des § 278 II AktG beschränkt sich dann auf die genannten Vorschriften. Praktische Auswirkung kommt dieser Differenzierung freilich nicht zu.

3. Das Rechtsverhältnis der persönlich haftenden Gesellschafter untereinander (§ 278 II Alt.1 AktG)

a) Verwaltungsrechte

Die Verwaltung der KGaA wurde als Geflecht von Rechtsverhältnissen zwischen den phG untereinander und zwischen diesen und der Gesellschaft beschrieben. Die Geltung des Kommanditrechts dient hier primär einer sachgerechten Koordinierung dieser Befugnisse.

Auswirkungen hat die Geltung von Kommanditrecht z.B. auf die *Mehrheitserfordernisse* für Beschlüsse der phG, für welche – ohne abweichende Vereinbarung – Zustimmung aller erforderlich ist. Ferner stellt sich die *Geschäftsverteilung* zwischen den geschäftsführungsbefugten phG als grundsätzlich von diesen frei regelbar dar; dem Aufsichtsrat kommt in der KGaA keine dem § 77 II 1 AktG vergleichbare Geschäftsordnungskompetenz zu.[138] Schließlich richten sich auch etwaige *Treuepflichten* zwischen den phG nach personengesellschaftsrechtlichen Grundsätzen.[139]

---

[137] *Buchwald*, DB 1957, S. 109, 109; *Flume*, Juristische Person, S. 357.
[138] *Schütz/Reger*, in: Schütz/Bürgers/Riotte, KGaA, § 5, Rn. 480 m.w.N.
[139] Hierzu bereits oben, III, 1, d.

b) Vermögensrechte

Mit Blick auf die vermögensrechtlichen Beziehungen mehrerer phG untereinander ist zunächst in Erinnerung zu rufen, dass zwischen diesen über § 128 S.1 HGB ein Gesamtschuldverhältnis zur Entstehung gelangt. Dieses wird gem. § 278 II Alt.1 AktG wie ein solches zwischen Komplementären einer KG behandelt.[140] Hieraus können vermögensrechtliche Positionen entspringen, die jedoch nicht mitgliedschaftlicher, sondern *schuldrechtlicher* Art sind.[141]

Auch im Übrigen existieren zwischen den phG keinerlei unmittelbar mitgliedschaftliche Rechtsverbindungen mit vermögensbezogenem Inhalt. Für die Anwendung des Kommanditrechts ist demnach in dieser Beziehung kein Platz.[142]

4. Der übrige Regelungsbereich

Im Übrigen werden gem. § 278 III AktG die – wegen § 23 V AktG weitestgehend kogenten – Vorschriften des Ersten Buchs über die AG für sinngemäß anwendbar erklärt, soweit die Besonderheiten des Kommanditaktienrechts (§§ 279-290 AktG) dem nicht entgegenstehen. Hiervon betroffen ist insbesondere das Verhältnis der Kommanditaktionäre untereinander, gegenüber der KGaA und gegenüber Dritten sowie das Verhältnis zwischen phG und (einzelnen) Kommanditaktionären. Ferner gehört hierher das Verhältnis Dritter zur Gesellschaft.

Nicht zuletzt erfasst der Generalverweis auf das Aktienrecht auch die Organisationsverfassung der KGaA – allerdings nur insoweit, wie die kommanditrechtlichen Organisationsstrukturen dies zulassen.

Schließlich finden sich im Rahmen der §§ 279 ff. AktG an diversen Stellen weitere Verweise auf das Recht der KG, auf deren Bedeutung gegebenenfalls im Verlauf der weiteren Untersuchung eingegangen wird.

IV. Resümee und Ausblick

Das Recht der KGaA wird aus verschiedenen, zum Teil stark kontrastierenden Rechtsquellen gespeist (Normenhybridität). Über die Verweise des § 278 II und III AktG gelangen die allgemeinen Vorschriften über die KG bzw. die AG zur Anwendung; fragmentarische Spezialregelungen finden sich in den §§ 279-290 AktG.

---

[140] *Assmann/Sethe*, GK AktG, § 278, Rn. 67.

[141] Deshalb steht dieser Regressmöglichkeit auch die Vorschrift des § 707 BGB nicht im Weg, vgl. *Hueck*, OHG, S. 268.

[142] Zur unzutreffenden Interpretation, die *Erfolgsverteilung* unter mehreren phG sei ein Vorgang, der unter § 278 II Alt.1 AktG fiele, s.u., § 12, III, 2, a.

Als für den praktischen Umgang mit der Rechtsform entscheidende Herausforderung wurde die präzise Abgrenzung zwischen dem dispositiven kommanditrechtlichen und dem kogenten aktienrechtlichen Normbereich benannt. Hierbei kam der „Gesamtheit der Kommanditaktionäre“ in § 278 II Alt.2 AktG eine Schlüsselrolle zu, da – sowohl nach dem historischen Konzept des Gesetzgebers als auch nach der systematischen Konzeption des Gesetzes – der ganz überwiegende Teil der kommanditrechtlichen Regelungsmaterie an das Verhältnis zwischen den phG und ebendieser „Gesamtheit“ anknüpft. Deren rechtliche Qualifizierung machte eine vertiefte Analyse der in der KGaA herrschenden Strukturen unumgänglich, wobei u.a. eine weitgehende Organisationshybridität offengelegt wurde, welche durch die Koexistenz korporativer und personalistischer Strukturen bedingt ist.

Die ungewöhnliche Kombination verschiedener Strukturmerkmale in der KGaA gab Anlass, bestimmte Grundbegriffe des Verbandsrechts genauer zu beleuchten und voneinander abzugrenzen. In diesem Zusammenhang wurde vorgeschlagen, den Antagonismus zwischen Gesamthand und juristischer Person auf den Bereich der Rechts- und Interessenzuordnung, den Gegensatz zwischen Körperschaft und Personalverband indes auf Fragen der Verbandsorganisation zu beschränken. Es zeigte sich, dass gerade die dogmatische Behandlung einer Verbandsform, welche einerseits juristische Person, andererseits partiell Personalverband ist, auf Basis eines solchen Verständnisses erheblich erleichtert wird.

Die hierauf aufbauende Untersuchung der in der KGaA bestehenden mitgliedschaftlichen Rechtsverhältnisse und ihrer Wirkrichtung ergab schließlich, dass die Kommanditaktionärsgesamtheit als Adressat derartiger Rechte nicht in Betracht kommen kann. Hieraus wurde geschlossen, dass sich der entsprechende Verweis in § 278 II Alt.2 AktG allein auf die Gesellschaft selbst bezieht, mithin das Verhältnis der phG gegenüber der KGaA betrifft. Als Folge ergab sich die umfassende Geltung von Kommanditrecht in der genannten Beziehung, wobei klargestellt wurde, dass die Gesellschaft im Hinblick auf solche Kompetenzen, welche ihr an Stelle der Kommanditisten zugeordnet werden, grundsätzlich durch die Hauptversammlung repräsentiert wird. Die dahingehenden Mitwirkungsbefugnisse der Kommanditaktionäre wurden als mittelbarer Reflex beschrieben.

Durch die Gleichsetzung der „Gesamtheit der Kommanditaktionäre“ mit der Gesellschaft konnten zahlreiche Ungereimtheiten und Widersprüche ausgeräumt werden, welche der h.M. unvermeidlich anhaften. Hingewiesen wurde beispielsweise auf die Stellung des Aufsichtsrats, welcher nach richtigem Verständnis stets Organ der Gesellschaft, nicht aber der Kommanditaktionäre ist.

Weitere Vorzüge der hier vorgeschlagenen Interpretation werden sich darüber hinaus im Verlauf der folgenden Untersuchung offenbaren.

§ 3: Beherrschungsvertrag und Eingliederung als Instrumente des legitimen Interessenumbruchs

I. Überblick

Beherrschungsvertrag (§ 291 I 1 Alt. 1 AktG) und Eingliederung (§§ 319 I 1, 320 I 1 AktG) stellen die engsten Formen der Verbindung zweier rechtlich selbständiger Unternehmen dar. Während der Beherrschungsvertrag auch mit einem Nichtgesellschafter geschlossen werden kann, setzen die Regelungen über die Eingliederung eine Beteiligung der künftigen Konzernmutter (Hauptgesellschaft) von mindestens 95 Prozent des freien, also nicht der Gesellschaft selbst zurechenbaren,[1] Grundkapitals voraus. Sofern die künftige Hauptgesellschaft nicht bereits Alleinaktionärin der einzugliedernden Gesellschaft ist (§ 319 AktG), führt spätestens die Eingliederung durch Mehrheitsbeschluss (§ 320 AktG) zur vollständigen Verdrängung aller neben der Hauptgesellschaft verbliebenen Aktionäre. Damit ähnelt die Eingliederung dem Ausschlussverfahren nach §§ 327a ff. AktG – allerdings mit dem Unterschied, dass dem künftigen Alleinaktionär nach einem durchgeführten „Squeeze-Out"[2] keine weiteren verfassungsrelevanten Rechte und Pflichten zukommen.[3]

Weil die künftige Hauptgesellschaft bereits mitgliedschaftlich in das Verbandsgefüge der einzugliedernden Gesellschaft integriert ist, befindet das Gesetz den Abschluss eines besonderen „Eingliederungsvertrags" zwischen den beteiligten Gesellschaften für entbehrlich[4] und beschränkt sich auf das Erfordernis eines beiderseitigen Billigungsbeschlusses (§§ 319 I, II, 320 I 1 AktG). Die Eingliederung ist daher nicht Basis für einen Vertragskonzern, sondern für einen *institutionellen* Konzern.[5]

Ähnlich wie die verbandsbezogenen Mitgliedschaftsrechte lassen sich auch die Rechtsfolgen von Beherrschungsvertrag und Eingliederung grob in organisations- und vermögensbezogene einteilen, berühren also die Tochtergesellschaft sowohl in ihrer Eigenschaft als Wirkungs- wie auch als Vermögenseinheit: Als organisatorische Konsequenz ist beiden Konzerntatbeständen regelmäßig ein weitgehendes Weisungsrecht zugunsten der Konzernmutter gemeinsam (§§ 308 I, 323 I AktG). In vermögensrechtlicher Hinsicht stehen die Aufhebung der Vermögensbindung (§§ 291 III, 323 II AktG), die damit in Zusammenhang ste-

---

[1] Hierzu *Habersack*, in: Emmerich/Habersack, Kommentar, § 319, Rn. 8.
[2] Kritisch zum Begriff *Sieger/Hasselbach*, ZGR 2002, S. 120, 123, Fn. 6.
[3] Zu den Folgen des „Squeeze-Out-Verfahrens" *Sieger/Hasselbach*, ZGR 2002, S. 120, 129 ff.
[4] Vgl. *OLG* München, AG 1993, S. 430.
[5] *Veit*, Unternehmensverträge, S. 48 f.; a.A. scheinbar *Emmerich*, in: Emmerich/Habersack, Kommentar, § 18, Rn. 3. Bea. auch § 323 I 3 AktG, aus dem sich ergibt, dass die Eingliederung kein Vertragskonzern ist, vgl. *Godin/Wilhelmi*, AktG, § 321, Anm. 1.

hende Fehlbetrags- bzw. Verlustausgleichspflicht der Mutter (§§ 302 I, 324 III AktG)[6] sowie Ausgleichs- bzw. Abfindungsansprüche etwaiger außenstehender Aktionäre (§§ 304, 305, 320b AktG) im Mittelpunkt des Interesses. Flankierend kommen bestimmte Instrumente zur Gläubigersicherung (§§ 303, 321, 322 AktG) und besondere Haftungstatbestände (§§ 309 f., 323 I 2 AktG) hinzu.

Zumindest mit Blick auf den Beherrschungsvertrag wird über die skizzierten Konsequenzen hinaus eine Überlagerung des „Eigeninteresses" der Tochtergesellschaft durch das „Konzerninteresse" angenommen.[7] Dieser sog. *Interessenumbruch*[8] soll zur Folge haben, dass das ursprüngliche Verbandsinteresse als Maßstab künftiger Leitungsmaßnahmen vom Interesse „des herrschenden Unternehmens oder der mit ihm und der Gesellschaft konzernverbundenen Unternehmen" (vgl. § 308 I 2 AktG) abgelöst wird. Die nachfolgenden Ausführungen sollen belegen, dass der Interessenumbruch nicht nur für den Beherrschungsvertrag, sondern auch für den Eingliederungskonzern konstitutive Bedeutung erlangt.

Dieser Umstand bietet auch die Rechtfertigung für die unwiderlegliche Konzernvermutung des § 18 I 2, 1 AktG: Die für den Anwendungsbereich des Konzernrechts maßgebliche Gefahr von Interessenkonflikten,[9] die einer Verbindung von rechtlich selbständigen Unternehmen a priori innewohnt (sog. Konzerngefahr[10]), ist hier durch die legitimierte Neuausrichtung des Verbandsinteresses in der Tochtergesellschaft derart verdichtet, dass die Geltung der konzernrechtlichen Schutzvorschriften ohne weiteres einleuchtet.

Trotz bestimmter Unterschiede im Detail erweisen sich Beherrschungsvertrag und Eingliederung als *weitgehend vergleichbare Instrumente* der Unternehmenskonzentration, sodass eine gemeinsame Behandlung im Rahmen dieser Untersuchung naheliegt.

---

[6] Auf die Verknüpfung zwischen § 302 und § 291 III AktG weist zu Recht *Reuter*, ZHR 146 (1982), S. 1, 21 hin.

[7] Vgl. § 308 I 2 AktG. Hierzu *Altmeppen*, in: MK AktG, § 308, Rn. 101 ff.; *Hüffer*, AktG, § 308, Rn. 16 ff. (beide m.w.N.).

[8] Zur Terminologie *Bitter*, Durchgriffshaftung, S. 498 m.w.N.

[9] Dieser Aspekt findet seinen Niederschlag auch im Unternehmensbegriff der h.M.; hierzu *Emmerich*, in: Emmerich/Habersack, Kommentar, § 15, Rn. 6 ff.

[10] Vgl. BGHZ 69, S. 334, 336 ff. = NJW 1978, S. 104 (VEBA/Gelsenberg); BGHZ 74, S. 359, 364 f. = NJW 1979, S. 2401 (WAZ); BGHZ 80, S. 69, 72 = NJW 1981, S. 1512 (Süssen); BGHZ 95, S. 330, 337 = NJW 1986, S. 188 (Autokran); *BGH* WM 1997, S. 967, 969 (Volkswagen); *Nordmeyer*, Unternehmensbegriff, S. 43.

II. Rechtsnatur

1. Beherrschungsvertrag und Eingliederung als verfassungsändernde Rechtsakte

Beherrschungsvertrag und Eingliederung stellen außergewöhnliche Rechtsakte dar, die nachhaltigen Einfluss auf beide Beteiligten auszuüben vermögen.

Aus Perspektive der Tochtergesellschaft erweisen sich die genannten Konzerntatbestände besonders folgenreich: Weisungsrecht und Aufhebung der Vermögensbindung verändern hier unmittelbar die verbandsspezifischen Kompetenz- und Vermögensstrukturen; dies gilt umso mehr, wenn man darüber hinaus einen umfassenden Interessenumbruch unterstellt. Zu Recht werden Beherrschungsvertrag und Eingliederung daher – mit Blick auf die Wirkungen in der Tochtergesellschaft – als verfassungsändernde Akte gekennzeichnet.[11] Die Verfassungsänderung ist materieller Natur, findet also grundsätzlich keinen Eingang in die Satzungsurkunde.[12] Als eigentlichen verfassungsändernden Akt wird man den Eingliederungsbeschluss bzw. den Zustimmungsbeschluss der Tochtergesellschaft (keinesfalls den Abschluss des Beherrschungsvertrags) werten müssen,[13] wenngleich dessen Wirksamkeit freilich durch den Zustimmungsbeschluss der Muttergesellschaft und die Eintragung ins Handelsregister suspendiert ist.

Für das Mutterunternehmen liegt zwar keine Satzungsänderung vor.[14] Aufgrund des folgenschweren konzernspezifischen Pflichtenprogramms kann man aber auch hier ohne weiteres von einer Verfassungsänderung im materiellen Sinn sprechen.[15]

2. Das Verhältnis von gesetzlichen, vertraglichen und statuarischen Regelungen

Neben den gesetzlich fixierten Rechtsfolgen, die mit Wirksamwerden der Konzernierung zur Anwendung gelangen,[16] besteht in gewissen Grenzen die Möglichkeit, Inhalt und Umfang der Verfassungsänderung rechtsgeschäftlich zu definieren. Erwägenswert sind beispielsweise bestimmte Einschränkungen des Weisungsrechts, Regelungen betreffend Abfindung und Ausgleich (letzteres

---

[11] *Emmerich*, in: Emmerich/Habersack, Kommentar, § 291, Rn. 26 für den Beherrschungsvertrag; *Praël*, Eingliederung, S. 67, 72. Der Charakterisierung als Verfassungsänderung stehen auch die Vorschriften der §§ 293 I 4, 319 I 2 AktG nicht entgegen, hierzu s.u., § 7, III, 1.

[12] Zur Unterscheidung zwischen materiellen und formellen Satzungsbestimmungen vgl. *Hüffer*, AktG, § 23, Rn. 3 f.

[13] *Praël*, Eingliederung, S. 82.

[14] Vgl. *Praël*, Eingliederung, S. 105; anders *Bälz*, in: 40 Jahre Bundesrepublik, S. 177, 226.

[15] BGHZ 105, S. 324 (Supermarkt) für eine GmbH. Zur näheren Begründung s.u., § 17, I.

[16] Vgl. *Praël*, Eingliederung, S. 107, der – bezogen auf die Eingliederung – von „Wahlnormen" spricht, vergleichbar mit den Regelungen der bürgerlich-rechtlichen Ehe.

beim Beherrschungsvertrag zwingend; § 304 III 1 AktG) oder Konkretisierungen in Bezug auf die Rücklagenbildung. Soweit derartige Ausgestaltungen zulässig sind, handelt es sich bei den Vorschriften der §§ 291 ff. AktG bzw. §§ 319 ff. AktG um dispositives Recht.

Abweichungen von der dispositiven Materie sind im Fall des Beherrschungsvertrags sowohl im Vertrag als auch in der Satzung der Tochtergesellschaft denkbar. Deren künftige Verfassung fußt mithin auf drei Verfassungsebenen (Gesetz, Beherrschungsvertrag, Satzung). Bei der Eingliederung kommt demgegenüber allein die Satzung der eingegliederten Gesellschaft in Betracht. Soweit darüber hinaus zusätzliche Vereinbarungen zwischen der Hauptgesellschaft und der eingegliederten Gesellschaft getroffen werden (sog. „interner Eingliederungsvertrag“[17]), kann diesen allein schuldrechtliche Wirkung zukommen;[18] im institutionellen Konzern existieren somit lediglich zwei Verfassungsebenen (Gesetz, Satzung).

Fraglich ist, in welchem Verhältnis diese Verfassungsebenen zueinander stehen.

a) Beherrschungsvertrag

Satzungsbestimmungen in der Tochtergesellschaft, die *zwingenden* gesetzlichen Regelungen entgegenstehen, werden nach einhelliger Auffassung „überlagert“, treten also, solange der Beherrschungsvertrag Bestand hat, zurück.[19] Sofern die Satzung hingegen von *dispositiven* Vorschriften abweicht, sind zwei Lösungen denkbar:

Einerseits könnte man auch hier von einer umfassenden Überlagerung ausgehen mit der Folge, dass Abweichungen vom dispositiven Konzernrecht ausschließlich durch den Beherrschungsvertrag möglich sind, dieser der Satzung also in jedem Fall vorgeht.[20] Hierfür könnte angeführt werden, dass die Gesellschafter dem Beherrschungsvertrag mit verfassungsändernder Mehrheit zustimmen müssen, ein Rückgriff auf die Satzung folglich im Anwendungsbereich der §§ 291 ff. AktG i.V.m. dem Beherrschungsvertrag überflüssig erscheint.

Andererseits zwingt eine solche Sichtweise dazu, einschlägige Satzungsregelungen mitunter inhaltsgleich in den Beherrschungsvertrag aufzunehmen. Dies kann ohne Not zu einer Überfrachtung des Beherrschungsvertrags mit Gegenständen führen, die der Sache nach in die Satzung gehören. Ein solches Vorgehen erscheint nicht bloß als Formalismus, sondern birgt auch die Gefahr einer unnötigen Verzögerung der Konzernbildung; ein Umstand, der sich vor allem in Sanierungsfällen als schädlich erweisen kann.[21] Auch § 308 III AktG geht davon

---

[17] Vgl. *Veit*, Unternehmensverträge, S. 158, Fn. 291.

[18] *Habersack*, in: Emmerich/Habersack, Kommentar, § 319, Rn. 10.

[19] *Praël*, Eingliederung, S. 95 m.w.N.; *Kantzas*, Weisungsrecht, S. 34 m.w.N.

[20] *Rowedder*, FS Duden, S. 501, 504.

[21] Allg. zu den Gefahren einer zeitlichen Verzögerung der Konzernbildung *Ebenroth*, FS Boujong, S. 99, 101

aus, dass bestimmte einschränkende Satzungsklauseln nicht automatisch überlagert werden, denn andernfalls hätte es der genannten Vorschrift nicht bedurft.

Man wird den Gesellschaftern folglich nicht ohne weiteres unterstellen können, mit ihrer Zustimmung zum Beherrschungsvertrag auch solche Satzungsbestandteile ausschalten zu wollen, die in Widerspruch zum dispositiven Konzernrecht treten. Vielmehr ist durch *Auslegung* des Beherrschungsvertrags zu ermitteln, ob und inwieweit die Satzung hinter die gesetzlichen und vertraglichen Bestimmungen zurücktreten soll. Aus dem „Schweigen" des Vertrags wird man nicht automatisch auf die Maßgeblichkeit des dispositiven Gesetzesrechts schließen können. Sofern sich mithin aus dem Beherrschungsvertrag keine Anhaltspunkte ergeben, gilt die Satzung weiter.[22] Erst diese Sichtweise ermöglicht eine flexible und einzelfallbezogene Lösung der Problematik.

Die Konsequenzen dieses Ansatzes sollen anhand eines Beispiels verdeutlicht werden: Gem. § 308 I AktG kommt der Konzernmutter (grundsätzlich) ein Weisungsrecht im Hinblick auf die Leitung der Tochtergesellschaft zu. Jedenfalls der Umfang dieses Weisungsrechts gehört unstreitig zur dispositiven Regelungsmaterie (vgl. § 308 I 2 AktG).[23] Gem. § 111 IV 2 Alt.1 AktG kann die Satzung der Tochtergesellschaft vorsehen, dass bestimmte Geschäftsführungsmaßnahmen nur mit Zustimmung des Aufsichtsrats vorgenommen werden dürfen.[24] Eine derartige Regelung beschränkt die Geschäftsführungsbefugnis der Tochter-Verwaltung (§ 82 II AktG) und somit auch die Leitungsmacht des Mutterunternehmens (§ 308 I AktG).[25] In diesem Fall liegt also ein Konflikt zwischen Satzung und dispositivem Konzernrecht vor. Nach hier vertretener Ansicht kann das statuarische Zustimmungsrecht des Aufsichtsrats im Beherrschungsvertrag abbedungen werden;[26] ein solches Vorgehen begegnet vor dem Hintergrund der satzungsändernden Mehrheitsverhältnisse in § 293 I AktG keinen Bedenken. Enthält der Beherrschungsvertrag jedoch keine derartige Bestimmung und auch sonst keine Anhaltspunkte für eine Ausschaltung des Zustimmungsrechts, so gilt die Satzung fort. In diesem Fall wird das Mutterunternehmen freilich durch § 308 III AktG geschützt.

b) Eingliederung

Bei der Eingliederung fehlt es von vornherein an einer neben das Gesetz und die Satzung tretenden zusätzlichen Verfassungsebene. Soweit Abweichungen vom gesetzlichen Normgefüge der §§ 319 ff. AktG überhaupt für zulässig erachtet

[22] *Praël*, Eingliederung, S. 95.

[23] H.M.; vgl. *Altmeppen*, in: MK AktG, § 308, Rn. 132; *Kantzas*, Weisungsrecht, S. 88 ff.

[24] Nach h.M. soll dies allein außergewöhnliche Geschäftsführungsmaßnahmen erfassen, z.B. *Mertens*, in: KK AktG, § 111, Rn. 61.

[25] *Altmeppen*, in: MK AktG, § 308, Rn. 156.

[26] Nach *Baumbach/Hueck*, § 111, Rn. 10 und *Wiedemann*, FS Barz, S. 561, 571 soll sogar das gesetzliche Initiativrecht gem. § 111 IV 2 Alt.2 AktG disponibel sein; hiergegen die h.M. bei *Hüffer*, AktG, § 111, Rn. 17.

werden, kommt hierfür allein die Satzung der Tochtergesellschaft in Betracht.[27] Aufgrund der zwingenden mitgliedschaftlichen Stellung der Hauptgesellschaft in der eingegliederten Gesellschaft, entfaltet eine solche Satzungsbestimmung dann unmittelbare Wirkung für beide Beteiligten.[28]

Bei der Eingliederung bedarf es daher keiner Auslegung, um die Reichweite etwaiger dispositiver Gesetzesvorschriften zu ermitteln. Die Bestimmungen der Satzung bleiben insoweit auch während der Eingliederung vollumfänglich anwendbar.[29] Suspendiert werden demgegenüber solche Satzungsregelungen, die dem zwingenden Gesetzesrecht widersprechen.[30]

c) Nachträgliche Satzungsänderungen

Weil die Satzung der Tochtergesellschaft mit Blick auf das dispositive Konzernrecht weitergelten kann, taucht das Problem auf, wie sich spätere Satzungsänderungen, die sich auf Gegenstände des dispositiven Konzernrechts beziehen, zu behandeln sind. Durch derartige Satzungsänderungen könnte die Rechtsstellung des Mutterunternehmens nachträglich ausgehöhlt und damit der Inhalt der Konzernierung gleichsam „durch die kalte Küche" verändert werden. Beispiel: Das Zustimmungsrecht des Aufsichtsrats gem. § 111 IV 2 Alt.1 AktG wird nachträglich in die Satzung eingefügt.

Die Frage gewinnt allein beim *Beherrschungsvertrag* Relevanz, da das Mutterunternehmen im Fall der Eingliederung Allein(kommandit)aktionär wird, eine nachträgliche Satzungsänderung gegen den Willen der Hauptgesellschaft folglich nicht möglich ist.[31]

Zu bedenken ist, dass sich die Konzernmutter nur mit Blick auf eine bestimmte, im Zeitpunkt des Zustimmungsbeschlusses herrschende Verfassungslage bereit erklärt hat, Verantwortlichkeit (§ 309 AktG) und Risiko (§ 302 AktG) im Hinblick auf die Tochtergesellschaft zu übernehmen. Aus dem Rechtsgedanken des *§ 295 I 2 AktG* (i.V.m. § 293 II AktG) folgt, dass nachträgliche Beeinträchtigungen dieser Position nur mit Zustimmung des Mutterunternehmens zulässig sind.[32] Zwar setzt § 295 AktG nach h.M. eine zweiseitige rechtsgeschäftliche Vereinbarung voraus,[33] weshalb eine Satzungsänderung in der Tochtergesellschaft ohne Beteiligung des Mutterunternehmens nicht in den unmittelbaren

---

[27] *Praël*, Eingliederung, S. 114. Die Existenz dispositiver Regelungen im Rahmen der §§ 319 ff. AktG vollends leugnend *Veit*, Unternehmensverträge, S. 158.

[28] Ausführlich *Veit*, Unternehmensverträge, S. 83 ff., der ohnehin sämtliche Rechte und Pflichten im Kontext der Eingliederung als mitgliedschaftlich qualifiziert.

[29] Dies ist in der Literatur zumindest im Hinblick auf Satzungsbestimmungen über eine erhöhte Rücklage anerkannt; vgl. *Praël*, Eingliederung, S. 116.

[30] *Praël*, Eingliederung, S. 115.

[31] Umgekehrt gibt zumindest in der KGaA die Stellung als Alleinkommanditaktionär noch nicht die Rechtsmacht, beliebig Satzungsänderungen herbeizuführen, vgl. § 285 II 1 AktG.

[32] Im Ergebnis auch *Praël*, Eingliederung, S. 95.

[33] *BGH*, NJW 1979, S. 2103 = DB 1979, S. 1596; *Altmeppen*, in: MK AktG, § 295, Rn. 3; *Emmerich*, in: Emmerich/Habersack, Kommentar, § 295, Rn. 6 f.

Schutzbereich fällt. Jedoch liegt der Sache nach eine Inhaltsänderung vor, sodass eine entsprechende Anwendung zu befürworten ist. Die nachträgliche Satzungsänderung, die eine Veränderung des dispositiven Konzernrechts zum Gegenstand hat, wirkt folglich nur dann gegen das Mutterunternehmen, wenn dieses seine Zustimmung erteilt; fehlt es daran, so wirkt die alte Rechtslage weiter. Dies gilt – über den unmittelbaren Anwendungsbereich der §§ 295 I 2, 293 II AktG hinaus – unabhängig von der Rechtsform des Mutterunternehmens.

Der skizzierten Fragestellung kommt im Konzernrecht der AG eine geringe praktische Bedeutung zu, da dort Satzungsänderungen, die in Konflikt mit dispositiven Vorschriften des Konzernrechts treten können, aufgrund der Satzungsstrenge (§ 23 V AktG) selten sind. Handelt es sich bei der vertragsbeherrschten Gesellschaft hingegen um eine *KGaA*, so erscheint die Problematik in anderem Licht: Mit Blick auf die hohe Satzungselastizität sind hier weit größere Konfliktfelder denkbar.

III. Organisationsbezogene Konsequenzen: Leitungsmacht und Leitungsmaßstab

1. Leitung der Gesellschaft durch Weisungen

a) Zentrales Konzernmanagement

§ 291 I 1 AktG definiert den Beherrschungsvertrag als einen Vertrag, durch den „eine Aktiengesellschaft oder Kommanditgesellschaft auf Aktien die Leitung ihrer Gesellschaft einem anderen Unternehmen unterstellt“. In organisatorischer Hinsicht wird diese konzernspezifische Unterordnung (regelmäßig) durch ein weitreichendes *Weisungsrecht* zugunsten des Mutterunternehmens (§ 308 AktG) verankert; im Hinblick auf die Eingliederung ist eine vergleichbare Regelung in § 323 I 1 AktG vorgesehen.

Durch das Weisungsrecht wird die Einflussnahme des Mutterunternehmens auf die Verbands- und Unternehmensleitung der Tochter rechtlich legitimiert, was den Beherrschungsvertrag und die Eingliederung von Fällen rein faktischer Herrschaft abgrenzt.[34] Folgerichtig spricht das Gesetz von „Weisungen“, während das Regelungskonzept der §§ 311 ff. AktG durchgängig (bloß) an die „Einflussnahme“ des herrschenden Unternehmens anknüpft.[35] Die rechtlich legitimierte Verlagerung der Leitungsmacht auf das Mutterunternehmen stellt bei der AG eine Durchbrechung des in § 76 I AktG niedergelegten Eigenverantwortlichkeitsprinzips dar, wonach der Vorstand die Gesellschaft autonom, insbeson-

[34] Vgl. *Beuthien*, JuS 1970, S. 53, 56, der zwischen dem beherrschungsvertraglichen Weisungs*recht* und einer faktisch vermittelten Weisungs*macht* differenziert.
[35] Z.B. *Kantzas*, Weisungsrecht, S. 60.

dere weisungsfrei[36] zu leiten hat. Dadurch wird die Etablierung eines *zentralen Konzernmanagements*, verbunden mit einer möglichst optimalen Nutzung der zusammengefassten Ressourcen, erleichtert. – Ist die Tochtergesellschaft demgegenüber eine KGaA, so erweist sich die Einräumung von legitimer Leitungsmacht zugunsten anderer Instanzen als der geschäftsführenden phG nicht mehr ohne weiteres als konzernspezifisches Unikum. Denn dort sind Verschiebungen der Leitungsmacht bereits durch entsprechende Satzungsgestaltungen möglich.

b) Weisungsadressat

Obwohl selbst nicht Partei des Beherrschungsvertrags bzw. Beteiligter der Eingliederung, erklärt § 308 I 1, II 1 bzw. § 323 I 1 AktG den *Vorstand* zum Adressaten der Weisungen; in der KGaA treten die (vertretungsberechtigten) phG an Stelle des Vorstands. Diese dogmatisch unbefriedigende Terminologie[37] muss in Zusammenhang mit der Organstellung des Vorstands gebracht werden, wonach dieser bei verbandsbezogenen Handlungen den Verband als solchen repräsentiert.[38] Vor diesem Hintergrund erscheint es keinesfalls abwegig – und dogmatisch ungleich präziser –, trotz des missverständlichen Wortlauts die *Gesellschaft selbst* als verpflichtet zu erachten und den Bestimmungen der §§ 308 I 1, II 1, 323 I 1 AktG bloß organisatorische Bedeutung beizumessen. Durch sie wird dann einerseits unterstrichen, was sich bereits aus § 78 I AktG ergibt, nämlich die funktionale Zuständigkeit des Vorstands für Empfang und Ausführung der Weisungen.[39] Andererseits wird klargestellt, dass das Weisungsrecht die Kompetenzen anderer Verbandsorgane grundsätzlich unberührt lässt, obwohl auch deren Handeln ein solches der verpflichteten Gesellschaft ist. Für diese Interpretation streitet auch die Vorschrift des § 299 AktG, die in identischem Zusammenhang die Gesellschaft selbst als Weisungsempfängerin benennt;[40] wegen der negativen Formulierung erscheint hier die klarstellende Begrenzung auf die Vorstandsfunktionen entbehrlich. Auch ein Blick auf § 309 I AktG, der von „der Erteilung von Weisungen an diese“ (d.h. die Gesellschaft) spricht, stützt diesen Befund.[41]

Die vorgeschlagene Interpretation führt dazu, dass eine im Organisationsrecht verankerte Verpflichtung des Vorstands allein gegenüber der *Tochtergesellschaft* besteht.[42] Ob zwischen den einzelnen Vorstandsmitgliedern und der Kon-

---

[36] *Hüffer*, AktG, § 76, Rn.10.

[37] Kritisch auch *Emmerich*, in: Emmerich/Habersack, Kommentar, § 308, Rn. 17.

[38] Der antiquierte Streit zwischen Vertreter- und Organtheorie kann hier offen bleiben; hierzu *Flume*, Juristische Person, S. 377 ff.; *Schmidt*, GesR, S. 250 ff.

[39] In der KGaA ergibt sich die Zuständigkeit der phG aus §§ 278 II AktG, 161 II, 114 ff., 125 ff. HGB.

[40] *Kantzas*, Weisungsrecht, S. 40.

[41] Kritisch zur Formulierung in § 309 I AktG *Fischer*, Haftung, S. 47, Fn. 1.

[42] *Praël*, Eingliederung, S. 72 f.

zernmutter trotzdem zumindest ein schuldrechtliches Verhältnis anzunehmen ist, darf im vorliegenden Zusammenhang offen bleiben.[43]

c) Leitungsbegriff

Trotz der zentralen Bedeutung für das konzernrechtliche Weisungsrecht, bereitet die präzise Bestimmung des Leitungsbegriffs nach wie vor Schwierigkeiten.[44]

Fest steht zunächst, dass der Gesetzgeber terminologisch an § 76 I AktG anknüpfen wollte. Diese Erkenntnis führt indes allenfalls zu einer Verlagerung der Problematik, denn auch im Rahmen des § 76 I AktG herrscht Streit über den Begriff der „Leitung“:

Verbreitet wird die These vertreten, die Leitung der Gesellschaft erfasse nur die *Führungsfunktionen* des Vorstands, worunter beispielhaft die Unternehmensplanung, -koordination, -kontrolle sowie die Besetzung von Führungspositionen angeführt werden;[45] ausgenommen soll hiervon das Tagesgeschäft sein.[46] Keine Einigkeit besteht unter den Verfechtern dieser (restriktiven) Interpretation in der Frage, ob damit bloß ein „herausgehobener Teilbereich der Geschäftsführung“[47] benannt ist, die Leitung also vollständig in dem umfassenderen Bereich der Geschäftsführung (§ 77 AktG) aufgeht, oder ob die Leitung darüber hinaus reicht, die Bereiche der Leitung und der Geschäftsführung mithin wie zwei sich schneidende Kreise nebeneinander stehen.[48] Abweichend hiervon wird zum Teil auch eine völlige Gleichsetzung von Geschäftsführung und Leitung vorgeschlagen[49] und wiederum andere wollen den Leitungsbegriff in Zusammenhang mit dem „gesamten weiten Bereich der Geschäftsführung und der Vertretung“ rücken.[50]

Keinen Beitrag zur Erhellung leistet schließlich der allgemeine Streit um den Umfang des *Geschäftsführungsbegriffs*, bei welchem es u.a. darum geht, ob auch innergesellschaftliche Vorstandskompetenzen (z.B. §§ 83, 121 II 1, 170 I AktG) der Geschäftsführung zuzuordnen sind.[51]

---

[43] Dafür *Emmerich*, in: Emmerich/Habersack, Kommentar, § 308, Rn. 18; dagegen *Würdinger*, in: GK AktG, 3. Aufl., § 308, Anm.14.

[44] Zu beachten ist, dass mit dem Begriff „Leitung“ zuweilen auch die Personen oder Gremien gemeint sind, durch die die Leitungshandlungen vorgenommen werden (Leitung im *institutionellen Sinn*). Im Folgenden soll es indes um den Begriff der Leitung im *funktionalen Sinn* gehen.

[45] *Hüffer*, AktG, § 76 Rn. 7 f. m.w.N.; *Henze*, BB 2000, S. 209, 209; offengelassen bei *Emmerich/Sonnenschein/Habersack*, KonzernR, S. 159.

[46] Vgl. *Kort*, in: GK AktG, § 76, Rn. 29. Unzutreffend daher die Äußerung *Sinas*, AG 1991, S. 1, Fn. 6, die Zulässigkeit von Weisungen auch im Tagesgeschäft sei „allgemeine Meinung“.

[47] So *Hüffer*, AktG, § 76, Rn. 7 m.w.N..

[48] So wohl *Henze*, BB 2000, S. 209, 209 f.

[49] Vgl. *Hefermehl*, in: Geßler/Hefermehl, AktG, § 76, Rn. 10. *Semler*, Leitung, Rn. 3 ff.; *Geßler*, ZHR 140, S. 433, 435.

[50] *Emmerich*, in: Emmerich/Habersack, Kommentar, § 308, Rn. 39; *Emmerich/Sonnenschein/Habersack*, KonzernR, S. 364.

[51] Hierzu *Kort*, in: GK AktG, § 76, Rn. 30 f., 35.

In Anlehnung an die gesetzliche Systematik, durch welche die Leitungsbefugnis des Vorstands als Spitzennorm gegenüber den übrigen Befugnissen konzipiert wurde (§ 76 I AktG), soll die „Leitung der Gesellschaft“ im Folgenden als Oberbegriff für die Bereiche der Geschäftsführung (§ 77 AktG), der Vertretung (§ 78 AktG) sowie der zahlreichen innergesellschaftlichen Vorstandskompetenzen verstanden werden.[52] Ob letztere dann terminologisch der Geschäftsführung zugeschlagen werden oder nicht, bedarf keiner Entscheidung.

Beschränkte man den Leitungsbegriff demgegenüber auf einen „herausgehobenen Teilbereich der Geschäftsführung“, so würde dies im Wesentlichen auf eine Gleichsetzung mit den *außergewöhnlichen Geschäftsführungsmaßnahmen* der §§ 164 S.1 HS 2, 116 II HGB hinauslaufen. Ein Blick auf die KGaA zeigt, dass das Weisungsrecht bei einer derartigen Beschränkung praktisch ins Leere laufen müsste. Denn bezöge es sich allein auf die außergewöhnliche Geschäftsführung, so stünde es dort a priori unter dem Zustimmungsvorbehalt der Hauptversammlung und der nicht geschäftsführungsberechtigten phG. Die Leitungsmacht des Mutterunternehmens wäre dann weitgehend entwertet,[53] sofern man das Weisungsrecht nicht ausnahmsweise auch auf die Hauptversammlung der KGaA erstreckte oder zumindest § 308 III AktG analog anwenden würde; diese Problematik wird im zweiten Teil der Arbeit aufgegriffen.[54]

Damit ergibt sich jedenfalls im Rahmen des § 76 I AktG ein *weiter Leitungsbegriff*: Erfasst wird das gesamte Handeln des Vorstands, einschließlich interner Organisationskompetenzen.[55] – Fraglich ist aber, ob diese extensive Interpretation in vollem Umfang auch auf §§ 308, 323 AktG zutreffen kann:

Weil die Führung des Unternehmens im Mittelpunkt des Weisungsrechts steht, werden zunächst sämtliche darauf bezogene *Geschäftsführungsmaßnahmen* erfasst. Mit Blick auf die bestehenbleibende rechtliche Eigenständigkeit der Tochtergesellschaft bleibt demgegenüber die formale Befugnis des Vorstands zur *Außenvertretung* (§ 78 AktG) unberührt.[56] Trotzdem reicht der tatsächliche Einfluss des Mutterunternehmens mittelbar bis hierher, da der Vorstand grundsätzlich zum Vollzug der Weisungen verpflichtet ist (vgl. § 308 II 1 AktG)[57] und sich – zumindest im Innenverhältnis – letztlich jeder Akt der Vertretung als Maßnahme der Geschäftsführung begreifen lässt.[58]

Zweifelhaft kann nur sein, ob auch *innergesellschaftliche Zuständigkeiten* erfasst werden. Dafür spricht zum einen, dass sich verbandsinterne Vorgänge häu-

---

[52] Vgl. auch *Kantzas*, Weisungsrecht, S. 67; *Sieger/Hasselbach*, AG 1999, S. 241, 244.

[53] Dass gleichwohl ein zentrales Konzernmanagement möglich wäre, werden die folgenden Ausführungen zeigen.

[54] S.u., § 10.

[55] Vgl. auch BGHZ 135, S. 374, 377 f. = NJW 1997, S. 2242 (Guano) für die Ausübung von Bewertungswahlrechten.

[56] *Kantzas*, Weisungsrecht, S. 67 f.

[57] Nach hier vorgeschlagener Interpretation freilich gegenüber der Tochter, s.o. III, 1, b.

[58] *Knoblau*, Leitungsmacht, S. 53.

fig von unternehmerischen Entscheidungen nicht trennen lassen[59] (z.B. im Fall der Vorbereitung einer Kapitalerhöhung), zum anderen der Vergleich mit § 76 I AktG; dagegen spricht die bestehenbleibende Eigenständigkeit der Tochter als Verbandseinheit. – Richtig dürfte eine differenzierende Betrachtung sein: Das konzernspezifische Weisungsrecht der §§ 308, 323 I AktG zielt auf die Ausschaltung einer eigenverantwortlichen Leitung der Tochtergesellschaft durch deren Verwaltung. Dieser Zwecksetzung entspricht es, solche Kompetenzen dem Bereich rechtlich legitimierter Einflussnahme durch die Mutter vorzuenthalten, die der Verwaltung überhaupt keinen Entscheidungsspielraum belassen bzw. zumindest im Ergebnis nicht auf eine eigenverantwortliche Entscheidung gerichtet sind. Vom Weisungsrecht nicht erfasst werden folglich z.B. die Leitungsmaßnahmen nach §§ 83 I 1-2, 119 II, 111 IV 3 AktG (Vorbereitung von Entscheidungen, die in den Verantwortungsbereich der Hauptversammlung fallen) bzw. § 83 II AktG (bloßer Vollzug einer solchen Entscheidung).[60] Der Aufstellung des Jahresabschlusses kommt hingegen eine eigenständige, gestalterische Bedeutung zu, sodass eine Erstreckung des Weisungsrechts in diesem Fall sachgerecht erscheint.[61]

2. Schranken der Leitungsmacht und Folgepflichten

Trotz der hier zugrundegelegten großzügigen Auslegung des Leitungsbegriffs und der verhältnismäßig weiten Fassung des konzernspezifischen Weisungsrechts wird der weisungsberechtigten Konzernmutter keineswegs eine „Befehlsgewalt ohne Grenzen“ eingeräumt.[62] Als Determinanten kommen gesetzliche, statuarische, im Fall des Beherrschungsvertrags auch vertragliche Regelungen in Betracht. Aus dem Bereich gesetzlicher Schranken ist im Besonderen auf die in § 308 I 2 AktG zum Ausdruck kommende Bindung der Konzernmutter an das sog. Konzerninteresse hinzuweisen, welche allerdings bislang nur in Zusammenhang mit dem Beherrschungsvertrag Anerkennung findet. Nicht nur diesbezüglich, sondern beispielsweise auch hinsichtlich der Folgepflichten des Vorstands, werden in der Literatur nicht unerhebliche Unterschiede zwischen Beherrschungsvertrag und Eingliederung postuliert, weshalb im Folgenden zunächst eine gesonderte Darstellung der beiden Konzerntatbestände vorgezogen wird.

---

[59] Vgl. *Koppensteiner*, in: KK AktG, § 308, Rn. 21. Bea. auch § 244 I *RegE-GmbHG*, nach dem das Weisungsrecht „...hinsichtlich der Geschäftsführung und der ihnen sonst als Geschäftsführer obliegenden Aufgaben“ bestehen sollte.

[60] Vgl. auch *Emmerich*, in: Emmerich/Habersack, Kommentar, § 308, Rn. 41 (zu §§ 119 II, 111 IV 3 AktG); missverständlich *Koppensteiner*, in: KK AktG, § 308, Rn 21.

[61] *Lwowski/Groeschke*, WM 1994, S. 613, 615; a.A. *Kantzas*, Weisungsrecht, S. 73, der aber zumindest die Ausübung von Bewertungswahlrechten als vom Weisungsrecht erfasst sieht.

[62] So aber *Kruk*, FAZ v. 17. 01. 1976 (zitiert bei *Geßler*, ZHR 140 (1976), S. 433, 436).

a) Beherrschungsvertrag

aa) Allgemeine Grenzen des Weisungsrechts

Unzulässig sind Weisungen, die gegen zwingende Vorschriften der §§ 291 ff. AktG und gegen allgemeine aktienrechtliche Regeln verstoßen.[63] Auch im Übrigen müssen sich die Weisungen der Konzernmutter im Rahmen der Gesetze halten;[64] andernfalls sind sie nichtig (§ 134 BGB).[65]

Weitere Einschränkungen können im *Beherrschungsvertrag* vereinbart werden (arg. e § 308 I 2 AktG). Um der für beide Beteiligten geltenden Vertragsfreiheit möglichst breiten Raum zu verschaffen, sollte diese Option großzügig gehandhabt werden.[66] Zulässig sind daher nicht nur inhaltliche Schranken i.S.d. § 308 I 2 AktG, sondern auch Einschränkungen gegenständlicher Art (sog. Teilbeherrschungsverträge[67]), wie beispielsweise eine Begrenzung des Weisungsrechts auf einzelne Leitungsfunktionen (z.B. Einkauf, Personalpolitik, Finanzen)[68] oder einzelne Betriebe bzw. Betriebsteile.[69] Wenn insbesondere gegen die zuletzt genannte Gestaltung eingewandt wird, sie widerspreche dem „Wesen" des Beherrschungsvertrags, so beruht dies – wie noch zu zeigen ist – auf der unzutreffenden Annahme, dieser erfordere notwendig die umfassende Unterstellung unter die Leitungs*macht* des Mutterunternehmens.[70] Davon abgesehen will nicht einleuchten, warum zwar die Begrenzung auf bestimmte Funktionalbereiche, nicht aber auf bestimmte Betriebe oder Betriebsteile desselben Unternehmens statthaft sein soll. Unter betriebswirtschaftlichen Gesichtspunkten kann nämlich sowohl eine Funktionalorganisation als auch eine Spartenorganisation sinnvoll sein.[71] Dass § 308 I 2 AktG einen Ausschluss auf den ersten Blick nur für nachteilige Weisungen vorsieht, steht diesem Ergebnis nicht entgegen. Denn diese Vorschrift bezweckt primär ein anderes: Die Klarstellung, dass nachteilige Weisungen überhaupt zulässig sind und die Benennung des Konzerninteresses als allgemeiner Schranke des Weisungsrechts. Das Maß einer möglichen Einschränkbarkeit wird von diesem Regelungsanliegen nicht erfasst.[72] – Eine andere Frage

---

[63] Übersicht bei *Kantzas*, Weisungsrecht, S. 91 ff. Hervorzuheben sind die §§ 9 I, 21, 66, 170 I (i.V.m. §§ 242 ff. HGB), 299 AktG sowie Weisungen, die auf Erlass der Ansprüche aus §§ 302, 309 AktG zielen.

[64] Aus § 32 MitbestG ergeben sich keine Schranken des Weisungsrechts, da diese Vorschrift nur für die Ausübung von Beteiligungsrechten gilt, vgl. *Raiser*, MitbestG, § 32, Rn. 9.

[65] Vgl. *Altmeppen*, in: MK AktG, § 308, Rn. 100; abweichend wohl *Glaser*, Weisungsrecht, S. 88, der den Vorschriften der §§ 138, 826 BGB offenbar eine Schrankenfunktion versagen will.

[66] *Exner*, Beherrschungsvertrag, S. 110 ff.

[67] Die Bezeichnung ist ungenau, da der Unternehmensvertrag vollumfänglich Beherrschungsvertrag bleibt.

[68] *Kantzas*, Weisungsrecht, S. 29; a.A. wohl *Koppensteiner*, in: KK AktG, § 291, Rn. 32 ff.

[69] *Exner*, Beherrschungsvertrag, S. 111 ff.; anders die wohl h.M., vgl. *Emmerich/Sonnenschein/Habersack*, KonzernR, S. 161.

[70] So aber *Koppensteiner*, in: KK AktG, § 291, Rn. 31 m.w.N.

[71] Vgl. *Semler*, Leitung, Rn. 26 ff.; *Martens*, FS Fleck, S. 191, 192.

[72] *Geßler*, FS Beitzke, S. 923, 930 f.

ist, an welchem Leitungs*maßstab* sich die Verwaltung der Tochtergesellschaft bei Leitungsmaßnahmen zu orientieren hat, die dem Weisungsrecht entzogen sind.[73]

Ähnlich umstritten – wenngleich praktisch weniger relevant – ist, ob das Weisungsrecht auch *vollständig ausgeschlossen* werden kann. Dies freilich hängt entscheidend davon ab, welche dogmatische Rolle man dem Weisungsrecht im konzernrechtlichen Regelungsgefüge beimisst. Die Antwort hierauf soll bis zum Ende dieses Abschnitts zurückgestellt werden.

Schließlich vermögen *statuarische Regelungen* das beherrschungsvertragliche Weisungsrecht nach Maßgabe der oben skizzierten Grundsätze zu beeinflussen. Ob derartige Satzungskomponenten auch während der Konzernierung Bestand haben sollen, ist durch Auslegung des Beherrschungsvertrags zu ermitteln.

bb) Leitungskompetenzen anderer Organe

Aus der gesetzlichen Terminologie in § 308 AktG folgt, dass sich das Weisungsrecht exklusiv auf die Leitungsbefugnisse des *Vorstands* beziehen und etwaige Leitungskompetenzen anderer Organe unberührt lassen soll. Sofern es sich dabei um statuarische Zuständigkeiten handelt, ist allerdings zuvor durch Auslegung des Beherrschungsvertrags zu ermitteln, ob diese nicht während der Konzernierung zurücktreten. Ist dies der Fall, so werden die entsprechenden Leitungsbefugnisse wieder vom Vorstand wahrgenommen und kommen somit mittelbar dem weisungsberechtigten Mutterunternehmen zugute; ist dies nicht der Fall, so ist dessen Leitungsmacht in entsprechendem Umfang eingeschränkt.

In der *KGaA* treten die geschäftsführungsbefugten phG an Stelle des Vorstands. Aufgrund des flexiblen Organisationsrechts sind dort jedoch Abweichungen vom gesetzestypischen Leitungsmodell in weit höherem Maße denkbar, mit der Konsequenz, dass die Leitung der KGaA gleichsam auf mehrere Schultern verteilt werden kann. Wegen der damit verbundenen Gefahr einer Aushöhlung des beherrschungsvertraglichen Weisungsrechts ist hier besonders sorgfältig zu erwägen, inwieweit Leitungsbefugnisse anderer Organe aufrecht erhalten bleiben.[74]

Mit Blick auf die Hauptversammlung einer konzernbeteiligten AG können sich das Weisungsrecht einschränkende Mitwirkungskompetenzen ferner aus der sog. *„Holzmüller"-Rechtsprechung* des *BGH* ergeben: Unstreitig anerkannt ist dies zugunsten der Hauptversammlung der *Mutter*gesellschaft. Demnach kann eine Beteiligung der Mutter-Aktionäre an einer Leitungsmaßnahme in der Tochtergesellschaft erforderlich werden, wenn sich die Ausübung des Weisungsrechts aus deren Perspektive als grundlegend und für ihre Rechtstellung beson-

---

[73] Hierzu alsbald unter 3, b.

[74] S.u., § 10.

ders bedeutsam erweist.[75] Angesichts der jüngsten Rechtsprechung des *BGH* kommen derartige ungeschriebene Mitwirkungskompetenzen jedoch nur in eng umgrenzten Ausnahmefällen in Betracht.[76] Ob diese Grundsätze auch auf Ebene der *Tochter*gesellschaft Anwendung finden, ist umstritten.[77] Fest steht zunächst, dass die Problematik in der Tochtergesellschaft ungleich seltener anzutreffen sein wird als in der Muttergesellschaft, weil hier regelmäßig bereits gesetzliche Befugnisse einschlägig sind (z.B. §§ 179, 179a, 182 ff. AktG).[78] Für die verbleibenden Fälle wird eine Beteiligung der Tochter-Aktionäre zum Teil mit dem Argument verneint, andernfalls würde die beherrschungsvertragliche Leitungsmacht unverhältnismäßig eingeschränkt, obgleich ein Schutzbedürfnis der Tochter-Aktionäre aufgrund der §§ 300 ff. AktG nicht bestehe.[79] Der Streit bedarf indes im vorliegenden Zusammenhang keiner Entscheidung, denn im Fall einer *KGaA* als beteiligter Gesellschaft besteht – wie im Hauptteil dieser Arbeit belegt werden wird – kein Bedürfnis für eine Übertragung der genannten Grundsätze.[80]

Auf einem anderen Blatt steht, ob und unter welchen Voraussetzungen weitergeltende und vom Weisungsrecht unberührt bleibende Leitungskompetenzen anderer Organe ausnahmsweise vom Mutterunternehmen ausgeschaltet werden können. Eine ausdrückliche gesetzliche Bestimmung hierzu findet sich allein in § 308 III AktG hinsichtlich des Zustimmungsrechts des Aufsichtsrates nach § 111 IV 2 AktG. Dieses kann unter Beachtung des in § 308 III AktG niedergelegten Verfahrens umgangen werden. Zu erwägen ist, ob diese Bestimmung auch auf andere Fälle erstreckt werden kann. Die dahinter stehende Problematik erweist sich gerade bei der KGaA wegen der geschilderten Satzungselastizität als von besonderer Tragweite: Sofern dort Leitungskompetenzen anderer Organe nicht ohnehin während der Konzernierung zurücktreten, könnte zumindest an eine entsprechende Anwendung des § 308 III AktG gedacht werden. Auch hierauf wird zurückzukommen sein.[81]

cc) Konzerninteresse

Eine weitere (gesetzliche) Determinante des Weisungsrechts enthält § 308 I 2 AktG. Danach sind für die Tochtergesellschaft nachteilige Weisungen grundsätzlich zulässig, sofern dadurch „den Belangen des herrschenden Unternehmens oder der mit ihm und der Gesellschaft konzernverbundenen Unternehmen“

---

[75] Vgl. BGHZ 83, S. 122, 140 (Holzmüller). Überblick über Literatur und Folgerechtsprechung bei *Mülbert*, in: GK AktG, § 119, Rn. 17 ff.; *Habersack*, in: Emmerich/Habersack, Kommentar, vor § 311, Rn. 33 ff.

[76] *BGH*, AG 2004, S. 384 (Gelatine); dazu *Fuhrmann*, AG 2004, S. 339 ff.

[77] Hierzu ausführlich *Sieger/Hasselbach*, AG 1999, S. 241 ff.

[78] Vgl. auch *Emmerich*, Bestandsschutz, S. 64, 66 zur GmbH.

[79] *Krieger*, in: Münchener Handbuch, Bd.4, § 70, Rn. 151; *Sieger/Hasselbach*, AG 1999, S. 241, 245 f.

[80] Ausführlich hierzu s.u., § 18, I.

[81] S.u., § 10, III.

gedient ist. Die Regelung stellt einerseits eine Grenze des Weisungsrechts auf, andererseits erweitert sie den Spielraum für Leitungsmaßnahmen in der Tochtergesellschaft. Denn anders als die Führung einer unabhängigen Gesellschaft ist die Verwaltung künftig nicht mehr an das Eigeninteresse ihrer Gesellschaft gebunden, welches ihr ein Wirken zum Vorteil des Verbands gebietet.[82] Vielmehr kann sie auch nachteilige Maßnahmen treffen, solange dadurch die genannten Belange gefördert werden (*Interessenumbruch*).

Die in § 308 I 2 AktG aufgeführten Belange werden gemeinhin als „Konzerninteresse“ bezeichnet.[83] Unklar ist jedoch, was im Einzelnen darunter zu verstehen ist.

(1) Begriff des Konzerninteresses

Die Begründung des *Regierungsentwurfes von 1965* weist lediglich darauf hin, dass „nichtunternehmerische Interessen eines Aktionärs“ nicht in Betracht kommen können.[84] Ferner scheiden nach einhelliger Auffassung persönliche Belange der Verwaltung oder des Aufsichtsrats beider Beteiligter als taugliche Motive aus.[85] Im Übrigen werden verschiedene Interpretationen vertreten:

(a) Das Wortlautargument

Unter Berufung auf den Wortlaut des Gesetzes wird es zum Teil für ausreichend befunden, wenn die Weisung alternativ dem Eigeninteresse des Mutterunternehmens *oder* irgendeines anderen konzernverbundenen Unternehmens dient.[86] Differenzen bestehen allein dahingehend, ob nur vertraglich bzw. institutionell konzernverbundene Unternehmen in den für § 308 I 2 AktG relevanten Kreis aufzunehmen sind oder auch Unternehmen, die bloß faktisch mit der Konzernmutter und der Tochter konzernverbunden sind (zu dieser Frage alsbald unter [2]).

(b) Die These vom mittelbaren Vorteil

Nach anderer Ansicht erfasst das Konzerninteresse mehr als die alternativen Eigeninteressen der Konzernunternehmen, wobei auch hier streitig ist, ob faktische Konzernierungen zu berücksichtigen sind: Die weitgehende Ausschaltung des Eigeninteresses könne aus Perspektive der Tochtergesellschaft nur hingenommen werden, wenn die mit der Weisung verbundene Leitungsmaßnahme zugleich – jedenfalls mittelbar – auch *ihr selbst* zugute komme.[87] Dieser Effekt ließe sich indes nur unter dem Regime eines Konzerninteresses erreichen, wel-

---

[82] Vgl. z.B. *Kort*, in: GK AktG, § 76, Rn. 46, 52 ff; *Kleindiek*, Strukturvielfalt, S. 41; s. auch Ziff. 4.1.1 des *Deutschen Corporate Governance Kodex*.

[83] Z.B. *Altmeppen*, in: MK AktG, § 308, Rn. 101 ff.

[84] RegBegr. bei *Kropff*, S. 403.

[85] Vgl. *Kantzas*, Weisungsrecht, S. 99.

[86] So wohl *Zöllner*, Stimmrechtsmacht, S. 79 ff.

[87] *Geßler*, in: Geßler/Hefermehl, AktG, § 308, Rn. 50.

ches sowohl gegenüber dem Eigeninteresse der Tochtergesellschaft als auch gegenüber dem Eigeninteresse des Mutterunternehmens bzw. anderer konzernverbundener Unternehmen „übergreifend" sei.[88]

(c) Eigener Ansatz: Das Konzerninteresse als Interesse der kohärenten unternehmerischen Planungseinheit

Die Anerkennung eines übergreifenden Konzerninteresses folgt der ökonomischen Realität, wonach der Konzern als unternehmerische Planungseinheit zu begreifen ist, mit deren Hilfe die zusammengefassten Ressourcen möglichst rentabel genutzt und dadurch die im Konzern gebündelten Kräfte optimal ausgeschöpft werden können.[89] Der durch den Abschluss eines Beherrschungsvertrags bedingte nachhaltige Eingriff in die Organisations- und Vermögensstruktur der Tochtergesellschaft erscheint allein im Hinblick auf dieses Anliegen gerechtfertigt.[90] Eine Konzernleitung aus bloßem *Eigennutz* der Konzernmutter (oder eines anderen Konzernunternehmens) würde dem zuwiderlaufen. Andernfalls wäre auch nicht verständlich, warum in § 308 I 2 AktG über das relative Verhältnis der beiden Vertragsparteien hinaus überhaupt noch andere Konzernunternehmen in das Konzerninteresse mit einbezogen werden; gerade hierdurch wird aber der Konzern als zusammengehörende Planungseinheit angesprochen.[91]

Hieraus – und aus dem Erfordernis der einheitlichen Leitung in § 18 I 1 AktG – muss gefolgert werden, dass der Gesetzgeber vom Konzern als ökonomischem Ganzen, mithin als *einheitlichem Unternehmen* im Sinne eines betriebswirtschaftlichen Verständnisses ausgegangen ist.[92] Einheitliche Leitung gem. § 18 I 1 AktG ist Führung des Gesamtunternehmens. Dadurch wird sichergestellt, dass wirtschaftliche Potentiale dort eingesetzt werden, wo sie sich am zweckmäßigsten, zum Vorteil des Konzernganzen auswirken.[93]

Diese einheitliche Leitung kann freilich rechtlich mit unterschiedlicher Qualität umgesetzt werden – je nach dem, welcher *Interessenhorizont* im Rahmen der Gesamtleitung zu beachten ist. Wird die Möglichkeit einer konzerndimensionalen Unternehmensleitung nicht auch durch eine entsprechende Ausweitung des *Leitungsmaßstabs* flankiert, so bleiben Leitungsmaßnahmen in der Tochterge-

[88] *Geßler*, ZHR 140 (1976), S. 433, 437; *Immenga*, ZHR 140 (1976), S. 301, 304.

[89] Vgl. *Kleindiek*, Strukturvielfalt, S. 41, 43 m.w.N.; *Immenga* ZHR 140 (1976), S. 301, 305; *Priester*, ZIP 1989, S. 1301, 1303. Zur volkswirtschaftlichen Bedeutung von Konzernen vgl. auch BVerfGE 14, S. 263, 282 (Feldmühle). Zu den betriebswirtschaftlichen Anforderungen der Konzernleitung *Scheffler*, AG 1990, S. 173, 175 f.

[90] Vgl. RegBegr. bei *Kropff*, S. 403.

[91] Vgl. *Mestmäcker*, FG Kronstein, S. 129, 134.

[92] *Altmeppen*, in: MK AktG, § 308, Rn. 103; *Scheffler*, FS Goerdeler, S. 469, 472 f.; *Kirchner*, ZGR 1985, S. 214, 214; *Schneider*, ZHR 143 (1979), S. 485, 490; *ders*., BB 1975, S. 1353, 1354. – Juristisch bleiben die einzelnen Konzernbeteiligten freilich Unternehmen i.S.d. § 15 AktG.

[93] Vgl. *Kleindiek*, Strukturvielfalt, S. 42.

sellschaft weiterhin allein an deren Eigeninteresse gebunden.[94] Durch ein derartiges Auseinanderfallen zwischen Leitungsmacht und Leitungsmaßstab verliert ein zentrales Konzernmanagement spürbar an Effektivität; diese Situation liegt den Fällen faktischer Konzernierung zugrunde. – Im Gegensatz dazu implementiert § 308 I 2 AktG für den Beherrschungsvertrag einen konzerndimensionalen Leitungsmaßstab, der das Mutterunternehmen, über die bloße Zuerkennung von Leitungsmacht hinaus, fortan allein an die Belange des Konzerns als Gesamtunternehmen bindet.[95] Auf diese Weise wird die ökonomisch gewollte Gesamtleitung des Konzerns aus Perspektive der Tochtergesellschaft rechtlich legitimiert.

Bringt man das Konzerninteresse auf diese Weise in Verbindung mit der Prämisse vom Konzern als Gesamtunternehmen, so folgt daraus, dass sich das Konzerninteresse als konzerndimensionales Unternehmensinteresse keineswegs in einem alternativen Rückgriff auf die isolierten Eigeninteressen konzernbeteiligter Unternehmen erschöpfen kann: Werden konzernbezogene Leitungsmaßnahmen durchgeführt, so darf dies nicht nur im Interesse des Mutterunternehmens *oder* eines anderen Konzernunternehmens geschehen, sondern muss stets im Interesse des Konzerns als kohärenter ökonomischer Planungseinheit erfolgen.[96] Die Konzernleitung ist nicht befugt, sich den Interessenmaßstab für eine konkrete Leitungsmaßnahme in der vertragsbeherrschten Gesellschaft von Fall zu Fall auszusuchen, also bald zum Vorteil des einen, bald zum Vorteil eines anderen Konzernunternehmens vorzugehen. Dies widerspräche dem ökonomischen Anliegen des Beherrschungsvertrags, welcher die legitime Zentralisierung von Entscheidungskompetenzen allein um des wirtschaftlichen Erfolgs der größeren unternehmerischen Einheit wegen ermöglicht.[97]

Ebenso unzutreffend wäre es aber, wollte man das Konzerninteresse als bloße *Addition von Einzelinteressen* definieren. Auch diese Interpretation verkennt den ökonomischen Sinn des Konzerns, welcher in der Generierung zusätzlicher, über die Summe der ursprünglichen Ressourcen hinausreichender Nutzenpotentiale liegt, insbesondere auf Basis von Synergie- und Spill-Over-Effekten.[98]

Ist somit das Konzerninteresse weder alternativ noch kumulativ deckungsgleich mit den Einzelinteressen der beteiligten Unternehmen, so steht fest, dass

---

[94] Unter *Eigeninteresse* soll dabei das – an dieser Stelle noch nicht näher zu präzisierende – Verbandsinteresse der unabhängigen Gesellschaft verstanden werden, aus dem sich ergibt, in wessen (materiellem) Interesse der (formale) Verbandszweck verfolgt wird. Näher zum Verbandsinteresse, insbesondere zu dessen Abgrenzung zum Verbandzweck, unten, § 5.

[95] Zur Unterscheidung zwischen Leitungs*macht* und Leitungs*maßstab* vgl. *Kleindiek*, Strukturvielfalt, S. 41 ff.; ihm folgend *Bitter*, Durchgriffshaftung, S. 335 ff.

[96] Im Ergebnis auch *Kantzas*, Weisungsrecht, S. 133 f.; vgl. auch *Haas*, Personengesellschaften, S. 30, nach dem das Konzerninteresse nicht identisch ist mit dem Interesse der Konzernmutter, sondern *auch* das Interesse des Tochterunternehmens beinhaltet. – Die Bedenken *Zöllners*, Stimmrechtsmacht, S. 79 ff., basieren auf der Sicht des AktG 1937, wo es noch an einer Ertrags- und Vermögenszusammenfassung im Konzern fehlte.

[97] Vgl. *Immenga* ZHR 140 (1976), S. 301, 305; *Geßler*, FS Beitzke, S. 923, 934 f.

[98] Ausführlich hierzu *Kirchner*, ZGR 1985, S. 214, 224 ff.

es sich um ein *Gesamtinteresse* handeln muss, welches dem Konzern als „polykorporativem Unternehmen“[99] fortan als Maßstab für konzernspezifische Leitungsmaßnahmen zugrunde liegt.[100]

Der Einwand, das durch den Konzern erzeugte Gesamtunternehmen stelle – ebenso wie das Unternehmen im Allgemeinen – kein schützenswertes Objekt dar,[101] kann allenfalls in Zusammenhang mit dem rechtlichen Schutz des Konzerninteresses berücksichtigt werden. Für die Frage seiner Existenz kann diese Erwägung keine Rolle spielen.

Beachtung müssen hingegen diejenigen Stimmen finden, die der Anerkennung eines einheitlichen Konzerninteresses unter Hinweis auf die fehlende Rechtspersönlichkeit des Konzerns ablehnend gegenüberstehen.[102] Bereits zu Beginn dieser Arbeit wurde hervorgehoben, dass nur Gebilde mit eigener Rechtspersönlichkeit ein souveränes Existenz- und Wirkinteresse entwickeln können.[103] Dem Konzern als Unternehmensverbund kommt aber keine eigene Rechtspersönlichkeit zu.[104] Er ist sogar (grundsätzlich) nicht einmal rechtsfähig.[105] Hieraus folgt aber, dass das Konzerninteresse – aus rechtlicher Perspektive – nicht vollumfänglich von den Konzernbeteiligten emanzipiert werden kann, sondern einen besonderen Zuordnungsendpunkt benötigt, weil dem Konzern als solchem die Funktion eines souveränen Interessenträgers nicht zukommen kann.[106]

Damit ist die Frage aufgeworfen, wem das Konzerninteresse als ökonomische Kategorie rechtlich zugeordnet wird. Eine Antwort hierauf darf wiederum die Funktion des Konzerns nicht unberücksichtigt lassen: Zwar hängt der Erfolg des Konzerns mittelbar von den Einzelerfolgen der beteiligten Unternehmen ab. Beachtlich ist aber, dass sich der Gesamterfolg der Planungseinheit nicht auf dieser originär zugeordnete Ressourcen stützt, sondern sich maßgeblich von der konzerntypischen *Koordinierungsfunktion* ableitet. Diese wird freilich typischerweise von der Konzernmutter wahrgenommen, welcher im gesetzlichen Regelungsgefüge die Stellung eines Repräsentanten für das Gesamtunternehmen zufällt. Folgerichtig ist allein sie und nicht etwaige andere Konzernbeteiligte Adressat des konzernspezifischen Pflichtenprogramms. – Angesichts dessen erscheint es sachgerecht, das Konzerninteresse mit dem *Interesse des Mutterunternehmens an der Förderung der konzerndimensionalen Planungseinheit* gleichzusetzen. Das Mutterunternehmen erscheint dann gewissermaßen als „Träger“ der wirt-

---

99 Vgl. *Bälz*, in: 40 Jahre Bundesrepublik, S. 177, 226 f., 239.

100 Allgemein zur Ermittlung des Unternehmensinteresses *Semler*, Leitung, Rn. 49 ff.

101 *Zöllner*, in: KK AktG, Einl., Rn. 137, 130; bea. auch *Peifer*, GS Sonnenschein, S. 687, 690.

102 Vgl. *Koppensteiner*, in: KK AktG, § 308, Rn. 25; *Brachvogel*, Leitungsmacht, S. 19, allerdings bezogen auf die fehlende „Rechtsfähigkeit“.

103 S.o., § 2, II, 3, a.

104 *Peifer*, GS Sonnenschein, S. 687 ff.

105 Etwas anderes gilt nur dann, wenn die Konzernbeteiligten ausnahmsweise eine BGB-Gesellschaft bilden.

106 *Semler*, Leitung, Rn. 364 ff.

schaftlichen Einheit Konzern, was die ökonomische Realität am ehesten widerspiegelt.[107] Das Konzerninteresse ist dann zwar nicht identisch mit dem isolierten Eigeninteresse des Mutterunternehmens, welches weiterhin für dessen Leitung maßgeblich bleibt, es kann aber ohne weiteres als dessen *konzernbezogenes Sonderinteresse* qualifiziert werden.[108]

Dieser Befund hat u.a. zur Konsequenz, dass Leitungsmaßnahmen, die im Konzerninteresse getroffen werden, stets *auch* im Interesse des Mutterunternehmens liegen werden. Nicht zwingend folgt hieraus, dass das Konzerninteresse immer auch das individuelle Wohl des Tochterunternehmens umschließt. Zwar werden sich typischerweise Vorteile für den Konzern mittelbar positiv auch auf dieses auswirken, notwendig ist das jedoch keinesfalls. Ein Wechselspiel zwischen Individual- und Gesamtvorteil ist vielmehr genauso wenig zwingend wie das Schicksal eines Unternehmens als wirtschaftlicher Einheit mit dem Schicksal einzelner Unternehmens- oder Betriebs*teile* verknüpft zu sein braucht.

Entgegen der Prämisse vom mittelbaren Vorteil (s.o., [b]) bewegt sich eine Leitungsmaßnahme in der Tochtergesellschaft also auch dann noch im Rahmen des Konzerninteresses, wenn sie dieser *nur* Nachteile bringt.[109] Notwendig ist allein, dass sie einen Vorteil für den Konzern als Gesamtunternehmen nach sich zieht, also eine wirtschaftlich günstigere Positionierung des Konzerns bewirkt.[110] Damit ist freilich auch dem konzernbezogenen Sonderinteresse des Mutterunternehmens gedient.

(d) Fazit

Das Konzerninteresse ist das Unternehmensinteresse der konzerndimensionalen Planungseinheit. Gemäß der ökonomischen Zielsetzung des Unternehmensverbunds hat es die möglichst optimale Ausschöpfung der dort zusammengefassten Ressourcen zum Gegenstand. Zuordnungspunkt für das Konzerninteresse ist allerdings nicht der Konzern selbst, sondern das diesen repräsentierende Mutterunternehmen, für welches sich das Konzerninteresse als konzernbezogenes Sonderinteresse darstellt.

Handeln im Konzerninteresse heißt Handeln zum Wohl des Gesamtunternehmens. Vorteile für jeden Beteiligten brauchen damit nicht notwendig verbunden sein. Andererseits reicht aber ein Handeln allein zum isolierten Nutzen einzelner Konzernunternehmen ebenfalls nicht aus. Erforderlich ist vielmehr, dass konzernbezogene Maßnahmen der aus allen beteiligten Unternehmen gebildeten ö-

---

[107] Hierzu bereits *Rehbinder*, Konzernaußenrecht, S. 74 ff.; *Emmerich/Sonnenschein*, KonzernR, 5. Aufl., S. 81; offengelassen bei *Kantzas*, Weisungsrecht, S. 132 f.

[108] Im Ergebnis ähnlich *Brachvogel*, Leitungsmacht, S. 17 ff.

[109] Anders z.B. *Immenga*, ZHR 146 (1976), S. 301, 305, der offenbar davon ausgeht, dass unverhältnismäßige Schädigungen der Tochtergesellschaft immer negativ für den Unternehmensverbund wirken.

[110] Vgl. auch *Glaser*, Weisungsrecht, S. 115.

konomischen Planungseinheit zugute kommen. Eine Förderung der Konzernbelange liegt dann notwendig auch im Interesse des Mutterunternehmens.

(2) Reichweite des Konzerninteresses

Mit dem soeben erzielten Befund ist zugleich die strittige Frage nach dem relevanten Kreis der von § 308 I 2 AktG angesprochenen Unternehmen beantwortet: Setzt man das Konzerninteresse in ökonomischer Hinsicht mit den Belangen des einheitlich geleiteten Gesamtunternehmens gleich und begreift es rechtlich als ein Sonderinteresse der Konzernmutter, so wird deutlich, dass es im Rahmen der genannten Vorschrift ausschließlich auf die *einheitliche Leitung* ankommen kann. Bei der Bestimmung des Konzerninteresses sind daher nicht nur beherrschungsvertraglich bzw. institutionell konzernierte (§ 18 I 2 AktG), sondern gleichermaßen faktisch verbundene Unternehmen zu berücksichtigen, sofern diese unter der einheitlichen Leitung des Mutterunternehmens zusammengefasst sind oder jedenfalls die Vermutung des § 18 I 1 AktG nicht widerlegt ist.[111] Unter diesen Voraussetzungen können auch Gesellschaften, die aus einem Gewinnabführungsvertrag (oder einem anderen Unternehmensvertrag, § 292 AktG) verpflichtet sind, in den relevanten Kreis aufgenommen werden.[112]

Gegen diese Interpretation wird eingewandt, ein bloß faktisch konzerniertes Unternehmen behalte zu jedem Zeitpunkt sein Eigeninteresse (gleiches gilt für eine bloß durch Gewinnabführungsvertrag verpflichtete Konzerntochter).[113] Diese Feststellung ist zutreffend: In derartigen Konzernformen spielt das Konzerninteresse im Zusammenhang mit Leitungsmaßnahmen keine Rolle. Leitungsmaßstab bleibt vielmehr das Eigeninteresse der jeweiligen Tochtergesellschaft, aus deren Sicht das Konzerninteresse belanglos ist. – Ausschlaggebend für die Bestimmung des Konzerninteresses ist jedoch nicht die Sicht der anderen Konzernunternehmen, sondern allein die *Perspektive der vertragsbeherrschten Tochtergesellschaft*. Allein aus ihrem Blickwinkel ist das Konzerninteresse zu definieren, weil dessen Funktion als Handlungsmaßstab ausschließlich die auf sie bezogenen Leitungsmaßnahmen, insbesondere die an sie adressierten Weisungen, betrifft (vgl. § 308 I 2 AktG). Unerheblich ist, ob auch in anderen Konzernunternehmen ein Interessenumbruch stattfindet.

---

[111] Im Ergebnis ebenso *Kantzas*, Weisungsrecht, S. 100; *Krieger*, in: Münchener Handbuch, Bd.4, § 70, Rn. 134.

[112] Ein Gewinnabführungsvertrag wird auch von den Vertretern einer engeren Interpretation des Konzerninteresses für ausreichend befunden, vgl. *Emmerich*, in: Emmerich/Habersack, Kommentar, § 308, Rn. 47.

[113] So z.B. *Emmerich*, in: Emmerich/Habersack, Kommentar, § 308, Rn. 47 mit dem Hinweis, dass die Unternehmen derartiger Verbindungen weiterhin „wie selbständige Gesellschaften geführt werden müssen“.

(3) Das Konzerninteresse als „Interessenverfassung" für den Gesamtkonzern?

Wie gesehen, liegt eine wesentliche Bedeutung des Konzerninteresses in der Etablierung eines Leitungsmaßstabs für das Weisungsrecht der Konzernmutter gegenüber der vertragsbeherrschten Tochtergesellschaft. Nachteilige Weisungen sind zulässig, wenn sie dem Konzerninteresse dienen.

Obwohl sich das konzerndimensionale Gesamtunternehmen aus *allen* Konzerngliedern zusammensetzt, beschränkt sich die Maßgeblichkeit des Konzerninteresses doch auf solche Beteiligte, deren Eigeninteressen im Wege eines Interessenumbruchs durch das Konzerninteresse überlagert werden. Aus Perspektive anderer Konzernunternehmen spielt das Konzerninteresse dagegen keine Rolle, wenngleich deren Belange bei der Bestimmung des Konzerninteresses mittelbar relevant werden.

Auch die Konzernmutter behält ihr ursprüngliches Eigeninteresse; bei der Eigenverwaltung ist allein dieses maßgeblich. Zu berücksichtigen ist freilich, dass das Konzerninteresse als Sonderinteresse des Mutterunternehmens letztlich nur einen Aspekt dieses Eigeninteresses darstellt.

Hieraus ergibt sich, dass mit dem Konzerninteresse keine konzerndimensionale Interessenverfassung benannt ist, sondern eine *relative Determinante*, deren Funktion in der Etablierung eines Leitungsmaßstabs für Leitungsmaßnahmen in der vertragsbeherrschten Gesellschaft liegt.[114]

Das Konzerninteresse erfährt – anders gewendet – rechtliche Legitimierung nur in bestimmten Verhältnissen innerhalb des Konzerngefüges, obwohl es mit Blick auf das Ganze zu bestimmen ist. Ihm deshalb die generelle Anerkennung zu verweigern, wäre jedoch verfehlt. Vielmehr zeigt sich daran, wie bereits angedeutet, dass faktische Existenz und rechtlicher Schutz gedanklich voneinander zu trennen sind.

(4) Existenzgefährdende und unverhältnismäßige Weisungen

Die Konzermutter darf Weisungen erteilen, die für die Tochtergesellschaft nachteilig sind. Allerdings sind ihr dabei gem. § 308 I 2 AktG durch das Konzerninteresse Grenzen gesetzt. Fraglich ist, ob diese Option auch solche Weisungen einschließt, die die wirtschaftliche – und damit typischerweise auch rechtliche – Existenz der Tochtergesellschaft gefährden oder vernichten würden bzw. sich aus deren Sicht als unverhältnismäßig darstellen.[115]

Wie aufgezeigt, lässt sich aus dem Begriff des Konzerninteresses nicht ableiten, eine nachteilige Weisung müsse der Tochtergesellschaft zwingend Vorteile

---

114 Eine einheitliche Interessenverfassung im Ergebnis ebenfalls ablehnend *Zöllner*, Stimmrechtsmacht, S. 79 ff.

115 Für generelle Unzulässigkeit: *Geßler*, ZHR 140 (1976), S. 433, 435; für Unzulässigkeit hinsichtlich solcher Weisungen, die die Existenz während der Vertragsdauer gefährden *Emmerich*, in: Emmerich/Habersack, Kommentar, § 308, Rn. 63 ff.; für generelle Zulässigkeit *Koppensteiner*, in: KK AktG, § 308, Rn. 32 m.w.N.

verschaffen.[116] Auf Basis der hier vorgeschlagenen ökonomischen Sichtweise muss es vielmehr ausreichen, wenn die betreffende Weisung dem Konzern als kohärenter Planungseinheit zugute kommt. Dies kann auch gegeben sein, wenn sie für die Tochtergesellschaft *nur nachteilig* ist.

Erblickt man nämlich im Konzern ein einheitliches Gesamtunternehmen, in welchem dem individuellen Konzernunternehmen nur noch eine ökonomische Teilfunktion zufällt, so steht fest, dass die Schwächung bzw. der Wegfall einzelner Teilfunktionen nicht notwendig einen Nachteil für das Ganze bedeuten muss.[117] Vielmehr kann sogar die *Vernichtung* eines Konzernglieds im Interesse der größeren unternehmerischen Planungseinheit liegen; dies beispielsweise aus wettbewerbspolitischer Perspektive.[118] Denn die Besonderheit des Konzernverbunds besteht gerade darin, dass die Beteiligten ihre wirtschaftliche Selbständigkeit zugunsten der übergreifenden Einheit aufgeben. Es kommt zu einer umfassenden *wettbewerblichen Integration*. Eine damit verbundene Preisgabe der Eigenbelange zugunsten des Gesamtunternehmens kann deshalb im Einzelfall zulässig sein, obgleich solche Fälle Ausnahmen bleiben dürften.

Die gesetzliche Schranke des Konzerninteresses steht folglich der Erteilung existenzgefährdender oder unverhältnismäßiger Weisungen nicht im Weg. Hieraus die generelle Zulässigkeit derartiger Vorgänge zu folgern, wäre aber verfrüht. Vielmehr kann diese Frage nur anhand einer *Gesamtschau der gesetzlichen Regelungen* beantwortet werden, die insbesondere das differenzierte System von Sicherungen zugunsten der Gläubiger, der Aktionäre und der Gesellschaft mit einbezieht. Dies soll im zweiten Teil der Arbeit, im Zusammenhang mit den internen Regressansprüchen der phG geschehen, deren Werthaltigkeit maßgeblich von dieser Frage abhängt.[119]

(5) Zwischenergebnis

Das Konzerninteresse ist das Interesse des Gesamtunternehmens Konzern, ohne dass diesem damit eigene Rechtsfähigkeit oder gar Rechtspersönlichkeit zuerkannt würde. Träger des Konzerninteresses ist vielmehr allein das Mutterunternehmen, das den Konzern insoweit repräsentiert und für welches sich jenes als konzernbezogenes Sonderinteresse darstellt. Konzernleitung im Konzerninteresse bedeutet Wirken zum Wohl der kohärenten ökonomischen Planungseinheit.

---

[116] S.o., (1), (c).

[117] Anders z.B. *Geßler*, ZHR 140 (1976), S. 433, 439 mit dem Hinweis, dass jedes Konzernunternehmen eine zwingende Aufgabe im Verbund erfülle. Vgl. auch bereits den unter (1), (d) angeführten Vergleich.

[118] Vgl. bereits *Friedländer*, KonzernR, S. 148: Das Konzerninteresse könne „eine bestimmte Maßnahme, z.B. die Stillegung der Tochtergesellschaft, fordern, die die Interessen der Tochtergesellschaft zu schädigen geeignet ist."; a.A. z.B. *Emmerich/Sonnenschein/Habersack*, KonzernR, S. 370.

[119] S.u., § 11, VI, 3.

Letztere schließt alle Unternehmen ein, die i.S.d. § 18 I AktG unter einheitlicher Leitung stehen.

Damit mutiert das Konzerninteresse keineswegs zu einer einheitlichen Interessenverfassung für den Gesamtkonzern. Als Leitungsmaßstab wird es nur in solchen Konzernunternehmen relevant, in denen das Eigeninteresse zu seinen Gunsten zurücktritt. Es ist daher als relative Determinante zu begreifen, die allein die Beziehung zwischen der Konzernmutter und bestimmten Konzernunternehmen beeinflusst.

Dort, wo das Konzerninteresse Beachtung findet, steht es existenzgefährdenden oder unverhältnismäßigen Leitungsmaßnahmen nicht grundsätzlich im Weg. Deren Legitimität ist vielmehr an zusätzlichen Kriterien zu messen.

dd) Folgepflichten

Mit dem Weisungsrecht der Konzernmutter korrespondiert eine Befolgungspflicht der Tochter-Verwaltung (§ 308 II 1 AktG). Gem. § 308 I 1 AktG muss diese die Weisungen des Mutterunternehmens befolgen, ganz gleich ob sie vorteil- oder nachteilhaft für die Tochtergesellschaft sind. Die Grenzen der Folgepflicht richten sich grundsätzlich nach denen des Weisungsrechts, d.h. die Tochter-Verwaltung ist berechtigt – und wegen § 310 AktG sogar verpflichtet –, die Ausführung von Weisungen zu verweigern, die gegen den Beherrschungsvertrag oder gegen gesetzliche Bestimmungen verstoßen.[120] Letzteres folgt bereits aus allgemeinen Grundsätzen (§ 134 BGB), lässt sich aber auch aus § 308 II 2 AktG ableiten, der eine (begrenzte) Ausnahme nur für die gesetzliche Determinante des Konzerninteresses vorsieht.

Die Befolgungspflicht deckt sich jedoch nicht vollumfänglich mit der Zulässigkeit konzernbezogener Weisungen: Verstößt eine solche gegen das Konzerninteresse, so ist sie unzulässig (arg. e § 308 I 2 AktG). Dennoch kann ihre Ausführung gem. § 308 II 2 AktG nur dann verweigert werden, wenn der Verstoß *offensichtlich* ist;[121] die Beweislast hierfür liegt bei der Tochtergesellschaft (bzw. bei deren Verwaltung[122]). Diese Regelung entspricht der ökonomischen Realität, wonach der Tochter-Verwaltung eine hinreichende Beurteilung der konzerndimensionalen Gesamtsituation typischerweise verschlossen ist.[123] Würde die Konzerndienlichkeit einer Leitungsmaßnahme fortwährend in Frage gestellt, so wäre die Effektivität eines zentralen Konzernmanagements deutlich geschwächt. Die Folgepflicht besteht darum selbst dann, wenn die Bindung an das Konzerninteresse (deklaratorisch) in den Beherrschungsvertrag aufgenommen wurde und sich Zuwiderhandlungen demnach (zugleich) als Vertragsverletzungen darstellen.

---

120 Allg. Meinung, vgl. *Emmerich*, in: Emmerich/Habersack, Kommentar, § 308, Rn. 52 f.
121 Der Begriff der Offensichtlichkeit entspricht dem in § 38 II AktG.
122 Zur Frage, wen die Befolgungspflicht trifft, s.o., III, 1, b.
123 RegBegr. bei *Kropff*, S. 403; *Immenga*, ZHR 140 (1976), S. 301, 304.

Verstößt eine Weisung gegen das Konzerninteresse, ist dies jedoch nicht offensichtlich, so ist sie zwar *rechtswidrig*, muss aber trotzdem befolgt werden.[124] Die Tochtergesellschaft ist dann auf die nachträgliche Inanspruchnahme des herrschenden Unternehmens über § 309 AktG verwiesen;[125] ihr Schutz ist dadurch verzögert, nicht aber beseitigt.

b) Eingliederung

Für das Weisungsrecht der Hauptgesellschaft (§ 323 I 1 AktG) gilt in weiten Teilen das zum Beherrschungsvertrag Gesagte. Insbesondere sind auch hier gesetzwidrige Leitungsmaßnahmen unzulässig.[126] Mangels vertraglicher Bindung zwischen den Beteiligten, fällt allerdings der Satzung der eingegliederten Gesellschaft eine wichtigere Rolle zu.[127] Davon abgesehen, legt der beschränkte Verweis auf die beherrschungsvertraglichen Regelungen in § 323 I 2 AktG nahe, die Hauptgesellschaft verfüge im Übrigen über ein nahezu grenzenloses Weisungsrecht, welches nicht einmal durch das Konzerninteresse determiniert sei.[128] Diese Schlussfolgerung erweist sich indes als voreilig.

aa) Statuarische Grenzen des Weisungsrechts?

Einschränkungen des Weisungsrechts können sich mit schuldrechtlicher Wirkung aus flankierenden vertraglichen Vereinbarungen zwischen der eingegliederten und der Hauptgesellschaft ergeben („interner Eingliederungsvertrag"). Denkbar sind z.B. Bestimmungen, nach denen nachteilige Weisungen ausgeschlossen oder von einschränkenden Voraussetzungen abhängig gemacht werden. Wollen die Beteiligten eine derartige Regelung mit *verfassungskräftiger* Wirkung schaffen, bleibt ihnen rechtstechnisch allein der Weg über die Satzung der eingegliederten Gesellschaft.[129] Ungeklärt ist jedoch, ob das Weisungsrecht nach § 323 I 1 AktG einer derartigen Einschränkung überhaupt zugänglich ist.

Die Frage ist nicht etwa deshalb nur von theoretischem Interesse, weil die Hauptgesellschaft Alleinaktionärin der eingegliederten Gesellschaft ist und daher ohnehin scheinbar beliebig über die Tochter-Satzung disponieren kann.[130] Dies mag zwar für eine eingegliederte *AG* zutreffen. Im Falle einer eingegliederten *KGaA* ist aber – die Zulässigkeit einer solchen Gestaltung unterstellt – das Zustimmungsrecht der phG (§§ 278 II, 285 II 1 AktG) in Anschlag zu bringen, welches die Dispositionsbefugnis der Hauptgesellschaft regelmäßig einschränkt.

Gegen die Möglichkeit einer Begrenzung des Weisungsrechts könnte angebracht werden, § 323 I AktG verweise nicht auf § 308 I 2 AktG, wo eine solche

---

[124] Deshalb liegt auch keine Ausnahme von § 134 BGB vor.
[125] *Kantzas*, Weisungsrecht, S. 135.
[126] Vgl. nur *Koppensteiner*, in: KK AktG, § 323, Rn. 4.
[127] S. bereits oben II, 2, b.
[128] RegBegr. bei *Kropff*, S. 427.
[129] S.o., II, 2, b.
[130] So aber *Koppensteiner*, in: KK AktG, vor § 319, Rn. 2.

für das beherrschungsvertragliche Weisungsrecht explizit benannt ist. Dieses Argument krankt allerdings bereits daran, dass § 308 I 2 AktG nur von der Beschränkung durch den Beherrschungsvertrag und das Konzerninteresse handelt, die Möglichkeit einer statuarischen Regelung aber gar nicht erfasst.

Auch die besonders enge verfassungsrechtliche Verflechtung zwischen eingegliederter und Hauptgesellschaft muss nicht a priori ein grenzenloses Weisungsrecht nach sich ziehen.[131] Denn auch ein Beherrschungsvertrag kann mit einer hundertprozentigen Tochtergesellschaft geschlossen werden (arg. e § 307 AktG), ohne dass dieser Umstand der Möglichkeit entgegensteht, das Weisungsrecht rechtsgeschäftlich einzuschränken.

Nicht einzusehen ist, warum in Bezug auf eine mögliche Beschränkbarkeit der Leitungsmacht Unterschiede zwischen Beherrschungsvertrag und Eingliederung bestehen sollen. Ökonomisch betrachtet geht es schließlich um ein und dasselbe: Die Erleichterung eines *zentralen Konzernmanagements*, mit dessen Hilfe der Konzern als Gesamtunternehmen im betriebswirtschaftlichen Sinn einheitlich geführt werden kann. – Sachgerecht dürfte es daher sein, das eingliederungsspezifische Weisungsrecht in gleichem Umfang als rechtsgeschäftlich einschränkbar zu behandeln wie das beherrschungsvertragliche. Ein Unterschied besteht freilich darin, dass hierfür bei der Eingliederung allein die Satzung als geeigneter Ort in Betracht kommt.

Die Vorschrift des § 23 V AktG steht diesem Befund nicht entgegen.[132] Da die Beschränkbarkeit des Weisungsrechts diesem von Anfang an innewohnt, fehlt es bereits an einer „Abweichung" von gesetzlichen Vorschriften i.S.d. § 23 V AktG.

bb) Leitungskompetenzen anderer Organe

Bestimmungen der Tochter-Satzung, welche nicht zwingenden Vorschriften der §§ 319 ff. AktG entgegenstehen, bleiben während der Eingliederung wirksam. Da das Weisungsrecht des § 323 I 1 AktG hinsichtlich seines Umfangs für gestaltbar erklärt wurde, vermögen statuarische Leitungskompetenzen zugunsten anderer Organe die Leitungsmacht der Hauptgesellschaft ohne weiteres zu determinieren.

Wegen der hohen Satzungselastizität käme diesem Befund in der eingegliederten KGaA naturgemäß besondere Bedeutung zu.[133]

---

[131] So aber die landläufige Meinung, vgl. *Grunewald*, in: MK AktG, § 323, Rn. 2.

[132] A.A. wohl *Koppensteiner*, in: KK AktG, vor § 319, Rn. 2 und *Veit*, Unternehmensverträge, S. 158, der von einem „eindeutig fixierten körperschaftlichen Akt" spricht.

[133] S.u., § 10.

cc) Das Konzerninteresse als gesetzliche Determinante des Weisungsrechts nach § 323 I 1 AktG?

Nach h.M. darf die Hauptgesellschaft auf Basis des § 323 I AktG auch nachteilige Weisungen erteilen, wenn diese nicht durch das Konzerninteresse gedeckt sind.[134] Begründet wird diese weitreichende „Entgrenzung" des eingliederungsspezifischen Weisungsrechts zum einen mit dem Fehlen eines Verweises auf § 308 I 2 AktG, zum anderen mit einem Rückschluss aus der umfänglichen Befolgungspflicht der Tochter-Verwaltung, welche sich ihrerseits aus dem Fehlen eines Verweises auf § 308 II 2 AktG ergibt. Beide Argumente vermögen nicht zu überzeugen:

(1) Die Eingliederung als Variante einer konzerndimensionalen Unternehmensleitung

Auch der Eingliederungskonzern ist durch das Merkmal der *einheitlichen Leitung* geprägt (§ 18 I 2 AktG). Wie bei jedem anderen Konzerntatbestand bedeutet dies: Führung des Gesamtunternehmens als kohärente Planungseinheit. Anders als in den Fällen faktischer Konzernierung, liegt die Besonderheit des institutionellen Konzerns in der rechtlichen Absicherung dieser Gesamtleitung durch *Überwindung des Eigeninteresses* der Tochtergesellschaft.[135] Dadurch wird ein ausschließlich an den Belangen des Konzerns ausgerichtetes, zentrales Konzernmanagement legitimiert.

Beurteilt man die Weisungen der Hauptgesellschaft vor dem Hintergrund ihrer ökonomischen Zielsetzung, so wird offenkundig, dass sich konzerndimensionale Leitungsmaßnahmen auch bei der Eingliederung im Rahmen des Konzerninteresses halten müssen. Maßnahmen, die diese Grenzen überschreiten, sind wirtschaftlich zweckwidrig und widersprechen dem gesetzgeberischen Grundanliegen, welches auf Schaffung einer zusammengehörigen unternehmerischen Planungseinheit gerichtet ist; insoweit lassen sich keine Unterschiede zum Beherrschungsvertrag feststellen. Eine Leitung wider das Konzerninteresse vermag die fundamentalen Eingriffe in die Organisation und Vermögensordnung der eingegliederten Gesellschaft nicht zu rechtfertigen und ist daher unzulässig.[136]

Folgte man demgegenüber der h.M., so müssten auch solche Weisungen zulässig sein, die im Ergebnis auf eine *Ressourcenverschwendung* hinauslaufen. Dass diese volkswirtschaftlich absurde Konsequenz nicht im Sinne des Gesetzgebers sein kann, liegt auf der Hand. Dem lässt sich auch nicht entgegenhalten, die Verwaltung der Hauptgesellschaft mache sich bei derartigen Leitungsmaßnahmen dieser gegenüber gem. § 93 AktG bzw. der eingegliederten Gesellschaft

[134] H.M.; anders aber die unter Fn. 139 Genannten. Entgegen *Hüffer*, AktG, § 323, Rn. 4 ist die Frage daher keinesfalls „unstreitig".
[135] Einhellige Meinung, vgl. *Habersack*, in: Emmerich/Habersack, Kommentar, § 323, Rn. 2.
[136] Im Erg. wohl auch *Emmerich/Sonnenschein*, KonzernR, 6. Aufl. S. 124 f.

gegenüber gem. §§ 323 I 2, 309 AktG haftbar.[137] Denn die Frage nach dem zulässigen Leitungsmaßstab würde sich auch bei der Bestimmung des Haftungsmaßstabs stellen, und darüber hinaus wäre es widersinnig, eine Maßnahme nur um einer anschließenden Schadensersatzhaftung wegen für rechtmäßig zu erklären.

Andererseits könnten Weisungen nach Interpretation der h.M. auch aus reinem Eigennutz der Hauptgesellschaft oder eines Dritten erteilt werden. Ginge es jedoch allein um die isolierten Vorteile einzelner Individualunternehmen durch Dienstbarmachung des Tochterunternehmens, so würde sich – gerade mit Blick auf die gegebenen Beteiligungsverhältnisse – die Berechtigung der §§ 319 ff. AktG gegenüber der Verschmelzung gem. §§ 60 ff. UmwG nicht mehr ohne weiteres erschließen.[138] Die Existenz der Eingliederung als besonderer Form des Unterordnungskonzerns legt aber eine *konzernspezifische* Rechtsauslegung nahe. Zu beachten ist freilich auch hier, dass das Konzerninteresse als Sonderinteresse der Hauptgesellschaft letzten Endes nur einen Aspekt von deren Eigeninteresse verkörpert.

Im Ergebnis steht die der Konzernbildung anhaftende ökonomische Zielsetzung einer Leitung der eingegliederten Gesellschaft ohne Bindung an das Konzerninteresse entgegen.[139]

(2) Folgepflichten

Anders als im Rahmen eines Beherrschungsvertrags, muss die Verwaltung einer eingegliederten Gesellschaft auch solche Weisungen befolgen, die offensichtlich nicht mit dem Konzerninteresse zu vereinbaren sind.[140] Eine Befolgungspflicht entfällt nach allgemeinen Grundsätzen nur bei gesetz- oder satzungswidrigen Weisungen. Diese Konsequenz folgt aus § 323 I 2 AktG, der allein auf Satz 1, nicht aber auf Satz 2 des § 308 II AktG verweist.[141]

Dennoch wäre es verfehlt, diesen Umstand als Beleg für die von der h.M. postulierte weitreichende Entgrenzung des Weisungsrechts gelten zu lassen. Denn auch im Rahmen eines Beherrschungsvertrags ist die Tochter-Verwaltung nur in Fällen *offensichtlicher* Konzernwidrigkeit berechtigt, eine Weisung des Mutterunternehmens zu verweigern (§ 308 II 2 AktG). Im Übrigen aber besteht eine Befolgungspflicht auch dann, wenn die Weisung nicht dem Konzerninteresse

[137] *Koppensteiner*, in: KK AktG, § 323, Rn. 2.

[138] Bea. insbesondere die Erleichterungen des § 62 UmwG bei mindestens neunzigprozentiger und der §§ 5 II, 9 II UmwG bei hundertprozentiger Beteiligung (*up stream merger*) einer Mutter-AG; hierzu *Lutter*, in: Lutter, UmwG, §§ 5, Rn. 81 ff.; 9, Rn. 15 f.

[139] *Veit*, Unternehmensverträge, S. 157 m.w.N; kritisch bereits *Rasch*, KonzernR, S. 169; *Geßler*, DB 1965, S. 1729, 1729; implizit auch *Kley/Lehmann*, DB 1972, S. 1421, 1422.

[140] Ganz h.M., vgl. *Hüffer*, AktG, § 323, Rn. 4.

[141] A.A. *Wanner*, Unternehmensverbindungen, S. 150, nach der dieser Umstand gerade das Gegenteil zeigen soll, nämlich das Recht des Vorstands, die Befolgung einer Weisung immer dann zu verweigern, wenn er sie für unzulässig hält.

dient und daher rechtswidrig ist. Rechtmäßigkeit der Weisung und Befolgungspflicht sind somit auch beim beherrschungsvertraglichen Weisungsrecht nicht völlig deckungsgleich;[142] aus der Befolgungspflicht der Tochter-Verwaltung lässt sich keinesfalls auf die Rechtmäßigkeit der Leitungsmaßnahme schließen.

Gleiches muss für das Weisungsrecht des § 323 I 1 AktG gelten: Die Pflicht der Tochter-Verwaltung, eine Weisung der Hauptgesellschaft selbst dann zu befolgen, wenn diese offensichtlich gegen das Konzerninteresse verstößt, ändert nichts an deren Rechtswidrigkeit. Grund für das – im Vergleich zum Beherrschungsvertrag weiterreichende – Auseinanderfallen von Zulässigkeit und Folgepflicht ist vielmehr ein *abweichendes Schutzbedürfnis*: Wegen des Fehlens außenstehender Aktionäre und der durch § 322 AktG bedingten hinreichenden Gläubigersicherung, hat es der Gesetzgeber als zumutbar erachtet, die eingegliederte Gesellschaft in Fällen fehlender Konzerndienlichkeit auf die nachträgliche Inanspruchnahme der Hauptgesellschaft gem. §§ 323 I 2, 309 AktG zu verweisen. Beim Beherrschungsvertrag ist dies nur für Fälle nicht offensichtlicher Verstöße vorgesehen. Die Tatsache, dass die Konzernleitung bei Beherrschungsvertrag und Eingliederung dem gleichen Sorgfaltsmaßstab unterworfen werden (nämlich § 309 AktG), muss als weiterer Beweis dafür erachtet werden, dass insoweit keine Unterschiede zwischen diesen Konzerntatbeständen bestehen.[143]

(3) Fazit

Auch die Hauptgesellschaft muss sich bei Leitungsmaßnahmen in der eingegliederten Gesellschaft in den Grenzen des Konzerninteresses bewegen. Anders als beim beherrschungsvertraglichen Weisungsrecht, wo sich die Determinante des Konzerninteresses bereits aus der gesetzlichen Regelung ergibt (§ 308 I 2 AktG), stellt dieses bei der Eingliederung eine *immanente Schranke* des Weisungsrechts dar. Weisungen, die nicht mehr vom Konzerninteresse gedeckt sind, sind rechtswidrig. Dennoch kann die Tochter-Verwaltung ihre Befolgung nicht verweigern. Vielmehr wird die eingegliederte Gesellschaft in diesen Fällen auf eine nachträgliche Haftung der Hauptgesellschaft verwiesen.

Genauso wie beim Beherrschungsvertrag, lässt sich aus der Maßgeblichkeit des Konzerninteresses noch keine Aussage über die Zulässigkeit *existenzbedrohender Weisungen* treffen. Auch im Rahmen des institutionellen Konzerns kann diese Frage vielmehr allein auf Basis einer Gesamtschau der gesetzlichen Regelungen beantwortet werden.[144]

---

[142] *Kantzas*, Weisungsrecht, S. 121.

[143] Vgl. auch *Veit*, Unternehmensverträge, S. 164.

[144] Dazu s.u., § 11, VI, 4.

c) Zwischenergebnis

Die Weisungsrechte nach §§ 308, 323 I AktG stimmen nicht nur in technischer Hinsicht (Leitungsbegriff, Weisungsadressat), sondern auch in Bezug auf ihren Umfang überein.

Beide finden ihre Schranken in den von der Verwaltung zu beachtenden *gesetzlichen Vorschriften* bzw. in solchen Gesetzesbestimmungen, die anderen Organen Leitungsbefugnisse einräumen. Auch *statuarische Bestimmungen* vermögen das Weisungsrecht der Konzernmutter zu determinieren. Beim Beherrschungsvertrag ist allerdings durch Auslegung des Vertrags zu ermitteln, ob derartige statuarische Schranken auch während der Konzernierung gelten sollen.

Nach richtigem Verständnis findet das Weisungsrecht ferner nicht nur beim Beherrschungsvertrag, sondern auch bei der Eingliederung seine Grenze im *Konzerninteresse*. Hierunter ist das Unternehmensinteresse des Konzerns als kohärenter Planungseinheit zu verstehen, welches als das konzernbezogene Sonderinteresse des Mutterunternehmens in Erscheinung tritt.

Der einzige Unterschied zwischen dem beherrschungsvertraglichen und dem eingliederungsspezifischen Weisungsrecht liegt in der anders ausgestalteten *Befolgungspflicht*. Allenfalls an diesen Umstand lässt sich die landläufig postulierte These knüpfen, die leitungsspezifische Unterordnung einer eingegliederten Gesellschaft sei im Vergleich zu einer beherrschungsvertraglich unterworfenen Gesellschaft ausgeprägter.[145]

Im Übrigen handelt es sich aber bei den Weisungsrechten gem. § 308 AktG und § 323 I 1 AktG um *identische Instrumente eines zentralen Konzernmanagements*.

3. Das Konzerninteresse außerhalb nachteiliger Weisungen

a) Vorteilhafte Weisungen

Der Interessenumbruch in der Tochtergesellschaft wurde bislang nur in Verbindung mit nachteiligen Weisungen behandelt. Wann eine Leitungsmaßnahme nachteilig ist, orientiert sich dabei an dem (hypothetischen) Eigeninteresse der Tochtergesellschaft, so wie es ohne den Beherrschungsvertrag bzw. die Eingliederung beachtlich wäre.[146]

Fraglich ist, ob das Konzerninteresse auch bei *vorteilhaften Weisungen* maßgeblich ist: Der Wortlaut des § 308 I 2 AktG spricht prima facie dagegen, denn dort wird die Schranke des Konzerninteresses allein in Verbindung mit nachteiligen Weisungen erwähnt. Die Terminologie des Gesetzes hatte sich indes schon bei anderen Gelegenheiten als defizitär erwiesen; für die Eingliederung kann ihr allemal keine Bedeutung zukommen. Überdies wird der Tochter-Verwaltung das Weigerungsrecht in § 308 II 2 AktG ausdrücklich unabhängig von der Nachteil-

---

[145] So auch *Veit*, Unternehmensverträge, S. 159.

[146] Allg. Ansicht, vgl. *Emmerich*, in: Emmerich/Habersack, Kommentar, § 308, Rn. 45 m.w.N.

haftigkeit der Leitungsmaßnahme eingeräumt, sodass sich – bei Lichte besehen – aus der gesetzlichen Formulierung keine Rückschlüsse ziehen lassen.

Mangels eines notwendigen Zusammenhangs zwischen Individual- und Gesamtvorteil,[147] dienen derartige Weisungen auch nicht zwangsläufig den Belangen des Konzerns. Vielmehr kann eine Leitungsmaßnahme, die der Tochtergesellschaft nützt, durchaus zum Schaden des Konzerns im Ganzen gereichen und deshalb gegen das Konzerninteresse verstoßen.

Gegen die Maßgeblichkeit des Konzerninteresses auch bei vorteilhaften Weisungen wird eingewandt, die Verwaltung würde eine solche kaum verweigern können, da sie sich andernfalls ihrer Gesellschaft gegenüber ersatzpflichtig machen würde.[148] Diese Begründung geht von einer gespaltenen Pflichtenstellung der Tochter-Verwaltung aus, bei welcher der Haftungsmaßstab für vorteilhafte Weisungen anders bestimmt wird als für nachteilhafte. Unbestreitbar ist aber, dass sich der Maßstab für etwaige Pflichtverletzungen der Tochter-Verwaltung bei weisungsbedingter Leitung aus dem für das Mutterunternehmen geltenden Leitungsmaßstab definieren muss. Ansonsten bestünde die Gefahr, dass ein rechtmäßiges Handeln sanktioniert wird (vgl. auch § 310 III AktG). Dann erweist sich das Haftungsargument freilich als Zirkelschluss, weil eine Ersatzpflicht der Tochter-Verwaltung gerade die Unbeachtlichkeit des Konzerninteresses voraussetzen würde. – Aus den gegen die Tochter-Verwaltung gerichteten Haftungsnormen lassen sich mithin keine Rückschlüsse auf den Leitungsmaßstab bei vorteilhaften Weisungen ziehen. Vielmehr lässt sich, umgekehrt, der einschlägige Haftungsmaßstab nur mit Blick auf den Leitungsmaßstab bestimmen.

Indes: Auch diese Frage muss vor dem Hintergrund der ökonomischen Zielsetzung von Beherrschungsvertrag und Eingliederung beantwortet werden. Die Einräumung legitimer Leitungsmacht für das Mutterunternehmen bezweckt die rechtliche Absicherung einer konzerndimensionalen Gesamtleitung der kohärenten unternehmerischen Planungseinheit. Mit Abschluss des Beherrschungsvertrags bzw. Beschluss der Eingliederung und der damit verbundenen ökonomischen Integration unterwirft sich die Tochtergesellschaft dieser Zielsetzung. Eine Leitung zum isolierten Vorteil nur eines Konzernglieds, aber zum Schaden des Gesamtunternehmens, liefe dem zuwider. Müsste die weisungsberechtigte Konzernmutter bei jeder Weisung überprüfen, ob diese mit Blick auf das isolierte Eigeninteresse der Tochtergesellschaft vor- oder nachteilhaft ist, so wäre eine effiziente Konzernleitung nahezu undurchführbar. Dies gilt umso mehr, als die

---

[147] Hierzu oben, 2, a, cc, (1), (c).

[148] *Kantzas*, Weisungsrecht, S. 141 f.

übergeordnete Konzernleitung dieses Eigeninteresse typischerweise nur unzureichend wird überblicken können.[149]

Sachgerecht ist es demnach, das Konzerninteresse als Leitungsmaßstab auch für solche Weisungen anzuerkennen, die für die Tochtergesellschaft – gemessen an ihrer hypothetischen Unabhängigkeit – vorteilhaft wären.[150] Der Interessenumbruch in der Tochtergesellschaft erfasst damit den *gesamten Bereich weisungsveranlasster Unternehmensleitung*. Dieser Befund schlägt auch auf den für die Tochter-Verwaltung geltenden Haftungsmaßstab durch: Beim Beherrschungsvertrag haftet sie ihrer Gesellschaft gegenüber wegen Nichtvollzugs einer für diese, nicht aber für den Konzern vorteilhaften Weisung nur dann, wenn die Weisung nicht offensichtlich gegen das Konzerninteresse verstößt; denn dann wäre sie zur Durchführung verpflichtet, obwohl die Weisung rechtswidrig ist (vgl. § 310 III AktG). Ist die entsprechende Weisung dagegen offensichtlich nicht mit den Belangen des Konzerns vereinbar, so ist ihre Weigerung gem. § 308 II 2 AktG rechtmäßig und eine Haftung scheidet aus. Bei der Eingliederung besteht freilich ein Weigerungsrecht der Tochter-Verwaltung nicht einmal bei offensichtlicher Konzernwidrigkeit. Daher stellt der Nichtvollzug einer derartigen Weisung stets eine Pflichtverletzung dar.

b) Weisungsfreier Raum

Gedanklich noch einen Schritt weiter führt die Frage nach dem zulässigen Leitungsmaßstab bei *Fehlen jeglicher Weisung*. In diesem Fall obliegt die Unternehmensleitung wieder den dafür vorgesehenen Organen.

aa) Leitung durch die Tochter-Verwaltung

Umstritten ist, ob – bei fehlender Weisung – für die Tochter-Verwaltung das Konzerninteresse maßgeblich ist, oder ob die „Eigenleitung" ihrerseits im Eigeninteresse der Tochtergesellschaft erfolgen muss:

Auch in diesem Zusammenhang kann jedenfalls der Hinweis auf die Verantwortlichkeit der Tochter-Verwaltung (§§ 93 II, 310, 323 I 2 AktG) nicht genügen,[151] denn der Haftungsmaßstab wird erst durch den Leitungsmaßstab definiert, dessen Bestimmung gerade in Frage steht.

Gegen die Maßgeblichkeit des Konzerninteresses wird vor allem eingewandt, die Tochter-Verwaltung könne die Konzerndienlichkeit einer Leitungsmaßnahme mangels hinreichenden Überblicks nicht beurteilen. Die Verfolgung des

---

[149] Dies sieht auch *Schauß*, Weisungsrecht, S. 121, der allerdings zum genau entgegengesetzten Ergebnis gelangt und vorteilhafte Weisungen – unter Außerachtlassung der wirtschaftlichen Zwecksetzung – mit ebendiesem Argument für generell unzulässig erklärt.

[150] A.A. *Kantzas*, Weisungsrecht, S. 142, der in diesem Fall eine „Ausnahme" von der regelmäßigen Maßgeblichkeit des Konzerninteresses erblickt.

[151] So aber z.B. *Würdinger*, in: GK AktG, 3. Aufl., § 308, Anm. 2.

Konzerninteresses sei daher Aufgabe der Konzernspitze.[152] – Mit dieser Begründung müsste man freilich auch das Remonstrationsrecht des § 308 II 2 AktG in Frage stellen, in dessen Rahmen der Tochter-Verwaltung die Bewertung des Konzerninteresses ebenfalls zugemutet wird. Dennoch ist nicht von der Hand zu weisen, dass dieser eine konzerndimensionale Gesamtsicht typischerweise verschlossen ist. Sie deswegen aber wieder dem Eigeninteresse zu unterwerfen, bedeutete, die Leitung der Gesellschaft auf zwei verschiedene – sich möglicherweise widersprechende – Leitungsmaßstäbe auszurichten, je nach dem, ob gerade zufällig eine Weisung erteilt wird oder nicht.[153] Es bestünde die Gefahr, dass auf diese Weise Entscheidungen getroffen werden, welche alsbald wieder revidiert werden müssten; dies würde dem Sinn der Konzernierung zuwiderlaufen.

Aufgrund der ökonomischen Integration der Tochtergesellschaft ist deren Verwaltung verpflichtet, ihre Leitungsmaßnahmen auch ohne Weisung an der Optimierung des Konzernerfolgs zu orientieren.[154] Informationsdefizite lassen sich dadurch vermeiden, dass man dem Mutterunternehmen zwar keine Weisungspflicht,[155] wohl aber eine *Informationspflicht* auferlegt,[156] mit deren Hilfe die Tochter-Verwaltung in die Lage versetzt wird, die Maßstäbe einer konzerndimensionalen Unternehmensführung hinreichend deutlich zu erkennen.[157] Verstoßen eigenmächtige Leitungsmaßnahmen dennoch gegen das Konzerninteresse, so sind sie rechtswidrig; allerdings sollten unverschuldete Informationsrückstände der Tochter-Verwaltung bei der Frage der Sorgfaltspflichtverletzung im Rahmen der §§ 310, 323 I 2 AktG berücksichtigt werden.

---

[152] Z.B. *Geßler*, in: Geßler/Hefermehl, AktG, § 308, Rn. 75; vgl. auch *Emmerich*, in: Emmerich/Habersack, Kommentar, § 308, Rn. 54, mit der Einschränkung, dass „direkt gegen das herrschende Unternehmen oder gegen andere Konzernunternehmen" gerichtete Maßnahmen unzulässig seien. Auch hier müsste der Tochter-Vorstand aber über den Interessenhorizont der eigenen Gesellschaft hinausblicken.

[153] *Koppensteiner*, in: KK AktG, § 308, Rn. 48.

[154] *Koppensteiner*, in: KK AktG, §§ 308, Rn. 48; 323, Rn. 8; *Erlinghagen*, Organschaftsvertrag, S. 16 f.; a.A.: *Würdinger*, in: GK AktG, 3. Aufl., §§ 308, Anm. 2; 323, Anm. 7; *Veit*, Unternehmensverträge, S. 160. Trotz a.A. auf die ökonomische Zielsetzung der Konzernierung hinweisend *Geßler*, in: Geßler/Hefermehl, AktG, § 308, Rn. 74.

[155] H.M., vgl. *Koppensteiner*, in: KK AktG, § 308, Rn. 41; anders wohl *Schneider*, BB 1981, S. 249, 256; unter dem Gesichtspunkt einer Konzernfinanzierungsverantwortung ebenfalls a.A. *Kleindiek*, Strukturvielfalt, S. 196 f.

[156] Beim Beherrschungsvertrag aus vertraglicher Nebenpflicht, bei der Eingliederung aus der mitgliedschaftlichen Treuepflicht der Hauptgesellschaft gegenüber der eingegliederten Gesellschaft.

[157] Ähnlich *Koppensteiner*, in: KK AktG, §§ 308, Rn. 49; 323, Rn. 8, der allerdings statt einer Informationspflicht des Mutterunternehmens eine Konsultationspflicht des Tochter-Vorstands annimmt.

bb) Leitung durch andere Organe

Die Befugnis zu Leitungsmaßnahmen kann ferner auch anderen Organen als dem Vorstand oder den geschäftsführenden phG zukommen. In der AG ist an die Fälle der § 111 IV 2 AktG bzw. § 119 II AktG zu denken. In der KGaA ergeben sich aufgrund des erweiterten Satzungsspielraums noch weitergehendere Möglichkeiten.

Hinsichtlich dieser Befugnisse wurde zwar ein Weisungsrecht verneint, zu erwägen ist aber, ob die betroffenen Instanzen dennoch an das Konzerninteresse als Leitungsmaßstab gebunden sind. Mit anderen Worten: Muss z.B. die Hauptversammlung der Tochtergesellschaft, die auf Basis des § 119 II AktG oder des § 164 S.1 HS 2 HGB i.V.m. § 278 II Alt.2 AktG (weisungsfrei) über Fragen der Geschäftsführung entscheidet, die Belange des Konzerns berücksichtigen?

Die Frage ist vor dem Hintergrund der vorstehenden Ausführungen zu bejahen. Durch Eingehung des Konzerns unterstellt die Tochtergesellschaft ihre *Leitung als ganzes* den Belangen des Konzerns, wenngleich die Einräumung von Leitungsmacht auf den Wirkkreis der Tochter-Verwaltung beschränkt bleibt. Es würde einem effektiven Konzernmanagement widersprechen, wenn konzerndimensional ausgerichtete Planungsentscheidungen der Konzernspitze durch Leitungsmaßnahmen anderer Organe konterkariert werden könnten, zumal in diesen Fällen von der Konzernspitze regelmäßig eine anschließende Rückgängigmachung der Entscheidung angestrebt werden wird.[158]

Damit wird die durch das Weisungsrecht grundsätzlich unberührt bleibende Machtverteilung keineswegs völlig entwertet: Einerseits ist nämlich mit der eigenmächtigen Wahrnehmung von Leitungskompetenzen zugleich das Zugeständnis einer eigenständigen *Einschätzungsprärogative* verbunden, welche dem betroffenen Organ – trotz Bindung an das Konzerninteresse – einen gewissen Ermessensspielraum belässt.[159] Diesen wird man nicht enger fassen dürfen als den des Vorstands i.R.d. § 76 AktG – freilich mit dem Unterschied, dass nunmehr nicht das Gesellschaftsinteresse, sondern das Konzerninteresse die Ermessensgrenze markiert.[160] Andererseits sollten die für die Tochter-Verwaltung vorgeschlagenen Erwägungen im Hinblick auf unverschuldete Informationsrückstände auch hier gelten mit der Folge, dass den zuständigen Organen gegebenenfalls trotz Konzernwidrigkeit keine Sorgfaltspflichtverletzung angelastet werden kann.

---

[158] Kritisch zur Prädominanz des Eigeninteresses bezogen auf den Aufsichtsrat *Koppensteiner*, in: KK AktG, § 308, Rn. 51. Bea. auch § 171 II 2 AktG, wonach auch die Geschäftsführung während des Jahres durch den Aufsichtsrat geprüft wird. Wäre hier das Eigeninteresse maßgeblich, so würde ein unlösbarer Konflikt entstehen.

[159] Allgemein zum Ermessensspielraum des Vorstands *Kort*, in: GK AktG, § 76, Rn. 51; vgl. auch BGHZ 135, 244, 253 f. (ARAG/Garmenbeck).

[160] Ähnlich *Mertens* AcP 168, S. 225, 232: Wenn die Konzernleitung nicht handelt, fällt deren Ermessenspielraum der Tochter-Verwaltung zu.

c) Bedeutung des Konzerninteresses bei Nicht-Leitungsmaßnahmen

Ökonomisches Anliegen der Konzernleitung ist die möglichst effektive Gestaltung einer konzerndimensionalen Unternehmensführung. Dieses Ziel darf nicht dadurch behindert werden, dass andere Interessen als das Konzerninteresse bei der Leitung der Tochtergesellschaft Berücksichtigung finden. Dieses stellt daher einen verbindlichen Maßstab in Zusammenhang mit *Leitungsmaßnahmen* auf. Handlungen, die sich nicht als „Leitung“[161] der Tochtergesellschaft begreifen lassen, unterfallen nicht dem Maßstab des Konzerninteresses. Dies trifft vor allem für sog. *Grundlagengeschäfte*[162] zu.

Damit nicht zu verwechseln sind diejenigen Zuständigkeitsbereiche der Verwaltung, die sich zwar als Leitungsmaßnahmen darstellen, auf die sich das Weisungsrecht aber – aus teleologischen Gründen – nicht erstreckt (z.B. Außenvertretung oder bestimmte innergesellschaftliche Zuständigkeiten). Nach dem Gesagten ist hier das Konzerninteresse ohne weiteres maßgeblich. Der Vorstand darf also z.B. eine Vertretungshandlung nicht mit dem Argument verweigern, sie würde der Gesellschaft schaden, sofern sie im Konzerninteresse geboten ist.

d) Zwischenergebnis

Das Konzerninteresse definiert den Maßstab, an dem die Rechtmäßigkeit von Leitungsmaßnahmen in der vertragsbeherrschten bzw. eingegliederten Gesellschaft zu beurteilen ist. Unerheblich ist, ob die Leitung der Tochtergesellschaft im konkreten Fall durch Weisung oder durch eigenmächtiges Handeln der zuständigen Organe erfolgt. Auch im letzteren Fall bietet das Konzerninteresse den einschlägigen Leitungsmaßstab. Wegen der übergeordneten Maßgeblichkeit des Konzerninteresses sind selbst solche Leitungsmaßnahmen unzulässig, die – isoliert betrachtet – der Tochtergesellschaft nützen würden, sofern sie dem Konzern als ganzem schaden.

Im Ergebnis wird die Leitung der Tochtergesellschaft also umfassend dem Interesse des Konzerns als ökonomischer Planungseinheit und somit dem konzernbezogenen Sonderinteresse des Mutterunternehmens unterstellt.

4. Beherrschungsvertrag und Eingliederung ohne Weisungsrecht?

Vor dem Hintergrund der bisherigen Ergebnisse soll nunmehr die schon anfangs aufgeworfene Frage beantwortet werden, ob das Weisungsrecht auch *vollends abbedungen* werden kann oder ob Beherrschungsvertrag und Eingliederung die Einräumung von Leitungsmacht zwingend voraussetzen.

Ausgangspunkt muss die Tatsache sein, dass eine *rechtsgeschäftliche Determinierung* des Weisungsrechts sowohl in inhaltlicher als auch in gegenständlicher Hinsicht für zulässig befunden wurde. Für den Beherrschungsvertrag folgte

---

[161] Zum Leitungsbegriff s.o., III, 1, c.

[162] Zum Begriff *Kort*, in: GK AktG, § 76, Rn. 79 ff.; s.u., § 7, II, 1.

dies aus § 308 I 2 AktG, im Übrigen aus ökonomischen Erwägungen und der Vertragsfreiheit;[163] für die Eingliederung aus einer Wertungsparallele zum Beherrschungsvertrag.[164]

Daraus auf die generelle Abdingbarkeit des Weisungsrechts zu schließen, wäre gleichwohl verfrüht, denn zwischen bloßer Einschränkung und vollständigem Ausschluss besteht gewiss ein Qualitätsunterschied.

a) Rückschluss aus § 291 I 1 AktG

Der vollständige Verzicht auf das Weisungsrecht wird von weiten Teilen des Schrifttums[165] und – in Bezug auf den Beherrschungsvertrag – scheinbar auch vom *LG München*[166] für unvereinbar mit dem „Wesen" der beherrschungsvertraglichen bzw. institutionellen Konzernierung gehalten. Hinsichtlich des Beherrschungsvertrags wird dabei verbreitet die Legaldefinition des *§ 291 I 1 AktG* herangezogen, aus der gefolgert wird, die Tochtergesellschaft müsse sich notwendig „der Leitung eines anderen Unternehmens"[167] unterstellen. Ein Beherrschungsvertrag ohne Weisungsrecht würde diesem Anspruch nicht genügen und sei daher in Wahrheit gar kein Beherrschungsvertrag.[168]

Bereits die konzernrechtliche Grundnorm des § 18 I 1 AktG zeigt jedoch, dass einheitliche Konzernleitung auch ohne Weisungsrecht, nämlich auf Basis bloß faktischer Verbundenheit möglich ist.[169] Selbst wenn man also im Rahmen des § 291 I 1 AktG eine Unterwerfung unter die „Leitung eines anderen Unternehmens" forderte, würde diese nicht zwingend ein Weisungsrecht voraussetzen.[170]

Eine solche Anforderung wird von § 291 I 1 AktG aber gar nicht aufgestellt: Die Vorschrift verlangt vielmehr eine Vereinbarung, durch welche die Tochter „die Leitung ihrer Gesellschaft einem anderen Unternehmen unterstellt". Eine so geartete Subordination der Tochter-Leitung *unter das Mutterunternehmen* ist nicht gleichbedeutend mit einer Einordnung *unter die Mutter-Leitung*. Vielmehr kann eine Unterwerfung unter die Konzernmutter auch darin bestehen, dass die Leitung der Tochtergesellschaft künftig einem *Handlungsmaßstab* unterstellt wird, in welchem sich das spezifische Leitungsinteresse jener widerspiegelt. Gerade dies wird durch die Ausrichtung der Tochtergesellschaft auf das Konzerninteresse erreicht.

Der in § 291 I 1 AktG geforderten Unterstellung der Tochter-Leitung unter die Konzernmutter ist mithin durch die Implementierung des Konzerninteresses als

---

[163] S.o., 2, a, aa.
[164] S.o., 2, b, aa.
[165] *Würdinger*, in: GK AktG, 3. Aufl., § 291, Anm. 8; *Emmerich*, in: Emmerich/Habersack, Kommentar, § 291, Rn. 21 f.
[166] AG 2001, S. 318.
[167] So z.B. *Koppensteiner*, in: KK AktG, § 291, Rn. 31.
[168] *Emmerich*, in: Emmerich/Habersack, Kommentar, § 291, Rn. 22.
[169] *Geßler*, FS Beitzke, S. 923, 932.
[170] A.A. z.B. *Kantzas*, Weisungsrecht, S. 52 ff.

umfassender Leitungsmaxime Genüge getan. Aus der Legaldefinition des Beherrschungsvertrags lassen sich keine Argumente gegen den vollständigen Ausschluss des Weisungsrechts ableiten.

b) Konzernspezifisches Synallagma

Gegen eine vollständige Abdingbarkeit wird ferner der Umstand vorgebracht, dass die konzernspezifischen Pflichten des Mutterunternehmens auch in diesem Fall bestehen blieben. Dessen Verpflichtungen (z.B. §§ 302 ff., 320b, 322, 324 III AktG) würden von einem Ausschluss des Weisungsrechts nicht tangiert. Das genannte Pflichtenprogramm sei vielmehr – jedenfalls dem Grunde nach – nicht variierbar, weshalb es der Einräumung von Leitungsmacht zur Kompensation zwingend bedürfe.[171]

Hinter dieser Begründung verbirgt sich die Vorstellung, das Weisungsrecht der Konzernmutter und deren konzernspezifische Pflichten stünden in einem *untrennbaren* synallagmatischen Verhältnis zueinander, dessen Auflösung dem Wesen des Beherrschungsvertrags (der Eingliederung) widerstrebte.[172] Aus der Unantastbarkeit der genannten Konzernpflichten wird dann auf die Unabdingbarkeit des Weisungsrechts geschlossen.

Es kann offen bleiben, ob die postulierte synallagmatische Verknüpfung tatsächlich besteht; die organisationsrechtliche Natur des Weisungsrechts spricht eher dagegen. Als *unlösbar* wird man sie jedenfalls nicht betrachten dürfen. Zu bedenken ist nämlich, dass das maßgebende Sonderinteresse des Mutterunternehmens an einer einheitlichen Konzernleitung bereits durch die umfassende Ausrichtung der Tochter-Leitung auf die Belange des Konzerns berücksichtigt wird, das Weisungsrecht somit nur eine typische, nicht aber zwingende Ausprägung des einheitlichen Konzernmanagements ist.[173] Eine zwingende Verbindung wird man deshalb allenfalls zwischen den angeführten Pflichten und dem *Interessenumbruch* annehmen können.

c) Zwischenergebnis

Beherrschungsvertrag und Eingliederung sind auch ohne Weisungsrecht zulässig. Die Einräumung von legitimer Leitungsmacht für die Konzernmutter erweist sich somit nicht als unerlässliches Merkmal dieser Konzerntatbestände.[174]

Aus deren Sicht kann die Konzernierung dennoch sinnvoll sein. Auch ohne Weisungsrecht bleiben nämlich die Vorschriften der §§ 291 III, 323 II AktG von Bedeutung, welche die Auflösung der Vermögensbindung in der Tochtergesellschaft zum Gegenstand haben. Hierdurch ist es der Konzernleitung möglich, das

---

[171] *Koppensteiner*, in: KK AktG, § 308, Rn. 39 m.w.N.; auch *Kropff*, ZGR 1984, S. 112, 122.

[172] *Biedenkopf/Koppensteiner*, in: KK AktG, 1. Aufl., § 291, Rn. 7.

[173] Vgl. *Altmeppen*, in: MK AktG, § 291, Rn. 97 ff.; *Exner*, Beherrschungsvertrag, S. 109, 115 ff.; *Geßler*, FS Beitzke, S. 923, 928 ff.

[174] So auch *Schneider*, ZGR 1980, S. 511, 516; a.A. *Kantzas*, Weisungsrecht, S. 52.

Vermögen der Tochtergesellschaft ohne Rücksicht auf die rechtliche Zuordnung einer konzernwirtschaftlichen Nutzung zuzuführen.[175] Diese Konsequenz kann sich mitunter als für eine einheitliche Konzernleitung wichtiger erweisen als die Wahrnehmung von eigener Leitungsmacht.[176]

Darüber hinaus gestattet der Umstand, dass für die Tochtergesellschaft künftig allein das Konzerinteresse maßgeblich ist, trotz fehlendem Weisungsrecht eine an den ökonomischen Belangen des Konzerns ausgerichtete einheitliche Leitung desselben (§ 18 I AktG). Hierdurch wird die Abgrenzung zum faktischen Konzern ermöglicht.[177]

Bei einem Beherrschungsvertrag ohne Weisungsrecht ist freilich die in § 291 I 1 AktG implizit vorausgesetzte *Abhängigkeitslage* (arg. e § 291 II AktG) zu thematisieren.[178] Ist das Mutterunternehmen, wie in aller Regel (vgl. § 14 I Nr.1 KStG),[179] Mehrheitsaktionär, so sollten sich diesbezüglich keine Probleme ergeben (§ 17 II AktG); andernfalls muss die Abhängigkeit der Tochtergesellschaft grundsätzlich gesondert ermittelt werden. Unter Berücksichtigung des umfassenden Interessenumbruchs in der Tochtergesellschaft wird man deren Abhängigkeit allerdings auch hier nicht bezweifeln können.[180] – Für die Eingliederung bestehen insoweit (aufgrund der Beteiligungsverhältnisse) keine Bedenken.

5. Fazit und Konsequenzen für das „Wesen" der behandelten Konzerntatbestände

a) Das Verhältnis von Leitungsmacht und Leitungsmaßstab

Beherrschungsvertrag und Eingliederung gewähren der Konzernmutter einerseits die Möglichkeit, durch Weisung die *Leitungsmacht* hinsichtlich der Tochtergesellschaft an sich zu ziehen. Andererseits implementieren sie mit dem Konzerninteresse einen *Leitungsmaßstab*, welcher den ökonomischen Bedürfnissen einer einheitlichen, konzerndimensionalen Unternehmensführung entspricht. Im Unterschied zum faktischen Konzern wird auf diese Weise eine umfassende Ausrichtung der Tochtergesellschaft auf die Interessen des Gesamtkonzerns als wirtschaftlicher Planungseinheit legitimiert. Der die Leitung der Gesellschaft prägende wirtschaftliche Interessenhorizont wird auf die Konzernebene „gehoben".

---

[175] *Geßler*, FS Beitzke, S. 923, 934.

[176] Vgl. *Geßler*, in: Geßler/Hefermehl, AktG, § 291, Rn. 53, der darüber hinaus die Befreiung vom Abhängigkeitsbericht (§ 312 AktG) und die Umgehung der engen Grenzen des Ausgleichs nach § 311 II AktG als denkbare Motive nennt.

[177] Insoweit ist die Kritik von *Koppensteiner*, in: KK AktG, § 291, Rn. 13 unbegründet.

[178] *Geßler*, FS Beitzke, S. 923, 930.

[179] Vgl. *Veit*, Unternehmensverträge, S. 124, der darauf hinweist, dass sogar „fast immer" eine Kapitalbeteiligung von 75 Prozent an der Tochtergesellschaft besteht.

[180] Begreift man das Konzerninteresse als das konzernbezogene Sonderinteresse der Konzernmutter, so liegt im Interessenumbruch stets zumindest eine mittelbare (Dauer-)Einflussnahme i.S.d. § 17 I AktG.

Das Gesagte bleibt nicht ohne Einfluss auf den *Haftungsmaßstab der §§ 309, 310, 323 I 2 AktG*: Weil dieser nicht hinter dem Leitungsmaßstab zurück bleiben darf, spielt das hypothetische Eigeninteresse der Tochtergesellschaft keine Rolle, wofür auch der Vergleich mit § 317 II AktG streitet, wo sich der Haftungsmaßstab ausdrücklich an den Pflichten des Geschäftsleiters einer „unabhängigen Gesellschaft" orientiert. Jedoch kann der Haftungsmaßstab für die Tochter-Verwaltung im Einzelfall über den Leitungsmaßstab des Mutterunternehmens hinausreichen; dann nämlich, wenn diese – trotz Konzernwidrigkeit der Weisung – zur Befolgung verpflichtet ist.[181]

Anders als die Einräumung von Leitungsmacht, muss der Interessenumbruch als *zwingende Folge* von Beherrschungsvertrag und Eingliederung betrachtet werden. Die skizzierte Möglichkeit, nachteilige Weisungen in Vertrag oder Satzung auszuschließen, bedingt lediglich, dass das Mutterunternehmen in bestimmtem Umfang von seinem Direktivrecht keinen Gebrauch macht und die betroffenen Leitungsmaßnahmen wieder eigenmächtig durch die Organe der Tochtergesellschaft wahrgenommen werden. Dabei sind diese allerdings an das Konzerninteresse als Leitungsmaßstab gebunden. Der Vorteil einer derartigen Klausel liegt darin, dass diesen eine eigenständige Einschätzungsprärogative zufällt, in deren Rahmen unverschuldete Informationsdefizite gegebenenfalls haftungsmildernd zu Buche schlagen. Durch § 308 I 2 AktG wird allein die Leitungsmacht, keineswegs aber der Leitungsmaßstab für einschränkbar erklärt.

b) Der Interessenumbruch als konstitutives Merkmal

Die Zugrundelegung des Interessenumbruchs als unabdingbarer Besonderheit für Beherrschungsvertrag und Eingliederung hat noch einen weiteren Vorteil. Sie ermöglicht nämlich eine einheitliche, *rechtsformunabhängige* Begriffsbildung – ein Umstand, der insbesondere in Zusammenhang mit der Diskussion um eine analoge Anwendung der §§ 291 ff. AktG auf Beherrschungsverträge mit Personengesellschaften oder GmbHs bedeutsam werden kann:

Würde man die Einräumung von Leitungs*macht* als entscheidendes Kennzeichen unterstellen, so wäre – die Unternehmensqualität des Gesellschafters vorausgesetzt – jeder Gesellschaftsvertrag einer oHG oder KG, welcher einem Gesellschafter Leitungskompetenzen übertrüge, ohne weiteres als Beherrschungsvertrag zu qualifizieren.[182] Folge wäre u.a. eine Fehlbetragsdeckungspflicht analog § 302 AktG.[183] Gleiches müsste für die GmbH gelten, denn auch dort ist die

---

[181] Eine Haftung ist dann konsequenterweise ausgeschlossen, § 310 III AktG.

[182] So z.B. *Raiser*, ZGR 1980, S. 558, 561 f.; *Baumgartl*, Personengesellschaft, S. 53 ff.; vgl. auch *Löffler*, Personengesellschaft, S. 25. Voraussetzung ist freilich, dass der Abschluss eines Beherrschungsvertrags mit einer Personengesellschaft nicht aus anderen Gründen als unzulässig betrachtet wird.

[183] Hierzu ausführlich *Bitter*, Durchgriffshaftung, S. 386 ff. – Vgl. auch die Entscheidung *BGH* WM 1979, S. 937 = NJW 1980, S. 231 (Gervais), in welcher der *BGH* einen „Beherrschungsvertrag" zwischen einer KG und einem Kommanditisten annimmt.

Einflussnahme der Gesellschafter auf die Geschäftsführung keineswegs untypisch (vgl. § 37 I GmbHG). Erscheint bei der AG eine Durchbrechung der Autonomie des Leitungsorgans noch als konzernspezifische Ausnahme, wäre diese Konsequenz bei den genannten Verbandsformen mithin nahezu die Regel.[184] Die Grenze zum faktischen Konzern wäre weitgehend aufgeweicht und ließe sich allenfalls nach materiellen Kriterien, insbesondere nach der Intensität der Leitungsmacht ziehen.

Diese Vorstellung lag der langjährigen Rechtsprechung zum sog. „qualifizierten faktischen GmbH-Konzern" zugrunde,[185] nach der ein Unternehmensgesellschafter einer GmbH sich bereits dann entsprechend § 302 AktG nicht mehr auf die Haftungstrennung sollte berufen dürfen, wenn er die Gesellschaft allein oder mehrheitlich leitete.[186] Die (weitgehende) Aufgabe dieser – zuletzt heftig kritisierten[187] – Rechtsprechung durch den *BGH*[188] mag als weiteres Indiz gegen die These von der begriffsnotwendigen Leitungsmacht gewertet werden.

Bitter hat daraus (noch vor der „Bremer Vulkan"-Entscheidung) den Schluss gezogen, dass „der Beherrschungsvertrag außerhalb des Aktienrechts durch die ausdrückliche vertragliche Vereinbarung der Veränderung des Entscheidungsmaßstabs gekennzeichnet" sein müsse.[189] Hierin liegt die Anerkennung des Interessenumbruchs als konstitutivem Merkmal – freilich beschränkt auf die Personengesellschaft und die GmbH als Tochtergesellschaft. Hinsichtlich der vertragsbeherrschten AG beharrt *Bitter* dagegen auf der Leitungsmacht des Mutterunternehmens als entscheidendem Kriterium und sieht die Veränderung des Leitungsmaßstabs bloß „regelmäßig" damit verbunden.[190]

Dieser Ansatz bleibt auf halbem Weg stehen, denn er führt zu einer unterschiedlichen Definition des Beherrschungsvertrags bei AG, GmbH bzw. Personengesellschaft, obgleich wirtschaftlich derselbe Tatbestand vorliegt. Außerdem lässt er sich kaum mit dem Umstand vereinbaren, dass die §§ 291 ff. AktG unmittelbar auch auf die *KGaA* als Tochtergesellschaft anwendbar sind: Auch dort fehlt es aber an einer autonomen Unternehmensleitung i.S.d. § 76 I AktG. Die Geschäftsführung der KGaA liegt in den Händen ihrer eigenen (persönlich haftenden) Gesellschafter. Durch entsprechende Satzungsgestaltungen kann diese

---

[184] Vgl. *BGH* ZIP 1992, S. 395, 398 (Siemens), wo eine weitgehende Identität des Weisungsrechts nach § 308 AktG und des Weisungsrechts der GmbH-Gesellschafter angenommen wird.

[185] Übersicht über die Rechtsprechung u. das umfangreiche Schrifttum vor der „Bremer Vulkan"-Entscheidung bei *Habersack*, in: Emmerich/Habersack, Kommentar, 2. Aufl., Anh. II zu § 318.

[186] Vgl. *Bitter*, Durchgriffshaftung, S. 348.

[187] Nachw. bei *Schmidt*, GesR, 3. Aufl., S. 1220 ff.

[188] BGHZ 149, S. 10 = NJW 2001, S. 3622 (Bremer Vulkan).

[189] *Bitter*, Durchgriffshaftung, S. 352.

[190] Durchgriffshaftung, S. 342.

Machtposition beliebig verändert werden.[191] Nach *Bitters* These müsste daher auch bei der KGaA nicht die Leitungsmacht, sondern der Interessenumbruch im Mittelpunkt stehen. Dies führte dazu, selbst im *unmittelbaren* Anwendungsbereich der §§ 291 ff. AktG auf eine einheitliche Qualifikation des Beherrschungsvertrags zu verzichten. Ein solches Ergebnis entspricht offenkundig weder der Konzeption des Gesetzes noch dem Konzept des Gesetzgebers.

Richtig, weil mit der ökonomischen Zielsetzung der Konzernierung in Einklang stehend, ist es vielmehr, die umfassende Ausrichtung der Tochtergesellschaft auf die Interessen des Konzerns rechtsformübergreifend als *konstitutives Merkmal* des Beherrschungsvertrags zu behandeln.[192] Aufgrund der aufgezeigten Gleichläufigkeit, muss dies entsprechend für die Eingliederung gelten. – Wollte man Beherrschungsverträge (die Eingliederung soll in diesem Zusammenhang außen vor bleiben[193]) auch mit Personengesellschaften oder GmbHs anerkennen, so wäre dafür mithin *mehr* nötig als eine einheitliche Leitung.[194] Diejenigen Stimmen in der Literatur, die hier einen Interessenumbruch bereits bei Vorliegen einer einheitlichen Leitung bejahen wollen,[195] setzen sich in Widerspruch zur Systematik des allgemeinen Konzernrechts, wo die Möglichkeit einer einheitlichen Leitung trotz Aufrechterhaltung des Eigeninteresses gesetzlich verankert ist, § 18 I 1 AktG (i.V.m. §§ 311 ff. AktG).[196] Zwar ist zutreffend, dass die einheitliche Leitung des Konzerns aus ökonomischer Perspektive stets im Interesse der zusammengehörenden Planungseinheit erfolgt. Davon zu trennen ist aber die Frage, in welchem Umfang dieses Anliegen rechtlich anerkannt wird. Eine *Legitimierung* des Interessenumbruchs ist aber allein durch die Konzerntatbestände des Beherrschungsvertrags und der Eingliederung vorgesehen.[197]

Aus dem Gesagten folgt ferner, dass das Instrument des Beherrschungsvertrags nicht schon unter Hinweis auf das flexible Organisationsrecht der GmbH, der Personengesellschaften oder auch der KGaA für *entbehrlich* erklärt werden

---

[191] Denkbar ist auch, die phG von Weisungen der Kommanditaktionäre abhängig zu machen und dadurch einer GmbH-Verfassung vergleichbare Zustände zu schaffen; zu weiteren Gestaltungsmöglichkeiten s.u., § 9, IV.

[192] Im Ergebnis ebenso *Schneider*, ZGR 1980, S. 511, 516 ff.; *Löffler*, Personengesellschaft, S. 23; *Barbasch*, Familienkommanditgesellschaft, S. 236 f.; vgl. auch *BayObLG*, WM 1993, S. 550, 551 (BSW).

[193] Vgl. aber *§§ 256 ff. RegE-GmbHG.*

[194] Zutreffend wird daher der der „Gervais"-Entscheidung des *BGH* (WM 1979, S. 937 = NJW 1980, S. 231) zugrundeliegende Vertrag von der h.M. nicht als „echter" Beherrschungsvertrag gewertet, vgl. *Bitter*, Durchgriffshaftung, S. 353.

[195] Allen voran *Ulmer*, in: GK HGB, Anh. zu § 105, Rn. 29, 33, 36, 59. m.w.N.

[196] *Kleindiek*, Strukturvielfalt, S. 47; kritisch *Geßler*, FS Flume II, S. 55, 62.

[197] Nach *Ulmer* (Fn. 195) ist eine Unterscheidung zwischen einfacher und qualifizierter Konzernierung dagegen – jedenfalls im Bereich der Personengesellschaften – entbehrlich. Entscheidend sei allein, ob es sich um eine rechtmäßige oder rechtswidrige Konzernierung handele.

darf.[198] Wegen der konstitutiven Bedeutung des Interessenumbruchs bleibt auch dort die Abgrenzung zum faktischen Konzern bedeutsam.

IV. Vermögensbezogene Konsequenzen in der Tochtergesellschaft

Abschließend soll ein Blick auf einige vermögensbezogene Konsequenzen der beherrschungsvertraglichen bzw. institutionellen Konzernierung geworfen werden. Die Darstellung konzentriert sich dabei auf das zentrale und beiden Konzerntatbeständen gemeinsame Merkmal, nämlich die Auflösung der Vermögensbindung, und widmet sich der Problematik, inwieweit dieses durch die vorstehenden Betrachtungen beeinflusst wird. Andere vermögensrelevante Wirkungen werden im Zusammenhang mit den spezifischen Fragestellungen im Hauptteil dieser Untersuchung behandelt.

1. Auflösung der Vermögensbindung (§§ 291 III, 323 II AktG)

Die konzerndimensionale Ausrichtung der Unternehmensleitung ist mit dem Bedürfnis verknüpft, die Ressourcen des Tochterunternehmens möglichst weitgehend den Belangen des Konzerns als Planungseinheit dienstbar zu machen. Dies kann eine Verschiebung von Vermögenswerten innerhalb des Konzerngefüges erforderlich machen.[199]

Ist die Konzernmutter selbst *Aktionärin* in der Tochtergesellschaft, so würden derartige Transfers i.d.R. gegen die aktienrechtlichen Vorschriften über die Vermögensbindung (§§ 57 f., 60 AktG) verstoßen. Aufgrund der weitreichenden Zurechnungsgrundsätze im Bereich verdeckter Einlagenrückgewähr (bzw. Gewinnausschüttung)[200] würde dies selbst dann gelten, wenn die Leistung nicht unmittelbar der Mutter-Aktionärin, sondern einem anderen Konzernunternehmen zugute käme.[201] Um ein einheitliches Konzernmanagement dadurch nicht zu behindern, suspendieren die §§ 291 III, 323 II AktG die vermögensbindenden Schutzvorschriften der §§ 57 f., 60 AktG.[202]

§ 291 III AktG erfasst Leistungen „auf Grund“ des Beherrschungsvertrags, während § 323 II AktG allgemein von Leistungen „an die Hauptgesellschaft“ spricht. Der Beherrschungsvertrag beinhaltet aber – im Gegensatz zum Gewinn-

---

[198] So aber *Barz*, in: GK GmbHG, 7. Aufl., § 13 Anh. II, Rn. 30 (f. die GmbH); im Erg. auch *Ulmer*, in: GK HGB, Anh. zu § 105, Rn. 69 (f. die Personengesellschaft).

[199] Zur ökonomischen Begründung einer Aufhebung der Vermögensbindung vgl. *Altmeppen*, in: MK AktG, § 308, Rn. 97.

[200] Ausführlich *Henze*, in: GK AktG, § 57, Rn. 79 ff.; *Michalski*, AG 1980, S. 261, 265 ff.

[201] Als Zurechnungstatbestände kommen in Betracht: Leistung auf Veranlassung der Mutter-Aktionärin (*Henze*, in: GK AktG, § 57, Rn. 88 f.), Leistung an mit der Mutter-Aktionärin verbundene Unternehmen (*Henze*, in: GK AktG, § 57, Rn. 92 ff.).

[202] Ist die Konzernmutter selbst nicht Aktionärin, unterliegen Transferleistungen der Tochtergesellschaft innerhalb des Konzerngefüges allein den durch §§ 309, 310 AktG gezogenen Grenzen; *Henze*, in: GK AktG, § 57, Rn. 79; *Hopt*, in: GK AktG, § 93, Rn. 120.

abführungsvertrag – grundsätzlich keine vermögensbezogenen Leistungspflichten der Tochtergesellschaft.[203] Daher wird die Vorschrift nach h.M. so verstanden, dass sie sich auf Leistungen bezieht, die infolge rechtmäßiger Weisung durch das Mutterunternehmen veranlasst sind;[204] dies entspricht der Interpretation des § 323 II AktG.[205] Zuwendungen auf Basis rechtswidriger Weisungen wären demnach, ebenso wie solche, die nicht auf einer Weisung beruhen, nicht von der Suspendierung erfasst.[206] – Die h.M. überbetont jedoch den Aspekt der Leitungsmacht: Nachdem nicht diese, sondern der Interessenumbruch als das konstitutive Merkmal beschrieben wurde, liegt es nahe, auch solche Zuwendungen von der Vermögensbindung zu befreien, die – selbst wenn sie nicht auf einer Weisung beruhen – zumindest durch das *Konzerninteresse* als neuem Leitungsmaßstab veranlasst sind. Als Verstoß gegen die §§ 57 f., 60 AktG sind demnach Zuwendungen zugunsten einer Mutter-Aktionärin nur dann zu werten, wenn sie entweder auf einer rechtswidrigen Weisung beruhen oder zumindest gegen das Konzerninteresse verstoßen.[207]

2. Vermögensdispositionen in der Tochtergesellschaft

a) Vermögensverschiebungen mit und ohne Weisung

Die Möglichkeiten, das Vermögen der Tochtergesellschaft dem Gesamtkonzern dienstbar zu machen, sind vielseitig: Denkbar sind *indirekte* Vorgänge (z.B. Konzernverrechnungspreise,[208] Aufbau eines zentralen cash-managements[209]), aber auch *direkte* Zuwendungen (z.B. Übertragung von Anlage- oder Umlaufvermögen, Konzernumlagen,[210] upstream guarantees, unentgeltliche Lizenzen).

Wie aufgezeigt, setzt all dies nicht notwendig eine Weisung des Mutterunternehmens voraus. Auch eigenmächtige Leitungsmaßnahmen der Tochter-Verwaltung können sich vermögensverschiebend auswirken. Wegen der Befreiung von der Vermögensbindung dürfen derartige Vorgänge allein an § 310 AktG gemessen werden, sind also zulässig, soweit sie sich in den Grenzen des Konzerninteresses bewegen.

---

[203] *Geßler*, in: Geßler/Hefermehl, AktG, § 291, Rn. 109.

[204] *Emmerich*, in: Emmerich/Habersack, Kommentar, § 291, Rn. 75; *Geßler*, FS Beitzke, S. 923, 927. Viel zu eng demgegenüber *Ballerstedt*, ZHR 137 (1973), S. 388, 397, der die Bedeutung des § 291 III AktG „vor allem" in der Sicherung der Dividendengarantie des § 304 I 2 AktG sehen will. Gegen diese Ansicht spricht bereits, dass sich der Anspruch aus § 304 AktG nach richtiger Ansicht gegen das Mutterunternehmen richtet, s.u., §§ 17, I; 19, I, 1, b, aa.

[205] *Grunewald*, in: MK AktG, § 323, Rn. 4.

[206] *Henze*, in: GK AktG, § 57, Rn. 190; *Michalski*, AG 1980, S. 261, 262 f.

[207] Beim Gewinnabführungsvertrag wird demgegenüber allein die vertraglich vereinbarte und durch §§ 301, 300 Nr.1 AktG begrenzte Abführung des Bilanzgewinns erfasst.

[208] Kritisch hierzu *Ballerstedt*, ZHR 137 (1973), S. 383 ff.

[209] Ausführlich *Zeidler*, Cashmanagement.

[210] Vgl. BGHZ 65, S. 15 (ITT): „Contract service charge" (für einen Fall faktischer Konzernierung).

Innerhalb dieses Rahmens sind grundsätzlich selbst solche Vermögenstransfers unbedenklich, die eine *Gefährdung das Grundkapitals* der Tochtergesellschaft nach sich ziehen.[211] Hieraus erwachsende Verluste sind, in unterschiedlichem Umfang, gem. §§ 302, 324 III AktG vom Mutterunternehmen auszugleichen.

b) Gewinnabführung

Umstritten ist schließlich, ob die Tochtergesellschaft auch verpflichtet sein kann, ihren *Bilanzgewinn* abzuführen. Eine solche Verpflichtung kann sich einerseits aus einer entsprechenden Weisung ergeben, andererseits – bei eigenmächtigen Leitungsmaßnahmen – aus der Maßgeblichkeit des Konzerninteresses.[212]

In aller Regel wird zwischen den Beteiligten ein *Gewinnabführungsvertrag* bestehen; dies schon aus steuerlichen Erwägungen (§ 14 I KStG). In diesem Fall gestaltet sich die Gewinnabführung – jedenfalls zugunsten des Mutterunternehmens[213] – als unproblematisch.

Fehlt es an einem zusätzlichen Gewinnabführungsvertrag (isolierter Beherrschungsvertrag bzw. isolierte Eingliederung), so wird die Zulässigkeit einer Gewinnabführung zum Teil mit dem Argument verneint, hierdurch würde der Gewinnabführungsvertrag als Typus überflüssig.[214] Dies trifft aber schon deshalb nicht zu, weil sich Beherrschungsvertrag und Eingliederung auf der einen und der Gewinnabführungsvertrag auf der anderen Seite entscheidend durch das Merkmal des Interessenumbruchs unterscheiden. Wollen die Beteiligten die umfassende Neuausrichtung der Unternehmensleitung auf das Konzerninteresse vermeiden und dennoch die Vorteile einer (begrenzten) Gewinnabführung nutzen, so bietet der Gewinnabführungsvertrag ein selbständiges Instrument.

Gegen die Möglichkeit einer Gewinnabführung wird weiterhin geltend gemacht, der Rechtsverkehr und etwaige außenstehende Aktionäre müssten erkennen können, ob die Gesellschaft überhaupt einen Gewinn erzielen kann. Für die Aktionäre folge dies bereits aus deren Anspruch auf den die Dividendengarantie des § 304 I 2 AktG möglicherweise übersteigenden Gewinnanteil.[215] Auch diese Begründung geht fehl. Denn der umfassende Interessenumbruch in der Tochtergesellschaft bedingt, insbesondere wenn er durch ein Weisungsrecht flankiert wird, weitreichende Möglichkeiten, einen bilanziellen Gewinn bereits in seiner

---

[211] Gemeint sind solche Vorgänge, durch welche das nach Abzug der Verbindlichkeiten verbleibende Vermögen unter den Betrag des Grundkapitals geschmälert wird.

[212] Z.B. wenn nur dadurch ein anderes, für den Verbund wichtiges Konzernunternehmen gerettet werden könnte.

[213] Zum umstrittenen Sonderfall eines Gewinnabführungsvertrags zugunsten Dritter vgl. *Emmerich*, in: Emmerich/Habersack, Kommentar, § 291, Rn. 58 f. m.w.N.

[214] Vgl. *Emmerich*, in: Emmerich/Habersack, Kommentar, § 308, Rn. 43; *Koppensteiner*, in: KK AktG, § 308, Rn. 23 (jeweils für den Beherrschungsvertrag).

[215] *Geßler*, in: Geßler/Hefermehl, AktG, § 308, Rn. 48.

Entstehung zu verhindern. Können der Tochtergesellschaft aber schon im Voraus sämtliche Gewinnchancen genommen werden, so ist nicht einzusehen, warum der Verkehr und die Aktionäre im nachhinein geschützt werden sollen, zumal deren Sicherungen im Übrigen mit denen des Gewinnabführungsvertrags deckungsgleich sind.[216]

Auch der Hinweis auf die bilanzrechtliche Sondervorschrift des § 277 III 2 HGB, nach der auf Basis eines Gewinnabführungsvertrags erhaltene oder abgeführte Gewinne in der Gewinn- und Verlustrechnung gesondert auszuweisen sind, ist nicht ergiebig. Aus dem Umstand, dass Beherrschungsvertrag und Eingliederung dort nicht erwähnt werden, lässt sich noch nichts gegen eine Gewinnabführung bei diesen Konzerntatbeständen folgern.[217] Im Falle ihrer Zulässigkeit würde vielmehr die – im Ergebnis vergleichbare – Erläuterungspflicht nach § 277 IV 2 i.V.m. § 275 II Nrn.15 u. 16, III Nrn.14 u. 15 HGB eingreifen.

Als zutreffend erweist sich jedoch der Hinweis auf *§ 174 I 1 AktG*:[218] Danach beschließt allein die Hauptversammlung über die Verwendung des Bilanzgewinns. Diese (zwingende[219]) Zuständigkeit bleibt aber von einem etwaigen Weisungsrecht unberührt, da es sich nicht um eine Leitungsmaßnahme, sondern um einen innergesellschaftlichen Rechtsakt mit Grundlagencharakter handelt.[220] Für die Hauptversammlung besteht daher keine Veranlassung, sich bei ihrer Entscheidung an den Belangen des Konzerns zu orientieren. Ist ein Bilanzgewinn im Rahmen des Jahresabschlusses erst einmal festgestellt, so kann der Hauptversammlung weder durch den isolierten Beherrschungsvertrag noch durch die isolierte Eingliederung das exklusive Entscheidungsrecht über dessen Verwendung genommen werden.

Im Ergebnis ist eine Abführung des Bilanzgewinns im Rahmen eines isolierten Beherrschungsvertrags bzw. einer isolierten Eingliederung mithin abzulehnen.[221]

---

[216] *Altmeppen*, in: MK AktG, § 308, Rn. 99.

[217] So aber *Koppensteiner*, in: KK AktG, § 308, Rn. 23.

[218] *Emmerich*, in: Emmerich/Habersack, Kommentar, § 308, Rn. 43; *Altmeppen*, in: MK AktG, § 308, Rn. 98; *Koppensteiner*, in: KK AktG, § 308, Rn. 23; *Exner*, Beherrschungsvertrag, S. 89.

[219] § 23 V AktG; vgl. *Hüffer*, AktG, § 174, Rn. 1.

[220] Vgl. *Wichert*, Finanzen, S. 133, 142 m.w.N. (zur KGaA).

[221] Vgl. *Veit*, Unternehmensverträge, S. 146, 158; a.A. *Würdinger*, in: GK AktG, 3. Aufl., § 308, Anm. 10; *Biedenkopf/Koppensteiner*, in: KK AktG, 1. Aufl., § 308, Rn. 10.

Zweiter Teil: Die KGaA als vertragsbeherrschte bzw. eingegliederte Gesellschaft

§ 4: Einleitung

Nachdem vorausgehend grundlegende Strukturmerkmale sowohl der KGaA als auch der beherrschungsvertraglichen und der institutionellen Konzernierung herausgearbeitet wurden, soll nunmehr untersucht werden, ob und gegebenenfalls unter welchen Bedingungen bzw. mit welchen Konsequenzen sich eine KGaA durch Beherrschungsvertrag oder Eingliederung einem anderen Unternehmen unterordnen kann.

I. Die KGaA als vertragsbeherrschte Gesellschaft

Die Möglichkeit eines *Beherrschungsvertrags* mit einer KGaA als Tochtergesellschaft ist in § 291 I 1 AktG explizit vorgesehen. Wie zu Beginn dieser Arbeit aufgezeigt, kann es daher hinsichtlich der Legitimität einer derartigen Verbindung allenfalls um die Erarbeitung einschränkender Voraussetzungen gehen.[1] Mit Blick auf die zum Teil personalistischen Organisationsstrukturen soll hierbei dem Grunde nach an die korrespondierenden Erwägungen im Personengesellschaftsrecht angeknüpft werden. Dort wird der Beherrschungsvertrag vor allem unter Hinweis auf die gemeinsame Zweckverfolgung, die Prinzipien der Verbandssouveränität und der Selbstorganschaft, die persönliche Haftung und das Wettbewerbsverbot problematisiert. Hinzu treten bestimmte Kompetenzfragen, insbesondere hinsichtlich der Konzernbildung und der Konzernleitung.[2] Diese Fragen stellen sich unter ähnlichen Vorzeichen auch bei der KGaA.

In diesem Zusammenhang darf freilich die *hybride Architektur* der KGaA nicht aus den Augen verloren werden, die einer unreflektierten Übertragung der personengesellschaftsrechtlichen Ergebnisse im Weg steht. Jedes der benannten Argumente ist daher daraufhin zu prüfen, ob es im Hinblick auf die personalistische Seite auch bei der KGaA durchschlägt oder wegen deren korporativer Seite oder deren Eigenschaft als juristische Person ins Leere läuft.

---

[1] Die Aufstellung restriktiver Kriterien praeter legem ist dem Gesellschaftsrecht keineswegs fremd. Bis zur genannten Grundlagenentscheidung des *BGH* wurde beispielsweise die Fähigkeit einer juristischen Person, phG einer KGaA zu sein, aus dogmatischen Gründen verneint.

[2] Zur Diskussion um die Zulässigkeit von Beherrschungsverträgen mit Personengesellschaften vgl. vor allem die Arbeiten von *Heck*, *Baumgartl*, *Löffler*, *Burbach*, *Kleindiek*, *Haas*.

II. Die KGaA als eingegliederte Gesellschaft

Für die *Eingliederung* einer KGaA gelten demgegenüber andere Maßstäbe. Hier geht es nicht um die mögliche Begrenzung einer grundsätzlich zulässigen Gestaltung, sondern um die Frage nach einer analogen, also *erweiternden* Anwendung gesetzlicher Bestimmungen.[3] Dabei muss folgender Grundsatz gelten: Wenn das Gesetz die beherrschungsvertragliche Subordination der KGaA zulässt, dann kann deren Eingliederung durch analoge Anwendung der §§ 319 ff. AktG zumindest dann nicht grundsätzlich unzulässig sein, wenn sich die Unterschiede dieser beiden Konzerntatbestände als unwesentlich, jedenfalls aber vor dem Hintergrund der rechtsformspezifischen Besonderheiten als unschädlich erweisen.

Wirtschaftlich besteht für eine derartige Gestaltung jedenfalls dann ein Bedürfnis, wenn man in Rechnung stellt, dass die Hauptgesellschaft im Vergleich zur Konzernmutter eines Beherrschungsvertrags in weit größerem Umfang Zugriff auf das Vermögen der Tochtergesellschaft nehmen, insbesondere sogar über die gesetzliche Rücklage disponieren kann.

Auch *rechtlich* muss die Eingliederung nicht von vornherein allein der AG vorbehalten sein. Bereits *Praël* hatte die zutreffende These aufgestellt, dass aus dogmatischen Gründen zumindest jede Körperschaft in ein Unternehmen eingegliedert werden könne, „dessen Unternehmensträger Mitglied der Körperschaft sein kann", sofern die zu verbindenden Rechtsträger nur eine „verfassungsmäßige Homogenität" aufweisen.[4] Hierfür kann auch die – letztlich aus anderen Gründen nicht verwirklichte[5] – Absicht des Gesetzgebers angeführt werden, die Eingliederung einer *GmbH* für zulässig zu erklären (§§ 256 ff. *RegE-GmbHG*).

Die vorliegende Fragestellung konzentriert sich auf die Gestaltung, dass die künftige Hauptgesellschaft sämtliche *Kommanditaktien* erwirbt. Die Alternative, dass auch die Mitgliedschaften der phG übernommen werden – mit der Folge, dass die KGaA zur Einpersonengesellschaft wird – soll demgegenüber zunächst ausgeklammert bleiben. Aufgrund der dogmatischen Unterschiede in der Mitgliedschaftsstruktur könnte dies jedenfalls nicht über eine Analogie zu § 320a AktG erreicht werden, dessen Rechtsfolge (cessio legis) erkennbar auf *fungible* Beteiligungen zugeschnitten ist; insoweit fehlte es von vornherein an einer Vergleichbarkeit der Sachverhalte. Nicht ausgeschlossen ist damit freilich, dass Derartiges durch flankierende rechtsgeschäftliche Vereinbarung herbeigeführt werden könnte. Für ein automatisches Ausscheiden der phG ist dagegen kein Raum. Dies entspricht der neugeschaffenen Möglichkeit des „Squeeze-Out" un-

---

[3] Eine analoge Anwendung des Aktienkonzernrechts auf andere Rechtsformen ist auch in anderem Zusammenhang geläufige Praxis; zum GmbH-Konzernrecht beispielhaft *Zeidler*, in: Michalski, GmbHG, Syst. Darst. 4 (Konzernrecht).

[4] *Praël*, Eingliederung, S. 118.

[5] Zum Schicksal des *RegE-GmbHG* und zu den Gründen seines Scheiterns vgl. *Immenga*, BB 1977, S. 957 ff.

ter Beteiligung einer KGaA als Zielgesellschaft (§ 327a I 1 AktG); auch dort verbleiben die phG weiterhin im Verbandsgefüge. Unterschiede zwischen beiden Instrumenten lassen sich allerdings mit Blick auf die verfassungsrelevanten Konsequenzen festmachen, welche dem Verfahren nach §§ 327a ff. AktG gerade nicht anhaften.[6]

III. Gang der Untersuchung

Gleichsam vor die Klammer gezogen wird die Frage nach einer grundlegenden Vereinbarkeit der hier interessierenden Fälle mit dem „gemeinsamen Zweck" und dem Prinzip der Verbandssouveränität (§§ 5, 6). Sodann werden die kommanditaktienrechtlichen Besonderheiten bei der Konzernbildung (§§ 7, 8) und der Konzernleitung (§§ 9, 10) behandelt. Den Schwerpunkt dieses Teils bildet eine Analyse der vermögensrechtlichen Auswirkungen der Konzernierung auf die Position der phG (§§ 11-13), insbesondere in Zusammenhang mit deren persönlicher Haftung und – möglicher – Verlustbeteiligung. Der zweite Teil endet mit einem Blick auf die Gläubiger und Kommanditaktionäre der Tochter-KGaA (§ 14) und die Konzernbeendigung (§ 15).

---

[6] Die von *Fett*, in: Schütz/Bürgers/Riotte, KGaA, § 12, Rn. 39 geäußerte Kritik an der Effizienz eines Squeeze-Out nach §§ 327a ff. AktG bei der KGaA ist deshalb – bezogen auf die Eingliederung – nicht durchschlagend.

§ 5: Konzernunterordnung und der „gemeinsame Zweck"

I. Fragestellung

Die Zulässigkeit von *Beherrschungsverträgen* mit einer Personengesellschaft als Tochtergesellschaft wird zum Teil mit der Begründung abgelehnt, ein derartiger Vorgang hebe den gemeinsamen Zweck i.S.d. §§ 705 BGB, 105 III, 161 II HGB auf. Durch die Neuausrichtung des Verbandsinteresses auf die Belange des Konzerns werde der für die Gemeinsamkeit des Verbandszwecks konstitutive Interessengleichlauf zwischen Gesellschaftern und Gesellschaft beseitigt, was notwendig zu deren Auflösung führe.[1] – Sofern diese These zutrifft, könnte für den *Eingliederungskonzern* nichts anderes gelten, denn auch für diesen wurde der Interessenumbruch als entscheidendes Merkmal beschrieben. Dass dieser Konzerntyp im Bereich der Personengesellschaften keine Erwähnung findet,[2] gründet sich einerseits auf dem Verbot der Einpersonen-Gesellschaft,[3] andererseits auf der Tatsache, dass es dort an fungiblen Mitgliedschaften fehlt, welche entsprechend § 320a AktG auf die Konzernmutter übergehen könnten; insoweit liegen die Dinge bei der KGaA anders.

Untersucht man den Wert der vorstehenden Argumentation für die hier interessierende Fragestellung, so ergeben sich zwei Problemschwerpunkte: Zum einen ist beachtlich, dass der gemeinsame Zweck von der h.M. als rechtsformübergreifendes Merkmal des allgemeinen Verbandsrechts betrachtet wird, mithin beispielsweise auch der AG zugrunde liegen soll.[4] Dort wird die Legitimität des Beherrschungsvertrags und der Eingliederung aber nicht bezweifelt.[5] Die These von der Unvereinbarkeit mit dem gemeinsamen Zweck kann also überhaupt nur dann einen Sinn machen, wenn sich die Gemeinsamkeit des Verbandszwecks – entgegen der h.M. – zwar bei den Personengesellschaften, nicht aber bei der AG als zwingend erweist oder jedenfalls hier anders als dort bestimmt wird.

Zum anderen darf der Umstand nicht unberücksichtigt bleiben, dass die KGaA eine Mittelstellung zwischen AG und KG einnimmt. Sollte sich herausstellen, dass dem gemeinsamen Zweck bei den Personengesellschaften eine andere Bedeutung zufällt als bei der AG, so müsste untersucht werden, ob die KGaA in

---

[1] *Heck*, Personengesellschaften, S. 136; *Löffler*, Personengesellschaft, S. 33 ff.; *Flume*, Personengesellschaft, S. 255 f.; *Schneider*, ZGR 1975, S. 253, 271 f.; *Reuter*, ZHR 146 (1982), S. 1, 15 f.; *ders.*, AG 1986, S. 130, 136; *Huber*, ZHR 152 (1988), S. 1, 21 ff.

[2] Die Erwähnung der KG im Zusammenhang mit der Eingliederung nach § 319 AktG bei *Horn*, in: Heymann, HGB, § 166, Rn. 23 bleibt im Dunkeln.

[3] So zutreffend *Löffler*, Personengesellschaft, S. 20, Fn. 101.

[4] *Schmidt*, GesR, S. 57.

[5] So auch die Kritik von *Kleindiek*, Strukturvielfalt, S. 87.

dieser Beziehung nach kommanditrechtlichen oder aktienrechtlichen Grundsätzen zu behandeln ist.

Die folgenden Betrachtungen werden belegen, dass dem gemeinsamen Zweck nur in bestimmten Verbandsformen konstitutive Bedeutung zukommt. Gerade für die KGaA wird sich eine Zweckgemeinschaft der Gesellschafter jedoch als nicht zwingend erweisen, sodass der mit einer Konzernintegration verbundene Interessenumbruch nicht unter Hinweis auf den gemeinsamen Verbandszweck für unzulässig erklärt werden kann.

II. Vorbemerkung: Zweckverfassung und Interessenverfassung

Bereits zu Anfang wurde darauf hingewiesen, dass die Existenz eines überindividuellen, von den Zwecksetzungen der Verbandsmitglieder unterscheidbaren Verbandszwecks zu den zwingend erforderlichen Merkmalen jedes Verbands zählt.[6]

Der Zweck des Verbands stellt die *formale Zielsetzung* dar, die dieser durch sein Wirken im Rechts- und Wirtschaftsverkehr, aber auch im Hinblick auf die verbandsinterne Willensbildung verfolgt.[7] Diesbezüglich können rechtsformspezifische Restriktionen bestehen, wie z.B. in § 105 I HGB (Betrieb eines Handelsgewerbes[8]) oder in § 21 BGB (kein wirtschaftlicher Geschäftsbetrieb).[9] Zu unterscheiden ist der Verbandszweck vom *Gegenstand* der Verbandstätigkeit, welcher das konkrete Mittel benennt, mit dessen Hilfe die formale Zielsetzung realisiert werden soll (vgl. z.B. §§ 23 III Nr.2 AktG, 3 I Nr.2 GmbHG).[10]

Darüber hinaus steckt der Verbandszweck den *formalen Handlungs- und Sorgfaltsmaßstab* ab, an dem sich die Verwaltung im Verhältnis zu den Mitgliedern orientieren muss, will sie sich nicht ersatzpflichtig machen.[11] Nicht gesagt ist damit, dass das Wirken des Verbands auch im Außenverhältnis durch den Verbandszweck determiniert wäre. Aus Gründen des Verkehrsschutzes bildet dieser nach ganz h.M. zwar eine innere, nicht aber eine äußere Grenze für die verbandsbezogene Tätigkeit.[12]

Allein der formal verstandene Verbandszweck bietet indes noch keine hinreichend konkrete Richtschnur für das Wirken des Verbands. Er lässt nämlich keine Rückschlüsse darauf zu, *in wessen Interesse* das zweckgerichtete Wirken

---

[6] S.o., § 2, II, 1.

[7] *Lutter*, AcP 180 (1980), S. 84, 145.

[8] Zum missverständlichen Merkmal „unter gemeinschaftlicher Firma“ vgl. *Michalski*, OHG, § 105, Rn. 38.

[9] Hierzu *Schmidt*, GesR, S. 62.

[10] *Hüffer*, AktG, § 23, Rn. 21 ff.

[11] Allg. *Schulze-Osterloh*, Gemeinsamer Zweck, S. 4 ff.

[12] Anders die im angelsächsischen Recht verbreitete „ultra-vires-Doktrin“; hierzu *Schmidt*, GesR, S. 214 ff.

vollzogen wird.[13] Die Interessenausrichtung erweist sich aber als von entscheidender Bedeutung, um der Verbandsverwaltung ein präzises Handlungsprogramm vorzugeben. So macht es einen ausschlaggebenden Unterschied, ob das Handelsgewerbe im *Individual*interesse eines Mitglieds, im *gemeinsamen* Interesse aller Mitglieder oder im *Fremd*interesse eines Nichtmitglieds betrieben wird. Alle drei Fälle können mit der formalen Zielsetzung (Betrieb eines Handelsgewerbes) in Einklang stehen. Dennoch wird sich nicht leugnen lassen, dass die Verbandstätigkeit unter inhaltlichen Gesichtspunkten jeweils eine andere wäre. – Neben die formale Grenze des Verbandszwecks muss daher eine materielle Grenze treten, aus welcher sich ableiten lässt, in wessen Interesse der Verbandszweck verfolgt wird. Diese materielle Grenze ist gemeint, wenn vom *Verbandsinteresse* die Rede ist.

Der Handlungs- und Sorgfaltsmaßstab für das Wirken des Verbands ergibt sich folglich aus einem Zusammenspiel von (formaler) Zweckverfassung und (materieller) Interessenverfassung. In welchem Verhältnis diese zueinander stehen und welche Rolle den Verbandsmitgliedern und ihren Interessen dabei zufällt, hängt von bestimmten Eigenschaften des Verbands ab, die im Folgenden aufzudecken sind. Gerade auf dieses Zusammenspiel zielt freilich auch das Merkmal der „Gemeinsamkeit“.

III. Dogmatische Verortung des gemeinsamen Zwecks

Aus dem zwingenden Erfordernis eines überindividuellen Verbandszwecks lässt sich keineswegs der Schluss ziehen, jeder Verbandszweck sei begriffsnotwendig ein „gemeinsamer“.[14] Denn die „Überindividualität“ impliziert ja gerade Selbständigkeit gegenüber den Mitgliedern, während die „Gemeinsamkeit“ schon begrifflich einen Nexus zwischen Verbandszweck und Verbandsmitglied herstellt.

Auch ein Blick auf die Gesetzesterminologie scheint prima vista für eine gedankliche Differenzierung zwischen Verbandszweck und Gemeinsamkeit desselben zu streiten: Das Tatbestandsmerkmal „gemeinsamer Zweck“ wird ausdrücklich nur in *§ 705 BGB* aufgestellt.[15] Aufgrund der einschlägigen Verweise erlangt es Bedeutung für alle Personengesellschaften. Außerhalb dieses Bereichs ist dagegen schlicht vom „Zweck des Vereins“ (§§ 21 f., 33 I 2 BGB) oder vom „gesetzlich zulässigen Zweck“ der GmbH (§ 1 GmbHG) die Rede. Im AktG

[13] Vgl. *Ulmer*, in: GK HGB, Anh. zu § 105, Rn. 14.

[14] So aber offenbar *Schmidt*, GesR, S. 60.

[15] Aus § 2 I VereinsG, wo der gemeinsame Zweck als Kennzeichen des Vereinsbegriffs im Sinne des VereinsG benannt ist, lassen sich demgegenüber keine Rückschlüsse für das private Verbandsrecht ableiten. Es ist vielmehr davon auszugehen, dass der Gesetzgeber hiermit bloß die Überindividualität jedes Verbandszwecks ansprechen wollte, sich dabei aber von der (unzutreffenden) Annahme der h.M. hat leiten lassen, ein überindividueller Zweck sei stets ein gemeinsamer.

kommt der Begriff des Gesellschaftszwecks sogar gar nicht vor. Hingegen richtet § 1 I GenG den Zweck der Genossenschaft auf die Förderung der Mitglieder durch „gemeinschaftlichen Geschäftsbetrieb" aus; ähnliches gilt für den Versicherungsverein auf Gegenseitigkeit, der die „Versicherung seiner Mitglieder" bezweckt (§ 15 VAG). In diesen Fällen erscheint die Annahme einer Zweckgemeinschaft der Mitglieder naheliegend.

Bereits diese flüchtige Analyse deutet an, dass die Gemeinsamkeit des Verbandszwecks eine besondere *Eigenschaft* desselben darstellt, durch die das Formalziel der Verbandstätigkeit in Beziehung zu den Mitgliedern gestellt wird.[16] Bei einer Untersuchung, inwieweit es sich bei dieser Eigenschaft um ein *zwingendes* Merkmal handelt, können die verbandsspezifischen Strukturphänomene nicht außer Acht gelassen werden. Hier aber hatten sich Abweichungen zwischen Personengesellschaften und Körperschaften einerseits bzw. zwischen Gesamthandsgesellschaften und juristischen Personen andererseits offenbart, sodass eine typenspezifische Betrachtung nahe liegt.

1. Personengesellschaften

Personengesellschaften sind durch eine personalistische Organisationsstruktur und ein gesamthänderisches Zuordnungsmodell gekennzeichnet. Letzteres zeichnet sich nach traditionellem Verständnis dadurch aus, dass Rechte und sonstige Vermögensgüter – zumindest im Innenverhältnis – nicht dem Verband als solchem, sondern der aus den Verbandsmitgliedern gebildeten *Gesamthand* zugeordnet werden. Nach hier vertretener Interpretation beschränkt sich demgegenüber die Besonderheit der Gesamthand in Abgrenzung zur juristischen Person auf die Methode der Interessenzuordnung, während hinsichtlich der Rechts- und Vermögenszuordnung jedenfalls im Ergebnis keine Unterschiede existieren. Dies war Konsequenz der fehlenden Rechtspersönlichkeit.[17] Auf Basis der soeben skizzierten Unterscheidung zwischen Verbandszweck und Verbandsinteresse ergibt sich somit folgendes Bild:

a) Zweckverfassung

Wie jeder andere Verband verfügt die Personengesellschaft über einen überindividuellen, von den subjektiven Zielsetzungen der Gesellschafter emanzipierten Gesellschaftszweck. Daran ändert auch die personalistische, auf Individualität der Beteiligten beruhende Organisation nichts, denn die Zielsetzung eines Verbands lässt keine unmittelbaren Rückschlüsse auf seine organisatorische Architektur zu, mit deren Hilfe jene verwirklicht werden soll.

Ebenso steht die fehlende Rechtspersönlichkeit der Zuerkennung eines überindividuellen Zwecks nicht entgegen. Bei diesem handelt es sich nämlich bloß um

---

[16] A.A. *Hüffer*, GesR, S. 3.

[17] S.o., § 2, II, 3, a.

die *formale* Zielsetzung. Mit einer solchen können indes ohne weiteres alle Rechtsobjekte ausgestattet werden, auch wenn sie keine eigene Rechtspersönlichkeit, nicht einmal eigene Rechtsfähigkeit besitzen.[18]

b) Interessenverfassung

Die fehlende Rechtspersönlichkeit der Personengesellschaft führt aber dazu, dass diese als Trägerin eigener *Interessen* ausscheiden muss. Im Gegensatz zum Verbandszweck stellt sich das Verbandsinteresse als eine materielle Kategorie dar, die darüber Aufschluss gibt, wessen Belange im Rahmen des zweckgerichteten Verbandswirkens zu beachten sind. Als Träger eigener Belange (d.h. Interessen) kommen jedoch nur solche Gebilde in Betracht, die über eigene Rechtspersönlichkeit verfügen.[19] Scheidet die Gesamthandsgesellschaft als solche hierfür aus, so fragt sich, wer statt ihrer in Frage kommt. Dies können allein die *Gesellschafter* sein. Deshalb leitet sich das Verbandsinteresse der Personengesellschaft notwendig von den Interessen ihrer Mitglieder ab. Diese verpflichten sich im Gesellschaftsvertrag, den Zweck des Verbands ebensowohl im eigenen Interesse wie im Interesse des anderen zu fördern.[20] Der Verbandszweck wird allseits als eigenes Interesse betrachtet; insoweit besteht *Interessenparallelität* zwischen den Gesellschaftern. Dies bedeutet freilich nicht, dass jeder Gesellschafter vollumfänglich die gleichen Interessen verfolgen müsste.[21] Aber alle Interessen – seien sie noch so vielseitig – sollen durch den gleichen Verbandszweck verwirklicht werden, weshalb dieser im *gemeinsamen Interesse* der Gesellschafter existiert.

Das *Verbandsinteresse* einer Personengesellschaft ist folglich identisch mit dem gemeinsamen Interesse ihrer Gesellschafter.[22] Es stellt gleichsam die Schnittmenge von deren Individualinteressen dar und markiert fortan den (materiellen) Handlungs- und Sorgfaltsmaßstab für das Wirken des Verbands. In Bezug auf den Verbandszweck bilden die Gesellschafter eine *Interessengemeinschaft*. Welche Motive ihrer Beteiligung im Übrigen zugrunde liegen, spielt keine Rolle.

---

[18] Als Beispiel sei die öffentlich-rechtliche Widmung einer Sache zu einem bestimmten Zweck genannt (§ 35 S.2 Alt.2 VwVfG). Auch der Konzern verfolgt eine eigenständige Zielsetzung, obwohl diesem weder Rechtsfähigkeit noch Rechtspersönlichkeit zukommt.

[19] S.o., § 2, II, 3, a.

[20] Ähnlich *Ballerstedt*, JuS 1963, S. 253, 255, jedoch nicht zwischen Verbandszweck und Verbandsinteresse differenzierend.

[21] Vgl. das Beispiel bei *Ballerstedt*, JuS 1963, S. 253, 254 f.

[22] *Reuter*, FS Steindorff, S. 229, 234; vgl. *Oldenburg*, Fremdgeschäftsführung, S. 135 m.w.N.

c) „Gemeinsamkeit“ des Verbandszwecks

Der Umstand, dass sich die Gesellschafter verpflichten, den Gesellschaftszweck im gemeinsamen Interesse aller Beteiligten zu fördern, macht diesen zu einem „gemeinsamen“ i.S.d. § 705 BGB.[23]

Wenn darüber hinaus zusätzlich auf die Gemeinschaftlichkeit des durch das Verbandswirken erzielten Ergebnisses abgestellt wird (*Ergebnisgemeinschaft*),[24] so ist dies aus den folgenden Erwägungen abzulehnen: Bei wirtschaftlicher Zweckverfolgung führte dieser Ansatz zu einer zwingend erforderlichen Beteiligung aller Verbandsmitglieder an den wirtschaftlichen Vor- und Nachteilen, insbesondere an Gewinn und Verlust. Mit dem gemeinsamen Zweck unvereinbar wäre sowohl ein Ausschluss einzelner Gesellschafter vom Gewinn als auch vom Verlust.[25] Es soll dahingestellt bleiben, ob diese Auffassung mit den Bedürfnissen eines praktischen Unternehmensrechts in Einklang zu bringen ist; hinsichtlich der Verlustbeteiligung hat der Gesetzgeber jedenfalls für den stillen Gesellschafter anders entschieden (§ 231 II HS 1 HGB).[26] Kaum überzeugend ist die These von der Ergebnisgemeinschaft aber dort, wo dem Verbandswirken keine wirtschaftlichen Zielsetzungen zugrunde liegen, also beispielsweise ideelle Zwecke verfolgt werden.[27] Hier bleibt offen, welche Form eine Beteiligung am Ergebnis der verbandsbezogenen Tätigkeit annehmen soll. Insbesondere wenn dieses Ergebnis von vornherein nur bestimmten Personen zugute kommen soll (Fördermodelle), wäre eine Teilhabe der Verbandsmitglieder hieran geradezu zweckwidrig. Demgegenüber kann der Förderzweck als solcher ohne Zweifel im Interesse aller Beteiligten liegen, steht also der Annahme einer Interessengemeinschaft nicht im Weg.

Für die Annahme eines „gemeinsamen“ Verbandszwecks ist mithin neben einer Interessengemeinschaft der Mitglieder nur noch deren vertragliche Verpflichtung erforderlich, diesen zu fördern. Die *Förderpflicht* kann „insbesondere“ (vgl. § 705 BGB) durch Leistung von Beiträgen, im Übrigen aber durch jedes zweckförderliche Tun oder Unterlassen erfüllt werden.[28]

Der so beschriebene gemeinsame Verbandszweck ist zwingendes Axiom jeder Personengesellschaft, § 705 BGB (i.V.m. §§ 105 III, 161 II HGB). Wird der Nexus der Gemeinsamkeit beseitigt, verliert der Personalverband seine juristische Existenzberechtigung und wird *aufgelöst*.[29] Umgekehrt erweist sich der

[23] Vgl. auch *Heck*, Personengesellschaften, S. 133; ebenso *Burbach*, Personengesellschaft, S. 221: „Der Gleichlauf der Interessen der Gesellschafter, der sich in dem allen Gesellschaftern gemeinsamen Gesellschaftsinteresse manifestiert, ist nichts anderes als eine Umschreibung der Gemeinsamkeit des Zwecks der Gesellschaft.“

[24] *RG*, JW 1930, S. 2655; RGZ 95, S. 149; *Schulze-Osterloh*, Gemeinsamer Zweck, S. 21 ff.

[25] *Schulze-Osterloh*, Gemeinsamer Zweck, S. 37.

[26] Vgl. auch *BGH*, WM 1975, S. 662 (Verlustausschluss) bzw. *BGH*, WM 1987, S. 689, 690 (Gewinnausschluss).

[27] Dies ist bei einer BGB-Gesellschaft möglich.

[28] *Schmidt*, GesR, S. 568.

[29] *Ulmer*, in: MK BGB, § 705, Rn. 128, 142.

Verbandszweck einer aufgelösten Gesellschaft nicht mehr als gemeinsamer. Denn in der Liquidationsphase ändert sich nicht nur die formale Zweckverfassung (der werbende Verbandszweck wird durch den Abwicklungszweck ersetzt).[30] Vielmehr verändert sich auch die „Einstellung" der Gesellschafter gegenüber dieser Zwecksetzung: Ihr Interesse ist nunmehr darauf gerichtet, möglichst viele individuelle Vorteile aus der Zerschlagung zu ziehen.[31] Der Abwicklungszweck wird nicht mehr im gemeinsamen Interesse der Gesellschafter verfolgt. Dies ist nicht mehr ein Zustand der Interessenparallelität, sondern ein solcher der *Interessenpluralität.* – Die Liquidationsgesellschaft basiert deshalb nicht auf einem gemeinsamen Zweck.[32] Dafür, dass die Gesellschaft während der Auseinandersetzungsphase dennoch als Personenverband weiterexistieren kann, sorgen die (konstitutiven[33]) Sondervorschriften der §§ 730 II 1 BGB, 156 HGB.

d) Der gemeinsame Verbandszweck als Abgrenzungskriterium

Die Existenz eines gemeinsamen Zwecks grenzt die Personengesellschaften von anderen verbandsähnlichen Gebilden ab:

Mit Blick auf die schlichte *Rechtsgemeinschaft* (§§ 741 ff. BGB) wird man bereits eine Interessengemeinschaft der Beteiligten verneinen müssen. Diese verfolgen – trotz gemeinschaftlicher Verwaltung (§ 744 I BGB) – typischerweise voneinander unabhängige, nicht aufeinander bezogene Interessen. Das Gesamtinteresse der Wirkungseinheit stellt sich als ein schlichtes Nebeneinander von individuellen Interessen dar;[34] dies ist ein Zustand der Interessenpluralität, keine Interessenparallelität.

Bei den *partiarischen Rechtsgeschäften*, solchen Austauschverträgen also, bei denen die Gegenleistung (oder Teile davon) vom Erfolg einer Unternehmung abhängt,[35] wird es ebenfalls regelmäßig an einer Interessengemeinschaft der Vertragspartner fehlen, obgleich die Abgrenzung zur stillen Gesellschaft (§§ 230 ff. HGB) im Einzelfall Schwierigkeiten bereiten mag. Denn während das Interesse des Geschäftsinhabers (Darlehensnehmer, Pächter, Mieter) typischerweise auf den wirtschaftlichen *Gesamt*erfolg seines Unternehmens gerichtet ist, beschränkt sich das Interesse des Darlehensgebers, Verpächters oder Vermieters ausschließlich auf *partikulare* ökonomische Parameter, z.B. Profitabilität bei gewinnabhängiger Verzinsung. Im Gegensatz zum stillen Gesellschafter ist sein

---

[30] *BGH*, WM 1965, S. 1284, 1286.

[31] Vgl. *Michalski*, Perpetuierung, S. 206 und *Oldenburg*, Fremdgeschäftsführung, S. 134, der bildhaft von einem „sinkenden Schiff" spricht.

[32] RGZ 100, S. 165, 166; BGHZ 33, S. 105, 109. – Zu den Konsequenzen im Hinblick auf das Selbstorganschaftsprinzip s.u., § 9.

[33] Einschränkend *Ulmer*, in: MK BGB, § 730, Rn. 19: Gesellschaft existiert unabhängig davon weiter.

[34] Insoweit terminologisch missverständlich *Würdinger*, Interessengemeinschaften, S. 15 ff.

[35] Allg. *Hüffer*, Das partiarische Rechtsgeschäft.

Interesse nicht auf eine „Beteiligung“ (vgl. § 230 I HGB) an dem fremden Unternehmen in toto, sondern allein an dessen Früchten gerichtet. Auch dies ist letztlich ein Zustand der Interessenpluralität, welcher sich nicht von dem anderer Austauschverträge unterscheidet.

2. AG, GmbH

AG und GmbH sind ab dem Zeitpunkt ihrer Eintragung *juristische Personen* (§§ 1 I, 41 I 1 AktG, 13 I, 11 I GmbHG). Ihnen kommt damit sowohl eigene Rechtsfähigkeit als auch eigene Rechts*persönlichkeit* zu. Anknüpfend an die vorstehenden Erwägungen, ergibt sich:

a) Interessensouveränität

AG und GmbH verfügen nicht nur über einen überindividuellen, von den Zielsetzungen der Mitglieder emanzipierten Verbands*zweck*, sondern ebenso über ein überindividuelles, gegenüber den Mitgliederinteressen autonomes Verbands*interesse*.[36] Der Verband kann als solcher Träger von Rechten und Interessen sein, weshalb hier ein „Ausweichen“ auf die Mitglieder unnötig wird. Weil die juristische Person bildlich gesprochen ein „autonomes Gewissen“ hat,[37] wird der Verbandszweck gleichsam in ihrem originären *Eigeninteresse* verwirklicht.[38] Dieses Eigeninteresse wird – sofern keine abweichenden Anhaltspunkte vorliegen[39] – inhaltlich typischerweise mit dem Verbandszweck korrespondieren. Dem Verbandsinteresse entsprechen dann grundsätzlich alle Maßnahmen, die den Verbandszweck fördern. Die zuständigen Instanzen handeln gegenüber den Mitgliedern nur dann sorgfaltswidrig, wenn sich eine verbandsbezogene Maßnahme, selbst unter Berücksichtigung einer weitgehenden Einschätzungsprärogative, nicht mehr als hierzu geeignet erweist. Dieser Zustand sei mit dem Begriff der *Interessensouveränität* gekennzeichnet.

Nicht ausgeschlossen ist damit freilich, dass sich das Verbandsinteresse im Einzelfall mit dem Interesse der Mitgliedergesamtheit deckt. Dies wird zumeist bei kleineren GmbHs mit wenigen Beteiligten der Fall sein, bei denen die Rechtsformwahl ausschließlich aus kaufmännischen Erwägungen erfolgt. In diesen Fällen kann die Interessenverfassung einer GmbH bzw. AG der Sache nach ohne weiteres identisch sein mit der einer Personengesellschaft, was typischer-

---

[36] Vgl. *Flume*, Juristische Person, S. 59: Gesellschaftsinteresse als selbstständiges Moment gegenüber den Mitgliedern, welche „nicht einmal der unmittelbare Bezugspunkt für die Verfolgung des Unternehmensinteresses durch die Organe“ seien. Ähnlich *Fleck*, ZGR 1990, S. 31, 38; *Schmidt*, BB 1985, S. 2074, 2077; *Ulmer*, FS Pfeiffer, S. 853, 860 f. (alle für die Einpersonen-GmbH); w.N. bei *Kleindiek*, Strukturvielfalt, S. 116, Fn. 44.

[37] *Mertens*, FS Barz, S. 253, 268.

[38] Ähnlich *Ballerstedt*, JuS 1963, S. 253, 256, allerdings mit der unzutreffenden Folgerung, der Verbandszweck sei nur bei der juristischen Person ein solcher des Verbands.

[39] Zu einem Fall gesetzlicher Vertypung des Verbandsinteresses alsbald unter 3.

weise vom Umstand flankiert wird, dass dort die Mitglieder selbst die Position der Organwalter einnehmen.[40] Solche Angleichungen in der Realstruktur ändern jedoch nichts an dem beschriebenen, aus der Natur der juristischen Person abgeleiteten Phänomen der Interessensouveränität. Auch wenn das Verbandsinteresse gegenständlich auf die Mitglieder ausgerichtet wird, bleibt es doch formal eine originär dem Verband zugeordnete, in seiner Existenz gegenüber den Mitgliedern überindividuelle Kategorie.

Ihre juristische Persönlichkeit gestattet der AG bzw. GmbH folglich, eine Interessenverfassung anzunehmen, welche im Verhältnis zu ihren Mitgliedern vom Prinzip der *Interessenpluralität* geprägt ist. Gerade in großen, anonymen Aktiengesellschaften offenbart sich der Vorteil einer solchen Sichtweise. Dort wird die Interessenlage zumeist vergleichbar liegen wie bei partiarischen Rechtsgeschäften oder anderen Austauschgeschäften (Aktieneinlage gegen Dividende und Wertsteigerungsoption).

b) Kein zwingend „gemeinsamer" Zweck

In der AG bzw. GmbH erweist sich eine Interessenparallelität zwischen den Mitgliedern nach alledem nicht als zwingendes Strukturmerkmal. Da die Annahme eines gemeinsamen Zwecks aber gerade dies voraussetzt, kommt auch jenem nur fakultative Bedeutung zu. *Der Verbandszweck einer AG oder GmbH muss nicht notwendig ein gemeinsamer sein.*[41]

Dieses Ergebnis wird augenscheinlich bestätigt durch die Möglichkeit der *Einpersonen-Gründung* (§§ 1 GmbHG, 2 AktG). Ist nämlich überhaupt nur ein einziges Mitglied vorhanden, so drängt sich die Frage auf, zwischen wem die behauptete Zweck*gemeinschaft* entstehen sollte.[42]

3. Genossenschaft, Versicherungsverein auf Gegenseitigkeit

Für die Genossenschaft und den Versicherungsverein auf Gegenseitigkeit (VVaG) gelten dem Grunde nach die gleichen Erwägungen: Als juristischer Per-

---

[40] Zu denken ist insbesondere an die verbreiteten Fälle der Einpersonen-GmbH, bei denen der Alleingesellschafter selbst Geschäftsführer ist.

[41] Im Ergebnis ähnlich: *Ballerstedt*, JuS 1963, S. 253, 256; *Reuter*, FS Steindorff, S. 229, 234; *ders.*, ZHR 146 (1982), S. 1, 15. Anders die h.M., die jedoch i.d.R. die „Gemeinsamkeit" ohne weiteres aus der Überindividualität folgert. Zur Untauglichkeit dieses Arguments s.o. – Auch die Nachweise bei *Schmidt*, GesR, S. 61 sind vor dem Hintergrund zu sehen, dass *Schmidt* den „gemeinsamen Zweck" mit dem – in der Tat unabdingbaren – „überindividuellen Verbandszweck" gleichsetzt.

[42] Zu beachten ist freilich, dass die mit Erlangung der Rechtspersönlichkeit einhergehende Fähigkeit, Träger von eigenen Interessen zu sein, erst mit *Eintragung* erworben wird. Um die Einpersonen-Gründung dadurch nicht unnötig zu erschweren, dürfte die Interessenverfassung der Vorgesellschaft deshalb bereits wie die der eingetragenen Gesellschaft zu behandeln sein. Hierfür spricht auch, dass dadurch keine Verkehrsinteressen beeinträchtigt werden. Allg. zur Einpersonen-Vor-GmbH, *Michalski*, in: Michalski, GmbHG, § 1, Rn. 57 ff.

son (§§ 17 I GenG, 15 VAG) fällt ihnen die Fähigkeit zu, Zuordnungssubjekt eigener Interessen zu sein. Es besteht daher aus dogmatischen Gesichtspunkten prinzipiell kein Bedürfnis, das Verbandsinteresse auf die Mitglieder auszurichten. Gleichwohl sieht das Gesetz gerade dies vor, wenn es den Zweck der Genossenschaft auf die Förderung der Genossen (§ 1 I GenG) bzw. den Zweck des VVaG auf die Versicherung seiner Mitglieder (§ 15 VAG) ausrichtet. Damit wird das Verbandsinteresse von Gesetzes wegen auf die Interessen der Verbandsmitglieder ausgerichtet;[43] diese bilden eine Interessengemeinschaft. Der Sache nach lässt sich hier von einem *gemeinsamen Verbandszweck* sprechen.

4. KGaA

Trotz der partiell personalistischen Strukturen ist die KGaA *juristische Person.* Sie kann mithin Adressat eigener Interessen sein und ist in dieser Hinsicht nicht auf die Mitgliedergesamtheit als Interessenträger angewiesen. Ihr Verbandsinteresse ist grundsätzlich souverän gegenüber den Gesellschaftern.

Wegen der personalistischen Integration der phG (und der persönlichen Haftung) werden deren Interessen freilich realiter für das Verbandsinteresse der KGaA eine gesteigerte Bedeutung erlangen. Bei der Bestimmung des Handlungs- und Sorgfaltsmaßstabs für die Verbandsverwaltung dürfte den Interessen der phG regelmäßig besonderes Gewicht zufallen, was von der Tatsache flankiert wird, dass diese grundsätzlich in persona zur Geschäftsführung und Vertretung berufen sind.[44] Aus dogmatischer Sicht ist dies indes genauso wenig geboten wie bei der AG oder der GmbH. Insbesondere fehlt es auch an einer den §§ 1 I GenG, 15 VAG vergleichbaren gesetzlichen Regelung, die ein solches Interessenregime als zwingend in die Verfassung der KGaA implementieren würde.

Aus dem Gesagten ergibt sich, dass auch der Verbandszweck der KGaA nicht notwendig ein gemeinsamer sein muss.

5. Exkurs: Einpersonen-KGaA

Das Erfordernis eines gemeinsamen Verbandszwecks wird zutreffend als Grund für das Verbot eines Einpersonen-Verbands benannt.[45] Wo nur ein einzelnes Mitglied beteiligt ist, ist kein Platz für eine Interessengemeinschaft und somit für eine Zweckgemeinschaft im oben dargestellten Sinn. Unzulässig ist daher sowohl die Gründung als auch das nachträgliche Entstehen einer Personengesellschaft mit nur einem Gesellschafter. Wegen der besonderen Interessenlage in

---

[43] Vgl. auch *Ballerstedt*, JuS, S. 253, 256 im Hinblick auf die Genossenschaft.
[44] Zum Zusammenhang zwischen Interessenverfassung und Selbstorganschaft s.u., § 9.
[45] Vgl. z.B. *Michalski*, in: Michalski, GmbHG, § 1, Rn. 51.

der Genossenschaft und im VVaG sind dort Einpersonen-Gestaltungen ebenfalls abzulehnen.[46]

In GmbH, AG und KGaA kommt dem gemeinsamen Zweck dagegen bloß fakultative Bedeutung zu. Die Möglichkeit einer Einpersonen-Gesellschaft begegnet deshalb keinen dogmatischen Bedenken; §§ 1 GmbHG, 2 AktG ziehen hieraus die Konsequenz. Für die KGaA werden demgegenüber gem. § 280 I 1 AktG nach wie vor mindestens *fünf* Gründer verlangt. Dieser Umstand wird nach überwiegender Ansicht als Redaktionsversehen gedeutet: Der Gesetzgeber habe eine Anpassung des § 280 AktG an die Neufassung des § 2 AktG[47] schlicht versäumt.[48] Verbreitet wird daher eine *teleologische Reduktion* des § 280 I 1 AktG vertreten und die Möglichkeit einer Einpersonen-Gründung befürwortet.[49] Der Referentenentwurf zum *Gesetz zur Unternehmensintegrität und Modernisierung des Anfechtungsrechts* (UMAG) sieht nunmehr in Nr.33 eine entsprechende Anpassung vor. – Das nachträgliche Entstehen einer Einpersonen-KGaA soll indes nach einhelliger Meinung zulässig sein.[50]

Die bisherigen Erwägungen zum gemeinsamen Zweck scheinen die Zulässigkeit der Einpersonen-Gründung zu bestätigen. Fraglich ist jedoch, ob sich aus der *Organisationsverfassung* der KGaA etwas anderes ergibt: Das Organisationsgefüge der KGaA wurde als multipolares Geflecht von Rechtsverhältnissen zwischen den phG untereinander und zur Gesellschaft gedeutet. Die phG erhalten dadurch in organisatorischer Hinsicht die gleiche Position wie Komplementäre einer KG. Dieses „KG-Element"[51] könnte einer Einpersonen-Gestaltung entgegenstehen, denn dem Komplementär muss in der KG mindestens ein personenverschiedener Kommanditist beiseite stehen. Denkbar wäre dann allenfalls eine Zweipersonen-Gestaltung, durch einen phG und einen personenverschiedenen Kommanditaktionär.[52] Die Variante der Eingliederung einer KGaA, bei der die Hauptgesellschaft – auf rechtsgeschäftlicher Basis[53] – zugleich die Stellung des einzigen phG übernehmen würde, wäre demnach unmöglich.

Derartige Konsequenzen lassen sich indes aus der Organisationsverfassung der KGaA nicht ableiten: Das für die KGaA charakteristische organisationsbezoge-

---

[46] Für die *Genossenschaft* ergibt sich dies bereits aus § 4 GenG. Für den *VVaG* existiert keine gesetzliche Regelung. Die h.M. fordert indes auch dort mindestens zwei Mitglieder; *Großfeld*, VVaG, S. 27 f.; *Brenzel*, VVaG, S. 114 (jeweils mit Hinweis auf das Gegenseitigkeitsprinzip und den versicherungsmäßigen Risikoausgleich).

[47] Geschehen durch das *Gesetz für kleine Aktiengesellschaften und zur Deregulierung des Aktienrechts* v. 2. 8. 1994 (BGBl. I 1961).

[48] Statt aller *Assmann/Sethe*, in: GK AktG, § 280, Rn. 4.

[49] *Assmann/Sethe*, in: GK AktG, § 280, Rn. 5; *Bürgers/Schütz*, in: Schütz/Bürgers/Riotte, KGaA, § 4, Rn. 21.

[50] H.M., vgl. *Semler/Perlitt*, in: MK AktG, § 280, Rn. 31; anders noch *Godin/Wilhelmi*, AktG, § 80, Anm. 2.

[51] *Hüffer*, AktG, § 280, Rn. 2.

[52] So auch die Erwägung von *Hüffer* a.a.O.

[53] S.o., § 4, II.

ne Rechtsverhältnis zwischen phG und Gesellschaft kann auch dann entstehen, wenn nur ein einziger Gesellschafter beteiligt ist. Nicht die Kommanditaktionäre oder die Hauptversammlung, sondern der Verband selbst ist Träger der Kommanditistenrechte. Für die Bildung einer kommanditrechtlichen Organisationsgemeinschaft ist folglich die Existenz eines einzelnen Gesellschafters ausreichend, welcher eine Doppelrolle als phG und Alleinkommanditaktionär übernimmt. – Betrachtet man § 280 I 1 AktG mit der h.M. als schlichtes Redaktionsversehen, so dürfte bereits de lege lata eine Einpersonen-Gründung der KGaA zulässig sein; deren nachträgliches Entstehen ist jedenfalls unproblematisch.

IV. Folgerungen für die Zulässigkeit der beherrschungsvertraglichen bzw. institutionellen Konzernierung einer KGaA

Zwingendes und konstitutives Merkmal von Beherrschungsvertrag und Eingliederung ist die Prädominanz des Konzerninteresses, welches künftig den alleinigen Handlungs- und Sorgfaltsmaßstab für alle verbandsbezogenen Leitungsmaßnahmen in der Tochtergesellschaft darstellt (Interessenumbruch). Weil der Handlungs- und Sorgfaltsmaßstab in materieller Hinsicht ausschließlich durch das Verbandsinteresse definiert wird, ist dieser Effekt gleichbedeutend mit einer *Umgestaltung des Verbandsinteresses*: Das Konzerninteresse tritt in der vertragsbeherrschten bzw. eingegliederten Gesellschaft an die Stelle des ursprünglichen Verbandsinteresses.[54]

Ob und inwieweit eine solche Veränderung mit Blick auf das Postulat von der Zweckgemeinschaftlichkeit hingenommen werden kann, hängt nach dem Gesagten entscheidend von der Rechtsform der Tochtergesellschaft ab.

1. Keine Zweckänderung

Zunächst ist festzuhalten, dass weder die beherrschungsvertragliche Unterordnung noch die Eingliederung zu einer Änderung des Verbands*zwecks* in der Tochtergesellschaft führt.[55] Der Verbandszweck als solcher bleibt als formale und überindividuelle Zielsetzung unberührt. Eine Modifikation tritt nur insoweit ein, als dieser künftig in einem anderen *Interesse*, nämlich dem des Konzerns als unternehmerischer Planungseinheit und damit im konzernbezogenen Sonderinteresse des Mutterunternehmens, verfolgt wird. – Lautet der Verbandszweck also beispielsweise auf den „Betrieb eines Handelsgewerbes“, so wird die Tochterge-

---

[54] *Kleindiek*, Strukturvielfalt, S. 34 f.

[55] Statt aller *Haas*, Personengesellschaften, S. 30; a.A. *Kleindiek*, Strukturvielfalt, S. 77 f. mit unzutreffendem Hinweis auf BGHZ 105, S. 324, 331. Der *BGH* stellt aber bloß fest, dass der Verbandszweck „am Konzerninteresse ausgerichtet“ wird, nicht aber, dass er als solcher geändert wird.

sellschaft diesem Ziel ohne Abstriche auch nach der Konzernierung nachgehen können und müssen.[56]

Wenn demgegenüber behauptet wird, Beherrschungsvertrag und Eingliederung seien stets mit einer Zweckänderung in der Tochtergesellschaft verbunden,[57] so beruht dies auf einer Vermengung von Zweck- und Interessenaspekt. Sofern auch hier der Interessenumbruch im Mittelpunkt der Erörterungen steht, ergeben sich keine Unterschiede zum vorliegenden Konzept.[58] In Zusammenhang mit der Problematik von Beherrschungsverträgen mit Personengesellschaften dürfte sich die These von der Zweckänderung regelmäßig auf das Merkmal der „Gemeinsamkeit" des Verbandszwecks, nicht aber auf diesen selbst beziehen. – Im Übrigen erscheint die präzise Unterscheidung zwischen Verbandszweck und Verbandsinteresse jedoch geboten und vor dem Hintergrund der bisherigen Darlegungen auch erforderlich. Soweit eine „echte" Zweckänderung, d.h. eine Veränderung der formalen Zielsetzung, angenommen wird, ist dies abzulehnen.

2. Der gemeinsame Zweck als Schranke der Konzernintegration?

Als entscheidendes Kennzeichen des gemeinsamen Zwecks wurde – abgesehen von der vertraglichen Förderpflicht – das Vorliegen einer *Interessengemeinschaft* zwischen den Verbandsmitgliedern offengelegt. Dort, wo die Gemeinsamkeit des Verbandszwecks als zwingendes Strukturmerkmal zutage trat, erwies sich das Verbandsinteresse als vollumfänglich auf das gemeinsame Interesse der Verbandsmitglieder ausgerichtet.

Sowohl der Beherrschungsvertrag als auch die Eingliederung führen notwendig zu einer Neuausrichtung des Verbandsinteresses auf die Belange des Konzerns. Der Verbandszweck wird nicht mehr im (gemeinsamen) Interesse der Gesellschafter, sondern im konzernbezogenen Sonderinteresse der Konzernmutter verfolgt. In der *werbenden Personengesellschaft* ist ein solcher Interessenumbruch notwendig mit der Beseitigung der „Gemeinsamkeit" verbunden, führt also zum Wegfall des gemeinsamen Zwecks und somit zur *Auflösung* der Gesellschaft. Insoweit erweisen sich die zu Beginn dieses Kapitels zitierten Literaturstimmen als zutreffend.[59] – Gleiches muss für die *Genossenschaft* und den *VVaG* gelten, denn dort ist die Interessenverfassung von Gesetzes wegen der ei-

---

[56] Zur Problematik im Hinblick auf den Begriff des „Handelsgewerbes" vgl. *Burbach*, Personengesellschaft, S. 225 ff.

[57] *Kleindiek*, Strukturvielfalt, S. 78.

[58] So z.B. bei *Heck*, Personengesellschaften, S. 132 ff.

[59] Explizit *Reuter*, ZHR 146 (1982), S. 1, 15 f. u. Fn. 24: „Die Verwandlung des abhängigen Unternehmens in ein Sondervermögen des herrschenden ist ohne juristische Persönlichkeit des abhängigen Unternehmens nicht möglich."

ner Personengesellschaft angenähert:[60] Mit Recht werden diese Verbandsformen verbreitet als „konzernresistent" bezeichnet.[61]

Dass die Tochtergesellschaft selbst funktionaler Teil des Gesamtunternehmens wird, ändert an diesem Ergebnis nichts.[62] Zwar flösse dadurch auch das gemeinsame Interesse der Personengesellschafter, Genossen oder Versicherten mittelbar in das Konzerninteresse ein, entscheidend ist aber, dass der Verbandszweck künftig nicht mehr exklusiv in deren gemeinsamem Interesse, sondern im *Sonderinteresse* des Mutterunternehmens verfolgt werden würde.

Für die *KGaA* gelten demgegenüber andere Regeln: Diese gründet sich, wie auch die *AG* und die *GmbH*, nicht zwingend auf einer Zweckgemeinschaft ihrer Gesellschafter. Die Verfolgung des Verbandszwecks im (gemeinsamen) Interesse der Gesellschafter ist dogmatisch nicht zwingend. Eine Auswechslung des Verbandsinteresses erscheint demnach unproblematisch: Die Gesellschaft begibt sich ihres – formal autonomen – Eigeninteresses und nimmt das Konzerninteresse als neues Verbandsinteresse an.[63] Der Schutz der Gesellschafterbelange obliegt dann allein den Sicherungsinstrumenten des Konzernrechts. Der konzernspezifische Interessenumbruch ist somit dem Grunde nach unter den gleichen Voraussetzungen zulässig wie eine Satzungsänderung oder andere Strukturmaßnahmen.

V. Fazit

Entgegen der h.M. stellt der gemeinsame Verbandszweck nicht für alle Verbandsformen ein zwingendes Strukturmerkmal dar. Weil die Zweckgemeinschaft der Verbandsmitglieder neben der vertraglichen Förderpflicht eine durch Interessenparallelität gekennzeichnete Interessengemeinschaft der Mitglieder voraussetzt, kann ihm nur dort konstitutive Bedeutung zukommen, wo sich diese Interessengemeinschaft als unentbehrlich erweist. Dies ist in der werbenden Personengesellschaft (§ 705 BGB) und Genossenschaft (§ 1 I GenG) und im VVaG (§ 15 VAG) der Fall. Keine Bedeutung fällt dem gemeinsamen Zweck dagegen im aufgelösten Verband zu; in der AG, GmbH und KGaA erlangt er zumindest keine konstitutive Bedeutung.

Das Argument des gemeinsamen Verbandszwecks steht daher der beherrschungsvertraglichen bzw. institutionellen Konzernierung einer KGaA als Toch-

---

[60] S.o., III, 3.

[61] Für die *Genossenschaft Großfeld/Berndt*, AG 1998, S. 116, 121. Für den *VVaG Großfeld*, VVaG, S. 24 ff., insbes. 28 f.; a.A. *Brenzel*, VVaG, S. 114 ff., allerdings nur unter der Bedingung, dass es nicht zum Interessenumbruch kommt (dies ist aber nach hier vertretenem Konzept unmöglich!); zweifelnd *Hübner*, in: Lutter, UmwG, Anh. 2 zu § 189, Rn. 2.

[62] So aber wohl *Haas*, Personengesellschaften, S. 30 f.

[63] Im Ergebnis ähnlich *Kleindiek*, Strukturvielfalt, S. 116: Die Beherrschung treffe die juristische Person selbst, während sie in der Personengesellschaft auf die Gesellschafter durchschlage.

tergesellschaft nicht entgegen. Die diesbezüglich für Beherrschungsverträge mit Personengesellschaften vorgebrachten Erwägungen sind für die KGaA ohne Wert. In dieser Hinsicht ähnelt die KGaA eher der AG als der KG.

§ 6: *Verbandssouveränität*

Im Personengesellschaftsrecht wird der Abschluss eines Beherrschungsvertrags bisweilen als Verstoß gegen das *Prinzip der Verbandssouveränität* gewertet.[1] Auch in diesem Kontext wird jedoch zumeist nicht überzeugend dargelegt, warum diese Konsequenz ausgerechnet bei den Personengesellschaften eintreten soll, nicht aber bei anderen Verbandsformen, obgleich die Verbandssouveränität nach überwiegender Lesart für sämtliche Verbände – unabhängig von ihrer Rechtsform[2] – gelten soll.[3]

Grund und Grenze der sog. Verbandssouveränität sind weitgehend ungeklärt. Als allgemein anerkannter Grundsatz hat sich die These herauskristallisiert, dass das Schicksal eines Verbands nicht Dritten überlassen werden darf.[4] Im Dunkeln bleibt jedoch die genaue Reichweite dieser Aussage, insbesondere ihre Tauglichkeit zur Bewältigung konkreter Rechtsfragen. Sofern die tatsächliche Ausübung von Herrschaftsgewalt angesprochen ist, deckt sich das Prinzip der Verbandssouveränität im Ergebnis mit dem später noch zu beleuchtenden Prinzip der *Selbstorganschaft*.[5] Die Frage nach den Grenzen der Verbandssouveränität innerhalb der KGaA erschöpft sich insoweit in der Diskussion um Selbstorganschaft und Fremdorganschaft.[6] – Soweit der Verbandssouveränität ein darüber hinausreichender Gehalt zugesprochen wird, konzentriert sich die Problematik im Wesentlichen auf die Frage, ob und inwieweit sich ein Verband fremden Interessen unterordnen darf.[7] Das Gebot der Verbandssouveränität soll dann nicht zuletzt durch die strenge Bindung der Verbandsorgane an das *Verbandsinteresse* erfüllt werden.[8] Dass der konzernspezifische Interessenumbruch in diesem Zusammenhang Erörterung findet, liegt auf der Hand.

Bringt man das Prinzip der Verbandssouveränität auf diesem Weg in Verbindung mit der Maßgeblichkeit des Verbandsinteresses, wird die Ähnlichkeit mit der zuvor behandelten Problematik offenkundig: Ob und inwieweit ein Verband

---

[1] *Schneider*, ZGR 1975, S. 253, 269 f.; *ders.*, ZGR 1980, S. 511, 518; *ders.*, BB 1980, S. 1057, 1062; *Löffler*, Personengesellschaft, S. 28 f.; wohl auch *Heck*, Personengesellschaften, S. 123 ff.

[2] *Ulmer*, in: GK HGB, § 109, Rn. 31; *Loritz*, ZGR 1986, S. 310, 319 m.w.N.; *Kleindiek*, Strukturvielfalt, S. 96. Für die GmbH *Hommelhoff*, ZHR 148 (1984), S. 118, 120 ff. Für die KGaA *Bürgers*, in: Schütz/Bürgers/Riotte, KGaA, § 5, Rn. 581.

[3] Aus diesem Grund einen Verstoß ablehnend *Haas*, Personengesellschaften, S. 33.

[4] *Haas*, Personengesellschaften, S. 32; *Kleindiek*, Strukturvielfalt, S. 94; *Heck*, Personengesellschaften, S. 120; *Schneider*, ZGR 1975, S. 253, 269; grundlegend *Wiedemann*, FS Schilling, S. 105, 111 ff.

[5] S.u., § 9.

[6] Vgl. *Schneider*, ZGR 1975, S. 253, 269; *Heck*, Personengesellschaften, S. 121; *Kleindiek*, Strukturvielfalt, S. 102 f.: Selbstorganschaft als Ausprägung der Verbandssouveränität.

[7] Vgl. z.B. *Loritz*, ZGR 1986, S. 310 ff. für die Problematik der Arbeitnehmerbeteiligung. – Bisweilen wird der Grundsatz der Verbandssouveränität auf den Aspekt der *Satzungsautonomie* beschränkt, vgl. *Martens*, in: Schlegelberger, HGB, § 109, Rn. 9 ff.; *Schmidt*, GesR, S. 83 ff.

[8] So ausdrücklich *Kleindiek*, Strukturvielfalt, S. 96 und *Heck*, Personengesellschaften, S. 120.

seine Interessenverfassung – gegebenenfalls zugunsten ökonomischer Fremdinteressen – umgestalten bzw. auswechseln kann oder darf, hängt entscheidend davon ab, ob das Verbandswirken auf einen *gemeinsamen Zweck* (§ 705 BGB) ausgerichtet ist, die Verbandsmitglieder also eine Interessengemeinschaft im oben beschriebenen Sinn bilden.[9]

Erweist sich die Überlagerung des ursprünglichen Verbandsinteresses durch das übergeordnete Konzerninteresse vor diesem Hintergrund als legitim, so kann auch kein Verstoß gegen das Prinzip der Verbandssouveränität angenommen werden. Dessen Schutzbereich ist vielmehr durch die Interessenverlagerung gar nicht tangiert. Maßgeblich für die Leitung der Tochtergesellschaft bleibt vielmehr das Verbandsinteresse – allerdings mit der Besonderheit, dass dieses nunmehr mit dem *Konzerninteresse* identisch ist.[10] Von einem unzulässigen Fremdeinfluss könnte nur dort gesprochen werden, wo eine Neuausrichtung des Verbandsinteresses auf die Belange des Konzerns aufgrund struktureller Besonderheiten per se unzulässig ist. Dies ist jedenfalls mit Blick auf die KGaA als juristische Person nicht der Fall.[11]

---

[9] Auf die enge Verbindung zwischen dem Prinzip der Verbandssouveränität und dem gemeinsamen Zweck weist auch *Heck*, Personengesellschaften, S. 133 hin.

[10] Ähnlich *Barbasch*, Familienkommanditgesellschaft, S. 238, die allerdings die These vertritt, der Schutzbereich der Verbandssouveränität werde durch den Interessenumbruch verändert.

[11] S.o., § 5, IV.

§ 7: Kompetenzfragen bei der Konzernbildung

I. Einführung

Wirksamkeitserfordernis des Beherrschungsvertrags und der Eingliederung ist ein Beschluss sowohl der Tochter- als auch der Muttergesellschaft (§§ 293 I, II, 319 I, II, 320 I AktG). Hinzu kommt die konstitutive Eintragung in das Handelsregister am Sitz der Tochtergesellschaft (§§ 294 II, 319 VII, 320 I 3 AktG). Anders als beim Beherrschungsvertrag, wo diese Beschlüsse eine Zustimmung zu dem vorher ausgehandelten Vertrag darstellen, beruhen die Rechtsfolgen der Eingliederung unmittelbar auf dem Eingliederungsbeschluss; der Beschluss der Hauptgesellschaft ist dann wiederum als Zustimmung hierzu konzipiert.

Die Beschlüsse bedürfen einer qualifizierten Kapitalmehrheit (§§ 293 I, II, 319 II, 320 I 3 AktG). Hinzukommen muss die einfache Stimmenmehrheit nach § 133 I AktG.[1] Allein für den Eingliederungsbeschluss verzichtet das Gesetz auf eine ausdrückliche Fixierung der Mehrheitserfordernisse, da der künftigen Hauptgesellschaft ohnehin eine Kapitalbeteiligung von mindestens 95 Prozent und demgemäß eine entsprechende Stimmenmehrheit zufällt.[2] Allenfalls bei Ausgabe von stimmrechtslosen Vorzugsaktien oder Vereinbarung eines Höchststimmrechts können sich Divergenzen zwischen Kapital- und Stimmenmehrheit ergeben.[3] Mangels entgegenstehender gesetzlicher Regelung dürfte auch in diesen Fällen gem. § 133 I AktG die einfache Stimmenmehrheit genügen.[4]

Handelt es sich bei der Tochtergesellschaft um eine KGaA, so gilt mit Blick auf deren *Hauptversammlung* nichts anderes. Dies folgt für den Beherrschungsvertrag unmittelbar aus § 293 AktG, für die Eingliederung – ihre Zulässigkeit unterstellt – aus einer analogen Anwendung der §§ 319 I, 320 I AktG. Zu erwägen ist allerdings, ob dieses Zustimmungsgebot von zwingender Natur ist. Bedenken hiergegen könnten sich aus der Satzungselastizität ergeben, die einen weitreichenden Gestaltungsspielraum im Hinblick auf organisationsinterne Befugnisse eröffnet.

Besonderheiten gelten auch für die *phG*. Hier ist fraglich, ob und inwieweit die Konzernierung gegen ihren Willen durchgesetzt werden kann. Auch dieses Problem findet eine Parallele im Personengesellschaftsrecht, denn dort ist ebenfalls streitig, ob die Konzernbildung über die Köpfe von Minderheiten hinweg

---

[1] Statt aller *Altmeppen*, in: MK AktG, § 293, Rn. 37.

[2] Bea. § 320 I 2 AktG, wonach die tatsächliche Beteiligungsquote auch unter 95 Prozent liegen kann, wenngleich für die dort genannten Aktien das Stimmrecht ausgeschlossen ist (§§ 71b, 71d S.4 AktG) und diese daher auch für die Berechnung der Kapitalmehrheit ausscheiden, vgl. *Hüffer*, AktG, § 179, Rn. 14.

[3] *Emmerich*, in: Emmerich/Habersack, Kommentar, § 293, Rn. 30.

[4] So die h.M., vgl. *Habersack*, in: Emmerich/Habersack, Kommentar, § 320, Rn. 11; *Emmerich/Sonnenschein/Habersack*, KonzernR, S. 136.

beschlossen werden kann.[5] Die h.M. verneint dies, wobei überwiegend ein unzulässiger Eingriff in den mitgliedschaftlichen Kernbereich postuliert wird.[6] Wegen der personalistischen Integration der phG und der partiellen Geltung von Kommanditrecht lassen sich die dort entwickelten Argumente dem Grunde nach auf die KGaA übertragen. Gleichwohl wird man nicht umhin kommen, die Ergebnisse der h.M. unter Berücksichtigung der in der KGaA herrschenden besonderen Strukturen einer kritischen Würdigung zu unterziehen.

II. Gesetzliche Ausgangslage nach §§ 278 ff. AktG

Bevor auf ungeschriebene Gestaltungsschranken einzugehen ist, soll die gesetzliche Ausgangslage skizziert werden. Dabei ist an die im ersten Teil erarbeiteten Ergebnisse anzuknüpfen.

1. Beherrschungsvertrag und Eingliederung als Grundlagengeschäft

Nach einhelliger Ansicht stellt die Konzernierung für die Tochtergesellschaft rechtsformunabhängig ein *Grundlagengeschäft* dar.[7] Darunter sind Beschlüsse und sonstige Vorgänge zu verstehen, die die Organisation oder den Bestand der Verbandseinheit, also deren grundlegende Architektur, ändern.[8] Im Gegensatz zu Verwaltungsmaßnahmen sind sie nicht Ausfluss des zweckgerichteten Wirkens,[9] sondern betreffen die Strukturen der Verbandseinheit, sind also grundsätzlich zweckneutral. Man spricht deshalb auch von *Strukturmaßnahmen*.

Der strukturverändernde Charakter der beherrschungsvertraglichen bzw. institutionellen Konzernierung liegt primär im Interessenumbruch bei der Tochtergesellschaft. War die Gesellschaft nach dem gesetzlichen Leitbild auf Leitung im Eigeninteresse angelegt, so ist sie nunmehr eine nach Maßgabe des übergeordneten Konzerninteresses betriebene Verbandseinheit. Daneben fällt die Auflösung der Vermögensbindung sowie das regelmäßige, wenngleich nicht zwingende Weisungsrecht des Mutterunternehmens ins Gewicht. Diese Veränderungen tragen den Charakter einer materiellen Verfassungsänderung.[10]

Außer der Konzernintegration werden in der KGaA beispielsweise noch folgende Maßnahmen zu den Grundlagengeschäften gezählt:[11] Auflösung, Um-

---

[5] *Kleindiek*, Strukturvielfalt, S. 77 ff.; *Haas*, Personengesellschaften, S. 56 ff. – Zum Streit im GmbH-Recht vgl. *Zeidler*, in: Michalski, GmbHG, Syst. Darst. 4, Rn. 59 ff.

[6] *Haas*, Personengesellschaften, S. 81; *Kleindiek*, Strukturvielfalt, S. 84 f.; anders dagegen im Hinblick auf einfache Abhängigkeit *Michalski*, OHG, Anh. I, Rn. 20.

[7] Vgl. *BGH*, WM 1993, S. 1087, 1089 für den Beherrschungsvertrag.

[8] Vgl. *Barz*, in: GK AktG, 3. Aufl., § 285, Rn. 8; *Heermann*, ZGR 2000, S. 61, 71.

[9] Hierzu z.B. *Hueck*, OHG, S. 115; *Emmerich*, in: Heymann, HGB, § 114, Rn. 2.

[10] S.o., § 3, II, 1.

[11] Überblick bei *Assmann/Sethe*, in: GK AktG, § 285, Rn. 54.

wandlung, Kapitalerhöhung oder Kapitalherabsetzung, Entziehung von Geschäftsführungs- und Vertretungsmacht, nach richtiger Ansicht auch die Bilanzfeststellung.[12] Ferner erweisen sich alle sonstigen Satzungsänderungen, gleich welcher Art, stets als Grundlagengeschäfte, denn durch sie wird das verfasste Verbandsgefüge umgestaltet. Da in der KGaA jeder Wechsel im Bestand der phG gem. § 281 I AktG einer Satzungsänderung bedarf, ist somit auch dieser Vorgang Grundlagengeschäft.[13]

2. Zuständigkeiten für Grundlagengeschäfte in der KGaA

Weil die Mitgliedschaft die Teilhabe am Verband zum Ausdruck bringt,[14] wirken sich Änderungen in dessen rechtlicher Architektur stets unmittelbar *mitgliedschaftsverändernd* aus. Grundlagengeschäfte berühren mithin die Stellung eines jeden Gesellschafters, ganz gleich ob dessen Mitgliedschaftsmodell von korporativer oder personalistischer Natur ist.[15]

Betroffen ist deshalb in der KGaA nicht nur das kommanditrechtlich geprägte Verhältnis der phG zur Gesellschaft und untereinander, sondern in gleichem Maße die Mitgliedschaft jedes einzelnen Kommanditaktionärs.[16] Für die Rechtsposition der Kommanditaktionäre gilt aber § 278 III AktG. – Grundlagengeschäfte als mitgliedschaftsverändernde Vorgänge berühren demzufolge immer *sowohl* den kommanditrechtlichen *als auch* den aktienrechtlichen Regelungsbereich.

Hieraus ergibt sich, dass für Grundlagengeschäfte die aktienrechtlichen Bestimmungen des Ersten Buchs in vollem Umfang gelten. Für Satzungsänderungen ist ein Beschluss der Hauptversammlung nach Maßgabe der §§ 119 I Nr.5, 133 I, 179 I 1 AktG nötig. Für Strukturmaßnahmen außerhalb des Ersten Buchs gelten die jeweiligen Sonderregeln, z.B. §§ 293 AktG, 78 UmwG.

Gleichfalls tangiert wird die Mitgliedschaft der phG, welche als Inbegriff von Rechtsbeziehungen im Verhältnis zur Gesellschaft und im Verhältnis der phG zueinander begriffen wurde. Da diese Verhältnisse dem Kommanditrecht unterfallen, müssen die phG hinsichtlich Art und Umfang ihrer Mitwirkung an Grundlagengeschäften genauso behandelt werden wie *Komplementäre* einer KG: Dort ist für Grundlagenbeschlüsse grundsätzlich Einvernehmen aller Ge-

[12] *Wichert*, Finanzen, S. 133, 142 m.w.N.; vgl. auch BGHZ 132, S. 263; *BGH*, NJW 1996, S. 1678; *Löffler*, Personengesellschaft, S. 126 (jeweils für die KG).

[13] Ein Wechsel im Bestand der Kommanditaktionäre ist demgegenüber keine Strukturmaßnahme; allg. *Schütz/Reger*, in: Schütz/Bürgers/Riotte, KGaA, § 5, Rn. 426 ff.

[14] *Lutter*, AcP 180 (1980), S. 84, 88; *Schmidt*, GesR, S. 549.

[15] Vgl. *Barz*, in: GK AktG, 3. Aufl., § 285, Rn. 8.

[16] Anders die h.M., die allein das Verhältnis der phG untereinander und zur „Gesamtheit" der Kommanditaktionäre als betroffen ansieht; vgl. *Assmann/Sethe*, in: GK AktG, § 278, Rn. 124.

sellschafter nötig (§§ 161 II, 119 I HGB).[17] Übertragen auf die KGaA folgt hieraus, dass die besagten Beschlüsse neben den aktienrechtlichen Erfordernissen *ergänzend* einer Zustimmung aller phG bedürfen. Diese treten an die Stelle der Komplementäre, während die durch die Hauptversammlung repräsentierte KGaA den Part des Alleinkommanditisten übernimmt. Die reflexartige Mitwirkung der Hauptversammlung spielt freilich wegen des ohnehin zwingenden Hauptversammlungsbeschlusses bei der Konzernbildung keine Rolle. Etwas anderes gilt im Hinblick auf solche Grundlagengeschäfte, für die ausdrückliche Kompetenzzuweisungen zugunsten der Hauptversammlung fehlen. Bei diesen ergibt sich die Zustimmungspflicht der Hauptversammlung unmittelbar aus § 278 II Alt.2 AktG.[18]

Die ergänzende Zustimmung der phG bei Grundlagengeschäften ist Regelungsgegenstand des *§ 285 II 1 AktG.* Weil sich das Zustimmungsgebot bereits aus § 278 II Alt.2 AktG ergibt, kommt dieser Vorschrift keine eigenständige Bedeutung zu; nach zutreffendem Verständnis hat § 285 II 1 AktG rein *deklaratorischen Charakter.*[19]

3. Konkludente Zustimmung durch Mitwirkung an den Vertragsverhandlungen?

Anders als die Eingliederung wird der Beherrschungsvertrag im Vorfeld der Beschlussphase von den Verwaltungen der beteiligten Unternehmen ausgehandelt.[20] In der KGaA sind hierfür (grundsätzlich) die phG zuständig. Zu erwägen ist, ob die gem. §§ 278 II Alt.2, 285 II 1 AktG erforderliche Zustimmung zumindest für diejenigen phG, die an den Verhandlungen beteiligt waren, entbehrlich wird. Sofern der Vertrag nämlich unter Mitwirkung eines phG verhandelt und abgeschlossen wird, könnte dessen spätere Zustimmungsverweigerung unter dem Gesichtspunkt widersprüchlichen Verhaltens (§ 242 BGB) als rechtsmissbräuchlich eingestuft werden und daher unbeachtlich sein.

Dies ist jedoch abzulehnen: Allein die Beteiligung an den Verhandlungen garantiert den phG noch nicht die vollumfängliche Wahrung ihrer Interessen. Insbesondere wenn im Fall kollegialer Geschäftsführung das Widerspruchsrecht des § 115 I HS 2 HGB abbedungen ist oder Mehrheitsentscheidungen vorgesehen sind, liegt dies auf der Hand. Außerdem würde die vorstehende These nicht hinreichend zwischen organschaftlicher und mitgliedschaftlicher Ebene diffe-

[17] Entgegen teilweise vertretener Ansicht folgt dies nicht aus § 164 S.1 HS 2 HGB, denn der dort installierte Zustimmungsvorbehalt gilt allein für Geschäftsführungsmaßnahmen, vgl. *Horn*, in: Schlegelberger, HGB, § 164, Rn. 7.

[18] Zu einem solchen Fall s.u., § 15, I, 2, a.

[19] So zutreffend *Assmann/Sethe*, in: GK AktG, § 285, Rn. 57; *Sethe*, Personalistische Kapitalgesellschaft, S. 123 f.

[20] BGHZ 122, S. 211, 217 (SSI). Bea. auch § 83 I 2; hierzu BGHZ 82, S. 188, 195 = NJW 1982, S. 933 = AG 1982, S. 129 (Hoesch/Hoohovens).

renzieren: Die Mitwirkung an den Vertragsverhandlungen betrifft in erster Linie die organschaftliche Stellung der phG, das Zustimmungsrecht hingegen die mitgliedschaftliche. Bei der Geschäftsführung sind also mitunter andere Maßstäbe einzuhalten als bei der Zustimmung zu Grundlagengeschäften.

Aus Gründen der Rechtssicherheit und -klarheit ist demnach an dem Gebot der ausdrücklichen Zustimmung festzuhalten. Diese ist gem. § 285 III 2 AktG in der Verhandlungsniederschrift oder einem Anhang zu beurkunden.

4. Statuarischer Gestaltungsspielraum

Wegen der Geltung des Kommanditrechts kann von der geschilderten Zuständigkeitsordnung abgewichen werden. Dies ist zu Lasten der phG und zu Lasten der Hauptversammlung denkbar.

a) Keine Zweckänderung

Verbreitet wird die These vertreten, die Regelung des *§ 33 I 2 BGB*, welche für eine Änderung des Vereinszwecks Einstimmigkeit vorschreibt, sei als Grundregel des Verbandsrechts für alle Verbände anwendbar.[21] Der Möglichkeit von Mehrheitsklauseln in der Satzung einer KGaA wären demnach bei zweckändernden Grundlagengeschäften zumindest engere Grenzen gezogen als bei zweckneutralen Maßnahmen.

Abgesehen davon, dass § 33 I 2 BGB nach ganz h.M. ohnehin dispositiv ist,[22] kommt diesem Aspekt für die hier interessierende Fragestellung schon deshalb keine Relevanz zu, weil die Konzernierung keine zweckändernde Wirkung hat.[23] Dies gilt unabhängig davon, wie weit oder eng man den Begriff des „Zwecks" in § 33 I 2 BGB definiert.[24]

b) Zuständigkeit der Hauptversammlung

Die Zuständigkeit der Hauptversammlung bei gesetzlich geregelten Grundlagengeschäften ist zwingend.[25] Für kommanditrechtlichen Gestaltungsspielraum ist kein Raum. Die Satzung kann allenfalls die im Gesetz ausdrücklich vorgesehenen Erleichterungen zulassen (§§ 179 II 2, 182 I 2 AktG etc.).

Wenn dieses Ergebnis zum Teil unter Hinweis auf die personengesellschaftsrechtliche Komponente bestritten wird,[26] so wird verkannt, dass diese Hauptver-

---

[21] *Zöllner*, in: KK AktG, § 179, Rn. 113; *ders.*, Stimmrechtsmacht, S. 30; *Wiesner*, in: Münchener Handbuch, Bd.4, § 9, Rn. 8.

[22] *Reuter*, ZGR 1987, S. 475, 484; enger *Flume*, Juristische Person, S. 193 ff.

[23] S.o., § 5, IV, 1. Bei denjenigen Autoren, die eine Zweckänderung befürworten, finden sich indes keine Erwägungen im Hinblick auf § 33 I 2 BGB.

[24] Hierzu *Reuter*, ZGR 1987, S. 475, 479 ff.

[25] H.M., vgl. z.B. *Mertens*, in: KK AktG, § 278, Rn. 94.

[26] *Assmann/Sethe*, in: GK AktG, § 278, Rn. 124; *Godin/Wilhelmi*, AktG, § 285, Anm. 7.; vgl. auch *Ammenwerth*, KGaA, S. 71 f. (im Hinblick auf § 286 I 1).

sammlungskompetenzen *originärer Natur* sind. Sie folgen *unmittelbar* aus dem Gesetz[27] und stellen nicht bloß einen organisatorischen *Reflex* aus der Anwendung von Kommanditrecht im Verhältnis der phG zur Gesellschaft dar. Der zwingende Charakter folgt hier bereits aus § 23 V AktG bzw. § 1 III UmwG.

Bezogen auf *Satzungsänderungen* will eine Ansicht im Schrifttum gleichwohl nach inhaltlichen Gesichtspunkten differenzieren: Handele es sich um einen „aktienrechtlichen Satzungsbestandteil", also um einen solchen, dessen Gegenstand unter § 278 III AktG falle, so seien die §§ 133 I, 179 ff. AktG anzuwenden. Betreffe die Änderung dagegen „kommanditrechtliche Satzungsbestandteile", nämlich solche, die Gegenstände des § 278 II AktG erfassten, so sei der kommanditrechtliche Gestaltungsspielraum auch in Bezug auf die Kompetenzordnung eröffnet.[28] Für diesen Fall könnten satzungsändernde Entscheidungen beispielsweise den phG auch alleine überlassen werden.[29] – Zutreffend an diesem Ansatz ist die Unterscheidung zwischen kommanditrechtlichen und aktienrechtlichen Satzungsbestandteilen, nicht aber die daran geknüpften Folgen für die Kompetenzordnung. Sachgerecht ist es vielmehr, zwischen der *Mitwirkung* an einer Satzungsänderung und dem *Gegenstand* einer solchen zu differenzieren: Zweifelsohne richtet sich der inhaltliche Gestaltungsspielraum nach der Qualität des betroffenen Satzungsgegenstands. Sollen also beispielsweise die Geschäftsführungs- oder Vertretungsbefugnisse neu geordnet werden, so bestimmt sich der zulässige Satzungs*inhalt* nach §§ 278 II AktG, 163, 161 II, 109, 125 HGB; geht es dagegen um Veränderungen des Grundkapitals, so gelten über § 278 III AktG die zwingenden Vorschriften des AktG. Die *formale Kompetenzverteilung* wird durch diese Einteilung nicht berührt. Vielmehr bleibt es dabei, dass jedes Grundlagengeschäft – auch die Satzungsänderung – die Mitgliedschaft eines jeden Gesellschafters tangiert, mithin auch die aktienrechtlich geprägte Stellung der Kommanditaktionäre. Über § 278 III AktG gilt dann die zwingende aktienrechtliche Zuständigkeitsordnung der §§ 119 I Nr.5, 179 ff. AktG.[30]

c) Zustimmung der persönlich haftenden Gesellschafter

Das ergänzende Zustimmungserfordernis der phG entspringt dagegen dem Kommanditrecht. Über § 278 II Alt.1 u. 2 AktG sind diese wie Komplementäre einer KG zu behandeln. Das Zustimmungserfordernis erweist sich in dem Maße disponibel, wie dies bei der KG der Fall ist. Die Satzung der KGaA kann daher für Strukturmaßnahmen grundsätzlich auch eine Mehrheitsentscheidung vorse-

---

[27] Z.B. §§ 179 I, 179a I, 182 I i.V.m. § 278 III AktG, § 293 I AktG bzw. §§ 78, 13, 65 UmwG.

[28] *Wichert*, AG 1999, S. 362, 366. Nach Ansicht *Wicherts* (S. 365) benötigt der Beschluss der Hauptversammlung bei kommanditrechtlichen Satzungsgegenständen sogar nur die einfache Stimmenmehrheit des § 133 I AktG.

[29] *Wichert*, a.a.O.

[30] So die h.M. (Fn. 25), wenngleich dort auch teils inkonsequenterweise Ausnahmen für die Aufnahme neuer phG oder die Erhöhung von deren Kapitalanteil vertreten werden (Nachw. hierzu bei *Sethe*, Personalistische Kapitalgesellschaft, S. 111, Fn. 10).

hen oder das Zustimmungsrecht einzelner – unter Umständen sogar aller – phG ausschließen.[31]

Die beschriebene Dispositivität findet ihre Grenzen in den von Literatur und Rechtsprechung entwickelten Prinzipien des *Bestimmtheitsgrundsatzes* und der *Kernbereichslehre*, welche auch in der KGaA gelten.[32] Im Zusammenhang mit dem Abschluss eines Beherrschungsvertrags bzw. der Eingliederung sind außerdem gewisse Wertentscheidungen des Gesetzgebers zu berücksichtigen, aus denen gegebenenfalls Rückschlüsse auf die Zulässigkeit von Ausschluss- oder Mehrheitsklauseln gezogen werden können.

III. Schranken des Gestaltungsspielraums bei Beherrschungsvertrag und Eingliederung

1. Kein Zustimmungsverzicht durch §§ 293 I 4, 319 I 2, 320 I 3 AktG

Vorab ist festzuhalten, dass die Zustimmung aller phG nicht schon durch die Vorschriften der §§ 293 I 4, 319 I 2, 320 I 3 AktG entbehrlich wird. Dort wird der Zustimmungs- bzw. der Eingliederungsbeschluss ausdrücklich den gesetzlichen und statuarischen Bestimmungen für Satzungsänderungen entzogen.

Würde man die genannten Beschlüsse den formalen Voraussetzungen für Satzungsänderungen unterstellen und diese somit als formelle Satzungsänderungen behandeln, so hätte dies zur Folge, dass Satzungsbestandteile, die während der Konzernierung überlagert werden, nach deren Ende nicht ohne weiteres wieder auflebten, sondern einer neuerlichen Inkraftsetzung bedürften. Dieses Ergebnis wollen die angeführten Vorschriften verhindern.[33] Die Qualifikation als materielle Verfassungsänderung bleibt davon unberührt.[34]

Diesem Regelungsanliegen steht das Zustimmungserfordernis der phG nicht entgegen, denn bei diesem handelt es sich nicht um ein formales Spezifikum für Satzungsänderungen, sondern um ein allgemeines, aus der personalistischen Gesellschafterstellung entspringendes Mitwirkungsrecht für alle Arten von Grundlagengeschäften.

2. Bestimmtheitsgrundsatz

Nach dem Bestimmtheitsgrundsatz muss dem Gesellschaftsvertrag bzw. der Satzung zu entnehmen sein, auf welche Beschlussgegenstände sich eine Aus-

---

[31] *Barz*, in: GK AktG, 3. Aufl., § 285, Rn. 8.
[32] *Schütz/Reger*, in: Schütz/Bürgers/Riotte, KGaA, § 5, Rn. 12 ff.
[33] Vgl. *Altmeppen*, in: MK AktG, § 291, Rn. 38 f.
[34] S.o., § 3, II, 1.

schluss- oder Mehrheitsklausel beziehen soll.[35] Die Klausel erfasst einen Beschlussgegenstand nur dann, wenn sich dessen Art, Ausmaß, Umfang und Folgen hinreichend konkret aus dem Klauseltext ergeben. Das mit einem Stimmrechtsausschluss bzw. Mehrheitsbeschluss einhergehende Risiko ist dem betroffenen Gesellschafter nur insoweit zuzumuten, als er es bei Unterwerfung unter die Satzung vorhersehen konnte. Der Bestimmtheitsgrundsatz markiert folglich die *formalen* Mindestanforderungen für Mehrheitsklauseln.[36]

Aufgrund der Gefahr der Inflexibilität,[37] soll dieser Grundsatz jedoch nach Ansicht des *BGH* und einer verbreiteten Meinung in der Literatur bei Publikumspersonengesellschaften und sonstigen großen Personengesellschaften keine Geltung entfalten.[38] Wegen der „körperschaftlichen Struktur der KGaA" wollen Teile des Schrifttums diese Erwägungen auch auf die KGaA übertragen.[39] Hieran ist zutreffend, dass die KGaA von ihrem Gesamtmitgliederbestand her typischerweise einer Publikums-KG ähnelt. Zu bedenken ist jedoch, dass es im vorliegenden Zusammenhang allein um die Mitwirkung der *phG* geht. Deren Kreis dürfte sich aber realiter auf eine geringe Anzahl beschränken. Die von der h.M. angeführte Gefahr einer „Lähmung" der Gesellschaft durch das Einstimmigkeitsprinzip kommt hier ebenso wenig in Betracht wie in der gesetzestypischen Personengesellschaft. Die Geltung des Bestimmtheitsgrundsatzes zugunsten der phG kann folglich nach richtigem Verständnis nicht schon unter Hinweis auf die Rechtslage bei Publikumsgesellschaften verneint werden.

Demnach müssen Satzungsklauseln in der KGaA, welche die grundsätzlich vorgesehene Zustimmung der phG ausschließen oder einer Mehrheitsentscheidung unterwerfen, immer dem Bestimmtheitsgrundsatz genügen. Das nötige Maß an Bestimmtheit hat sich dabei nach der Tragweite des Beschlussgegenstandes zu richten.[40] In Anbetracht der weitreichenden Konsequenzen einer beherrschungsvertraglichen bzw. institutionellen Konzernierung, die insbesondere durch den Interessenumbruch bedingt sind, wird man *hohe Ansprüche* an die Bestimmtheit diesbezüglicher Klauseln stellen müssen. Keineswegs ausreichend sind allgemein gehaltene Konzernierungsklauseln; dies schon wegen der erheblichen strukturellen Unterschiede zwischen den einzelnen Konzerntypen.[41] Not-

[35] RGZ 91, S. 166, 167 f.; 151, S. 321, 327; 163, S. 385, 391; BGHZ 8, S. 35, 41 f.; 20, S. 363, 368 f.; 48, S. 251, 253 ff.; 85, S. 350, 356; 132, S. 263, 268; *BGH*, WM 1961, S. 303, 304; *BGH*, ZIP 1994, S. 1942, 1943 f.; Übersicht bei *Brändel*, FS Stimpel, S. 95 ff.

[36] Zutreffend *Schmidt*, GesR, S. 453 ff.

[37] Zu den wirtschaftlichen Gefahren des Einstimmigkeitsprinzips vgl. *Ebenroth*, FS Boujong, S. 99, 102.

[38] Vgl. beispielhaft BGHZ 71, S. 53, 57 ff.; BGHZ 85, S. 350, 356 ff.

[39] *Wichert*, AG 1999, S. 362, 366; *ders.*, Finanzen, S. 70 f.; vgl. auch *Schütz/Reger*, in: Schütz/Bürgers/Riotte, KGaA, § 5, Rn. 17 f., allerdings mit der Einschränkung, dass Eingriffe in den Kernbereich stets dem Bestimmtheitsgrundsatz unterliegen sollen.

[40] Vgl. *Schneider* ZGR 1972, S. 357, 370 ff.; *Immenga*, ZGR 1974, S. 385, 418 ff. (jeweils zur sog. „Steigerungstrias").

[41] *Emmerich/Sonnenschein/Habersack*, KonzernR, S. 511.

wendig ist vielmehr eine konkrete Benennung des Beherrschungsvertrags bzw. der Eingliederung als mögliche Beschlussgegenstände.

Gegen die zwingende Geltung des Bestimmtheitsgrundsatzes spricht auch nicht der Umstand, dass diesem bereits durch eine katalogmäßige Auflistung aller nur denkbaren Beschlussgegenstände entsprochen werden könnte.[42] Daran zeigt sich nur die bloß formale Schutzrichtung des Bestimmtheitsgrundsatzes. Ein materieller und individueller Minderheitenschutz ist mit ihm nicht verbunden;[43] dem dient die Gestaltungsschranke der Kernbereichslehre. Immerhin wird man auch den phG ein gewisses Maß an rationaler Prognosekraft nicht absprechen können, weshalb sich allzu uferlose Kataloge möglicher Mehrheitsentscheidungen durchaus negativ auf die Investitionsentscheidung auswirken dürften.

3. Kernbereichslehre

Die h.M. geht ferner davon aus, dass den Gesellschaftern einer Personengesellschaft ein bestimmter Rechtsbereich zusteht, der ihnen nicht gegen ihren Willen genommen werden darf (Kernbereich der Mitgliedschaft).[44] Für die phG einer KGaA soll dasselbe gelten.[45] Vorgänge, die den Kernbereich tangieren, können nicht bzw. nur unter restriktiven Voraussetzungen einer Mehrheitsklausel unterworfen werden; ein völliger Ausschluss des Stimmrechts (Ausschlussklausel) ist von vornherein unzulässig.[46]

Üblich geworden ist eine Dreiteilung des Kernbereichs in unverzichtbare, mehrheitsfeste und stimmrechtsfeste Rechte.[47] *Unverzichtbare* Mitgliedschaftsrechte können dem betroffenen Gesellschafter nicht einmal dann entzogen werden, wenn er ausdrücklich zustimmt.[48] Hierzu werden bestimmte Informationsrechte, das Teilnahmerecht an Versammlungen, Anfechtungsrechte oder Lösungsrechte aus wichtigem Grund gezählt.[49] *Mehrheitsfeste* (oder unentziehbare) Rechte können zwar abbedungen werden, allerdings nur mit Zustimmung des Betroffenen, sodass eine Mehrheitsentscheidung unzulässig ist. Hierunter sollen insbesondere Sonder- und Vorzugsrechte fallen, aber auch Regelungen über die Gewinnverteilung oder das Belastungsverbot.[50] In den mehrheitsfesten Kernbereich sollen ferner solche Gegenstände eingreifen, die „von schwerwiegender

---

[42] Zu diesem Kritikpunkt vgl. *Fischer*, FS Barz, S. 33, 41 f.; *Röttger*, Kernbereich, S. 117.

[43] *Schmidt*, GesR, S. 456.

[44] BGHZ 20, S. 363, 369; *BGH*, NJW 1985, S. 972, 973; *BGH*, NJW 1985, S. 974, 974 f.; *Flume*, Personengesellschaft, S. 213 ff.; *Röttger*, Kernbereich, pass.

[45] *Assmann/Sethe*, in: GK AktG, vor § 278, Rn. 60; *Sethe*, Personalistische Kapitalgesellschaft, S. 117 f.; *Schütz/Reger*, in: Schütz/Bürgers/Riotte, KGaA, § 5, Rn. 12 ff.

[46] *Schmidt*, GesR, S. 472, 475.

[47] Vgl. *Sethe*, Personalistische Kapitalgesellschaft, S. 117, Fn. 33.

[48] *Martens*, in: Schlegelberger, HGB, § 119, Rn. 25 f.

[49] Überblick bei *Schmidt*, GesR, S. 470 f.; vgl. auch *Röttger*, Kernbereich, S. 96 f.

[50] *Schmidt*, GesR, S. 471 ff.; *Martens*, in: Schlegelberger, HGB, § 119, Rn. 27 f.

Bedeutung für den einzelnen Gesellschafter sind".[51] Bereits an dieser Formulierung zeigen sich die Abgrenzungsschwierigkeiten.[52] *Stimmrechtsfest* sind schließlich Mitgliedschaftsrechte, die auch durch Mehrheitsentscheidung abbedungen werden können, die aber dem Betroffenen ein Recht auf Teilnahme an der diesbezüglichen Willensbildung vermitteln.[53] Hierunter wird man die meisten Strukturmaßnahmen zählen können, sofern sie nicht schon den unverzichtbaren oder mehrheitsfesten Kernbereich berühren.

Aufgrund der Konturlosigkeit dieser Einteilung bereitet die genaue Abgrenzung Schwierigkeiten. Weitgehend anerkannt ist aber, dass es sich bei der Qualifikation des Kernbereichs um eine *Wertungsfrage* handelt, bei der die Vor- und Nachteile des konkreten Beschlusses gegeneinander abgewogen werden.[54] Unter Berücksichtigung der einschneidenden Konsequenzen einer Konzernunterordnung wird im Bereich des Personengesellschaftsrechts nach nahezu einhelliger Ansicht ein Eingriff in den Kernbereich bejaht;[55] gleiches muss für die phG einer KGaA gelten.[56] Unklarheit besteht aber darin, welche der drei Kategorien einschlägig sein soll. Sicher ist, dass unverzichtbare Mitgliedschaftsrechte der phG nicht verkürzt werden, andernfalls wäre die Konzernunterordnung entgegen § 291 I 1 AktG a priori ausgeschlossen. Ob der mehrheitsfeste oder der stimmrechtsfeste Bereich betroffen ist, muss mit Blick auf die Rechtsfolgen der Konzernierung beantwortet werden. Hierbei kann nicht außer Acht bleiben, dass die Gesellschaft fortan nicht mehr im Eigeninteresse, sondern im Sonderinteresse des Mutterunternehmens geleitet wird. Der hiermit verbundene Eingriff in die Strukturen stellt den größtmöglichen Einschnitt in das Verbandsgefüge einer rechtlich selbständigen Gesellschaft dar. Weil die Mitgliedschaft die Teilhabe an ebendiesem Verbandsgefüge zum Ausdruck bringt, wird man zumindest einen Eingriff in den *mehrheitsfesten* Kernbereich annehmen müssen. Die konzernbedingten Konsequenzen sind für die phG von so schwerwiegender Bedeutung, dass sie ihnen nicht durch eine Mehrheitsentscheidung aufgedrängt werden dürfen.[57] Hierfür spricht auch der Umstand, dass der wirtschaftliche Ertrag der Tochtergesellschaft aufgrund der Neuausrichtung des Verbandsinteresses auf die Belange des Konzerns in weitem Umfang zur Disposition steht, was zumindest die latente Gefahr einer Gewinnverkürzung zu Lasten der phG in sich trägt. Die Gewinnbeteiligung wird aber nach h.M. dem mehrheitsfesten Kernbereich zugeordnet.[58]

---

[51] *Röttger*, Kernbereich, S. 97 ff.

[52] Bisweilen wird auch nur im Hinblick auf diese Kategorie vom „Kernbereich" gesprochen, vgl. *Schmidt*, GesR, S. 472 f.

[53] *Martens*, in: Schlegelberger, HGB, § 119, Rn. 29

[54] *Westermann*, Vertragsfreiheit, S. 353; *Ebenroth*, FS Boujong, S. 99, 112 f. m.w.N.

[55] H.M.; vgl. *Haas*, Personengesellschaften, S. 79 ff.; *Kleindiek*, Strukturvielfalt, S. 84 f.

[56] *Fett*, in: Schütz/Bürgers/Riotte, KGaA, § 12, Rn. 14.

[57] Im Ergebnis ebenso *Fett*, in: Schütz/Bürgers/Riotte, KGaA, § 12, Rn. 14.

[58] *Martens*, in: Schlegelberger, HGB, § 119, Rn. 27.

Unerheblich ist, ob die phG durch gesetzliche oder rechtsgeschäftliche Kompensationsinstrumente gegen die konzernspezifischen Gefahren geschützt werden. Selbst in diesem Fall würde ihre Mitgliedschaft in der künftigen Tochter-KGaA von grundlegend anderer Qualität sein als zuvor. Eine aktive Mitwirkung an den Geschicken der Gesellschaft wäre aufgrund der fremdunternehmerischen Interessenausrichtung kaum mehr möglich; die phG würden letztlich in ein „Rentnerdasein" gedrängt. Dies soll nicht gegen ihren Willen geschehen.

In besonders gelagerten Fällen können die phG freilich aufgrund ihrer *Treuepflicht* verpflichtet sein, einem entsprechenden Beschluss der Hauptversammlung zuzustimmen. Die Gesellschaft bzw. die anderen phG haben dann die Möglichkeit, gegen den oder die dissentierenden Gesellschafter auf Erteilung der Zustimmung zu klagen.[59] Damit wird die Initiativ- und Angriffslast in Fällen unbehebbarer Differenzen von dem einzelnen phG auf die KGaA bzw. die anderen phG verlagert. Auch dies erscheint unter dem Gesichtspunkt des individuellen Gesellschafterschutzes sachgerecht.

Insgesamt ergibt sich somit, dass sowohl der Zustimmungsbeschluss zum Beherrschungsvertrag als auch der Eingliederungsbeschluss zwingend der Zustimmung *aller* phG bedarf.

4. Antizipierte Zustimmung?

Zu erwägen ist, ob die Zustimmung der phG bereits in der Satzung bzw. durch besondere Erklärungen der an der Gründung beteiligten oder neu eintretenden phG vorweggenommen werden kann. Ein solches Verfahren könnte unerwünschte Zeitverluste vermeiden und wird in Zusammenhang mit Satzungsänderungen und anderen Grundlagengeschäften sowohl im Personengesellschafts- als auch im Kommanditaktienrecht überwiegend für zulässig gehalten.[60]

Jedoch: Eine sachgerechte Abwägung der Risiken ist den phG erst bei Kenntnis fundamentaler Daten möglich, vor allem der wirtschaftlichen Lage aller Beteiligten. Da die Tochtergesellschaft dem ökonomischen Schicksal des Konzernverbunds, insbesondere des Mutterunternehmens, ausgeliefert ist, müssen die phG nicht nur das konkrete Mutterunternehmen kennen, sondern gleichermaßen dessen Liquiditätslage und Ertragsperspektiven, um ihre Abwägung nicht „auf Sand" zu bauen. Derartige Informationen werden typischerweise erst in unmittelbarem Zusammenhang mit dem Konzernierungsbeschluss vorliegen. Selbst wenn das künftige Mutterunternehmen von Anfang an namentlich bekannt ist, lassen sich daraus keineswegs Rückschlüsse auf die wirtschaftliche Lage im Zeitpunkt der Konzernbildung ziehen, da sich insbesondere die ökono-

---

[59] Nachw. bei *Ebenroth*, FS Boujong, S. 99, 116 f.

[60] Statt aller *Ulmer*, in: GK HGB, Anh. zu § 105, Rn. 60.

mischen Rahmenbedingungen jederzeit ändern können.[61] Zur Beurteilung der konzernspezifischen Gefahren ist Kenntnis der *aktuellsten* Daten erforderlich.

Da die Kenntnis der abwägungsrelevanten Informationen im Zeitpunkt der Unterwerfung unter die Satzung nicht möglich ist, kann die Zustimmung der phG nicht im Voraus erteilt werden; sie wäre angesichts der Komplexität des Entscheidungsgegenstands bloße Fiktion.

5. § 327a I 2 AktG

Dem bisherigen Ergebnis könnte die Regelung des § 327a I 2 AktG entgegengehalten werden. Nach ihr ist die Wirksamkeit des Hauptversammlungsbeschlusses in der KGaA bei Ausschluss einer Minderheit von Kommanditaktionären (sog. „Squeeze-Out") nicht von der Zustimmung der phG abhängig. Zu erwägen wäre, die hinter dieser Bestimmung stehende Entscheidung im Wege einer Wertungsparallele auf die Beschlüsse nach §§ 293 I, 319 I, 320 I AktG zu übertragen, zumal das Verfahren nach §§ 327a ff. AktG in weiten Teilen denen der Eingliederung durch Mehrheitsbeschluss nachgebildet ist.[62]

Abgesehen davon, dass das „Squeeze-Out" erst viel später in das AktG eingefügt wurde,[63] sind die angesprochenen Parallelen auch bloß formaler Natur. Im Gegensatz zu Beherrschungsvertrag und Eingliederung zieht der Beschluss nach § 327a I 1 AktG nämlich keinerlei verfassungsrelevante Wirkungen nach sich. Er betrifft lediglich die Zusammensetzung der Hauptversammlung und ist daher zu Recht alleinige Angelegenheit der Kommanditaktionäre.

Die Vorschrift des § 327a I 2 AktG hat mithin allein *deklaratorische* Bedeutung.[64] Aus ihr lassen sich keine Rückschlüsse auf das Zustimmungserfordernis bei Beherrschungsvertrag und Eingliederung ziehen.

6. § 78 S.3 HS 2 UmwG

Eine abweichende Bewertung könnte sich aber aus einer Analogie zum Umwandlungsrecht, speziell zu § 78 S.3 HS 2 UmwG ergeben, wo im Fall der *Verschmelzung* einer KGaA die Vereinbarung einer statuarischen Mehrheitsklausel für den Zustimmungsbeschluss der phG ausdrücklich vorgesehen ist. Wenn dies bei der Verschmelzung als intensivstem Fusionstatbestand möglich ist, dann –

[61] Kritisch zur Prognostizierbarkeit auch *Assmann/Sethe*, in: GK AktG, vor § 278, Rn. 102 (für Vermögensübertragung).

[62] *Reg-Begr. zum WpÜG v. 11.7.2001*, Bundestags-Drucksache 14/7034, S. 72 ff.; allgemein hierzu *Sieger/Hasselbach*, ZGR 2002, S. 120 ff.

[63] Geschehen durch das *Gesetz zur Regelung von öffentlichen Angeboten zum Erwerb von Wertpapieren und von Unternehmensübernahmen* v. 20. Dezember 2001 (WpÜG), BGBl. I, S. 3822.

[64] *Begr. Regierungsentwurf zum WpÜG v. 11.7.2001*, Bundestags-Drucks. 14/7034, S. 72.

so könnte man argumentieren – muss dies erst recht bei Beherrschungsvertrag und Eingliederung als weniger weitgehenden Verbindungen zulässig sein.

Voraussetzung wäre indes, dass es sich bei der Verschmelzung auf der einen und der Konzernierung auf der anderen Seite um im Wesentlichen *gleichartige* Sachverhalte handelte.[65] Dies erfordert einen Blick auf die Rechtsfolgen der Verschmelzung. Hierbei kann sich die Darstellung auf die Stellung der phG einer *übertragenden* KGaA beschränken, denn diese ist am ehesten mit der künftigen Tochtergesellschaft zu vergleichen; keine Rolle spielt dabei, ob die Verschmelzung durch Aufnahme oder durch Neugründung erfolgt.

a) Rechtsfolgen der Verschmelzung für die persönlich haftenden Gesellschafter der übertragenden KGaA

Umstritten ist, ob die phG der übertragenden KGaA ohne weiteres Gesellschafter der übernehmenden bzw. neugegründeten Gesellschaft werden oder ob sie automatisch ausscheiden.

Gegen die zuerst genannte Ansicht wird eingewandt, dass die Vorschriften der §§ 60-77 UmwG – die über § 78 S.1 UmwG für die KGaA entsprechend gelten – nur einen Umtausch von *Aktien*, nicht aber von anders gearteten Beteiligungen vorsehen (vgl. § 72 UmwG).[66] Die phG müssten daher ausscheiden, sofern eine Aufnahme in die übernehmende bzw. neugegründeten Gesellschaft nicht ausdrücklich im Verschmelzungsvertrag vereinbart würde, und seien nach den allgemeinen Vorschriften abzufinden.

Nach diesem Ansatz wären die phG also nicht gezwungen, unter grundlegend veränderten Umständen Mitglied der neuen Wirtschafteinheit zu bleiben. Dies würde die Ausgangslage grundsätzlich von den Konzernfällen unterscheiden, bei denen diese auch weiterhin Gesellschafter der Tochter-KGaA wären. Denkbar ist allerdings, die Möglichkeit des Ausscheidens gegen angemessene Abfindung generell als hinlängliche Bedingung für die Zulässigkeit einer Mehrheitsklausel zu behandeln.[67] Eine solche wäre dann entsprechend § 78 S.3 HS 2 UmwG ausnahmsweise zulässig, sofern die phG in Folge des Konzernierungsbeschlusses aus der Gesellschaft ausscheiden könnten.[68]

Die damit aufgeworfene Frage bedarf jedoch keiner Entscheidung, da das notwendige Ausscheiden der phG bei Verschmelzung der KGaA vom UmwG gar nicht vorgesehen ist: Nach richtigem Verständnis erwerben die phG nämlich ebenso wie die Kommanditaktionäre *Anteile* an der übernehmenden bzw. neu-

---

[65] Allg. zu den Voraussetzungen der Analogie *Larenz*, Methodenlehre, S. 381 ff.

[66] *Marsch-Barner*, in: Kallmeyer, UmwG, § 78 Rn. 8; *Stratz*, in: Schmitt/Hörtnagl/Stratz, UmwG, § 78 Rn. 8.

[67] Auf den Zusammenhang zwischen den Mehrheitserfordernissen und etwaigen Ausgleichs- und Abfindungsansprüchen stellt auch das Schrifttum zum GmbH-Konzern ab, vgl. *Zeidler*, in: Michalski, GmbHG, Syst. Darst. 4, Rn. 77.

[68] So wohl *Ebenroth*, FS Boujong, S. 99, 118 f.

gegründeten Gesellschaft.[69] Für das Argument, nur die Kommanditaktien seien Gegenstand des Anteilstausches, finden sich keine Anhaltspunkte im Gesetz. § 2 UmwG spricht allgemein von den „Anteilsinhabern" des übertragenden Rechtsträgers. Aus § 72 UmwG, der ohnehin bloß „entsprechend" anwendbar ist, lässt sich ebenfalls nichts Derartiges entnehmen. Denn diese Vorschrift regelt das Verfahren für den Aktienumtausch, besagt aber keineswegs, dass *ausschließlich* Aktien umgetauscht werden.

Zum Teil wird der Erwerb von Mitgliedschaften für die phG einschränkend davon abhängig gemacht, ob diesen in der übernehmenden oder neugegründeten Gesellschaft wiederum die Rechtsstellung eines *unbeschränkt haftenden* Gesellschafters eingeräumt werden kann.[70] Das wäre allein bei der Verschmelzung einer KGaA auf eine oHG, KG oder KGaA – theoretisch auch Partnerschaftsgesellschaft, sofern alle Gesellschafter Freiberufler sind (§ 45a UmwG) – möglich.[71] In allen übrigen Fällen sollen die phG gegen Abfindung ausscheiden. – Diese Ansicht ist inkonsequent: Wenn die phG sogar gegen ihren Willen in eine Position gebracht werden könnten, in der sie mit ihrem gesamten Vermögen für die Verbindlichkeiten der neuen Wirtschafteinheit einzustehen hätten, so spräche nichts dagegen, dieser künftig auch ohne das Risiko der persönlichen Haftung anzugehören. Außerdem wird vernachlässigt, dass nach dem UmwG auch die Verschmelzung einer Personengesellschaft mit einer AG oder GmbH möglich ist, der Umtausch von unbeschränkt in beschränkt haftende Beteiligungen also nach der geltenden Rechtslage nichts Ungewöhnliches ist.[72]

Die phG erwerben folglich in jedem Fall Mitgliedschaften an der übernehmenden oder neugegründeten Gesellschaft. Ob sie dieser wiederum als unbeschränkt haftende Gesellschafter oder in anderer Form angehören, hängt von der konkreten Ausgestaltung des Verschmelzungsvertrags – und von der Rechtsform – ab.[73] Nicht unberücksichtigt bleiben darf allerdings die Vorschrift des *§ 43 II 3 UmwG*: Handelt es sich bei der übernehmenden oder neugegründeten Gesellschaft um eine oHG oder KG, so ist den phG, wenn diese Widerspruch gegen die Verschmelzung erheben, die Stellung von Kommanditisten einzuräumen. Dahinter steht die Erwägung, dass kein Beteiligter gegen seinen Willen der neuen Wirtschaftseinheit als unbeschränkt haftender Gesellschafter angehören muss. Nicht einzusehen ist, warum für die phG einer KGaA etwas anderes gelten sollte. Dies übersehen die Vertreter der zuletzt skizzierteren Ansicht. Der

---

[69] *Assmann/Sethe*, in: GK AktG, vor § 278, Rn. 94; grundsätzlich auch *Bermel*, in Goutier/Knopf/Tulloch, UmwG, § 78, Rn. 12.

[70] *Rieger*, in: Widmann/Mayer, UmwG, § 78 Rn. 19 ff.; *Schütz*, in: Schütz/Bürgers/Riotte, KGaA, § 11, Rn. 106 ff.

[71] Die Verschmelzung auf eine BGB-Gesellschaft ist dagegen gem. § 3 UmwG unzulässig.

[72] Vgl. *Assmann/Sethe*, in: GK AktG, vor § 278, Rn. 95 unter Hinweis auf die Umwandlung einer Personengesellschaft in eine AG.

[73] Im Ergebnis ebenso *Assmann/Sethe*, in: GK AktG, vor § 278, Rn. 95; *Grunewald*, in: Lutter, UmwG, § 78, Rn. 8 m.w.N.

Rechtsgedanke des § 43 II 3 UmwG ist aber auch auf die Fälle zu übertragen, in denen der übernehmende oder neugegründete Rechtsträger eine KGaA ist. Zwar kann den dissentierenden phG dort nicht die Stellung von Kommanditisten eingeräumt werden, wohl aber die von beschränkt haftenden Kommanditaktionären.

Nach richtigem Verständnis führt die Verschmelzung einer KGaA als übertragender Rechtsträger also dazu, dass deren phG Mitglieder der übernehmenden oder neugegründeten Gesellschaft werden. Dabei ist bei der Berechnung des Umtauschverhältnisses die gesamte Mitgliedschaftsstellung, einschließlich etwaiger Vermögenseinlagen, in Rechnung zu stellen. Ein Barabfindungsangebot ist allein unter den Voraussetzungen des § 29 I 2 UmwG erforderlich.[74] Wenn dies mit Blick auf die Rechtsform möglich ist, kann diese Mitgliedschaft grundsätzlich auch mit einer unbeschränkten persönlichen Haftung verbunden sein. Gegen den Willen eines Betroffenen darf diese Konsequenz jedoch nicht eintreten. Sofern eine Mehrheitsklausel i.S.d. § 78 S.3 HS 2 UmwG vorgesehen ist, muss den widersprechenden phG in der übernehmenden oder neugegründeten Gesellschaft zwingend die Stellung eines beschränkt haftenden Gesellschafters (Kommanditist, Aktionär, Kommanditaktionär etc.) eingeräumt werden.

b) Wertungsparallele?

Die Konzernunterordnung ist dadurch gekennzeichnet, dass die phG in der Tochter-KGaA verbleiben, sofern sie nicht aus eigener Initiative von einem möglichen Austrittsrecht Gebrauch machen. Ein automatisches Ausscheiden ist ebenso wenig vorgesehen wie die Umwandlung in eine beschränkt haftende Mitgliedschaft.

Die Verschmelzung einer KGaA ließe sich hiermit nur unter der Voraussetzung vergleichen, dass die Mitgliedschaft der phG in der übernehmenden bzw. neugegründeten Gesellschaft mit einer unbeschränkt persönlichen Haftung verbunden bleibt. Nur dann drohen ihnen tendenziell ähnliche Gefahren. Nach dem Gesagten könnte dies zwar bei der Verschmelzung auf eine oHG, KG, oder KGaA der Fall sein. Entscheidend ist aber, dass kein phG *gegen seinen Willen* dem neuen Gebilde als unbeschränkt haftendes Mitglied angehören muss. Die Konsequenzen einer Mehrheitsentscheidung werden insoweit erheblich entschärft.

Daran wird deutlich, dass sich aus der Möglichkeit einer statuarischen Mehrheitsklausel für die Zustimmung der phG zum Verschmelzungsbeschluss keine Rückschlüsse auf die Zulässigkeit entsprechender Mehrheitsklauseln im Rahmen der Konzernbildung ableiten lassen. Die Sachverhalte sind – trotz vordergründiger Parallelen – nicht vergleichbar.

---

[74] Gem. § 78 S.4 UmwG gilt die AG im Verhältnis zur KGaA nicht als Rechtsträger anderer Rechtsform i.S.d. § 29 I 1 UmwG.

IV. Ergebnis

Sowohl die beherrschungsvertragliche als auch die institutionelle Konzernintegration einer KGaA bedarf zu ihrer Wirksamkeit der Zustimmung der Hauptversammlung nach Maßgabe der §§ 293 I, 319 I, 320 I AktG. Dieses Erfordernis ist zwingend und unterliegt nicht dem kommanditrechtlichen Gestaltungsspielraum.

Daneben ist zwingend die Zustimmung aller phG nötig.[75] Obwohl deren Mitwirkung Ausfluss des kommanditrechtlichen Regelungsbereichs ist, sind in diesem Zusammenhang weder Mehrheits- noch Ausschlussklauseln zulässig.

[75] Vgl. *Burbach*, Personenhandelsgesellschaft, S. 303 (f. d. Personengesellschaft). Für die KGaA *Roitzsch*, Minderheitenschutz, S. 149; *Fett*, in: Schütz/Bürgers/Riotte, KGaA, § 12, Rn. 14 (Beherrschungsvertrag), 38 (Eingliederung; allerdings nur Hauptgesellschaft).

§ 8: Sonderfragen der Konzernbildung: Wettbewerbsverbot, atypische KGaA, Informationsrechte

I. Wettbewerbsverbot (§ 284 AktG) als Schranke der Konzernbildung?

1. Problemstellung

Nach § 284 AktG unterliegen die phG einem besonderen Wettbewerbsverbot, das ihnen untersagt, ohne ausdrückliche Einwilligung der übrigen phG und des Aufsichtsrats im Geschäftszweig der KGaA Geschäfte zu machen oder sich in einer gleichartigen Handelsgesellschaft als Verwaltungsmitglieder bzw. persönlich haftende Gesellschafter zu engagieren. Die Vorschrift stellt eine eigentümliche Mischung aus kommanditrechtlichem (§§ 165, 161 II, 112 f. HGB) und aktienrechtlichem (§ 88 AktG) Wettbewerbsverbot dar, in welcher sich anschaulich die bereits thematisierte Hybridstellung der KGaA widerspiegelt.

Leitgedanke des § 284 AktG ist – anders als bei § 88 AktG – nicht der Erhalt der vollen Arbeitskraft der phG zugunsten der Gesellschaft, sondern deren *Treuepflicht* gegenüber den anderen phG und der KGaA.[1] Folgerichtig sind ihnen Verwaltungstätigkeiten und Beteiligungen als persönlich haftende Gesellschafter nicht bereits in Bezug auf jede „andere" Handelsgesellschaft verboten (so § 88 AktG), sondern bloß hinsichtlich „gleichartiger" Handelsgesellschaften – also nur dann, wenn sich die Tätigkeitsbereiche der Gesellschaften sachlich in nicht unerheblichem Umfang überschneiden und daher die Gefahr von Interessenkonflikten gegeben ist.[2] Aus dem gleichen Grund steht § 284 AktG auch nicht schlechthin dem Betrieb eines Handelsgewerbes durch einen phG entgegen (so § 88 AktG). Die Vorschrift rückt insoweit weniger die funktionale Stellung als Verwaltungsorgan als vielmehr die personalistische, mitunternehmerische Beteiligung des phG in den Mittelpunkt; nicht das Amt, sondern die Mitgliedschaft ist ausschlaggebend. Dies korrespondiert mit dem Grundgedanken des personengesellschaftsrechtlichen Wettbewerbsverbots (§ 112 HGB).

Ist das künftige Mutterunternehmen des Beherrschungsvertrags oder die künftige Hauptgesellschaft *selbst phG der Tochter-KGaA*, kann die Frage aufkommen, ob und inwieweit das Wettbewerbsverbot des § 284 AktG der Konzernbil-

[1] *Assmann/Sethe*, GK AktG, § 284, Rn. 4; *Semler/Perlitt*, in: MK AktG, § 284, Rn. 3; *Herfs*, in: Münchener Handbuch, Bd.4, § 76, Rn. 24.

[2] Die „Gleichartigkeit" entspricht der Auslegung des § 112 HGB; *Armbrüster*, ZIP 1997, S. 1269, 1271. Zur Interpretation des § 112 HGB vgl. *Emmerich*, in: Heymann, HGB, § 112, Rn. 14; *Baumbach/Hopt*, HGB, § 112, Rn. 7, 5.

dung entgegensteht.[3] Würde dessen Schutzbereich einschlägig sein, so hätte dies zwar nicht a priori die Nichtigkeit des Beherrschungsvertrags bzw. der Eingliederung zur Folge, denn die Rechtsfolgen eines Verstoßes richten sich exklusiv nach § 284 II AktG (Schadensersatzanspruch oder Eintrittsrecht der KGaA).[4] Die Anwendung von § 284 AktG würde jedoch eine sachgemäße Konzernleitung unmöglich machen.

2. Anwendung des § 284 AktG auf die hier interessierenden Konstellationen

Der Regelungsbereich des § 284 AktG muss die soeben geschilderten Fälle nicht zwingend erfassen. Der Wortlaut spricht nämlich zunächst nur eine Geschäftstätigkeit im gleichen Geschäftszweig und ein Engagement als Geschäftsführer oder persönlich haftendender Gesellschafter einer gleichartigen Handelsgesellschaft an. Soweit sich das Mutterunternehmen auf die Leitung der Tochtergesellschaft beschränkt, scheinen diese Voraussetzungen nicht vorzuliegen.

Zu bedenken ist aber, dass die beherrschungsvertragliche bzw. institutionelle Konzernunterordnung zu einer umfassenden *wettbewerblichen Integration* der Tochtergesellschaft in das konzerndimensionale Gesamtunternehmen und – damit einhergehend – zu einer Unterwerfung unter das konzernbezogene Sonderinteresse des Mutterunternehmens führt. Dieses wird seinen Einfluss regelmäßig in Form einer konzernweiten Koordination von Geschäftschancen nutzen und darüber hinaus typischerweise auch an anderen Konzerngesellschaften beteiligt sein. Vor diesem Hintergrund liegt die Einschlägigkeit des Wettbewerbsverbots auf der Hand. Sein Anwendungsbereich dürfte dann in Fällen, in denen das Mutterunternehmen selbst die Stellung eines phG bekleidet, i.d.R. eröffnet sein.

Zu berücksichtigen sind des Weiteren die von der Rechtsprechung zu § 112 HGB entwickelten Ausweitungen im Hinblick auf die Geschäftsführer einer Komplementärgesellschaft[5] und auf solche Gesellschafter einer Komplementärgesellschaft, welche herrschenden Einfluss auf diese ausüben.[6] Übertrüge man diese Grundsätze mit der h.M. auf die atypische KGaA,[7] so würde sich der eben skizzierte Anwendungsbereich des § 284 AktG nochmals erweitern, insbesonde-

[3] Die Möglichkeit, dass das Mutterunternehmen bzw. die Hauptgesellschaft zu einem späteren Zeitpunkt in die Stellung eines phG eintritt, dürfte demgegenüber eher theoretisch sein; die Problematik wäre aber die gleiche.

[4] Zusammenfassend *Assmann/Sethe*, GK AktG, § 284, Rn. 36 ff.

[5] BGHZ 49, S. 30, 31.

[6] BGHZ 89, S. 162 (Heumann/Ogilvy).

[7] *Assmann/Sethe*, GK AktG, § 284, Rn. 10 ff.; ausführlich *Ihrig/Schlitt*, ZHR Beiheft 67/1998, S. 33, 49 f.; hierzu *Wichert*, AG 2000, S. 268, 274.

re auf bestimmte Nichtgesellschafter, wenn diese einen phG beherrschen.[8] Sofern sich die KGaA einer derartigen Person durch Beherrschungsvertrag oder Eingliederung unterstellte, wäre auch diese typischerweise vom Wettbewerbsverbot erfasst.

Die Konsequenzen einer weitgehenden Anwendung des § 284 AktG würden den Abschluss eines Beherrschungsvertrages bzw. die Eingliederung in den genannten Fällen erheblich erschweren, wenn nicht sogar undurchführbar machen. Daran änderte auch die Möglichkeit des *Dispenses* nichts, da dieser nur für bestimmte Arten von Geschäften bzw. bestimmte Handelsgesellschaften (vgl. § 284 I 2 AktG) und außerdem – anders als bei § 112 HGB – nur ausdrücklich erteilt werden darf.[9] Eine effektive Konzernleitung kann dadurch nicht gewährleistet werden. – Die Bedeutung des Wettbewerbsverbots als Schranke der Konzernbildung in den hier geschilderten Sonderfällen steht und fällt demnach mit der Frage, ob es sich bei § 284 AktG um zwingendes Recht handelt oder ob die Vorschrift in der Satzung der KGaA bzw. durch wirkungsgleiche Rechtsakte abbedungen werden kann.

3. Dispositivität des § 284 AktG

Gegen die Möglichkeit eines statuarischen Ausschlusses des Wettbewerbsverbots wird eingewandt, die Vorschrift habe als lex specialis Vorrang gegenüber § 112 HGB; eine Freistellung könne nur im Einzelfall, nicht aber generell durch die Satzung erteilt werden.[10] Zum Teil wird zur Begründung des kogenten Charakters auch einfach § 23 V AktG herangezogen.[11]

Dies ist keineswegs überzeugend: Wie bereits angedeutet, fußt § 284 AktG auf der mitgliedschaftlichen Treuepflicht der phG. An einer Wahrung dieser Treuepflicht besteht aber kein öffentliches Interesse.[12] Insofern liegen die Dinge anders als bei § 88 AktG, wo es primär um den Erhalt der Arbeitskraft der Vorstandsmitglieder und damit letztlich um den Anlegerschutz geht.[13] Die Treuepflicht der phG betrifft aber schwerpunktmäßig deren Verhältnis untereinander

---

[8] Kritisch zu einer derartigen Übertragung des *Heumann/Ogilvy*-Urteils auf die KGaA *Semler/Perlitt*, in: MK AktG, § 284, Rn. 5 i.V.m. § 278, Rn. 338: Das Wettbewerbsverbot erstreckt sich nur auf den Mehrheitsgesellschafter der Komplementärgesellschaft, wenn dieser *zugleich* die KGaA beherrscht.

[9] *Assmann/Sethe*, GK AktG, § 284, Rn. 31 ff.; vgl. auch *Armbrüster*, ZIP 1997, S. 1269, 1272.

[10] *Herfs*, in: Münchener Handbuch, Bd.4, § 76, Rn. 25.

[11] *Salfeld*, Wettbewerbsverbote, S. 270.

[12] Darauf weist schon *Barz*, in GK AktG, 3. Aufl., § 284, Anm. 5 hin.

[13] Vgl. auch Ziffer 4.3.1. *Deutscher Corporate Governance Kodex*.

und gegenüber der KGaA, fällt also in den Anwendungsbereich des dispositiven Kommanditrechts (§ 278 II Alt.1 u. 2 AktG).

Auch der Hinweis auf § 23 V AktG geht fehl: Aus § 278 III AktG folgt, dass auf die Vorschriften des Ersten Buchs nur dann zu rekurrieren ist, wenn die §§ 279 ff. AktG keine eigene Regelung treffen. Mit Blick auf § 284 AktG ist dies jedoch der Fall, weshalb § 23 V AktG bereits aus systematischen Gründen nicht zur Anwendung gelangt. Die Interpretation des § 284 AktG hat daher spezifisch kommanditaktienrechtlich zu erfolgen, hängt also maßgeblich vom einschlägigen Regelungsbereich ab. Hier kommt aber – wie gesehen – allein § 278 II Alt.1 u. 2 AktG zum Zuge.

Nach zutreffendem Verständnis handelt es sich bei § 284 AktG demnach nicht um zwingendes Recht, was bereits durch die einzelfallbezogene Dispensmöglichkeit in § 284 I 2 AktG angedeutet wird.[14] Das Wettbewerbsverbot kann vielmehr, ebenso wie § 112 HGB,[15] durch die Satzung erweitert, beschränkt und sogar ganz aufgehoben werden.

4. Abdingung des Wettbewerbsverbots durch den Konzernierungsbeschluss

Angesichts dessen ergibt sich für den Fall, dass das Mutterunternehmen selbst phG der KGaA ist oder aus anderen Gründen in den Anwendungsbereich des Wettbewerbsverbots fällt, folgendes Bild:

Das Zustandekommen der hier untersuchten Konzerntatbestände bedarf als materielle Verfassungsänderung mindestens den Mehrheitserfordernissen einer Satzungsänderung (§§ 293 I, 319 I, 320 I, 285 II 1 AktG). Durch ihr zustimmendes Votum erklären sich sowohl die Kommanditaktionäre als auch die phG mit der Konzernunterordnung ihrer KGaA und den damit verbundenen Konsequenzen einverstanden. Die Geltung des Wettbewerbsverbots für das Mutterunternehmen würde hierzu in Widerspruch stehen. Ein dahin zielender Wille kann den Beteiligten nicht unterstellt werden. Im Gegenteil: Der Konzernierungsbeschluss macht unter den gegebenen Umständen nur dann Sinn, wenn er zugleich das Wettbewerbsverbot für das Mutterunternehmen außer Kraft setzt. Wegen dessen Dispositivität ist ein solches Vorgehen auch unter dogmatischen Gesichtspunkten unproblematisch;[16] für die Vertreter der Gegenmeinung wäre

---

[14] So die h.M. vgl. *Barz*, in: GK AktG, 3. Aufl., § 284, Anm. 5; *Assmann/Sethe*, GK AktG, § 284, Rn. 25; *Mertens*, in: KK AktG, § 284, Rn. 3; *Semler/Perlitt*, in: MK AktG, §§ 278, Rn. 339; 284, Rn. 26 f.; *Schütz/Reger*, in: Schütz/Bürgers/Riotte, KGaA, § 5, Rn. 281.

[15] *Emmerich*, in : Heymann, HGB, § 112, Rn. 16; *Michalski*, OHG, § 112, Rn. 1.

[16] Dies entspricht im Ergebnis der h.M. zum Konzernrecht der Personengesellschaften, vgl. *Baumgartl*, Personengesellschaft, S. 30; *Haas*, Personengesellschaften, S. 120; ausführlich *Burbach*, Personenhandelsgesellschaft, S. 152 ff., 212.

die Konzernunterordnung unter einen phG mit weit größeren Schwierigkeiten behaftet. – Dass die Aufhebung des Wettbewerbsverbots regelmäßig nicht in der Satzungsurkunde erscheinen wird, ändert nichts, weil die materielle Verfassungsänderung insoweit Vorrang hat.[17]

Aus alledem folgt, dass das Wettbewerbsverbot des § 284 AktG jedenfalls für Beherrschungsvertrag und Eingliederung keine Schranke der Konzernbildung aufstellt.[18]

II. Satzung als Beherrschungsvertrag?

Ebenfalls im Zusammenhang mit der Konzernbildung sei schließlich auf ein Problem hingewiesen, das seit der endgültigen Anerkennung der atypischen KGaA[19] vermehrtes Interesse gefunden hat: Wird die KGaA von einem phG geleitet, dem konzernrechtliche Unternehmenseigenschaft zukommt, so stellt sich die Frage, ob und inwieweit diese Konstellation a priori einen Konzerntatbestand verwirklicht.[20] Weil es insoweit entscheidend auf die Unternehmenseigenschaft des phG ankommt,[21] dürfte sich die Thematik vorwiegend auf atypische Gestaltungen konzentrieren (i.d.R. GmbH & Co. KGaA). Nichtsdestotrotz kann beherrschender Einfluss mit konzernrechtlicher Relevanz auch von natürlichen Personen ausgeübt werden, sofern diese Unternehmen i.S.d. §§ 15 ff. AktG sind.[22]

Im vorliegenden Kontext spielt diese Problematik freilich nur insoweit eine Rolle als es um die These geht, die Satzung der KGaA stelle in Fällen der geschilderten Art selbst einen *Beherrschungsvertrag* (i.S.d. § 291 I 1 AktG) dar.[23] Dieser aus dem Personengesellschaftsrecht bekannte Ansatz[24] knüpft an bestimmte Ausgestaltungen der gesellschaftsvertraglichen Leitungsmacht an, welche eine Anwendung der Regelungen des aktienrechtlichen Vertragskonzerns rechtfertigen sollen. Für KGaA sollen ähnliche Erwägungen gelten.[25]

---

[17] S.o., § 3, II, 2.

[18] Etwas anderes könnte freilich im Falle *faktischer* Konzernierung gelten, da es insoweit bereits an einem satzungsüberlagernden Rechtsakt fehlen wird.

[19] BGHZ 134, S. 392 = NJW 1997, S. 1923.

[20] Überblick bei *Fett*, in: Schütz/Bürgers/Riotte, KGaA, § 12, Rn. 40 ff. Zur Parallelproblematik im Kommanditrecht vgl. *Ulmer*, NJW 1986, S. 1579, 1585 f.

[21] Zum Unternehmensbegriff *Emmerich*, in: Emmerich/Habersack, Kommentar, § 15, Rn. 6 ff.

[22] *Assmann/Sethe*, GK AktG, vor § 278, Rn. 78.

[23] Vgl. *Assmann/Sethe*, GK AktG, vor § 278, Rn. 83 ff.

[24] Vgl. *Raiser*, ZGR 1980, S. 558, 561; ihm folgend *Baumgartl*, Personengesellschaft, S. 53 ff.

[25] Z.B. *Semler/Perlitt*, in: MK AktG, § 278, Rn. 320 f.; vgl. auch *Fett*, in: Schütz/Bürgers/Riotte, KGaA, § 12, Rn. 42.

Jedoch: Unabhängig von einer etwaigen Unternehmenseigenschaft der phG ist die These von der Satzung als Beherrschungsvertrag nach hier vertretener Interpretation abzulehnen, weil das entscheidende Merkmal des Beherrschungsvertrags nicht in der Einräumung von Leitungs*macht*, sondern in der legitimen Veränderung des Leitungs*maßstabs* zu sehen ist.[26] Bloße Satzungsgestaltungen in Bezug auf die innergesellschaftliche Machtverteilung vermögen eine solche Folge nicht zu begründen. Der Satzung würde erst dann die Qualität eines Beherrschungsvertrags zukommen, wenn sie zugleich Grundlage für einen umfassenden Interessenumbruch wäre. Zumindest bei der KGaA setzte dies aber zwingend die Einhaltung der besonderen Form- und Verfahrensvorschriften der §§ 293 ff. AktG voraus. Besondere Abgrenzungsprobleme sind unter diesen Umständen nicht ersichtlich.

III. Informationsrechte bei der Konzernbildung

Damit die Kommanditaktionäre und die phG von ihren Zustimmungsrechten sachgerecht Gebrauch machen können, bedürfen sie einer hinreichenden Information über die anstehende Konzernbildung und ihre wirtschaftlichen und rechtlichen Konsequenzen. Das Gesetz enthält Spezialnormen nur für die Aktionäre, welche sich auf die Kommanditaktionäre übertragen lassen. Für die phG sind demgegenüber keine Regelungen vorgesehen. Die folgenden Überlegungen werden zeigen, dass dies angesichts der allgemeinen Rechtslage entbehrlich ist.

1. Abschluss eines Beherrschungsvertrags

Die §§ 293a ff. AktG gelten unmittelbar auch für die *Kommanditaktionäre* der Tochter-KGaA. Ihnen kommen mithin die Berichts- und Prüfungspflichten (§§ 293a-e AktG), die damit zusammenhängenden Auslegungspflichten (§§ 293f I, 293g I AktG) sowie die sonstigen in §§ 293f, 293g AktG vorgesehenen Informationsrechte und Erläuterungspflichten zugute.[27] Ergänzend zu § 131 I AktG steht ihnen in der Hauptversammlung ein Auskunftsrecht auch hinsichtlich solcher Angelegenheiten des Mutterunternehmens zu, die für den Vertragsschluss wesentlich sind, § 293g III AktG.[28]

---

[26] S.o., § 3, III, 5, b.

[27] Vgl. allg. hierzu die Erläuterungen von *Emmerich*, in: Emmerich/Habersack, Kommentar, §§ 293a-g.

[28] § 131 I 2 AktG erfaßt demgegenüber seinem Wortlaut nach nur die Beziehungen *zu* anderen und außerdem nur zu anderen *verbundenen* Unternehmen. Zum Streit, ob sich bereits hierauf ein

Für die *phG* ergeben sich im Zusammenhang mit der Konzernbildung nur dann Informationsprobleme, wenn sie selbst an der Geschäftsführung und somit an den Vertragsverhandlungen nicht mitwirken. Sofern sie zugleich Kommanditaktien halten, gelten die skizzierten Rechte unmittelbar auch für sie. Andernfalls ist zu berücksichtigen, dass die phG – einschließlich der nicht geschäftsführungsbefugten – nach h.M. ein *Anwesenheitsrecht* in der Hauptversammlung haben,[29] sodass sie insbesondere in den Genuss der dort stattfindenden Erläuterungen durch die Geschäftsführer kommen. Was die darüber hinausgehenden, nach dem Gesetzeswortlaut allein den Kommanditaktionären zustehenden Einsichts- und Auskunftsrechte anbelangt, so wird man entsprechende Befugnisse ohne weiteres aus *§ 118 I HGB* (i.V.m. §§ 278 II Alt.1 u. 2 AktG, 161 II HGB) ableiten können: Mit Blick auf die Rechte aus § 293f AktG folgt dies aus dem Umstand, dass § 118 HGB ein Einsichtsrecht in geschäftsrelevante Unterlagen – einschließlich Verträge – und darüber hinaus nach h.M. die Befugnis beinhaltet, sich von den eingesehenen Unterlagen Abschriften anzufertigen.[30,31] In Bezug auf das erweiterte Auskunftsrecht der Kommanditaktionäre nach § 293g III AktG ist in Rechnung zu stellen, dass dem Kontrollrecht des § 118 HGB nach überwiegender Ansicht ein zumindest subsidiärer *Auskunftsanspruch* für die Fälle beiseite steht, in denen durch die Einsicht in die Geschäftsunterlagen nicht die erforderliche Klarheit gewonnen werden kann.[32] Weil die vertragswesentlichen Angelegenheiten des Mutterunternehmens (z.B. Liquiditätslage, Ertragsperspektiven) aufgrund der weitreichenden Konsequenzen für die Tochter-KGaA und deren Gesellschafter gleichsam zu deren eigenen Angelegenheiten werden, erstreckt sich der Auskunftsanspruch ebenfalls auf diese Informationen.[33] Die phG stehen damit keinesfalls schlechter als die Kommanditaktionäre – eher besser, denn die Rechte aus § 118 HGB gelten jederzeit und nicht bloß beschränkt auf die Hauptversammlung oder deren Vorbereitungsphase.

Eine Vertragsprüfung findet gem. § 293b I AktG nicht statt, wenn sich alle Aktien der Tochtergesellschaft in der Hand des Mutterunternehmens befinden.

Informationsrecht im Hinblick auf die Verhältnisse der verbundenen Unternehmen *selbst* stützen lässt vgl. *Hüffer*, AktG, § 131, Rn. 16.

[29] *Semler/Perlitt*, in: MK AktG, § 285, Rn. 5; *Assmann/Sethe*, GK AktG, § 285, Rn. 8.

[30] Allg. *Schütz/Reger*, in: Schütz/Bürgers/Riotte, KGaA, § 5, Rn. 64; zum Einsichtsrecht in Verträge vgl. *Martens*, in: Schlegelberger, HGB, § 118, Rn. 10.

[31] Wegen der herausgehobenen Bedeutung der Unterlagen nach § 293f I Nr.2 AktG wird man ausnahmsweise auch die Einsichtnahme in die Jahresabschlüsse und Lageberichte des anderen Vertragsteils als „Angelegenheit der Gesellschaft" i.S.d. § 118 I HGB begreifen dürfen; s. dazu sogleich im Text.

[32] *RG*, JW 1907, S. 523; BGHZ 14, S. 53, 60; *BGH*, WM 1983, S. 910, 911; *Schütz/Reger*, in: Schütz/Bürgers/Riotte, KGaA, § 5, Rn. 66.

[33] Allg. zur Erstreckung des § 118 HGB auf Beziehungen zu verbundenen Unternehmen BGHZ 25, S. 115, 118; *BGH*, WM 1983, S. 910, 911; *BGH*, WM 1984, S. 807.

Fraglich ist, ob dies auch gilt, wenn an der künftigen Tochter-KGaA außenstehende phG beteiligt sind. Dies ist zu bejahen: Als entscheidend erweist sich, dass sich die Prüfung schwerpunktmäßig auf die Modalitäten der gesetzlich zwingenden Ausgleichs- und Abfindungspflichten (*§§ 304, 305 AktG*) bezieht. Die späteren Erwägungen werden belegen, dass den phG gesetzliche Ausgleichs- und Abfindungsansprüche nicht zustehen.[34] Sofern ihnen vergleichbare Rechte auf vertraglicher Ebene eingeräumt werden, bedarf es einer gesetzlichen Prüfungspflicht nicht. Die phG können dann für die Wahrung ihrer Interessen selbst sorgen.

Bericht, Prüfung und Prüfungsbericht sind ferner gem. §§ 293a III, 293b II, 293e II AktG entbehrlich, wenn „alle Anteilsinhaber aller beteiligten Unternehmen" in öffentlich beglaubigter Form darauf verzichten. Abgesehen von dem Streit um die Zulässigkeit eines einseitigen Verzichts[35] kann sich in den hier interessierenden Konstellationen die Frage stellen, ob auch die phG zwingend verzichten müssen. Berücksichtigt man die unterschiedliche Interessenlage zwischen Kommanditaktionären und phG, so sind diesbezüglich zumindest Zweifel angebracht. Die phG haben nämlich bereits auf Basis von § 118 I HGB (i.V.m. §§ 278 II Alt.1 u. 2 AktG, 161 II HGB) die Möglichkeit, sich hinreichende Informationen über den Beherrschungsvertrag und seine Modalitäten zu verschaffen, sodass ein besonderes Berichtsinteresse eigentlich verneint werden kann. Was die Prüfung betrifft, so hängt ein entsprechendes Interesse davon ab, wer für die Pflichten aus §§ 304, 305 AktG aufkommen muss. Folgt man der h.M. und sieht auch bei § 304 AktG allein die Muttergesellschaft als verpflichtet an,[36] so ist nicht ersichtlich, welches Interesse die phG der Tochtergesellschaft an der Prüfung haben könnten. Vor diesem Hintergrund erscheint eine zwingende Beteiligung der phG einer Tochter-KGaA an dem Verzichtsverfahren nach §§ 293a III, 293b II, 293e II AktG zumindest de lege ferenda überflüssig. Angesichts des eindeutigen Wortlauts wird man daran aber nach geltender Rechtslage nicht vorbeikommen.[37]

2. Eingliederung

Für die Eingliederung gelten vergleichbare Erwägungen: Sofern besondere Informationsrechte zugunsten der *Kommanditaktionäre* einer einzugliedernden

[34] S.u., § 13.

[35] Vgl. hierzu einerseits *Altmeppen*, in: MK AktG, § 293a, Rn. 51 ff., andererseits *Bungert*, DB 1995, S. 1384, 1388.

[36] *Bilda*, in: MK AktG, § 304, Rn. 32 m.w.N.

[37] Etwas anders könnte man für §§ 293b II, 293e II AktG vertreten, da dort die Regelung des § 293a III AktG nur „entsprechend" für anwendbar erklärt wird.

KGaA überhaupt nötig sind (nur im Fall des § 320 AktG), sind die für Aktionäre zugeschnittenen Bestimmungen der §§ 319 f. AktG entsprechend anwendbar.

Aus Sicht der *phG* ist auf die Besonderheit hinzuweisen, dass im Fall des § 319 AktG weder eine Prüfung noch ein Bericht stattfindet. Dies könnte bei einer einzugliedernden KGaA auf Bedenken stoßen, weil dort außenstehende phG auch im Fall des § 319 AktG vorhanden sein können. Bereits oben wurde aber darauf hingewiesen, dass die phG angesichts der großzügigen Interpretation ihres Kontrollrechts eines spezifischen Schutzes nicht bedürfen. Die daraus abgeleiteten Einsichts- und Auskunftsbefugnisse reichen vielmehr aus, um ihnen alle für die Zustimmung erforderlichen Informationen zu verschaffen; einer Modifikation der §§ 319 ff. AktG bedarf es folglich nicht.

§ 9: Weisungsrecht und Selbstorganschaft

I. Fragestellung

Das Weisungsrecht der Konzernmutter (§§ 308, 323 I AktG) wurde als typische, wenngleich nicht zwingende Folge von Beherrschungsvertrag und Eingliederung beschrieben. Damit verbunden ist ein nicht unerheblicher Eingriff in die *Organisations*verfassung der Tochtergesellschaft, da sich deren Verwaltung künftig dem Willen der Konzernspitze unterordnen muss. Durch Ausübung des Weisungsrechts kann diese insbesondere die *Geschäftsführung* weitgehend an sich ziehen. Die *Außenvertretung* wird demgegenüber unmittelbar nicht tangiert, obwohl zu berücksichtigen ist, dass die Vertretungsorgane keine den Weisungen widersprechenden Willenserklärungen abgeben werden, um sich nicht ersatzpflichtig zu machen.[1]

Durch den Beherrschungsvertrag bzw. die Eingliederung wird dem weisungsberechtigten Mutterunternehmen *keine formale Organstellung* eingeräumt.[2] Etwas anderes kann durch Satzungsregelung vereinbart werden, z.B. wenn die Konzernmutter phG der Tochter-KGaA wird. Dennoch trägt das der Tochterverwaltung formal verbleibende Geschäftsführungsrecht inhaltlich bloß noch den Charakter einer leeren Hülle, weil es sich im Vollzug fremder Entscheidungen erschöpft.[3] Die durch das Weisungsrecht geschaffene Bindung wurzelt dabei unmittelbar in der Verfassung der Tochtergesellschaft und stellt daher eine typische organisationsrechtliche Beziehung dar.[4]

Der geschilderte Eingriff in das Organisationsgefüge setzt voraus, dass das Weisungsrecht tatsächlich ausgeübt wird. Andernfalls sind die Leitungsorgane der Tochtergesellschaft zwar gleichwohl an das Konzerninteresse als Leitungsmaßstab gebunden,[5] dennoch hat dieser Umstand keinen unmittelbaren Einfluss auf die Kompetenzordnung, sondern betrifft ausschließlich die Interessenverfassung. Die Relevanz der folgenden Betrachtungen beschränkt sich daher auf Fälle, in denen das Weisungsrecht nicht abbedungen ist und darüber hinaus tatsächlich ausgeübt wird. Dies freilich dürfte in der Praxis die Regel sein.

„Für die KGaA gilt das Prinzip der Selbstorganschaft“.[6] Im Allgemeinen wird darunter die Kopplung von organschaftlich ausgeübter Herrschaftsmacht und Verbandsmitgliedschaft verstanden;[7] mit anderen Worten: Die Organbefug-

---

[1] Vgl. *Heidemann*, Selbstorganschaft, S. 221.

[2] Z.B. *Schauß*, Weisungsrecht, S. 28 f.

[3] *Haas*, Personengesellschaften, S. 34.

[4] *Praël*, Eingliederung, S. 94.

[5] S.o., § 3, III, 3, b.

[6] Ganz h.M., vgl. *Herfs*, in: Münchener Handbuch, Bd.4, § 77, Rn. 3; *Schütz/Reger*, in: Schütz/Bürgers/Riotte, KGaA, § 5, Rn. 78.

[7] *Oldenburg*, Fremdgeschäftsführung, S. 57.

nisse müssen bei den Mitgliedern liegen.[8] Im Unterschied zu bloß schuldrechtlicher Wahrnehmung von Wirkungsfunktionen (z.B. durch Managementvertrag[9]) liegt die Besonderheit der organschaftlichen Befugnis in ihrer organisationsrechtlichen Verankerung in der Verbandsverfassung. Das Organhandeln, insbesondere Geschäftsführung und Vertretung, ist nicht bloß Handeln *für* den Verband, sondern *Eigenhandeln* des Verbands,[10] wobei die genaue Erklärung der organschaftlichen Zurechnung bekanntermaßen seit jeher umstritten ist.[11] Dort, wo das Selbstorganschaftsprinzip (SOP) Geltung beansprucht, soll diese Art des Handelns allein den Verbandsangehörigen vorbehalten sein.

Da das konzernspezifische Weisungsrecht zumindest die organschaftliche *Geschäftsführung* tangiert, wird in ihm in der Personengesellschaft zum Teil ein Verstoß gegen das SOP erblickt, sofern es sich bei dem Mutterunternehmen um einen Nichtgesellschafter handelt.[12] Unklar ist indes, ob sich der Geltungsbereich des SOP überhaupt auf die Geschäftsführung erstreckt;[13] nur in diesem Fall wäre ein Verstoß denkbar.

Ein Konflikt mit dem SOP scheidet ferner dann aus, wenn diesem bereits dadurch genügt würde, dass die organschaftlichen Befugnisse titularisch bei den Mitgliedern verblieben, es sich mithin bloß um ein *formales Prinzip* handelte.[14] Denn gerade dies trifft auf die konzernierte Gesellschaft zu.

Ebenfalls unklar ist, ob die mit dem SOP einhergehende Verbindung zwischen Organfunktion und Verbandsmitgliedschaft generell für alle Mitglieder gelten soll oder nur für solche, die *unbeschränkt persönlich haften.*[15] Wäre Letzteres der Fall, so wären jedenfalls diejenigen Fälle unproblematisch, in denen die weisungsberechtigte Konzernmutter selbst phG würde. Andernfalls ist zu differenzieren, ob ihr die Stellung eines Kommanditaktionärs eingeräumt wird (bei der Eingliederung immer) oder ob der Beherrschungsvertrag mit einem Nichtgesellschafter geschlossen wird.

Auch wenn vorliegend die KGaA Gegenstand des Interesses ist, darf die Rechtslage in der KG nicht unberücksichtigt bleiben (§ 278 II AktG): Dort unterstellt die (noch) h.M. einen Verstoß gegen das SOP, wenn organschaftliche

---

[8] *Hüffer*, GesR, S. 143.

[9] Hierzu *BGH*, NJW 1982, S. 1817 (Holiday Inn).

[10] *Schmidt*, GesR, S. 247 ff.

[11] Auf den antiquierten Disput zwischen Organtheorie und Vertretertheorie braucht nicht eingegangen zu werden; vgl. hierzu *Schmidt*, GesR, S. 250 ff.

[12] Für Unvereinbarkeit des SOP mit dem beherrschungsvertraglichen Weisungsrecht z.B. *Heck*, Personengesellschaften, S. 127; *Löffler*, Personengesellschaft, S. 30; *Reuter*, ZHR 146 (1982), S. 1, 16. Für Vereinbarkeit z.B. *Kleindiek*, Strukturvielfalt, S. 98 ff.; *Haas*, Personengesellschaften, S. 35.

[13] Einerseits *Habersack*, in: GK HGB, § 125, Rn. 7 (nur Vertretung). Andererseits BGHZ 36, S. 292, 293; *Ulmer*, in: GK HGB, § 109, Rn. 34; *Arlt*, NZG 2002, S. 407, 407 (Geschäftsführung und Vertretung).

[14] So für das Personengesellschaftsrecht *Heck*, Personengesellschaften, S. 125; *Barbasch*, Familienkommanditgesellschaft, S. 237; *Schneider*, ZGR 1975, S. 253, 268.

[15] Nachw. bei *Heidemann*, Selbstorganschaft, S. 189 ff.

Geschäftsführungsbefugnisse auf Nichtgesellschafter übertragen werden,[16] während sie dies bei Kommanditisten – ungeachtet deren nur beschränkter Haftung – für zulässig erachtet, selbst wenn dadurch alle Komplementäre ausgeschlossen würden (vgl. § 163 HGB).[17] Überträgt man diesen Befund auf die KGaA, so müsste die Einräumung von organschaftlicher Geschäftsführungsbefugnis unter Ausschluss aller phG jedenfalls zugunsten der *Hauptversammlung* (d.h. der Gesamtheit der Kommanditaktionäre) zulässig sein, ohne dass dies einen Verstoß gegen das SOP darstellte (§ 278 II Alt.2 AktG i.V.m. § 163 HGB); die Kommanditaktionäre weisen ja die für das SOP entscheidende Eigenschaft als Verbandsmitglieder auf. Dennoch begründet die h.M. das angebliche Verbot eines Ausschlusses aller phG von der Geschäftsführung zugunsten der Kommanditaktionäre regelmäßig mit dem Hinweis auf das SOP.[18]

Schließlich kann das Weisungsrecht überhaupt nur dann in Konflikt mit dem SOP geraten, wenn Letzterem in der KGaA *zwingender* Charakter beigemessen würde. Sollte es sich nur um einen dispositiven Grundsatz handeln, so ergeben sich keine Probleme.

Nach alledem sind vier Fragen zu beantworten: 1. Gilt das SOP nur für die organschaftliche Vertretung oder auch für die Geschäftsführung? – 2. Ist ihm bereits dann Genüge getan, wenn die Organbefugnisse formal bei den Verbandsmitgliedern liegen? – 3. Gilt es nur zugunsten von persönlich haftenden Verbandsmitgliedern? – Und: 4. Handelt es sich überhaupt um ein zwingendes Organisationsmerkmal der KGaA?

II. Der Geltungsgrund des Selbstorganschaftsprinzips

Die soeben formulierten Fragen betreffen einerseits den Geltungsbereich des SOP, andererseits dessen Geltungsanspruch. Deren Bestimmung ist untrennbar mit dem *Geltungsgrund* des SOP verwoben. Hierzu kursieren zahlreiche Hypothesen, deren Darstellung den Rahmen dieser Arbeit sprengen würde. Wie jüngst durch *Heidemann* belegt,[19] vermag keiner dieser Ansätze das SOP und die zahlreichen, teils durch den Gesetzgeber, teils durch die Rechtsprechung vorgegebenen Ausnahmen überzeugend zu begründen.[20] Eine Ausnahme macht freilich der am Ende dieses Abschnitts dargestellte Begründungsversuch. Die folgende Darstellung beschränkt sich auf die wichtigsten in der Literatur behandelten Thesen.

[16] BGHZ 36, S. 292; *BGH*, NJW 1982, S. 1817 (Holiday Inn); *Baumbach/Hopt*, § 114, Rn. 24.
[17] *Martens*, in: Schlegelberger, HGB, § 164, Rn. 27; *Heidemann*, Selbstorganschaft, S. 206 f.
[18] *Semler/Perlitt*, in: MK AktG, § 278, Rn. 232; *Schütz/Reger*, in: Schütz/Bürgers/Riotte, KGaA, § 5, Rn. 95. Zu der auf § 283 AktG gestützten Argumentation s.u., IV, 1, c.
[19] *Heidemann*, Selbstorganschaft, S. 159 ff.
[20] *Heidemann*, Selbstorganschaft, S. 162.

1. Organisationsgemeinschaft (Personenbezogenheit des Verbands)

Im ersten Teil wurde auf den Unterschied zwischen dem personalistischen und dem korporativen Organisationsmodell hingewiesen. Die Eigenart des ersteren bestand darin, dass die Verwaltungsbefugnisse unmittelbar der Mitgliedschaft im Verband entspringen, die Verwaltung also allseits mitgliedschaftskoordinierenden Charakter hat und mithin als ein Geflecht von Rechtsverhältnissen zwischen den Verbandsmitgliedern untereinander zu interpretieren ist (*Organisationsgemeinschaft*).[21]

Dieser Umstand wird in der Literatur zuweilen als *unmittelbare Mitgliederselbstverwaltung* charakterisiert und dem korporativen Modell der *abgeleiteten Organverwaltung* gegenübergestellt.[22] Der Begriff der „unmittelbaren Mitgliederselbstverwaltung" ist jedoch missverständlich. Aus ihm könnte geschlossen werden, die Verwaltungsbefugnisse – insbesondere Geschäftsführung und Vertretung – müssten stets *in persona* von den Verbandsmitgliedern wahrgenommen werden. Wie bereits gezeigt, trifft dies keineswegs zu: Das Phänomen der Organisationsgemeinschaft besagt lediglich, dass die Mitglieder eine ihnen gegenüber unselbständige Organisationsstruktur schaffen wollen. Notwendige Konsequenz ist, dass sich die Verwaltungsbefugnisse unmittelbar von der Verbandsmitgliedschaft, nicht aber von der Mitgliedschaft in besonderen Verbandsorganen ableiten. Damit ist keine Aussage darüber getroffen, *wer* die derart legitimierten Befugnisse tatsächlich ausübt. Auf den Umstand, dass dies typischerweise die Mitglieder selbst sein werden, wurde hingewiesen. Dogmatisch veranlasst ist dies freilich nicht, weil es sich hierbei nicht um ein Schutzprinzip zu deren Gunsten, sondern um ein objektives Strukturmerkmal handelt. Die Tatsache, dass der Personalverband „in seinen Mitgliedern lebt", bedeutet nicht, dass er nur durch diese verwaltet werden könnte. Genauso wie die verselbstständigte Organisation des Vereins durch einen Verbandsfremden verkörpert werden kann, könnte die aus den Gesellschaftern gebildete Organisationsgemeinschaft ohne weiteres durch jede beliebige Person repräsentiert werden. Deren Handlungen tangierten weiterhin die mitgliedschaftliche Rechtsposition eines jeden Gesellschafters, und die zugrunde liegenden Befugnisse verlören nicht ihren Charakter als Rechtsbeziehungen in deren Verhältnis untereinander. Die Installation von Fremdorganschaft würde die Abhängigkeit des Organisationsgefüges vom Schicksal der Verbandsmitglieder keineswegs beseitigen. Jede Veränderung im Mitgliederbestand würde auch weiterhin eine Neudefinition der Verwaltungsbefugnisse erforderlich machen.[23]

---

[21] § 2, III, 1, c, cc.

[22] *Beuthien*, FS Zöllner I, S. 87, 99.

[23] Dies beruht auf dem Umstand, dass jeder Mitgliederwechsel letztlich eine Änderung des Gesellschaftsvertrags darstellt; deutlich *BGH*, WM 1967, S. 1127.

Aus dem Umstand, dass die Mitglieder bestimmter Verbandstypen eine Organisationsgemeinschaft bilden, lässt sich nichts weiter ableiten, als dass diesen die Verwaltungsbefugnisse – *wenn* sie ihnen zustehen – kraft ihrer Teilhaberschaft zustehen. Ob sie sich ihrer Befugnisse entäußern und diese gegebenenfalls auf Nichtmitglieder übertragen können, ist nicht Gegenstand dieses Strukturphänomens.[24] Es kann folglich – bei Lichte besehen – nicht den Geltungsgrund des SOP definieren. Eine derartige Annahme würde sich auch über die Tatsache hinwegsetzen, dass Letzteres auch in der *Genossenschaft* gilt.[25] In dieser herrscht aber das körperschaftsspezifische Organisationsmodell der abgeleiteten Organverwaltung; die Genossen bilden keine Organisationsgemeinschaft. Dennoch sieht § 9 II 1 GenG vor, dass die Mitglieder des Vorstands und des Aufsichtsrats Genossen sein müssen.[26] – Umgekehrt könnte nicht erklärt werden, warum das SOP in der *sterbenden Personengesellschaft* nicht gelten soll[27] (§ 146 I 1 HGB; vgl. auch § 80 I InsO[28]), obwohl die personalistischen Strukturen weder durch die Liquidation noch durch das Insolvenzverfahren beseitigt werden; auch die sterbende Personengesellschaft ist keine Körperschaft.

Mit diesem Ergebnis ist auch den zum Teil herausgestellten Begründungsansätzen der Boden entzogen, die das SOP auf die *„Personenbezogenheit"* bestimmter Verbandstypen bzw. auf das *Gesamthandsprinzip* stützen wollen.[29] Dass Letzterem keine Aussagekraft hinsichtlich der Organisationsstrukturen einer Verbandseinheit zukommt, wurde gezeigt. Gerade das Beispiel der KGaA beweist, dass personalistische und gesamthänderische Strukturen nichts gemein haben.[30] – Was die „Personenbezogenheit" anbelangt, so erschöpft sich diese Argumentation regelmäßig in der Erkenntnis, dass zwischen den Gesellschaftern eine Organisationsgemeinschaft im geschilderten Sinn zur Entstehung gelangt. Das hierdurch geknüpfte „personalistische Band" lässt aber, wie dargelegt, keine Rückschlüsse auf die Zulässigkeit von Fremdorganschaft zu. Es bleibt auch dann bestehen, wenn Verbandsfremde mit der Wahrnehmung organschaftlicher Befugnisse betraut sind.

---

[24] Ähnlich *Westermann*, Vertragsfreiheit, S. 153 f. im Hinblick auf die Differenzierung zwischen individualistischen und kollektivistischen Verbandstypen.

[25] Hierzu *Beuthien*, GenG, § 9, Rn. 4.

[26] Vgl. aber auch § 9 II 2 GenG und die mitbestimmungsrechtlichen Sonderregeln (z.B. § 33 III MitbestG).

[27] *Barbasch*, Familienkommanditgesellschaft, S. 261: „Für die sterbende Gesellschaft gilt der Grundsatz der Selbstorganschaft bereits per Gesetz nicht."

[28] Zur Stellung des Insolvenzverwalters vgl. *Häsemeyer*, InsolvenzR, Rn. 15.01 ff.

[29] *Barbasch*, Familienkommanditgesellschaft, S. 262 f.; *Oldenburg*, Fremdgeschäftsführung, S. 94 ff.; *Buchwald*, BB 1961, S. 1342, 1343.

[30] Vgl. *Heidemann*, Selbstorganschaft, S. 165.

2. Korrelation von Haftung und Herrschaft

Vor allem im älteren Schrifttum wurde als Grund für die Geltung des SOP hartnäckig auf einen angeblich existierenden Zusammenhang von organschaftlicher Verwaltungsbefugnis und persönlicher Haftung hingewiesen.[31] Dieser Ansatz stützt sich auf zwei Grundaussagen, nämlich dass einerseits der, der die Geschicke eines Unternehmens bestimmt, auch persönlich für die damit verbundenen Risiken einzustehen hat („keine Herrschaft ohne Haftung") und andererseits der, den eine solche Risikohaftung trifft, nicht von der Machtausübung ausgeschlossen sein darf („keine Haftung ohne Herrschaft").[32]

Die These eines notwendigen Gleichlaufs von Haftung und Herrschaft wird bereits durch die geltende Gesetzeslage widerlegt: Niemand würde ernsthaft auf die Idee kommen, den Vorstand einer AG oder die Geschäftsführer einer GmbH nur deshalb einer persönlichen Haftung auszusetzen, weil diese geschäftsführend tätig werden.[33] Gleiches gilt für die geschäftsführenden Genossen, sofern ihre Nachschusspflicht ausgeschlossen ist (§ 105 I 1 GenG). Ebenso haftet nach ganz einhelliger Ansicht der geschäftsführende Kommanditist selbst dann nicht unbeschränkt persönlich, wenn der Komplementär mittellos ist.[34] – Umgekehrt verbleibt es bei der unbeschränkten persönlichen Haftung der Komplementäre oder oHG-Gesellschafter, auch wenn diese von der Verwaltung ausgeschlossen sind;[35] § 128 HGB knüpft allein an die Gesellschafterstellung an. Dies gilt sogar dann, wenn im Liquidationsstadium gem. § 146 I 1 HGB gesellschaftsfremde Personen zu geschäftsführenden und vertretungsbefugten Liquidatoren bestellt sind.

Auch inhaltlich kann das Postulat vom notwendigen Gleichlauf zwischen Haftung und Herrschaft kaum überzeugen. Eine Unternehmensleitung durch beschränkt oder nicht haftende Personen ist weder aus makro- noch aus mikroökonomischer Perspektive schädlich oder der ökonomischen Effizienz abträglich.[36] Im Gegenteil: Die Minimierung persönlicher Risiken wird sogar häufig die Entfaltung unternehmerischer Potentiale beflügeln und damit im Ergebnis leistungsfördernd wirken, während die permanente Gefahr persönlicher Inanspruchnahme den Keim der Paralyse in sich trägt.[37]

---

[31] Vgl. etwa *Petersen*, GmbHR 1997, S. 1088, 1091.

[32] *Wiedemann*, Übertragung, S. 327 ff.

[33] Vgl. *Helm/Wagner*, BB 1979, S. 225, 232.

[34] BGHZ 45, S. 204 (Rektor) mit Anm. *Pfeiffer/Buchinger*, JA 2005, S. 181.

[35] *Baur*, FS Dölle I, S. 249, 268.

[36] Zur Ableitung aus wirtschaftsverfassungsrechtlichen Erwägungen vgl. *Immenga*, Personalistische Kapitalgesellschaft, S. 18 ff., 120 m.w.N.

[37] *Heidemann*, Selbstorganschaft, S. 191, 201 (dort auch zu den Stichworten „Principal-Agency-Theorie" und „Entrepreneurship").

Ohne diese Problematik weiter zu vertiefen, macht bereits diese Skizze deutlich, dass eine Korrelation zwischen Haftung und Herrschaft keine geeignete Basis für das SOP zu liefern vermag.

3. Fehlende Kapitalsicherung

Zum Teil wird die Geltung des SOP mit dem Fehlen von kapitalsichernden Regelungen begründet:[38] Dort, wo es an einem effektiven Schutzsystem für das Verbandsvermögen fehle, bedürfe es zwingend der persönlichen Haftung mindestens eines Verbandsmitglieds. Sofern auch dessen Haftung beschränkt werden soll, müssen bestimmte Voraussetzungen erfüllt sein, nämlich die Existenz eines gesetzlichen Mindestkapitals sowie darauf bezogener Kapitalschutzregeln. Die persönliche Haftung stelle bloß einen Ersatz für das Fehlen derartiger Schutzvorkehrungen zugunsten der Gläubiger dar. Damit diese Haftung aber ihre gläubigersichernde Funktion wirksam erfüllen könne, bedürfe es der Selbstverwaltung durch die persönlich haftenden Verbandsmitglieder.

Dieser Befund ist, soweit er die Verknüpfung von Haftung und Kapitalsicherung anbelangt, zutreffend.[39] Soweit hieraus allerdings die Notwendigkeit der Selbstorganschaft gefolgert wird, ist dem aus den bereits dargelegten Erwägungen zu widersprechen. Für die Gläubiger wird die persönliche Haftung der Verbandsmitglieder nicht dadurch wertvoller, dass diese den Verband selbst verwalten.[40] Hinzu kommt, dass diese Erklärung des SOP nur auf solche Verbände passt, die ein Unternehmen betreiben oder anderweitig am Wirtschaftsverkehr teilnehmen. Ist dies nicht der Fall (z.B. bei der BGB-Innengesellschaft), so kommt das behauptete Gläubigerbedürfnis nach durch Selbstorganschaft gesicherter Haftung überhaupt nicht zum Tragen.[41]

Schließlich bleibt im Dunkeln, warum das SOP im Liquidationsstadium (§ 146 I 1 HGB) oder – der Rechtsprechung zufolge – in besonderen gesellschaftsinternen Konfliktfällen[42] ausgeschlossen sein soll, wo doch gerade in diesen Situationen die Gefahr gläubigergefährdender Vermögensverschiebungen besonders groß ist.[43]

Aus alledem kann nur geschlossen werden, dass auch dieser Ansatz die Geltung des SOP nicht befriedigend begründen kann.

---

[38] *Schmidt*, GesR, S. 412; *John*, Rechtsperson, S. 283.

[39] Ebenso *Heidemann*, Selbstorganschaft, S. 198 f.

[40] So auch *Beuthien*, ZIP 1993, S. 1589, 1596.

[41] *Heidemann*, Selbstorganschaft, S. 200 m.w.N.

[42] Ausschließungs-, Auflösungs-, Entziehungsprozess; hierzu alsbald unter 4.

[43] Vgl. RGZ 100, S. 166; BGHZ 33, S. 109.

4. Interessenparallelität

Vor dem Hintergrund der gesetzlichen Ausgangslage und der von Rechtsprechung und h.L. entwickelten Ausnahmetatbestände erscheint allein die Anknüpfung an die im Verband herrschende *Interessenlage* als überzeugend:

Die bisherige Analyse hatte gezeigt, dass die Interessenverfassung eines Verbands entscheidend von dessen Eigenschaft als juristischer Person oder Gesamthandsgesellschaft abhängt. Vergleicht man die gewonnenen Ergebnisse mit den Aussagen der h.M. zum SOP, so kann der dahinter stehende Zusammenhang nicht geleugnet werden.

Das Verbandsinteresse stellt den materiellen Handlungs- und Sorgfaltsmaßstab dar, der für die Leitungsinstanzen, insbesondere bei der organschaftlichen Geschäftsführung und Vertretung, verbindlich ist. Erweist sich nun das Verbandinteresse als das *gemeinsame* Interesse der Verbandmitglieder, so kann dieser Maßgeblichkeit aus Sicht der Mitglieder am effektivsten dadurch zur Geltung verholfen werden, dass die Verwaltungsbefugnisse von solchen Personen wahrgenommen werden, die *selbst* Teil der Interessengemeinschaft sind und deshalb an der Entwicklung des Verbands ein eigenes, persönliches Interesse haben. Dies bietet für alle Verbandsmitglieder, auch für die von der Verwaltung ausgeschlossenen, einen größtmöglichen Schutz gegen interessenwidrige Bevormundung durch die Leitungsinstanzen.[44] Die Verwaltung soll daher in derartigen Verbänden – wenn schon nicht durch alle Mitglieder gemeinschaftlich –, so doch zumindest von Personen wahrgenommen werden, welche die Interessen der Gemeinschaft teilen und insofern als *Selbstbetroffene* handeln.[45]

Anders als das Merkmal der Organisationsgemeinschaft, dem die Verwaltung durch Verbandsfremde nicht entgegenstand, kann der damit implizierte Schutzgedanke allein durch Selbstorganschaft garantiert werden. Denn selbst wenn sich ein Verbandsfremder vertraglich zur Wahrung des Verbandsinteresses verpflichtete, würde ihn dies nicht in gleichem Maße und in vergleichbarer Qualität von der Verwirklichung dieses Interesses abhängig machen.[46]

Das SOP gilt daher dem Grunde nach überall dort, wo sich das Verbandsinteresse als gemeinsames Interesse der Verbandsmitglieder darstellt, diese also durch Interessenparallelität (und damit letztlich durch die Verpflichtung auf einen gemeinsamen Zweck!) verbunden sind. Wie gezeigt, ist dies vor allem in der *werbenden Personengesellschaft* der Fall.[47] – Wenn die Geltung des SOP

---

[44] Vgl. *BGH*, JZ 1968, S. 469, 471 m. Anm. *Wiedemann*; *Oldenburg*, Fremdgeschäftsführung, S. 133, 135.

[45] *Beuthien*, GenG, § 9, Rn. 4.

[46] Vgl. *Oldenburg*, Fremdgeschäftsführung, S. 135.

[47] Eine einleuchtende Ausnahme bildet die *Partenreederei* (§ 489 HGB), deren Verwaltung zum Teil auf hoher See stattfindet, weshalb dort die Möglichkeit von Fremdorganschaft durch sog. Korrespondenzreeder eingeräumt wird (§ 492 HGB). Auch dieser (exotische) Ausnahmetat-

zum Teil unter Hinweis auf die fehlende Interessenparallelität in der werbenden *Publikumspersonengesellschaft* verneint wird,[48] so ist der dahinter stehende Gedanke sicher zutreffend: In der Massengesellschaft wird sich eine Interessengemeinschaft der Beteiligten nur schwer, gegebenenfalls überhaupt nicht nachweisen lassen. Fehlt eine solche, so entfällt aber auch der Geltungsgrund für das SOP. Zu beachten ist jedoch, dass sich die Realstrukturen eines Verbands niemals über die grundlegenden Strukturmerkmale der gewählten Rechtsform hinwegsetzen dürfen.[49] Für die Personengesellschaften wurde aber ein gemeinsamer Zweck – und damit verbunden eine Interessengemeinschaft zwischen den Gesellschaftern – als zwingend erforderlich erachtet (§ 705 BGB).[50] Sind die tatsächlichen Verhältnisse damit nicht mehr vereinbar, so muss über einen Rechtsformwechsel nachgedacht werden.[51] Auf einem anderen Blatt steht, ob die Gesellschafter gegebenenfalls auf das – grundsätzlich geltende – SOP *verzichten* können;[52] dieses Problem bedarf indes keiner Erörterung, da sich die Nichtgeltung des SOP im Kontext der hier interessierenden Fragestellung bereits aus anderen Erwägungen ergibt.

Kein Grund für die Geltung des SOP besteht in solchen Verbänden, in denen eine Interessenparallelität zwischen den Verbandsmitgliedern fehlt, diese also hinsichtlich des Verbandszwecks keine Interessengemeinschaft bilden. Dies betrifft vor allem die *GmbH* und die *AG*, aber auch die *sterbende Personengesellschaft*. Ohne weiteres einsichtig ist daher z.B. die Vorschrift des § 146 I 1 HGB. Hierbei handelt es sich nicht um eine „Durchbrechung“ des SOP;[53] vielmehr besteht für dieses – wegen der nunmehr herrschenden Interessenpluralität – kein Bedürfnis mehr.[54]

Ebenfalls mit dem Wegfall der Interessengemeinschaft lassen sich die von Rechtsprechung und Literatur erwogenen Ausnahmen vom SOP bei werbenden Personengesellschaften während der Dauer eines *Auflösungs-, Ausschließungs- oder Entziehungsprozesses* begründen.[55] Nicht weiter vertieft werden soll die

---

bestand findet seinen Grund in der besonderen Interessenverfassung dieser Personengesellschaft. Dazu *Puttfarken*, SeehandelsR, S. 218 ff.

[48] So dezidiert *Barbasch*, Familienkommanditgesellschaft, S. 264, 281; für die Publikums-BGB-Gesellschaft auch *Arlt*, NZG 2002, S. 407, 409.

[49] Zum numerus clausus bzw. zur Typenvermischung s.o., § 2, II, 2.

[50] S.o., § 5, III, 1, c.

[51] Dies räumt *Barbasch* selbst ein (Familienkommanditgesellschaft, S. 195).

[52] Die Rechtsprechung lässt auch in der Publikumspersonengesellschaft keine echte Übertragung organschaftlicher Befugnisse zu, sondern beschränkt sich auf schuldrechtliche Lösungsmodelle; vgl. *BGH*, NJW 1982, S. 877; *BGH*, NJW 1982, S. 2495; *BGH*, WM 1994, S. 237; vgl. auch *Westermann*, FS Lutter, S. 955, 963 f.

[53] So aber z.B. *Löffler*, Personengesellschaft, S. 30.

[54] Im Ergebnis auch *Heidemann*, Selbstorganschaft, S. 227 (dort auch zur früheren Übernahmeklage nach § 142 HGB a.F.).

[55] BGHZ 33, S. 105, 108 ff. (Ausschließungsprozess); *Westermann*, Vertragsfreiheit, S. 458 (Entziehungsklage); *Hueck*, OHG, S. 302; *Michalski*, Perpetuierung, S. 206 (Auflösungsprozess). Ausführlich dazu *Nitschke*, Körperschaftlich strukturierte Personengesellschaft, S. 234 ff.

Frage, ob in diesen Konstellationen tatsächlich von einer Beseitigung der für den gemeinsamen Zweck konstitutiven Interessenparallelität ausgegangen werden kann.[56] Wäre dies der Fall, so bestünde kein Grund mehr für das SOP.[57]

Schließlich vermag der Rekurs auf die Interessenverfassung zur Bestimmung des Geltungsgrundes des SOP auch die schwer verständliche Rechtslage in der *Genossenschaft* zu erklären: Bei dieser beruht die Interessengemeinschaft der Verbandsmitglieder allein auf einer Entscheidung des Gesetzgebers, § 1 I GenG. Die (grundsätzliche) Geltung des SOP in § 9 II 1 GenG leuchtet daher ebenso ein wie dessen Nichtgeltung im Liquidationsstadium (§ 83 I GenG). Gleichwohl ist zu bedenken, dass die Genossenschaft juristische Person ist, die durch den Gesetzgeber aufoktroyierte Interessenverfassung mithin strukturell nicht veranlasst ist.[58] Dieser hat es demnach in der Hand, inwieweit er die „atypische" Interessenverfassung auch auf die Organisationsverfassung durchschlagen lassen will. Vor diesem Hintergrund sind die Regelungen des § 9 II 2 GenG bzw. des MitbestG (§§ 1 I Nr.1, 6 III, 33 III) zu sehen, die als echte Ausnahmen zum SOP betrachtet werden müssen.[59]

Gleiches gilt für den *VVaG*, mit dem Unterschied, dass dort der Gesetzgeber gänzlich auf Selbstorganschaft verzichtet hat (vgl. §§ 29, 34, 35 VAG).[60]

5. Folgerungen für den Geltungsbereich des Selbstorganschaftsprinzips

Es wurde gezeigt, dass als Geltungsgrund für das SOP allein die Existenz einer durch Interessenparallelität gekennzeichneten Interessengemeinschaft der Verbandsmitglieder in Betracht kommen kann. Die Wahrnehmung der organschaftlichen Verwaltungsbefugnisse durch diese erweist sich dann als Schutzinstrument zu deren Gunsten, da eine Selbstverwaltung durch Selbstbetroffene die größtmögliche Garantie für ein interessengerechtes Wirken bietet.

Aus dem damit im Vordergrund stehenden Schutzanliegen des SOP ergibt sich, dass eine Beschränkung auf die organschaftliche Vertretung nicht in Betracht kommen kann (Frage 1). Die für die Gesellschafter virulente Gefahr interessenwidriger Verwaltung besteht nämlich nicht allein durch Vertretungshandlungen, sondern in besonderem Maße auch durch die *Geschäftsführung*, zumal

---

[56] Kritisch *Michalski*, Perpetuierung, S. 206 ff.

[57] Bea. auch den Vorschlag von *Westermann*, Vertragsfreiheit, S. 144 ff., die Geltung des SOP überall dort zu verneinen, wo die Vertrauensbasis unter den Gesellschaftern zerstört ist; kritisch hierzu *Heidemann*, Selbstorganschaft, S. 170, Fn. 46.

[58] S.o., § 5, III, 3.

[59] § 9 II 2 GenG unterscheidet sich von den Fällen der juristischen Person & Co., weil hier einzelne Mitglieder der Mitgliedsgenossenschaft *unmittelbar* an der Verwaltung teilnehmen können, während dort die juristische Person als solche die organschaftlichen Befugnisse wahrnimmt und dabei ihrerseits durch ihre Organe repräsentiert wird. In den Fällen der juristischen Person & Co. liegt daher keine Durchbrechung des SOP vor.

[60] In der Praxis wird das Bestehen eines Versicherungsverhältnisses dennoch regelmäßig zur Voraussetzung gemacht, vgl. *Kaulbach*, in: Fahr/Kaulbach/Bähr, VAG, § 29, Rn. 8.

sich beide Funktionen – aus der Binnenperspektive – ohnehin regelmäßig als einheitlicher Vorgang darstellen.[61]

Darüber hinaus besteht ebenfalls kein Grund, den Schutzbereich des SOP allein auf *persönlich haftende Gesellschafter* zu begrenzen (Frage 3): Die durch das SOP vermittelte Garantiefunktion ist vielmehr immer dann erfüllt, wenn die organschaftliche Verwaltung durch solche Personen erfolgt, die Bestandteil der aus den Verbandsmitgliedern gebildeten Interessengemeinschaft sind. Ob sie zugleich persönlich haften, spielt keine Rolle. Deshalb stellt es nach zutreffender Ansicht keinen Verstoß gegen das SOP dar, wenn in der KG Kommanditisten mit der organschaftlichen Geschäftsführung betraut werden,[62] denn auch diese sind auf den gemeinsamen Zweck verpflichtet, erkennen das Verbandinteresse mithin als ihr eigenes an.[63] Wenn § 170 HGB hinsichtlich der organschaftlichen Vertretung etwas anderes anordnet, so ist dies jedenfalls kein Ausdruck des SOP.[64] Ob dieser Vorschrift aus anderen Erwägungen zwingender Charakter zufällt, kann offen bleiben.[65]

Schließlich leuchtet ein, dass es sich bei der Selbstorganschaft nicht allein um ein *Formalprinzip* handeln kann (Frage 2). Denn wenn es primär um den Schutz der Gesellschafter vor interessenwidriger Verwaltung gehen soll, so muss diesen auch ein aktiver, also inhaltsbezogener Einfluss auf die Verwaltung zustehen. Die durch ein umfassendes Weisungsrecht determinierte, bloß titularische Stellung als Organ reicht hierfür nicht aus.[66]

III. Der Geltungsanspruch des Selbstorganschaftsprinzips in der vertragsbeherrschten bzw. eingegliederten KGaA

Das Problem, ob es sich beim SOP um ein zwingendes oder dispositives Merkmal der Verbandsorganisation handelt (Frage 4), ist seit jeher umstritten. Da es sich nach zutreffendem Verständnis um ein Schutzprinzip zugunsten der Verbandsmitglieder handelt (Selbstschutz durch Selbstbetroffenheit), könnte erwogen werden, ob unter bestimmten Voraussetzungen auf seinen Schutz *verzichtet* werden kann. Ansätze in diese Richtung werden neuerdings wieder lebhafter

---

[61] *Buchwald*, DB 1957, S. 109, 109.

[62] BGHZ 8, S. 35, 46; 17, S. 392, 395; 45, S. 204, 206; 51, S. 198, 201; *BGH*, WM 1968, S. 509 f.; *Baumbach/Hopt*, HGB, § 164, Rn. 7; *Westermann*, Vertragsfreiheit, S. 258. Kritisch hierzu *Horn*, in: Heymann, HGB, § 164, Rn. 10 u. *Kleindiek*, Strukturvielfalt, S. 107 m.w.N.

[63] So im Ergebnis auch *Kleindiek*, Strukturvielfalt, S. 107.

[64] Zutreffend *Heidemann*, Selbstorganschaft, S. 209, Fn. 209.

[65] Zum Aspekt des Verkehrsschutzes *Brox*, FS Westermann, S. 21, 28 f.

[66] Anders *Barbasch*, Familienkommanditgesellschaft, S. 237.

diskutiert.[67] Die h.M. beharrt demgegenüber auf der Einordnung als ius cogens.[68]

Eine vertiefte Auseinandersetzung mit diesem Streit ist im Rahmen der vorliegenden Untersuchung nicht erforderlich, da der Geltungsanspruch des SOP in dem Spezialfall einer vertragsbeherrschten bzw. eingegliederten KGaA bereits aus den folgenden Gesichtspunkten zu verneinen ist:

1. Interessensouveränität

Die KGaA verfügt als juristische Person über ein eigenständiges, gegenüber allen Gesellschaftern emanzipiertes Verbandsinteresse (*Interessensouveränität*). Der Verbandszweck wird (grundsätzlich) nicht im gemeinsamen Interesse der Gesellschafter verfolgt und ist deshalb nicht notwendig ein gemeinsamer.

Hieraus folgt, dass dem SOP in der KGaA ebenfalls *kein zwingender Charakter* beigemessen werden kann. Typischerweise wird es bereits an dessen Geltungsgrund fehlen. Aber auch wenn die Interessenverfassung ausnahmsweise der einer Personengesellschaft (oder Genossenschaft) angenähert ist, beruht dies allein auf der privatautonomen Entscheidung der Gesellschafter und zieht ein zwingendes Bedürfnis nach Selbstorganschaft ebensowenig nach sich wie in einer GmbH mit gesellschafterbezogener Interessenstruktur. Die organschaftliche Geschäftsführung durch die Mitglieder der KGaA – seien es die phG (§§ 278 II AktG, 164 S.1 HS 1 HGB) oder die Kommanditaktionäre (§§ 278 II AktG, 164 S.1 HS 2 HGB) – erweist sich folglich in jedem Fall nur als ein fakultatives Organisationsmodell.

2. Interessenumbruch

Darüber hinaus ist in Rechnung zu stellen, dass es in der vertragsbeherrschten bzw. eingegliederten Gesellschaft zu einem umfassenden *Interessenumbruch* kommt, bei dem das Konzerninteresse an die Stelle des ursprünglichen Verbandsinteresses tritt. Hierdurch würde eine etwa bestehende Interessenparallelität unter den Gesellschaftern ohnehin zu Fall gebracht, denn künftig wäre nicht mehr das gemeinsame Interesse der Verbandsmitglieder, sondern das konzernbezogene Sonderinteresse des Mutterunternehmens der verbindliche Leitungsmaßstab für die Verbandsverwaltung.[69] Für die Annahme einer zwingenden Selbstorganschaft durch die Verbandsmitglieder wäre unter diesen Umständen kein Raum.[70]

---

[67] *Heidemann*, Selbstorganschaft, S. 226 ff.

[68] Vgl. *Schmidt*, GesR, S. 410, 414.

[69] Hierzu s.o., § 3, III.

[70] Im Ergebnis ähnlich *Martens*, ZHR 138 (1974), S. 186, Fn. 14, der keinen Verstoß gegen das SOP sieht, weil sich die Tochtergesellschaft „in einer eigenartigen Gemengelage zwischen einem Restbestand an eigener Autonomie und überwiegender Verbandszugehörigkeit“ befinde.

Aus dieser Erkenntnis ohne weiteres auf die Nichtbeachtlichkeit des SOP zu schließen, wäre trotzdem voreilig.[71] Der Interessenumbruch vermag den Geltungsgrund der Selbstorganschaft nämlich nur dann zu beseitigen, wenn er sich in Bezug auf den in Frage stehenden Verbandstyp als legitim erweist. Das wurde im Hinblick auf die KGaA aufgrund der dort herrschenden Interessenlage positiv beantwortet. – Gerade dies beweist aber, dass die Geltung des SOP und die Unzulässigkeit des konzernspezifischen Interessenumbruchs (bzw. umgekehrt: die Nichtgeltung des SOP und die Zulässigkeit des Interessenumbruchs) auf ein und dieselbe Ursache zurückzuführen sind, nämlich auf die Gemeinsamkeit (bzw. Nichtgemeinsamkeit) des Verbandszwecks. Nur dort, wo die Verbandsmitglieder auf einen *gemeinsamen Zweck* verpflichtet sind, besteht ein grundsätzliches Bedürfnis nach Selbstorganschaft.[72] In der KGaA ist dies nicht der Fall.

3. Ergebnis

Obwohl das konzernspezifische Weisungsrecht gem. §§ 308, 323 I AktG der Sache nach einen Eingriff in die organschaftliche Geschäftsführung darstellt und somit in den Anwendungsbereich des SOP fällt, stellt Letzteres kein Legitimationshindernis für die beherrschungsvertragliche bzw. institutionelle Konzernierung einer KGaA dar. Dies gilt selbst dann, wenn es sich bei dem weisungsberechtigten Mutterunternehmen um einen Nichtgesellschafter handelt, was ohnehin nur bei einem Beherrschungsvertrag denkbar ist. Das SOP ist bereits aufgrund des konzernspezifischen Interessenumbruchs in der Tochtergesellschaft unanwendbar. Aber auch ohne die hier als zulässig behandelte Veränderung der Interessenverfassung würde das Ergebnis nicht anders ausfallen, denn dem SOP kommt in der KGaA generell nur die Bedeutung einer dispositiven Modellregelung zu.

IV. Exkurs: Folgerungen für die Organisationsverfassung der KGaA

Geschäftsführung und Vertretung wurden als Geflecht von Rechtsverhältnissen zwischen den phG untereinander und zur Gesellschaft interpretiert. In beiden Richtungen gilt Kommanditrecht (§ 278 II Alt.1 und 2 AktG). Hierbei treten die phG an die Stelle der Komplementäre, während der KGaA als solcher die Rechtsstellung eines Alleinkommanditisten zugeordnet wird.[73]

[71] So aber scheinbar *Löffler*, Personengesellschaft, S. 30 f.

[72] Auf den Zusammenhang zwischen SOP und gemeinsamem Zweck weisen hin: RGZ 105, S. 101, 104; *Oldenburg*, Fremdgeschäftsführung, S. 79 f. – allerdings Bezug nehmend auf die Förderpflicht.

[73] S.o., § 2, III, 1.

Dieses Organisationsmodell erweist sich als weitgehend flexibel und gestaltbar. Abweichungen können sowohl zugunsten der phG als auch zugunsten der Kommanditaktionäre vereinbart werden. Darüber hinaus besteht die Möglichkeit, verbandsfremde Personen mit der Verwaltung der Verbandsangelegenheiten zu betrauen.

1. Geschäftsführung

a) Grundsatz

Nach der gesetzlichen Ausgangslage besteht Einzelgeschäftsführungsbefugnis für alle phG (§ 278 II Alt.1 u. 2 AktG i.V.m. §§ 164 S.1, 161 II, 114 I, 115 I HS 1 HGB) unter Berücksichtigung der Widerspruchsmöglichkeit des § 115 I HS 2 HGB. Bei *außergewöhnlichen Geschäftsführungsmaßnahmen*[74] ist das Zustimmungsrecht gem. § 116 II HGB bzw. gem. § 164 S.1 HS 2 HGB[75] zu berücksichtigen. Letzteres wird nach hier vorgeschlagener Interpretation der Gesellschaft als solcher zugeordnet, welche dabei grundsätzlich durch die Hauptversammlung repräsentiert wird. Die Geschäftsführungskompetenzen sind somit im Hinblick auf außergewöhnliche Maßnahmen funktional zwischen den phG und der Hauptversammlung aufgeteilt; § 119 II AktG findet keine Anwendung.[76] Die Kommanditaktionäre erhalten auf diese Weise eine indirekte Mitwirkungsbefugnis an der Geschäftsführung. Diese Befugnis jedoch ist keinesfalls originärer Ausfluss ihrer mitgliedschaftlichen Stellung, sondern bloß ein *Reflex* aus der Geltung des Kommanditrechts im Verhältnis der phG zur Gesellschaft. Das Kommanditrecht gilt allein um der phG willen, nicht aber, um die Stellung der Kommanditaktionäre zu stärken.

b) Satzungsautonomie

Wie in der KG sind die Geschäftsführungskompetenzen *frei regelbar* (§ 163 HGB). Unproblematisch erscheint es deshalb, wenn einzelne phG von der Geschäftsführung ausgeschlossen werden[77] bzw. der Hauptversammlung die Regelzuständigkeit gem. § 164 S.1 HS 2 HGB entzogen wird.[78]

Nach teilweise vertretener Ansicht soll Letzteres in der atypischen KGaA[79] aus Gesichtspunkten des Anlegerschutzes nur in engen Grenzen zulässig sein.[80] Da-

---

[74] Zum Begriff *Heermann*, ZGR 2000, S. 61, 68, Fn. 21.

[75] Nach ganz h.M. begründet § 164 S.1 HS 2 HGB nicht bloß einen Widerspruchs-, sondern – parallel zu § 116 II HGB – einen Zustimmungsvorbehalt, vgl. *Baumbach/Hopt*, HGB, § 164, Rn. 2; f. d. KGaA *Semler/Perlitt*, in: MK AktG, § 278, Rn. 199.

[76] *Assmann/Sethe*, in: GK AktG, § 278, Rn. 148.

[77] In diesem Fall ist grundsätzlich § 116 II HGB zu beachten. Auch diese „Restmitwirkung" ist jedoch nach h.M. abdingbar, vgl. *Schütz/Reger*, in: Schütz/Bürgers/Riotte, KGaA, § 5, Rn. 85 ff.

[78] *Semler/Perlitt*, in: MK AktG, vor § 278, Rn. 31; *Ladwig/Motte*, DStR 1996, S. 800, 805.

[79] Gemeint ist eine solche, bei der nur juristische Personen phG sind; s.o., § 1, I.

[80] Vgl. BGHZ 134, S. 392 = NJW 1997, S. 1923; *Schütz/Reger*, in: Schütz/Bürgers/Riotte, KGaA, § 5, Rn. 98 ff.

bei werden die zur atypischen KG entwickelten Grundsätze herangezogen, wonach ein Ausschluss der Kommanditisten von der besagten Zuständigkeit nur dann statthaft sein soll, wenn gleichzeitig einem Verwaltungs-, Aufsichts- oder Beirat entsprechende Kontroll- oder Mitwirkungsrechte eingeräumt werden.[81] Im Fall der KGaA wird ein statuarisches Zustimmungsrecht des Aufsichtsrats entsprechend § 111 IV 2 AktG vorgeschlagen.[82]

Unabhängig von ihrer Richtigkeit[83] erscheint eine Übertragung dieser Grundsätze auf die atypische KGaA bereits aus zwei Gründen problematisch: Zum einen ist die Stellung von Kommanditisten und Kommanditaktionären, wie gesehen, keinesfalls vergleichbar. Der Zustimmungsvorbehalt gem. § 164 S.1 HS 2 HGB erweist sich in der KGaA als der Gesellschaft selbst zustehende Kompetenz, die sich aus der Anwendung von Kommanditrecht im Verhältnis der phG zur KGaA ergibt (§ 278 II Alt.2 AktG). Die kollektive Mitwirkung der Kommanditaktionäre über die Hauptversammlung ist hierbei als bloßer Rechtsreflex zu qualifizieren. In der KG dagegen entspringt die Geschäftsführungsbefugnis einem individuellen Rechtsverhältnis zwischen den Gesellschaftern untereinander. Der Zustimmungsvorbehalt zugunsten der Kommanditisten ist unmittelbarer Ausfluss ihrer mitgliedschaftlichen Verankerung im Organisationsgefüge (Organisationsgemeinschaft). Die Abbedingung dieser Vorschrift wirkt sich für die Kommanditisten einer KG unmittelbar und individuell aus, während sie aus der Perspektive der Kommanditaktionäre bloß zu einer mittelbaren Verkürzung einer Kollektivbefugnis führt. Der Rückgriff auf kommanditrechtliche Wertungen erscheint folglich unangebracht.

Zum anderen ist in Rechnung zu stellen, dass – jedenfalls bei der börsennotierten KGaA – ein hinreichender Anlegerschutz bereits durch zahlreiche kapitalmarktrechtliche Schutzvorschriften gewährleistet ist.[84] Hinzuweisen ist beispielsweise auf § 36 III Nr.2 BörsenG i.V.m. § 18 Nr.3 HS 2 BörsenZulV, wonach von der gesetzlichen Modellregelung abweichende Satzungsgestaltungen in der KGaA im Börsenprospekt angegeben werden müssen. Hierdurch können sich die Kommanditaktionäre von vornherein auf die Verhältnisse einstellen; entsprechende Kursabschläge mögen die reduzierten Einflussmöglichkeiten ausgleichen.

Die besseren Gründe sprechen mithin dafür, die ersatzlose Abbedingung des Zustimmungsvorbehalts gem. § 164 S.1 HS 2 HGB auch in der atypischen KGaA für zulässig zu erklären.[85]

---

[81] Vgl. *Horn*, in: Heymann, HGB, §§ 161, Rn. 175, 188; 164, Rn. 14.
[82] *Ihrig/Schlitt*, ZHR Beiheft 67/1998, S. 33, 67.
[83] Mit guten Gründen kritisch *Schneider*, ZGR 1978, S. 1, 17 (zur GmbH & Co. KG).
[84] *Jaques*, NZG 2000, S. 401, 408.
[85] Vgl. *Semler/Perlitt*, in: MK AktG, § 278, Rn. 368 ff. m.w.N.; *Schütz/Reger*, in: Schütz/Bürgers/Riotte, KGaA, § 5, Rn. 393 m.w.N.

c) Insbesondere: Ausschluss aller persönlich haftenden Gesellschafter von der Geschäftsführung

In der KG wird nach ganz h.A. auch der völlige *Ausschluss aller Komplementäre* von der Geschäftsführung zugunsten einzelner, mehrerer oder aller Kommanditisten für zulässig gehalten.[86] Dies soll der überwiegenden Literaturmeinung zufolge in der KGaA unmöglich sein.[87] Die – soweit ersichtlich – einzige Stellungnahme der Rechtsprechung zu diesem Fragekreis stammt vom *OLG Köln* in Zusammenhang mit dem Zusammenbruch des Bankhauses „Herstatt".[88] Das Gericht führt aus, die zulässige Grenze der Satzungsdispositivität liege dort, „wo beispielsweise ein persönlich haftender Gesellschafter von der Geschäftsführung ausgeschlossen und ein nicht persönlich haftender Gesellschafter bestellt würde", räumt aber zugleich ein, dass die herausragende Stellung der phG „kein unveränderbares Leitbild" der KGaA sei, vielmehr sogar ein weitreichendes Weisungsrecht zugunsten der Kommanditaktionäre zulässig sei.[89]

Die verbreitete Skepsis gegenüber einem Ausschluss der phG von der organschaftlichen Geschäftsführung setzt sich über § 163 HGB hinweg. Eine konsequente Anwendung dieser Bestimmung hätte zur Folge, dass die Geschäftsführungsbefugnisse der phG abbedungen und künftig (grundsätzlich) von der Hauptversammlung wahrgenommen werden könnten. Am SOP würde eine solche Regelung nicht scheitern, denn diesem kommt in der KGaA bloß die Funktion einer dispositiven Modellregelung zu.

Zu erwägen ist jedoch, ein Verbot des gänzlichen Ausschlusses aller phG von der Geschäftsführung aus *§ 283 AktG* abzuleiten: Diese Vorschrift erstreckt bestimmte für den Vorstand geltende Pflichten auf die phG. Weil § 283 AktG ausdrücklich die phG als Adressaten benennt, soll nach h.M. immer wenigstens ein phG vorhanden sein, welcher die katalogmäßig aufgezählten Aufgaben in persona übernimmt.[90]

Diese Argumentation ist kaum überzeugend: Die in § 283 AktG aufgeführten Materien betreffen überwiegend die Geschäftsführung bzw. bestimmte Pflichten der phG gegenüber der Gesellschaft oder anderen Gesellschaftern, würden folglich wegen § 278 II AktG grundsätzlich in den Anwendungsbereich des Kommanditrechts fallen. Diese Konsequenz will § 283 AktG verhindern, indem er die entsprechenden aktienrechtlichen Normen auch in der KGaA für anwendbar erklärt.[91] Die an die phG anknüpfende Terminologie beruht lediglich darauf, dass § 283 AktG von der gesetzlichen Modellregelung ausgeht. Wird hiervon kraft Satzungsautonomie abgewichen, so verändert sich auch der Anwendungs-

---

[86] Vgl. §§ 164 S.1, 163 HGB; s. auch *Baumbach/Hopt*, § 164, Rn. 7.

[87] *Mertens*, in: KK AktG, § 278, Rn. 82; *Assmann/Sethe*, in: GK AktG, § 278, Rn. 138; *Semler/Perlitt*, in: MK AktG, § 278, Rn. 228.

[88] *OLG Köln*, AG 1978, S. 17 (Herstatt).

[89] *OLG Köln*, a.a.O., S. 17, 18 (Herstatt).

[90] *Semler/Perlitt*, in: MK AktG, § 278, Rn. 228; *Mertens*, in: KK AktG, § 278, Rn. 82.

[91] Vgl. auch *Assmann/Sethe*, in: GK AktG, § 283, Rn. 3 f.

bereich der Norm. Wird also z.B. der Hauptversammlung – bzw. deren besonderen Vertretern oder Ausschüssen – über §§ 278 II Alt.2 AktG, 163 HGB ein über § 164 S.1 HS 2 HGB hinausgehendes Geschäftsführungsrecht eingeräumt,[92] so ist sie hierbei dem gleichen Sorgfalts- und Pflichtenmaßstab unterworfen wie der Vorstand einer AG. Dasselbe gilt, soweit Geschäftsführungsbefugnisse durch Gesellschaftsfremde ausgeübt werden. Es sind keine Gründe dafür ersichtlich, warum der Gesetzgeber das flexible Organisationsrecht der KGaA durch die Implementierung einer starren Kompetenzzuweisung behindern wollte.

Dies wird auch in der Literatur anerkannt, soweit dort der Ausschluss der phG von der Geschäftsführung auch auf die Pflichten des § 283 AktG erstreckt wird, wenn diese „Fragen der Geschäftsführung (...) oder Folgen der Geschäftsführung" betreffen.[93] Hiermit ist das Eingeständnis verbunden, dass § 283 AktG einer freien Regelung der Geschäftsführungsbefugnisse nicht im Wege steht.

Im Ergebnis sollte die Bedeutung der Vorschrift nicht überbetont werden. Ihre Funktion besteht allein darin, die dort genannten Katalogtatbestände auch in der KGaA dem Aktienrecht zu unterwerfen. Von den Pflichten des § 283 AktG sind dann immer diejenigen Instanzen betroffen, die in concreto mit den entsprechenden Materien betraut sind. – Sofern die Geschäfte der Sache nach von einem weisungsberechtigten Mutterunternehmen wahrgenommen werden, ist dieses mithin an den Maßstab des § 283 AktG gebunden, ohne dass es des „Umwegs" über die phG bedürfte. Auf diese Weise wird der Katalog des § 283 AktG zu einer unmittelbar für das Mutterunternehmen geltenden gesetzlichen Determinante des Weisungsrechts.

d) Wahrnehmung organschaftlicher Geschäftsführungsbefugnisse durch sonstige Gesellschaftsorgane der KGaA

Die Dispositivität des SOP hat schließlich zur Folge, dass organschaftliche Geschäftsführungsbefugnisse in der KGaA auch durch andere Instanzen als die phG oder die Hauptversammlung wahrgenommen werden können. In Betracht kommen besondere Verwaltungs- bzw. Beiräte, aber auch der Aufsichtsrat.[94] In allen Fällen spielt es keine Rolle, ob die Organwalter Verbandsmitglieder sind oder Nichtgesellschafter.

Rechtskonstruktiv ist eine derartige Satzungsregelung einerseits als Ausschluss der phG zugunsten der Gesellschaft zu interpretieren (§§ 278 II Alt.1 u. 2 AktG, 163 HGB), andererseits als Übertragung der nunmehr der Gesellschaft zustehenden Befugnisse auf ein bestehendes bzw. neugeschaffenes Gesell-

---

[92] Zum Fall einer sog. hauptversammlungsdominierten KGaA *Assmann/Sethe*, in: GK AktG, § 278, Rn. 148 f.

[93] *Semler*, in: Geßler/Hefermehl, AktG, § 278, Rn. 113; *Schütz/Reger*, in: Schütz/Bürgers/Riotte, KGaA, § 5, Rn. 94 m.w.N.

[94] Das Geschäftsführungsverbot des § 111 IV 1 AktG gilt nicht für den Aufsichtsrat einer KGaA; ganz h.M., vgl. *Mertens*, in: KK AktG, §§ 278, Rn. 84; 287, Rn. 9; a.A. nur *Joens*, Persönlich haftende Gesellschafter, S. 56.

schaftsorgan, welches diese fortan organschaftlich repräsentiert. – Einer solchen Konstruktion kann nicht etwa die aktienrechtliche Satzungsstrenge (§§ 278 III, 23 V AktG) entgegengehalten werden.[95] Denn hinsichtlich der Geschäftsführung handelt es sich um einen allein unter § 278 II Alt.1 u. 2 AktG fallenden Gegenstand, über den die Gesellschafter kraft Satzungsautonomie frei disponieren können. Ein Rückgriff auf das Aktienrecht wäre schon deshalb verfehlt, weil die Hauptversammlung einer AG, abgesehen von den Fällen des § 119 II AktG, über Fragen der Geschäftsführung gar nicht entscheidet, diese Funktion von §§ 278 III, 23 V AktG folglich überhaupt nicht erfasst sein kann.[96]

Zu ganz ähnlichen Ergebnissen kommen Rechtsprechung und h.L., wenn dort die weitgehende Übertragung von Geschäftsführungskompetenzen bzw. die Einräumung von Weisungsrechten zugunsten des Aufsichtsrats oder eines fakultativen Organs für zulässig erachtet wird.[97] Obwohl diesen Organen unstreitig auch Nichtgesellschafter angehören können, werden derartige Gestaltungen nicht als Verstoß gegen das SOP gewertet. Nach verbreiteter Lesart soll einer vollständigen Übertragung der Geschäftsführungsbefugnisse auf diese Organe lediglich § 283 AktG entgegenstehen.[98] Dass dieses Argument auf wackeligen Beinen steht, wurde oben angedeutet.

Im Ergebnis sind die Gesellschafter nicht gehindert, die organschaftlichen Geschäftsführungsbefugnisse in beliebiger Weise zwischen den phG, der Hauptversammlung oder dem Aufsichtsrat zu verteilen. Sie dürfen überdies zu diesem Zweck neue Gesellschaftsorgane installieren, denen sowohl Gesellschafter als auch Nichtgesellschafter angehören können. Die Vereinbarung eines Weisungsrechts i.S.d. §§ 308, 323 I AktG stellt vor diesem Hintergrund lediglich eine von vielen denkbaren Varianten dar, den Einfluss auf die Geschäftsführung abweichend vom dispositiven Regelungsprogramm des Gesetzes auszugestalten.

2. Vertretung

Zur Vertretung der KGaA sind die phG befugt (§§ 278 II AktG, 170 HGB). Es gilt Einzelvertretung (§ 125 I HGB); zumindest im Verhältnis der phG untereinander sind abweichende Satzungsgestaltungen ohne weiteres zulässig.[99]

Ob von diesem Grundsatz in gleichem Maße wie bei der Geschäftsführung abgewichen werden darf, hängt davon ab, welche Bedeutung man *§ 170 HGB* beimißt. Diesbezüglich soll der Hinweis genügen, dass die genannte Vorschrift ihre Ursache jedenfalls *nicht* im SOP findet.

---

[95] So aber *Mertens*, in: KK AktG, § 278, Rn. 96.

[96] Zutreffend *Martens*, AG 1982, S. 113, 115.

[97] *OLG Köln*, AG 1978, S. 17, 18 (Herstatt); *Assmann/Sethe*, in: GK AktG, §§ 278, Rn. 150 f.; 287, Rn. 77 m.w.N.

[98] *Assmann/Sethe*, in: GK AktG, § 278, Rn. 151 m.w.N.

[99] *Schütz/Reger*, in: Schütz/Bürgers/Riotte, KGaA, § 5, Rn. 163.

§ 10: Weisungsrecht und Organisationsverfassung

I. Fragestellung

Sofern das Weisungsrecht nicht ausgeschlossen ist,[1] ist das Mutterunternehmen berechtigt, „dem Vorstand" der vertragsbeherrschten bzw. eingegliederten Gesellschaft Weisungen „hinsichtlich der Leitung" zu erteilen (§§ 308 I, 323 I AktG). Diese Bestimmungen sind vor dem Hintergrund der aktienrechtlichen Organisationsverfassung konzipiert, nach der dem Vorstand die Funktion eines zentralen Leitungsorgans zufällt (§ 76 I AktG). Andere Gesellschaftsorgane können gegen den Willen des Vorstands keine Leitungsaufgaben wahrnehmen. Vorgesehen ist lediglich ein Zustimmungsvorbehalt des Aufsichtsrats in Fragen der Geschäftsführung nach Maßgabe des § 111 IV 2 AktG, welches jedoch seinerseits durch § 308 III AktG (i.V.m. § 323 I 2 AktG) eine konzernspezifische Sonderregelung findet. Eine Einschränkung erfährt dieser Grundsatz allenfalls durch die sog. „Holzmüller"-Doktrin des *BGH*,[2] nach der sich in bestimmten Fällen ein außerordentliches Mitwirkungsrecht der Hauptversammlung ergeben kann.[3]

In der KGaA ist diese Modellvorstellung zur Disposition der Gesellschafter gestellt. Hier obliegt die Leitung nur *grundsätzlich* den phG. Deren Leitungsmacht kann statuarisch beliebig eingeschränkt, gegebenenfalls sogar beseitigt werden. Auch ohne Satzungsregelung ergeben sich Mitwirkungsbefugnisse der Hauptversammlung aus § 164 S.1 HS 2 HGB und der außenstehenden phG aus §§ 161 II, 116 II HGB (jeweils i.V.m. § 278 II AktG) weit ins Geschäftliche hinein.

Weil sich das Weisungsrecht allein gegen die leitungsbefugten phG richtet, kann dies zu einer Aushöhlung der konzernherrlichen Leitungsmacht, mitunter zu deren vollständiger Entwertung führen. In diesen Fällen ist zu erwägen, ob die Leitungsbefugnisse anderer Organe während der Konzernierung zwingend zurücktreten, um den phG (und damit mittelbar der Konzermutter) eine der aktienrechtlichen Systematik vergleichbare Leitungsmacht zu verschaffen. Sollte dies verneint werden, ist zumindest an eine analoge Anwendung des § 308 III AktG zu denken. – Allerdings ist die beschriebene Gefahr für das Mutterunternehmen bei Beherrschungsvertrag und Eingliederung unterschiedlich stark ausgeprägt: Im Fall der Eingliederung gibt es nämlich keine außenstehenden Kom-

[1] Wie die Erwägungen zum Selbstorganschaftsprinzip besitzen auch die folgenden Betrachtungen nur dann praktische Relevanz, wenn das konzernspezifische Weisungsrecht nicht abbedungen ist und überdies auch tatsächlich ausgeübt wird.

[2] BGHZ 83, S. 122 = NJW 1982, S. 1703 = BB 1982, S. 827 = DB 1982, S. 795 = ZIP 1982, S. 558 (Holzmüller); vgl. nunmehr auch *BGH*, AG 2004, S. 384 (Gelatine).

[3] Hierzu *Henze*, FS Ulmer, S. 211 ff. und *Hüffer*, FS Ulmer, S. 279 ff. – Zur Irrelevanz für die KGaA s.u., § 18.

manditaktionäre mehr, deren Position durch gesetzliche oder rechtsgeschäftliche Kompetenzen gestärkt werden könnte. Hier kommen allein Befugnisse außenstehender phG oder anderer Organe in Betracht.

Sofern die Stellung der leitungsbefugten phG demgegenüber durch entsprechende Satzungsgestaltungen gestärkt wird (z.B. durch Abdingung der Zustimmungsvorbehalte gem. §§ 164 S.1 HS 2, 116 II HGB[4]), besteht für das weisungsberechtigte Mutterunternehmen ohnehin keine Gefahr. Diese Fälle erweisen sich im vorliegenden Kontext als unproblematisch.

II. Reichweite des Weisungsrechts in der KGaA

1. Einheitliche Konzernleitung

Im personengesellschaftsrechtlichen Schrifttum wird die These vertreten, eine *einheitliche Konzernleitung* i.S.d. § 18 I AktG sei nur dann möglich, wenn sich die Leitungsmacht des herrschenden Unternehmens nicht nur auf die gewöhnlichen, sondern auch auf die außergewöhnlichen Geschäftsführungsmaßnahmen i.S.d. §§ 164 S.1 HS 2, 116 II HGB erstreckte.[5] Einheitliche Leitung bedinge zwingend ein Weisungsrecht für den *gesamten* Bereich der Geschäftsführung.

Die h.M. widerspricht dem und geht davon aus, einheitliche Konzernleitung könne auch dann gegeben sein, wenn sich das Weisungsrecht auf den Bereich der gewöhnlichen Geschäftsführung beschränke.[6] Die Zuständigkeit anderer Organe als der Geschäftsführer stünde der Legitimität des Beherrschungsvertrags demnach nicht prinzipiell im Weg, solange diesen wenigstens die Befugnis für die gewöhnlichen unternehmerischen Entscheidungen verbliebe.[7]

Je nachdem, welchem dieser Ansätze man folgte, würden in der *KGaA* bereits die Regelzuständigkeiten gem. §§ 278 II AktG, 164 S.1 HS 2, 116 II HGB (bei der Eingliederung nur Letztere), andernfalls jede darüber hinausreichende Beschränkung der Leitungsbefugnis zu Lasten der phG einer einheitlichen Leitung im Weg stehen. Sofern man nicht die Unwirksamkeit der Konzernierung mangels einheitlicher Leitung in Kauf nehmen wollte, bliebe nur die Möglichkeit, derartige (Fremd-)Befugnisse während der Konzernierung zu deaktivieren. Dann müsste freilich geklärt werden, ob die Leitungsbefugnisse automatisch überlagert werden,[8] oder ob es hierzu einer besonderen Vereinbarung bedarf.

---

[4] Zum Streit, ob dies bei der atypischen KGaA zulässig ist s.o., § 9, IV, 1, b.

[5] *Raiser*, MitbestG, § 5, Rn. 21; *Martens*, in: Schlegelberger, HGB § 161, Rn. 196; *Zöllner*, ZGR 1977, S. 319, 334.

[6] *OLG Celle*, BB, 1979, S. 1577, 1578; *Baumgartl*, Personengesellschaft, S. 16; *Schießl*, Personengesellschaft, S. 11; *Großmann*, BB, 1976, S. 1391, 1395; *Schneider*, ZGR 1977, S. 335, 347.

[7] Vgl. *Schneider*, ZGR 1977, S. 335, 347.

[8] So ohne Begründung *Fett*, in: Schütz/Bürgers/Riotte, KGaA, § 12, Rn. 20.

Den skizzierten Meinungen ist bereits im Ansatz zu widersprechen: Einheitliche Leitung setzt keinesfalls ein Weisungsrecht auch für den Bereich außergewöhnlicher Geschäftsführungsmaßnahmen voraus; sie erfordert nicht einmal ein solches für die gewöhnliche Geschäftsführung. Andernfalls gäbe es keine faktischen Konzerne. Die vorangegangenen Untersuchungen haben gezeigt, dass die in § 291 I AktG unterstellte Subordination unter das Mutterunternehmen durch die zwingende Neuausrichtung des Verbandsinteresses auf die Belange des Konzerns erfüllt wird. Für die Eingliederung gilt Entsprechendes. Das Weisungsrecht ist hierbei bloß typisches, keinesfalls notwendiges Leitungsinstrument, kann deshalb auch ausgeschlossen werden. Sofern andere Instanzen Leitungsbefugnisse wahrnehmen, sind diese in gleichem Umfang an das Konzerninteresse als Leitungsmaßstab gebunden wie der Vorstand bzw. die Geschäftsführer.

Aus dem Erfordernis einer einheitlichen Konzernleitung lassen sich folglich keine Rückschlüsse auf die Reichweite des Weisungsrechts ziehen.

2. Keine Außerkraftsetzung leitungsbezogener Fremdbefugnisse

Aus der Erkenntnis, dass ein Weisungsrecht zur einheitlichen Konzernleitung nicht zwingend erforderlich ist, lässt sich indes nicht ohne weiteres ableiten, die Leitungsmacht des Mutterunternehmens wäre – sofern sie ihm trotzdem eingeräumt würde – notwendig durch die Leitungsbefugnisse anderer Instanzen beschränkt. Zu erwägen ist, ob solche (Fremd-)Befugnisse während der Dauer des Beherrschungsvertrags bzw. der Eingliederung *automatisch zurücktreten* mit der Folge, dass den phG hinsichtlich der Leitungsmacht eine dem Vorstand vergleichbare Position verschafft wird, die wiederum mittelbar dem Mutterunternehmen zugute kommt.

Der Konzernleitung kann ein Interesse an einer derartigen Erstreckung des Weisungsrechts nicht schon deshalb abgesprochen werden, weil auch andere Leitungsorgane auf das Konzerninteresse verpflichtet sind. Trotz dieser Bindung fiele den selbstständig handelnden Leitungsinstanzen nämlich immerhin eine eigene Einschätzungsprärogative zu, innerhalb derer sich nicht unwesentliche Abweichungen vom Leitungsprogramm der Konzernspitze ergeben können.[9]

Die Problematik betrifft das Konkurrenzverhältnis verschiedener Verfassungsebenen. Wie bereits im ersten Teil angedeutet, muss hier zwischen Beherrschungsvertrag und Eingliederung differenziert werden.

a) Beherrschungsvertrag

Das Weisungsrecht nach § 308 AktG ist hinsichtlich seines Bestehens und seines Umfangs gestaltbar. Die einschränkenden (Fremd-)Befugnisse nach §§ 164

[9] S.o., § 3, III, 3, b, bb.

S.1 HS 2, 116 II HGB (i.V.m. § 278 II AktG) würden also – ebenso wie vergleichbare statuarische Bestimmungen – in Konflikt mit einer *dispositiven* konzernrechtlichen Regelung treten. Oben wurde darauf hingewiesen, dass Widersprüche zwischen der Satzung der Tochtergesellschaft und nicht zwingenden Vorschriften der §§ 291 ff. AktG durch *Auslegung* des Beherrschungsvertrags zu lösen sind.[10] Handelt es sich bei den konfliktären Verfassungsbestimmungen um gesetzliche Kompetenzen, so kann nichts anderes gelten, sofern sich diese ihrerseits als dispositiv erweisen. Weil auch sie im Beherrschungsvertrag neu geregelt werden könnten, entscheidet ebenfalls allein die Vertragsauslegung über Fortgelten oder Zurücktreten. Gerade dies ist in Bezug auf die Regelbefugnisse gem. §§ 164 S.1 HS 2, 116 II HGB der Fall: Wegen der besonderen Beschlusserfordernisse in § 293 I AktG und der zwingenden Zustimmung aller phG bestehen keine Bedenken, Änderungen dieser Befugnisse durch den Beherrschungsvertrag zuzulassen. Folglich nehmen auch sie an dem geschilderten Auslegungsprozess teil, der über das Schicksal in der künftigen Verfassung entscheidet.

Ist nun ein Weisungsrecht im Beherrschungsvertrag vereinbart, so könnte daraus gefolgert werden, dieses solle nicht hinter der Leitungsmacht zurückbleiben, welche der Konzernmutter zustünde, wenn es sich bei der Tochtergesellschaft um eine *AG* handelte. Dort wird die „Leitung der Gesellschaft" aber einheitlich durch den Vorstand wahrgenommen (§§ 76 ff. AktG) und erfasst cum grano salis sowohl die gewöhnliche als auch die außergewöhnliche Geschäftsführung. Rückte man die Angleichung an die aktienrechtliche Ausgangslage in den Mittelpunkt, so würde die Auslegung im Zweifel im Sinne eines automatischen Zurücktretens aller (Fremd-)Befugnisse vorprogrammiert sein. Diese wären während der Vertragsdauer außer Kraft gesetzt, sodass die Wahrnehmungszuständigkeit für den gesamten Bereich der Unternehmensleitung künftig allein den geschäftsführungsbefugten phG zufallen würde.[11]

Dieser Sichtweise ist zu widersprechen: Sie vernachlässigt, dass sich das Mutterunternehmen bei Abschluss des Beherrschungsvertrags ohne Mühe Kenntnis von der Verfassungslage verschaffen und etwaige Änderungswünsche bei den Verhandlungen vorbringen kann. Es ist kein Grund ersichtlich, warum Abweichungen von der bisherigen Kompetenzverteilung nicht explizit in den Beherrschungsvertrag aufgenommen werden sollten. Die organisationsspezifischen Besonderheiten der KGaA dürfen nicht ohne Not missachtet werden, zumal der weisungsberechtigten Konzernmutter die Rechtsform ihrer Tochtergesellschaft bekannt ist. Kommt es dem Mutterunternehmen auf die Ausdehnung seines Weisungsrechts auch auf die Leitungskompetenzen anderer Instanzen an, so muss dies im Beherrschungsvertrag Niederschlag finden. Unterbleibt dies, so ist

---

[10] S.o., § 3, II, 2, a.

[11] Für den Fall einer Personengesellschaft als Tochterunternehmen *Kleindiek*, Strukturvielfalt, S. 31. Für die GmbH *Kort*, ZIP 1988, S. 681, 684.

von der Weitergeltung der ursprünglichen Verfassungslage auszugehen. Auf diese Weise wird den privatautonomen Entscheidungen aller Beteiligten größtmöglicher Raum gewährt. – Hinzu kommt, dass der Gesetzgeber im Rahmen der §§ 291 ff. AktG von einer Gleichsetzung zwischen dem Vorstand und den geschäftsführungsbefugten phG ausgegangen ist, die Inkongruenz zwischen aktienrechtlicher und kommanditaktienrechtlicher Leitungsmacht mithin offensichtlich in Kauf genommen hat. Trotz Kenntnis von deren besonderen Organisationsstrukturen ist eine Spezialregelung für die KGaA in § 308 AktG unterblieben.

Nach alledem ist davon auszugehen, dass Leitungsbefugnisse anderer Organe als der leitungsbefugten phG, insbesondere die gesetzlichen Regelbefugnisse gem. §§ 164 S.1 HS 2, 116 II HGB, auch nach Abschluss des Beherrschungsvertrags bestehen bleiben, sofern keine abweichende Regelung im Beherrschungsvertrag oder der Satzung getroffen wird.

b) Eingliederung

Mit Blick auf die eingegliederte KGaA gestaltet sich das Bild weniger kompliziert: Mangels Existenz einer dritten Verfassungsebene sind hier Abweichungen vom dispositiven Konzernrecht (wozu auch das Weisungsrecht gem. § 323 I AktG zählt) rechtstechnisch allein durch die Satzung der Tochtergesellschaft möglich. Enthält diese aber eine entsprechende Regelung, so bedarf es zunächst zwingend deren Beseitigung. Gleiches gilt für die gesetzliche Bestimmung des § 116 II HGB,[12] die ihrerseits dispositiv ist und daher im vorliegenden Zusammenhang wie eine Satzungsregelung behandelt wird. Die ursprüngliche Verfassung der Tochtergesellschaft geht daher insoweit den §§ 319 ff. AktG vor, solange sie nicht unter Beachtung der einschlägigen Formalien geändert wird.[13]

Auch bei der Eingliederung ist folglich nicht von einer automatischen Überlagerung leitungsbezogener (Fremd-)Befugnisse auszugehen.

3. Zwischenergebnis

Räumt die Verfassung der KGaA anderen Instanzen als den leitungsbefugten phG Leitungsbefugnisse ein, so bleiben diese auch während der Konzernierung bestehen, sofern nicht ausdrücklich etwas anderes bestimmt ist. Dies gilt sowohl für statuarische Regelungen als auch für die dispositiven Regelbefugnisse gem. §§ 164 S.1 HS 2, 116 II HGB.[14] Weder aus dem Begriff der einheitlichen Kon-

---

[12] Mangels außenstehender Kommanditaktionäre ist die Befugnis nach § 164 S.1 HS 2 HGB irrelevant.

[13] Wegen § 285 II 1 AktG kann d. Hauptgesellschaft nicht beliebig über d. Satzung disponieren.

[14] A.A. Schütz *Fett*, in: Schütz/Bürgers/Riotte, KGaA, § 12, Rn. 20: Das Weisungsrecht nach § 308 AktG beziehe sich auch auf die Befugnisse nach §§ 164 S.1 HS 2, 116 II HGB.

zernleitung noch aus einer vermeintlichen Gleichsetzung mit dem aktienrechtlichen Leitungsmodell lassen sich überzeugende Gegenargumente gewinnen.

Das Weisungsrecht richtet sich allein gegen die leitungsbefugten phG. Sofern andere Instanzen Leitungsaufgaben wahrnehmen, handeln sie weisungsfrei, sind aber an das Konzerninteresse als Leitungsmaßstab gebunden. In dessen Grenzen fällt ihnen freilich eine Einschätzungsprärogative zu.

III. Analoge Anwendung des § 308 III AktG?

Es bleibt zu untersuchen, ob das Mutterunternehmen, dessen Leitungsmacht durch die Befugnisse anderer Leitungsinstanzen geschmälert ist, nicht zumindest durch eine Analogie zu § 308 III AktG geschützt werden kann. Nach dieser Vorschrift hat der angewiesene Vorstand der Tochtergesellschaft, sofern der Aufsichtsrat eine nach § 111 IV 2 AktG erforderliche Zustimmung nicht innerhalb einer angemessenen Frist erteilt, dies dem Mutterunternehmen mitzuteilen (Satz 1); wird daraufhin die Weisung wirksam wiederholt – wobei gegebenenfalls die Zustimmung des Mutteraufsichtsrats nötig ist (Satz 2 HS 2) – so ist die Zustimmung des Tochteraufsichtsrats entbehrlich (Satz 2 HS 1).[15]

Zu erwägen ist, dieses Verfahren entsprechend auf die dispositiven Leitungsbefugnisse anderer Organe der KGaA anzuwenden, mit der Konsequenz, dass das Mutterunternehmen nach entsprechender Unterrichtung seine Direktive wiederholen kann und die angewiesenen phG nunmehr befugt sind, diese ohne Mitwirkung anderer Instanzen wirksam durchzuführen.

Auch die Regelung des § 308 III AktG ist jedoch vor dem Hintergrund der aktienrechtlichen Verfassungslage zu sehen, nach welcher dem Vorstand die Leitung der AG unbehelligt von anderen Organen obliegt. Der Zustimmungsvorbehalt nach § 111 IV 2 AktG bietet den einzigen gesetzlich vorgesehenen Fall, in dem die Geschäftsführungsbefugnis des Vorstands gegen dessen Willen eingeschränkt werden kann. Da der Aufsichtsrat hierbei zwar an das Konzerninteresse gebunden ist,[16] trotzdem aber weisungsfrei entscheiden kann, stellt der Zustimmungsvorbehalt eine Begrenzung des Weisungsrechts dar. § 308 III AktG reagiert hierauf und gewährt dem Mutterunternehmen sogar in dieser Situation ein Letztentscheidungsrecht. Sofern das Weisungsrecht nicht abbedungen oder anderweitig eingeschränkt ist, kommt der Konzernmutter eine umfassende und ungestörte Leitungsmacht zu. § 308 III AktG soll diesen Zustand absichern.

In der KGaA greift die aktienrechtliche Modellvorstellung ins Leere. Die Leitungsmacht der leitungsbefugten phG – und damit auch des weisungsberechtigten Mutterunternehmens – ist von vornherein durch die Befugnisse der Haupt-

[15] Zu den Einzelheiten des Verfahrens vgl. *Emmerich*, in: Emmerich/Habersack, Kommentar, § 308, Rn. 70 ff.

[16] S.o., § 3, III, 3, b, bb.

versammlung und gegebenenfalls der außenstehenden phG determiniert (§§ 164 S.1 HS 2, 116 II HGB). Soll ihnen eine dem Vorstand vergleichbare Leitungsposition verschafft werden, bedarf es immer einer ausdrücklichen rechtsgeschäftlichen Regelung. Fehlt es an einer solchen, erweist sich die Leitungsmacht der Konzernmutter in der vertragsbeherrschten bzw. eingegliederten KGaA a priori als unvollkommen. Sofern die Beteiligten ein homogenes Konzernmanagement anstreben, ist nicht der auf die Situation in der AG zugeschnittene § 308 III AktG, sondern eine entsprechende Vertrags- oder Satzungsregelung das geeignete Instrument. Weil die Qualität des Weisungsrechts ohnehin nur auf rechtsgeschäftlicher Basis auf das Niveau der aktienrechtlichen Modellvorstellung gebracht werden kann, ist kein Grund ersichtlich, die Reichweite des § 308 III AktG über seinen unmittelbaren Anwendungsbereich hinaus auszudehnen.

Ferner ist in Rechnung zu stellen, dass der Vorschrift des § 308 III AktG in der KGaA generell nur eine eingeschränkte Bedeutung zukommt: Dem Aufsichtsrat kann dort eine Mitwirkungsbefugnis an der Geschäftsführung *allein* durch die Satzung eingeräumt werden (§ 111 IV 2 *Alt.1* AktG). Das gesetzliche Initiativrecht gem. § 111 IV 2 *Alt.2* AktG steht ihm nicht zu.[17] Grund hierfür ist nicht das in der KGaA angeblich geltende Selbstorganschaftsprinzip,[18] sondern die Tatsache, dass sich die Geschäftsführung nach Kommanditrecht richtet. Berücksichtigt man, dass die Bestimmung des § 111 IV 2 AktG in erster Linie das Einflussdefizit der Aktionäre kompensieren soll (arg. e § 111 IV 3 AktG), erscheint eine Übertragung auf die KGaA vor dem Hintergrund der Satzungsdispositivität und der per se bestehenden Mitwirkungsbefugnis der Hauptversammlung auch überflüssig. Außerdem erstreckt sich das Zustimmungsrecht gem. § 111 IV 2 AktG nach einhelliger Meinung nur auf außergewöhnliche Geschäftsführungsmaßnahmen.[19] Diesbezüglich findet aber eine Mitwirkung der Hauptversammlung ohnehin regelmäßig über § 164 S.1 HS 2 HGB statt. Auch ein Ausschluss dieser Befugnis lässt das Initiativrecht des Aufsichtsrats nicht wieder aufleben, da er auf einer privatautonomen Entscheidung der Kommanditaktionäre beruht, ein Schutzbedürfnis für diese mithin nicht mehr zu begründen ist.

Aus alledem folgt, dass in der KGaA eine analoge Anwendung des § 308 III AktG auf die Zuständigkeiten anderer Organe als der geschäftsführenden phG, insbesondere gem. §§ 164 S.1 HS 2, 116 II HGB, mangels Vergleichbarkeit der Sachverhalte nicht in Betracht kommt.[20] Die Bedeutung der Regelung be-

---

[17] *Assmann/Sethe*, in: GK AktG, § 287, Rn. 39; *Semler/Per-litt*, in: MK AktG, §§ 287, Rn. 43; 278, Rn. 193; *Bürgers*, in: Schütz/Bürgers/Riotte, KGaA, § 5, Rn. 479.

[18] So aber *Mertens*, in: KK AktG, § 287, Rn. 9; *Kallmeyer*, ZGR 1983, S. 57, 69.

[19] Z.B. *Mertens*, in: KK AktG, § 111, Rn. 61; vgl. auch Ziff. 3.3 des *Deutschen Corporate Governance Kodex.*

[20] Ähnlich *Sieger/Hasselbach*, AG 1999, S. 241, 247, die aufgrund der Funktionsunterschiede zwischen Aufsichtsrat und Hauptversammlung eine analoge Anwendung des § 308 III AktG auf

schränkt sich in der konzernierten KGaA auf Fälle, in denen dem Aufsichtsrat ein statuarischer Zustimmungsvorbehalt nach § 111 IV 2 Alt.1 AktG eingeräumt ist.

Keine Anwendung findet das Verfahren nach § 308 III AktG ferner dann, wenn die Satzung dem Aufsichtsrat über § 111 IV 2 AktG hinaus Geschäftsführungsangelegenheiten zur eigenen Entscheidung *überträgt*: Dann handelt es sich nicht mehr um eine „Zustimmung" i.S.d. § 308 III AktG. Eine Analogie muss ausscheiden, weil die Übertragung von Geschäftsführungsbefugnissen von anderer Qualität ist als ein bloßer Zustimmungsvorbehalt. Die Regelung des § 308 III AktG, die auf die AG zugeschnitten ist, passt auch hier nicht, da dem allgemeinen Aktienrecht eine solche Übertragung auf den Aufsichtsrat unbekannt ist.[21]

IV. Außergewöhnliche Geschäftsführungsmaßnahmen in der Tochtergesellschaft

Nach Ansicht des *BGH* ist eine an sich gewöhnliche Geschäftsführungsmaßnahme in einer Personengesellschaft bereits dann außergewöhnlich i.S.d. §§ 116 II, 164 S.1 HS 2 HGB, „wenn ein Gesellschafter dadurch gleichzeitig seine privaten Interessen mit dem Gesellschaftsinteresse in der Weise verknüpft, dass die Gefahr einer Interessenkollision begründet wird und die gesellschaftlichen Verhältnisse für die Mitgesellschafter undurchsichtig und unkontrollierbar erscheinen müssen".[22] Daraus wird zum Teil der Schluss gezogen, Geschäfte einer abhängigen Personengesellschaft mit ihrem Unternehmensgesellschafter – oder einem mit diesem verbundenen Unternehmen – fielen generell in den Anwendungsbereich der §§ 116 II, 164 S.1 HS 2 HGB.[23] – Für die hier thematisierten Fälle bedeutete dies: Ist das Mutterunternehmen selbst phG der Tochter-KGaA, so wäre nahezu jeder Vorgang des konzerninternen Geschäftsverkehrs als außergewöhnliche Maßnahme zu qualifizieren. Sofern die Zustimmungserfordernisse nach § 116 II HGB – gegebenenfalls auch § 164 S.1 HS 2 HGB – nicht ausdrücklich abbedungen sind, würden solche Vorgänge durchgängig unter Zustimmungsvorbehalt stehen. Die Zustimmungsberechtigten wären dabei zwar an das Konzerninteresse gebunden, hätten jedoch immerhin eine eigene Einschät-

---

die ungeschriebenen Hauptversammlungskompetenzen nach der „Holzmüller"-Rechtsprechung in der AG verneinen.

[21] *Geßler*, in: Geßler/Hefermehl, AktG, § 111, Rn. 64.

[22] *BGH*, LM HGB, § 116 Nr.2 = BB 1973, S. 212, 213 = WM 1973, S. 170, 171 (Schuhgeschäft).

[23] *Heck*, Personengesellschaften, S. 164 f.; *Schießl*, Personengesellschaft, S. 63 f.; *Schneider*, ZGR 1975, S. 253, 281; *ders.*, BB 1975, S. 1353, 1355; *ders.*, ZGR 1980, S. 511, 528; *Reuter*, ZHR 146, S. 1, 6; *ders.*, AG 1986, S. 130, 131; *Hönle*, DB 1986, S. 1246, 1248; differenzierend *Burbach*, Personenhandelsgesellschaft, S. 70 ff. und *Kleindiek*, Strukturvielfalt, S. 305 f.

zungsprärogative. Eine sachgerechte Konzernleitung wäre hierdurch zumindest erschwert.

Die Entscheidung des *BGH* betraf indes einen Fall *faktischer* Konzernierung, mithin einen Zustand, in dem die Tochter-Personengesellschaft weiterhin im Eigeninteresse (nämlich: im gemeinsamen Interesse ihrer Gesellschafter) zu leiten war. Wird hier das Konzerninteresse oder auch nur das Privatinteresse eines Gesellschafters zum Maßstab der Geschäftsführung gemacht, gerät dies zuallererst in Konflikt mit der Verbandssouveränität bzw. dem gemeinsamen Zweck.[24] Zu Recht standen konzernspezifische Erwägungen daher nicht im Mittelpunkt der angeführten Entscheidung.

Beherrschungsvertrag und Eingliederung sind durch einen umfassenden Interessenumbruch in der Tochtergesellschaft gekennzeichnet. Die vom *BGH* befürchtete Vermischung gesellschaftlicher und fremdunternehmerischer Interessen stellt hier von vornherein einen *legitimen* Zustand dar. Durch ihr zustimmendes Votum nehmen die Gesellschafter die damit verbundenen Konsequenzen in Kauf. Von „undurchsichtigen" oder „unklaren"[25] Verhältnissen kann insoweit keine Rede sein.[26]

Die vom *BGH* und weiten Teilen des Schrifttums vorgenommene Ausdehnung des Begriffs der außergewöhnlichen Geschäftsführungsmaßnahme bei konzerninternen Vorgängen besitzt folglich für die vertragsbeherrschte bzw. eingegliederte KGaA keine Relevanz. Die Tatsache, dass die Konzernmutter mitunter selbst phG in der Tochter-KGaA wird, führt zu keiner zusätzlichen Einengung ihres Handlungsspielraums.

V. Fazit und Gang der weiteren Untersuchung

Die Weisungsrechte gem. §§ 308, 323 I AktG richten sich allein gegen die leitungsbefugten phG, sind also vom Umfang her akzessorisch zu deren eigener Leitungsmacht. Diese kann durch die Organisationsverfassung der KGaA beliebig eingeschränkt und modifiziert werden. Damit einhergehende Einbußen in Bezug auf ein zentrales Konzernmanagement hat das Mutterunternehmen hinzunehmen, soweit keine abweichende Regelung im Beherrschungsvertrag oder der Satzung der Tochter-KGaA getroffen wird. Das Weisungsrecht beschneidende (Fremd-)Befugnisse treten nicht automatisch zurück. Auch für eine analoge Anwendung des § 308 III AktG besteht insoweit kein Raum.

Dieser Befund schließt den Bereich organisationsbezogener Fragestellungen ab. Die folgenden Kapitel wenden sich nunmehr den vermögensbezogenen

---

[24] S.o., §§ 5, 6.

[25] So der *BGH* a.a.O.

[26] Auf den Zustimmungsbeschluss zur Konzernierung als in diesem Kontext entscheidenden Zeitpunkt stellt auch *Burbach*, Personenhandelsgesellschaft, S. 72, ab.

Auswirkungen der beherrschungsvertraglichen bzw. institutionellen Konzernierung einer KGaA zu. Auch hier konzentriert sich die Problematik auf die phG. Diese laufen Gefahr, für die Unternehmenspolitik der Konzernleitung mit ihrem gesamten Vermögen in Anspruch genommen zu werden – und zwar einerseits durch ihre unbeschränkte persönliche Haftung (Außenverhältnis), andererseits dadurch, dass sie bei Ausscheiden bzw. Auflösung der Gesellschaft Verluste mittragen müssen, die sie möglicherweise wirtschaftlich überfordern (Innenverhältnis). Ferner ist zu berücksichtigen, dass die Konzernierung mitunter zu einem dauerhaften Ausschluss der phG vom Gewinn führen kann. Es stellt sich dann die Frage, ob und inwieweit sie in analoger Anwendung des § 304 AktG einen angemessenen Ausgleich bzw. zumindest entsprechend §§ 305, 320b AktG die Möglichkeit zur Desinvestition ihrer Mitgliedschaft erhalten müssen.

§ 11: Persönliche Haftung und konzernspezifischer Risikoaspekt

I. Gefährdungspotential

Ist die KGaA Tochtergesellschaft eines Beherrschungsvertrags oder wird sie in eine andere Gesellschaft eingegliedert, so findet eine Auswechslung des ursprünglichen Verbandsinteresses zugunsten des Konzerninteresses statt. Die Gesellschaft wird nicht mehr im Eigeninteresse, sondern im übergeordneten Interesse der größeren unternehmerischen Planungseinheit und damit im konzernbezogenen Sonderinteresse des Mutterunternehmens geleitet. Dennoch haften die phG weiterhin unbeschränkt mit ihrem gesamten gegenwärtigen und künftigen Vermögen für sämtliche Verbindlichkeiten der KGaA (§ 278 I, II Alt.3 AktG i.V.m. §§ 161 II, 128 S.1 HGB), ohne dass diese Konsequenz im Außenverhältnis ausgeschlossen werden könnte (§ 128 S.2 HGB).[1] Die Gesellschaftsgläubiger sind auch im Konzern nicht verpflichtet, sich primär an die Gesellschaft zu halten. Selbst im Fall der Eingliederung ginge die Haftung der Hauptgesellschaft gem. § 322 AktG nicht etwa der persönlichen Gesellschafterhaftung vor; vielmehr stünden die beiden Haftungstatbestände zumindest im Außenverhältnis gleichrangig nebeneinander.[2]

Die persönliche Haftung trägt die Gefahr einer die individuelle Leistungsfähigkeit des einzelnen Gesellschafters übersteigenden Inanspruchnahme in sich. Sofern dies im Konzerninteresse geboten erscheint, können sich für die Tochtergesellschaft erhebliche unternehmerische Risiken realisieren, welche über § 128 HGB auf die phG zurückfallen und mitunter deren gesamte Lebensgrundlage bzw. bei juristischen Personen deren rechtliche Existenz bedrohen können. Eine Berufung auf § 275 I oder II BGB (i.V.m. § 129 HGB) scheidet wegen des Prinzips der unbeschränkten Vermögenshaftung aus.[3] Gleichwohl erweist sich das Haftungsrisiko grundsätzlich nur als *vorläufiges*, denn dem phG, der einen Gesellschaftsgläubiger befriedigt, steht gem. § 278 II Alt.1 AktG i.V.m. §§ 161 II, 110 HGB ein sofort fälliger *Regressanspruch* gegen die KGaA zu, und zwar selbst dann, wenn er von der Geschäftsführung ausgeschlossen ist.[4] Sofern die Inanspruchnahme ernstlich bevorsteht, hat er außerdem einen *Befreiungsanspruch* gegen die KGaA analog § 257 BGB.[5]

---

[1] Zu den Risiken der persönlichen Haftung pointiert *Helm*, ZGR 1973, S. 478, 483.

[2] Zum Verhältnis zwischen der persönlichen Gesellschafterhaftung und § 322 AktG s.u., VII, 2.

[3] Zu diesem Prinzip ausführlich *Medicus*, AcP 188 (1988), S. 489 ff.

[4] *Assmann/Sethe*, in: GK AktG, § 278, Rn. 81. Im Ergebnis unerheblich ist, ob § 110 HGB trotz seiner Beschränkung auf „Aufwendungen" bei der Deckung von Gesellschaftsschulden unmittelbar oder jedenfalls entsprechend herangezogen wird; hierzu BGHZ 39, S. 319, 323 f.; *BGH*, NJW 1984, S. 2290, 2291.

[5] *Michalski*, OHG, § 110, Rn. 1; *Semler*, in: Geßler/Hefermehl, AktG, § 278, Rn. 55.

Diese Ansprüche sind durch die beherrschungsvertragliche bzw. institutionelle Konzernintegration der KGaA besonders gefährdet: Die Maßgeblichkeit des Konzerninteresses kann eine konzerndimensionale Verschiebung von Vermögenswerten nach sich ziehen, die sich mitunter negativ auf die Leistungsfähigkeit der Tochtergesellschaft auswirkt. Selbst ohne zusätzlichen Gewinnabführungsvertrag sind die Möglichkeiten des Mutterunternehmens vielfältig, sich die Substanz und die Ertragskraft des Tochterunternehmens dienstbar zu machen.[6] Für die phG besteht daher die permanente Gefahr, trotz vollumfänglicher Inanspruchnahme mit ihren Rückgriffsansprüchen auszufallen. – Obgleich diese Gefahr dem Grunde nach auch in der unabhängigen KGaA existiert, liegt der maßgebliche Unterschied darin, dass dort die Gesellschaft im *Eigeninteresse* geleitet wird, die Geschäftsführung also allein das Wohl des eigenen Verbands zu wahren hat und sich andernfalls diesem gegenüber schadensersatzpflichtig macht (§§ 283 Nr.3, 93 AktG).[7]

In der unabhängigen KGaA sichert demnach typischerweise das Regulativ des eigenbezogenen Verbandsinteresses die Werthaltigkeit des Regress- bzw. Freistellungsanspruchs gem. §§ 110 HGB, 257 BGB.[8] Das darüber hinausreichende Rückgriffsrisiko hält sich in den zumutbaren und überschaubaren Grenzen einer mitunternehmerischen Beteiligung.[9] Unter dem Einfluss des konzernspezifischen Interessenumbruchs fällt dieses risikobegrenzende Regulativ jedoch fort. Die phG müssen befürchten, in unkalkulierbarem Umfang und ohne hinreichende Kompensationsperspektive für eine an Fremdinteressen orientierte Unternehmenspolitik einstehen zu müssen. Selbst wenn ihnen über § 116 II HGB oder durch die Satzung ein Mitwirkungsrecht an Geschäftsführungsmaßnahmen eingeräumt wird, würde sich der damit verbundene Schutzeffekt als unzureichend erweisen, denn auch in diesem Fall wären die phG – wie gezeigt – an das Konzerninteresse als alleinigem Leitungsmaßstab gebunden.[10]

II. Folgerungen

Aus dem soeben geschilderten Umstand wollen Teile der Literatur die Unzulässigkeit eines Beherrschungsvertrags mit einer *Personengesellschaft* ableiten, je-

---

[6] Vgl. die Beispiele in § 3, IV, 2.

[7] Vgl. auch die Begründung des *BGH* in der „Holiday Inn"-Entscheidung (ZIP 1982, S. 578, 583 f.); hierzu *Bitter*, Durchgriffshaftung, S. 221 f., 376 f.

[8] Wenn im Folgenden von dem „Regressanspruch" der phG gesprochen wird, ist der Befreiungsanspruch regelmäßig mit umfasst.

[9] Im Ergebnis auch *Burbach*, Personenhandelsgesellschaft, S. 261.

[10] S.o., § 10, II, 2, a.

denfalls soweit unbeschränkt haftende natürliche Personen beteiligt sind.[11] Das Risiko einer uferlosen Haftung im Fremdinteresse führe zu einer sittenwidrigen Knebelung bzw. Selbstentmündigung der betroffenen Gesellschafter. Ein Beherrschungsvertrag sei dementsprechend gem. *§ 138 I BGB* nichtig.[12] Mit den gleichen Argumenten soll nach einer gewichtigen Ansicht die beherrschungsvertragliche Unterordnung einer *Genossenschaft* mit unbeschränkter Nachschusspflicht (§ 105 GenG) unzulässig sein.[13] Schließlich wird die persönliche Haftung auch als Grund für das (angebliche) Verbot der *Eingliederung* einer KGaA angeführt.[14]

Jedenfalls soweit sich im Zusammenhang mit Beherrschungsverträgen auf die persönliche Haftung als Argument gestützt wird, wird zumeist außer Acht gelassen, dass § 291 I 1 AktG derartige Verträge auch mit KGaAs vorsieht, dort aber die unbeschränkte persönliche Haftung mindestens eines Gesellschafters ebenfalls zwingend ist.[15] Sofern man dies gelegentlich erkennt, wird gerade dieser Umstand als Beleg für die Vereinbarkeit von Beherrschungsvertrag und persönlicher Haftung herangezogen, ohne überzeugend darzulegen, warum die vorher geäußerten Bedenken bei der KGaA nicht durchschlagen sollen.[16]

Die angedeuteten Unklarheiten und Widersprüche machen eine genauere Untersuchung erforderlich, die sich nicht von vornherein der Möglichkeit von differenzierenden Lösungen verschließt. Nicht ausgeschlossen ist nämlich, dass selbst im Rahmen der §§ 291 ff. AktG Einschränkungen im Sinne ungeschriebener Voraussetzungen gemacht werden müssen, ohne die sich ein Beherrschungsvertrag mit einer KGaA als für die phG unzumutbar und daher sittenwidrig erweist. Erwägenswert ist beispielsweise, die Konzernierung nur dann zuzulassen, wenn außer dem Mutterunternehmen keine weiteren außenstehenden phG vorhanden sind[17] oder diese zumindest keine natürlichen Personen sind, was seit dem Grundlagenbeschluss des *BGH* zur Zulässigkeit der GmbH & Co.

[11] Für die Zulässigkeit ohne Beteiligung natürlicher Personen *Heck*, Personengesellschaften, S. 129; offengelassen in BayObLGZ 1992, S. 367 = NJW 1993, S. 1804 = AG 1993, S. 177 f. (BSW); bejahend *OLG Düsseldorf*, AG 2004, S. 324, 326 f. (EVA).

[12] Z.B. *Huber*, ZHR 152 (1988), S. 1, 20 ff. – Unter Hinweis auf die zwar beschränkte, dennoch aber *persönliche* Haftung der Kommanditisten für Unzulässigkeit selbst bei der GmbH & Co. KG *Schneider*, ZGR 1980, S. 511, 519 f.; *ders.*, BB 1980, S. 1057, 1062.

[13] *Großfeld/Berndt*, AG 1998, S. 116, 122.

[14] *Habersack*, in: Emmerich/Habersack, Kommentar, § 319, Rn. 5, allerdings mit unzutreffendem Hinweis auf *Würdinger*, in: GK AktG, 3. Aufl., § 319, Anm. 2, denn dieser gibt ausdrücklich zu, dass „nicht so sehr" die persönliche Haftung als vielmehr die partiell personalistische Organisation der Grund für das Verbot sei. Vgl. auch *Fett*, in: Schütz/Bürgers/Riotte, KGaA, § 12, Rn. 37, der allerdings die Eingliederung einer atypischen KGaA für möglich hält.

[15] Vor der Entscheidung BGHZ 134, S. 392 war diese Funktion nach h.M. sogar allein durch eine natürliche Person erfüllbar; Nachw. bei *Assmann/Sethe*, in: GK AktG, § 278, Rn. 30 ff.

[16] *Burbach*, Personenhandelsgesellschaft, S. 308; *Kleindiek*, Strukturvielfalt, S. 122 f.; vgl. aber *Huber*, ZHR 152, S. 1, 22, der die Einbeziehung der KGaA in die §§ 291 ff. AktG als Sonderfall „ohne nennenswerte praktische Bedeutung" abtut.

[17] So *Roitzsch*, Minderheitenschutz, S. 149.

KGaA[18] keine bloß theoretische Möglichkeit mehr ist. Denkbar ist aber auch, die rechtliche Anerkennung von der flankierenden Vereinbarung bestimmter Bedingungen abhängig zu machen, z.B. von Freistellungsansprüchen oder Mitwirkungsbefugnissen zugunsten der phG. – Ob derartige Zusätze erforderlich sind, sollen die folgenden Überlegungen zeigen.

III. Wertungsparallelen

1. Bürgschaftsfälle

Verbreitet wird ein Vergleich mit den Fällen einer sachlich unbegrenzten Bürgschaft (Globalbürgschaft) gezogen:[19] Nach einhelliger Ansicht ist die Verbürgung für alle künftigen Verbindlichkeiten des Hauptschuldners unwirksam;[20] dies nicht etwa mangels Bestimmtheit der Hauptschuld – die Erstreckung auf „alle" Verbindlichkeiten ist eindeutig –, sondern wegen des unkalkulierbaren und unbeeinflussbaren Risikos für den Bürgen.[21] Dieser hat i.d.R. keinen Einfluss auf Entstehung und Umfang künftiger Verbindlichkeiten, muss für diese aber unbeschränkt mit seinem gesamten Vermögen einstehen. Hierin liegt eine sittenwidrige Knebelung, die Nichtigkeit gem. § 138 I BGB nach sich zieht.

Auch der Bürge erwirbt Regressansprüche gegen den Hauptschuldner, wenn er den Gläubiger befriedigt (§ 774 I BGB bzw. § 670 BGB aus dem Kausalgeschäft[22]). Diese werden jedoch mit Blick auf die Subsidiarität der Bürgschaft typischerweise im Zeitpunkt ihrer Entstehung *nicht werthaltig* sein, denn der Gläubiger ist grundsätzlich gehalten, sich zunächst an den Hauptschuldner bzw. etwaige dingliche Sicherheiten zu halten (vgl. §§ 772, 776 BGB).[23] Für den Bürgen besteht dann die Gefahr, in unkalkulierbarem Umfang und ohne hinreichende Kompensationsperspektive für die Verbindlichkeiten eines zahlungsunfähigen Hauptschuldners in Anspruch genommen zu werden. Die Aussicht, seine Regressansprüche gegebenenfalls irgendwann in der Zukunft realisieren zu können, erweist sich als wenig hilfreich, wenn die wirtschaftliche Existenz des Bürgen durch die Geltendmachung aktuell bedroht ist. Auf dieses Gefährdungspotential gründet sich das Urteil der Sittenwidrigkeit.

---

[18] BGHZ 134, S. 392 = NJW 1997, S. 1923.

[19] *Kleindiek*, Strukturvielfalt, S. 113; *Löffler*, Personengesellschaft, S. 32; *Schneider*, ZGR 1980, S. 511, 519.

[20] BGHZ 25, S. 318, 320 f.; *BGH*, BB 1977, S. 1116; *BGH*, WM 1978, S. 1065, 1066.

[21] BGHZ 130, S. 19, 33.

[22] Allg. *Habersack*, in: MK BGB, § 774, Rn. 15.

[23] *Baumgartl*, Personengesellschaft, S. 49 f. Zum Ausschluss der Einrede der Vorausklage vgl. die Kommentierung von *Habersack*, in: MK BGB, § 773.

2. Treuhänderfälle

Neben dem soeben behandelten Aspekt wird die Unvereinbarkeit von Beherrschungsvertrag und persönlicher Haftung bisweilen auf Wertungen gestützt, die der *BGH* in der sog. „Treuhänderentscheidung"[24] entwickelt hatte. Dort hatte ein oHG-Gesellschafter „die Ausübung der ihm nach dem Gesetz und nach den Verträgen zustehenden Rechte"[25] auf Lebenszeit auf einen Treuhänder übertragen, auf dessen Auswahl er unter bestimmten Umständen keinen Einfluss haben sollte,[26] und der ferner weisungsfrei agieren durfte. Der *BGH* beurteilte diese Gestaltung als sittenwidrige Selbstentmündigung des betroffenen Gesellschafters, weil dieser – trotz unbeschränkt persönlicher Haftung – „auf Lebenszeit der Entscheidung eines Dritten" unterworfen sei. Dabei stützte er das Urteil der Sittenwidrigkeit darauf, dass die Auswahl des Treuhänders mitunter gegen den Willen des Gesellschafters erfolgen konnte, jener mithin nicht notwendig dessen Vertrauen genießen brauchte.[27]

Käme es tatsächlich maßgeblich auf die fehlende Mitwirkungsmöglichkeit des betroffenen Gesellschafters an, so würde die Parallele zu den hier untersuchten Konzernfällen kaum einleuchten. Die phG müssen der Konzernunterordnung ihrer Gesellschaft nämlich zwingend *zustimmen* (§§ 278 II, 285 II 1 AktG), werden also dem beschriebenen Haftungsrisiko nicht gegen ihren Willen ausgesetzt. – Indes: Auch der Bürge wird nicht zur Bürgschaft gezwungen, sondern kann sich freiverantwortlich für oder gegen die Bürgschaft entscheiden (vgl. §§ 765, 766 BGB) und weiß, mit wem er sich einlässt;[28] trotzdem wird die sachlich unbegrenzte Globalbürgschaft als sittenwidrig bewertet. – Der Ansatz des *BGH* ist daher, zumindest soweit er den Aspekt der persönlichen Haftung betrifft, kaum überzeugend. Entscheidend für das Urteil der Sittenwidrigkeit konnte vielmehr auch in der „Treuhänderentscheidung" allein die Qualität möglicher *Rückgriffsansprüche* sein. Solange diese werthaltig und durchsetzbar sind, würde sich das durch einen Haftungsvorgang ausgelöste Risiko nämlich bloß als vorläufig erweisen. Vor diesem Hintergrund ist in Rechnung zu stellen, dass die Gesellschaft zwar weiterhin im Eigeninteresse geleitet wurde, die Geltendmachung der Ansprüche aus §§ 110 HGB, 257 BGB aber – ebenso wie alle anderen gesetzlichen und vertraglichen Rechte – vom Willen des Treuhänders abhing. Damit war der betroffene Gesellschafter nicht nur dem Risiko einer umfangreichen Inanspruchnahme durch Gesellschaftsgläubiger (Außenverhältnis), sondern

[24] BGHZ 44, S. 158.

[25] Vgl. Ziffer II des der Entscheidung zugrundeliegenden Vergleichs zwischen den Gesellschaftern, wiedergegeben in BGHZ 44, S. 158.

[26] Der Bestellung lag ein kompliziertes Auswahlverfahren zugrunde, vgl. Ziffer II d. Vergleichs.

[27] BGHZ 44, S. 158, 159 f.; zustimmend *Bitter*, Durchgriffshaftung, S. 221.

[28] Zu Fällen unzulässiger Einwirkung auf den Willen des Bürgen *Habersack*, in: MK BGB, § 765, Rn. 15 ff. u. BVerfGE 89, S. 214 = NJW 1994, S. 36.

zugleich dem Risiko der Nichtgeltendmachung seiner Kompensationsansprüche (Innenverhältnis) ausgesetzt. Wie in den Bürgschaftsfällen waren die Rückgriffschancen unter diesen Umständen als fragwürdig einzustufen. Die damit verbundene Risikokumulation musste nach richtigem Verständnis die Sittenwidrigkeit nach sich ziehen.

3. Beherrschungsvertrag und Eingliederung

Damit weisen die skizzierten Fälle in der Tat Parallelen zur Situation der phG einer durch Beherrschungsvertrag bzw. Eingliederung konzernierten KGaA auf: Auch diese laufen Gefahr, mit ihren Regressansprüchen auszufallen. Zwar ist ihre Haftung nicht von subsidiärer Natur und hängt die Geltendmachung der Regressansprüche auch nicht vom Willen eines Dritten ab. Der Qualitätsmangel beim Rückgriff ergibt sich hier aber aus der drohenden wirtschaftlichen Schwächung der Tochtergesellschaft, deren Ursache in der Leitung im Fremdinteresse und dem damit verbundenen konzerndimensionalen Vermögenszugriff liegt.

Die Frage, ob die beherrschungsvertragliche oder institutionelle Konzernunterordnung einer KGaA auf Basis dieses Befunds als sittenwidrig und damit nichtig einzustufen ist,[29] steht und fällt mit einer hinreichenden Kompensation dieses Risikos. Diesem Aspekt wird im Folgenden nachgegangen.

IV. Risikokompensation

Im personengesellschaftsrechtlichen Schrifttum wird als Ausgleich für das beschriebene Risiko ein unmittelbar gegen das Mutterunternehmen gerichteter *Freistellungsanspruch* für erforderlich gehalten.[30] Ein solcher folgt zwar nicht bereits aus §§ 670, 257 BGB,[31] denn den phG wird im Verhältnis zur Konzernmutter nur in ganz besonders gelagerten Ausnahmefällen die Stellung eines Beauftragten zufallen.[32] Er könnte aber *rechtsgeschäftlich* vereinbart werden.

Freilich würden die phG in diesem Fall immer noch das *Insolvenzrisiko* hinsichtlich des Mutterunternehmens schultern.[33] Dies wäre aber aus den folgenden Erwägungen hinzunehmen: Das Mutterunternehmen wird – unabhängig von seiner Rechtsform – regelmäßig im *Eigeninteresse* geleitet, sodass das Risiko der

---

[29] Nichtig wäre der Beherrschungsvertrag bzw. der Eingliederungsbeschluss.

[30] *Barbasch*, Familienkommanditgesellschaft, S. 239 f.; *Raiser*, ZGR 1980, S. 558, 563.

[31] So aber für die Komplementäre einer KG gegenüber einem herrschenden Kommanditisten *Nitschke*, Körperschaftlich strukturierte Personengesellschaft, S. 267.

[32] *Bitter*, Durchgriffshaftung, S. 382 f.; *Kleindiek*, Strukturvielfalt, S. 119 f. (jeweils m.w.N.).

[33] Die Sittenwidrigkeit für die Personengesellschaft aus diesem Grund selbst bei Vereinbarung eines Freistellungsanspruchs bejahend *Schneider*, ZGR 1975, S. 253, 270; *ders.*, ZGR 1980, S. 511, 519; *Huber*, ZHR 152 (1988), S. 1, 22. Für die Genossenschaft mit unbeschränkter Nachschusspflicht auch *Großfeld*, AG 1998, S. 116, 122.

phG, mit einem möglichen Freistellungsanspruch auszufallen, kein anderes ist, als wenn sie persönlich haftende Teilhaber des Mutterunternehmens wären. Weil die phG wissen, mit wem sie sich einlassen, und ihre Zustimmung zur Konzernierung bei Zweifeln bezüglich der Zuverlässigkeit gegebenenfalls verweigern können, bestehen keine durchschlagenden Bedenken gegen die Zumutbarkeit dieses Risikos.[34] Hinzu kommt, dass das Konzerninteresse, also der für die Tochtergesellschaft entscheidende Leitungsmaßstab, als *Sonderinteresse* des Mutterunternehmens definiert wurde. Maßnahmen im Konzerninteresse werden daher zumindest mittelbar dem Mutterunternehmen als Schuldner des Freistellungsanspruchs nützen. Unter diesen Gesichtspunkten erscheint die Belastung der phG mit dem Risiko einer Zahlungsunfähigkeit des Mutterunternehmens als vertretbar. – Wenn *Bitter* in diesem Kontext demgegenüber auf die Treuepflicht des herrschenden Unternehmens verweist,[35] so ist dies schon deshalb unzutreffend, weil die Treuepflicht – jedenfalls soweit es um die Unternehmensleitung geht – vom Konzerninteresse überlagert wird. Außerdem würde die Berufung auf die Treuepflicht nur dann greifen, wenn das Mutterunternehmen selbst Gesellschafter wäre. Ob dann bereits die Stellung als Kommanditaktionär ausreichte, ist zweifelhaft, muss vorliegend aber nicht entschieden werden.[36]

Probleme hinsichtlich der Kompensationstauglichkeit eines rechtsgeschäftlichen Freistellungsanspruchs könnten sich allenfalls dann ergeben, wenn das Mutterunternehmen selbst vertragsbeherrscht oder eingegliedert sein sollte. In diesem Ausnahmefall dürfte nur ein unmittelbar gegen das Großmutterunternehmen gerichteter Freistellungsanspruch weiterhelfen.[37]

Aus dem Gesagten ergibt sich, dass ein rechtsgeschäftlicher Freistellungsanspruch gegen das Mutterunternehmen (bzw. ausnahmsweise das Großmutterunternehmen) zweifellos geeignet ist, das Haftungsrisiko der phG während der Konzernierung zu kompensieren. Als denkbarer Ort für die Implementierung eines derartigen Anspruchs kommt entweder der Beherrschungsvertrag oder eine flankierende schuldrechtliche Vereinbarung in Betracht. In der Satzung der KGaA könnte ein Freistellungsanspruch dagegen nur dann geregelt werden, wenn das Mutterunternehmen zugleich phG würde, denn nur in diesem Fall wäre der satzungsdispositive Spielraum des § 278 II AktG eröffnet.[38] Wird das Mutterunternehmen bloß *Kommanditaktionär* – wie stets bei der Eingliederung – so wäre hingegen das unter § 278 III AktG fallende Verhältnis der phG zu ei-

---

[34] Im Ergebnis ebenso *Löffler*, Personengesellschaft, S. 32; a.A. *Schneider*, ZGR 1975, S. 253, 270. – Der Hinweis *Kleindieks* (Strukturvielfalt, S. 122 ff.) und *Reuters* (ZHR 146 [1982], S. 1, 17) auf die in § 291 I 1 AktG unterstellte Zulässigkeit eines Beherrschungsvertrags mit einer KGaA erweist sich in diesem Zusammenhang als wertlos.

[35] Durchgriffshaftung, S. 380.

[36] Zu den Treuepflichten in der KGaA s.o., § 2, III, 1, d.

[37] Allg. zur Konzernhaftung in mehrstufigen Unternehmensverbindungen *Görling*, Konzernhaftung, S. 113 ff.

[38] Vgl. *Assmann/Sethe*, in: GK AktG, § 278, Rn. 69.

nem einzelnen Kommanditaktionär betroffen; eine statuarische Freistellung würde dann auf eine unzulässige Nachschusspflicht hinauslaufen.

Fraglich sind die Rechtsfolgen bei Fehlen eines derartigen Freistellungsanspruchs. Ist der Beherrschungsvertrag bzw. der Eingliederungsbeschluss mit Blick auf das beschriebene Haftungsrisiko gem. § 138 I BGB nichtig, sofern der KGaA außenstehende natürliche Personen als phG angehören?[39] – Dies wäre nicht der Fall, wenn das Haftungsrisiko bereits auf andere Weise als durch eine rechtsgeschäftliche Vereinbarung hinreichend kompensiert wäre. Als denkbares Instrument kommt insbesondere die zwingende Ausgleichspflicht der Konzernmutter gem. §§ 302, 324 III AktG in Betracht.

V. Fehlbetrags- bzw. Verlustausgleich

§ 302 I AktG verpflichtet das Mutterunternehmen zum Ausgleich jedes in der Tochtergesellschaft „sonst" entstehenden Jahresfehlbetrags. Eine vergleichbare Regelung trifft § 324 III AktG für die Eingliederung, allerdings bezogen auf den „sonst" entstehenden Bilanzverlust. Die Formulierung („sonst") macht deutlich, dass es sich bei Jahresfehlbetrag und Bilanzverlust i.S.d. §§ 302 I, 324 III AktG um *fiktive Größen* handelt.[40] Weil der Ausgleich des Mutterunternehmens als außerordentlicher Ertrag in der Gewinn- und Verlustrechnung zu verbuchen ist (§ 275 II Nr.15, III Nr.14 HGB), kann nämlich bilanztechnisch gar kein Jahresfehlbetrag entstehen, sodass die Ermittlung im Rahmen einer Vorbilanz stattzufinden hat.[41]

Weder der Ausgleich nach § 302 I (Alt.1) AktG noch der nach § 324 III AktG setzt voraus, dass die bilanziellen Defizite durch ein *Verhalten* der Konzermutter veranlasst sind;[42] Anknüpfungspunkt ist in beiden Fällen allein der *Zustand* der Konzernierung an sich.[43] Trotz auch im Übrigen weitreichender Parallelen bleibt die Ausgleichspflicht bei der Eingliederung deutlich hinter der für Beherrschungsverträge geltenden Regelung zurück:

---

[39] Dafür *Bitter*, Durchgriffshaftung, S. 384 f.

[40] Vgl. *Emmerich/Sonnenschein/Habersack*, KonzernR, S. 292 f.

[41] *Veit*, Unternehmensverträge, S. 104; ausführlich hierzu *Rödding*, Bilanzierung, S. 49 ff. (dort auch zum Konflikt mit dem bilanzrechtlichen Realisationsprinzip).

[42] BGHZ 116, S. 37, 41 f. = NJW 1992, S. 505 (Stromlieferung) – Beim Gewinnabführungsvertrag (Alt.2) beruht der Nachteil für die Tochtergesellschaft dagegen ausschließlich auf der Gewinnabführung, ist also stets konzernbedingt.

[43] Zur Diskussion um eine Konzernzustands- und -verhaltenshaftung vgl. z.B. BGHZ 122, S. 123 = NJW 1993, S. 1200 (TBB).

1. Beherrschungsvertrag

Gem. § 302 I AktG ist bereits jeder *Jahresfehlbetrag* i.S.d. § 275 II Nr.20, III Nr.19 HGB ausgleichspflichtig, soweit er nicht durch während der Vertragsdauer gebildete *andere Gewinnrücklagen* (§§ 158 I 1 Nr.4d AktG, 272 III 2 a.E. HGB) korrigiert werden kann. Nach einhelliger Ansicht werden den anderen Gewinnrücklagen während der Vertragsdauer gebildete Gewinnvorträge gleichgestellt.[44] Nicht herangezogen werden dürfen indes die *gesetzliche Rücklage*[45] sowie die *Kapitalrücklagen.*[46] Diese verbleiben der Tochtergesellschaft zur Stärkung ihrer Substanz.

Umstritten ist, ob auch *statuarische Rücklagen* erfaßt werden: Dies wird zum Teil unter Hinweis auf die Rechtslage vor 1985 bejaht, als in § 302 I AktG noch allgemein von „freien Rücklagen" die Rede war; durch die Gesetzesänderung sei keine materielle Rechtsänderung bezweckt gewesen.[47] – Eine solche Interpretation des § 302 I AktG ist jedoch abzulehnen: Die Anpassung der Vorschrift an die differenzierende Terminologie des *Bilanzrichtliniengesetzes* von 1985[48] ist insoweit eindeutig, als sie sich allein auf „andere Gewinnrücklagen" i.S.d. § 158 I 1 Nr.4d AktG bezieht. Hätte man auch die satzungsmäßigen Rücklagen des § 158 I 1 Nr.4c AktG mit einbeziehen wollen, so wäre ein entsprechender Hinweis erforderlich gewesen.[49] Die bewusste Anknüpfung an die Formulierungen des § 158 I AktG macht eine dahin zielende Absicht des Gesetzgebers indes unwahrscheinlich. Von einem Versehen ist unter diesen Umständen nicht auszugehen.

Die *Entscheidung* über eine (zulässige) Rücklagenauflösung wird zunächst im Rahmen der Bilanzaufstellung von den Geschäftsführern der KGaA getroffen. Diese sind dabei an das Konzerninteresse als Handlungsmaßstab gebunden, da es sich bei der Bilanzaufstellung um eine Leitungsmaßnahme handelt. Aus den gleichen Erwägungen ist auch eine *Weisung* des Mutterunternehmens zulässig.[50] Die abschließende Feststellung des Jahresabschlusses vollzieht sich demgegenüber nach § 286 I AktG.[51] Hierbei handelt es sich nicht um eine Leitungsmaßnahme, sondern um einen innergesellschaftlichen Rechtsakt eigener Art mit

---

[44] *Emmerich*, in: Emmerich/Habersack, Kommentar, § 302, Rn. 33 m.w.N.

[45] § 302 I AktG ist insoweit lex specialis gegenüber § 150 III, IV AktG; vgl. *Koppensteiner*, in: KK AktG, § 302, Rn. 12.

[46] *Semler/Perlitt*, in: MK AktG, § 302, Rn. 44.

[47] *Krieger*, in: Münchener Handbuch, Bd.4, § 70, Rn. 58; eine Rechtsänderung ebenfalls verneinend *Koppensteiner*, in: KK AktG, § 302, Rn. 1.

[48] BGBl. I, S. 2355.

[49] H.M., vgl. *Emmerich*, in: Emmerich/Habersack, Kommentar, § 302, Rn. 34.

[50] *Emmerich*, in: Emmerich/Habersack, Kommentar, § 302, Rn. 36; *Altmeppen*, in: MK AktG, § 302, Rn. 49; a.A. *Geßler*, in: Geßler/Hefermehl, AktG, § 302, Rn. 24.

[51] Zu den Einzelheiten des Verfahrens *Wichert*, Finanzen, S. 121 ff.

Grundlagencharakter,[52] welcher nicht nur dem Weisungsrecht, sondern generell dem Maßstab des Konzerninteresses entzogen ist.[53] Denkbar ist deshalb, dass die feststellungskompetenten Stellen – also die Hauptversammlung und (grundsätzlich) alle phG – ihre Zustimmung verweigern. Derartige Kompetenzkonflikte sind dann nach allgemeinen Grundsätzen aufzulösen.[54] Hierbei ist freilich zu bedenken, dass der vormalige bilanzpolitische Ermessensspielraum bei der Bilanzaufstellung durch die Konzernierung eingeengt wird. Die Feststellung darf also nicht mit dem Argument verweigert werden, die phG hätten ihre Einschätzungsprärogative zum Nachteil der Tochtergesellschaft ausgeübt, sofern dabei das Konzerninteresse beachtet wurde.[55] Mit Blick auf die in der KGaA zwingende Zustimmung der Hauptversammlung (§ 286 I 1 AktG) ist weiterhin in Rechnung zu stellen, dass diese durch ihr Votum (§ 293 I AktG) ein grundsätzliches Einverständnis mit der Konzernintegration bekundet hat; durch ihr bilanzpolitisches Verhalten darf sie sich nicht in Widerspruch hierzu setzen.

2. Eingliederung

Abweichend von der Lage beim Beherrschungsvertrag ist die Hauptgesellschaft (nur) zum Ausgleich des fiktiven *Bilanzverlusts* i.S.d. § 158 I 1 Nr.5 AktG verpflichtet, soweit dieser nicht durch Rücklagen – gleich welcher Art und welcher Entstehungszeit – gedeckt werden kann, § 324 III AktG. Insbesondere die gesetzliche Rücklage und sämtliche Kapitalrücklagen können zur Kompensation herangezogen werden; gleiches gilt für statuarische Rücklagen.[56] Der Verlustausgleichsanspruch kann auf diese Weise solange verhindert werden, bis die eingegliederte Gesellschaft nur noch über das „nackte“ Grundkapital verfügt. Darüber hinaus können entstandene Bilanzverluste auch durch eine vereinfachte Kapitalherabsetzung gem. §§ 229 ff. AktG ausgeglichen werden, was beim Beherrschungsvertrag sinnlos wäre, weil diese nur einen Bilanzverlust, nicht aber einen Jahresfehlbetrag beseitigen könnte.[57]

Im Übrigen gilt das zu § 302 I AktG Gesagte.

---

[52] BGHZ 124, S. 111; *Hoffmann-Becking*, in: Münchener Handbuch, Bd.4, § 45, Rn. 1 (f. d. AG); *Herfs*, in: Münchener Handbuch, Bd.4, § 79, Rn. 11 (f. d. KGaA); vgl. auch BGHZ 76, S. 338, 342; 132, S. 263, 268 (zur KG).

[53] S.o., § 3, III, 3, c.

[54] Hierzu ausführlich *Wichert*, Finanzen, S. 130 ff.

[55] Vgl. *Koppensteiner*, in: KK AktG, § 308, Rn. 51 im Hinblick auf den Aufsichtsrat.

[56] Handelt es sich bei den statuarischen Rücklagen demgegenüber um zweckgebundene Rücklagen, so ist eine Auflösung nur bei entsprechender Satzungsänderung möglich.

[57] *Grunewald*, in: MK AktG, § 324, Rn. 10.

3. Kompensationstauglichkeit

Es bestehen jedoch erhebliche Zweifel, ob die Ansprüche aus §§ 302 I, 324 III AktG geeignet sind, die Tochter-KGaA dauerhaft in die Lage zu versetzen, eventuelle Regressansprüche der phG jederzeit und unverzüglich zu bedienen. Nur wenn ebendies der Fall wäre, würde ein unmittelbar gegen das Mutterunternehmen gerichteter Freistellungsanspruch auf rechtsgeschäftlicher Basis entbehrlich sein.

a) Insolvenz des Mutterunternehmens

Sofern in Zusammenhang mit dem Ausgleichsanspruch auf die Möglichkeit einer Insolvenz des Mutterunternehmens hingewiesen wird,[58] kann auf oben verwiesen werden. Weil dieses typischerweise im Eigeninteresse geleitet wird und das Konzerninteresse außerdem als dessen Sonderinteresse beschrieben wurde, erweist sich das Risiko der Tochtergesellschaft, mit ihrem Ausgleichsanspruch auszufallen, als hinnehmbar.[59] Sofern das Mutterunternehmen seinerseits einem konzernbedingten Interessenumbruch ausgesetzt ist, steht diesem ein entsprechender Ausgleichsanspruch gegen das Großmutterunternehmen zu, welcher den Anspruch der Enkelgesellschaft mit abdeckt.[60]

b) Fälligkeit; unterjähriger Ausgleich

Nach mittlerweile h.M. entsteht der Anspruch aus § 302 I AktG mit Ende des Geschäftsjahres; für § 324 III AktG kann nichts anderes gelten. Im Fall einer Zwischen- oder Stichtagsbilanz kommt es hingegen auf den entsprechenden Termin an. Die Ausgleichsansprüche werden dann *mit ihrer Entstehung fällig* (§ 271 BGB).[61]

Durch diese zeitliche Verzögerung kann es bei der Tochtergesellschaft unterjährig zu erheblichen Liquiditätsengpässen kommen. Leistet ein phG im Laufe des Geschäftsjahres auf eine Gesellschaftsschuld und macht alsdann seinen sofort fälligen Regressanspruch (§ 110 HGB) geltend, so nützt ihm der zwar auf Zahlung gerichtete, aber erst am Jahresende fällig werdende Ausgleichsanspruch der Gesellschaft nichts, wenn diese aktuell zahlungsunfähig und er selbst durch

---

[58] *Schneider*, ZGR 1980, S. 511, 519; *Huber*, ZHR 152 (1988), S. 1, 22 (beide für den Beherrschungsvertrag).

[59] S.o, IV.

[60] Der Ausgleich durch das Mutterunternehmen stellt in dessen Bilanz einen Aufwand dar (§ 277 III 2 HGB), der u.U. wiederum einen Ausgleichsanspruch gegen das Großmutterunternehmen gem. §§ 302 I bzw. 324 III AktG auslösen kann. – Einen Direktanspruch der Enkelgesellschaft gegen das Großmutterunternehmen befürwortet *Pentz*, Rechtsstellung, S. 48; dagegen mit Recht *Görling*, Konzernhaftung, S. 122 ff.

[61] BGHZ 142, S. 382, 385 f. = LM AktG § 302, Nr.12 = NJW 2000, S. 210 = AG 2000, S. 129 = ZIP 1999, S. 1965 (für den Beherrschungsvertrag); Nachw. zur früher h.M. bei *Priester*, ZIP 1989, S. 1301, 1306.

die Inanspruchnahme in seiner wirtschaftlichen Existenz bedroht ist. Gleiches gilt, wenn ein phG unterjährig Befreiung nach § 257 BGB verlangen könnte.

Nach *Priester* muss der Tochtergesellschaft eines Beherrschungsvertrags unter gewissen Umständen ein durch Abschlagszahlungen auf den Anspruch nach § 302 I AktG zu realisierender *unterjähriger Ausgleichsanspruch* zugesprochen werden.[62] Dieser Ansatz knüpft an die mittlerweile anerkannte Qualifikation der konzernrechtlichen Ausgleichspflicht als Dauerschuldverhältnis an.[63] In Abweichung von der grundsätzlichen Maßgeblichkeit des Geschäftsjahres soll in Fällen akuter Existenzgefährdung, insbesondere aufgrund drohender Insolvenz wegen Zahlungsunfähigkeit (§§ 17, 18 InsO), eine kürzere Abrechnungsperiode zugrunde gelegt werden können.[64] Voraussetzung für die Abschlagszahlung sei allerdings, dass „entsprechende" (d.h. bilanzielle) Defizite i.S.d. § 302 I AktG „mit hinreichender betriebswirtschaftlicher Zuverlässigkeit" nachgewiesen werden.[65]

Die Gewährung von Abschlagszahlungen hängt maßgeblich davon ab, ob man eine Pflicht des Mutterunternehmens anerkennt, die wirtschaftliche Existenz der Tochtergesellschaft zu wahren. Hierauf muss an dieser Stelle noch keine Antwort gegeben werden (s. aber sogleich), denn auch das Konzept des unterjährigen Ausgleichs vermag aufgrund seiner *bilanzmäßigen Ausrichtung* die Zahlungsfähigkeit der Tochtergesellschaft nicht hinreichend zu gewährleisten. Dies soll die folgende Darstellung belegen.

c) Illiquidität der Tochtergesellschaft

Die Ausgleichsansprüche nach §§ 302 I, 324 III AktG knüpfen an den Jahresfehlbetrag bzw. den Bilanzverlust und somit an besondere Posten der Erfolgsrechnung (Gewinn- und Verlustrechnung) an. Sie sind rein bilanzmäßig konzipiert und verhindern eine Unterbilanz der Tochtergesellschaft;[66] damit ist zugleich einer Überschuldung i.S.d. § 19 InsO vorgebeugt.[67]

Die *Liquidität* der Tochtergesellschaft ist damit nicht gesichert – und zwar selbst dann nicht, wenn die Ausgleichsansprüche zu jedem beliebigen Zeitpunkt durchsetzbar wären. Ein Liquiditätsbedarf muss sich nämlich keineswegs notwendig bilanziell auswirken: Gebietet das Konzerninteresse beispielsweise die Investition liquider Mittel in schwer verwertbare Vermögensgüter oder Anlage-

---

62 *Priester*, ZIP 1989, S. 1301, 1306 ff.; ihm folgend *Emmerich*, in: Emmerich/Habersack, Kommentar, § 302, Rn. 41; *Altmeppen*, in: MK AktG, § 302, Rn. 36, 71; *Altmeppen*, DB 1999, S. 2453, 2456; anders die h.M., vgl. *Krieger*, in: Münchener Handbuch, Bd.4, § 70, Rn. 60; *Lwowski/Groeschke*, WM 1994, S. 613, 615.

63 Grundlegend *Schmidt*, ZGR 1983, S. 513, 518 f.

64 *Priester*, ZIP 1989, S. 1301, 1307, 1308; vgl. bereits *Schmidt*, ZGR 1983, S. 513, 522, allerdings nur als nicht näher spezifizierten Ausnahmefall.

65 *Priester*, ZIP 1989, S. 1301, 1308.

66 Z.B. *Priester*, ZIP 1989, S. 1301, 1302.

67 Zum Unterschied zwischen „Unterbilanz" und „Überschuldung" instruktiv *Wilhelm*, KapitalgesellschaftsR, Rn. 232 ff.

vermögen, so erweist sich dieser Vorgang aus der bilanziellen Perspektive als erfolgsneutral (Aktivtausch), obwohl der Gesellschaft Liquidität entzogen wird. Sofern die Investitionen mit Fremdkapital finanziert werden, kann sich zudem das Folgeproblem ergeben, dass die durch Bindung von Abschreibungsgegenwerten erzielten Liquiditätsvorteile sogleich wieder für Schuldendienst bzw. Ersatzinvestitionen verwendet werden müssen, der Gesellschaft also selbst dieser (zeitlich verzögerte) finanzwirtschaftliche Effekt vorenthalten wird.[68] Ferner ist an die Vereinbarung von Konzernverrechnungspreisen zu denken, die zwar keinen Bilanzverlust zu bedingen brauchen, durch die aber der Zufluss von der Gesellschaft im normalen Wirtschaftsverkehr zur Verfügung stehender Liquidität verhindert wird.[69]

Schon diese wenigen Beispiele zeigen, dass die Tochtergesellschaft durch die Ansprüche gem. §§ 302 I, 324 III AktG nur unzureichend gegen Liquiditätsengpässe geschützt wird. Eine Insolvenz wegen Zahlungsunfähigkeit (§§ 17, 18 InsO) und damit die Existenzvernichtung (§§ 289 I, II Nr.1 AktG, 161 II, 131 I Nr.3 HGB) kann durch sie nicht ausgeschlossen werden.[70] Für die phG birgt dieser Zustand die nachhaltige Gefahr, mit ihren Regressansprüchen gegen die KGaA auszufallen. In Anbetracht des u.U. umfangreichen Haftungsvolumens kann es ihnen auch nicht zugemutet werden, sich auf ein mögliches Insolvenzverfahren verweisen zu lassen, um nach dessen Abschluss gegebenenfalls Befriedigung aus dem versilberten Gesellschaftsvermögen zu suchen.[71] Das Risiko der persönlichen Zahlungsunfähigkeit und der damit zusammenhängenden wirtschaftlichen Existenzvernichtung würde unter diesen Umständen die Grenze zur Sittenwidrigkeit übersteigen. Die Möglichkeit einer unterjährigen Liquidierbarkeit des Ausgleichsanspruchs ändert an diesem Befund nichts.[72]

d) Fazit

Die Ausgleichsansprüche nach §§ 302 I, 324 III AktG reichen somit für sich alleine nicht aus, um das Urteil der Sittenwidrigkeit hinsichtlich der beherrschungsvertraglichen bzw. institutionellen Konzernierung einer KGaA unter Beteiligung von außenstehenden natürlichen Personen als phG abzuwenden.[73] Zusätzlich erforderlich ist vielmehr eine dauernde Sicherstellung der Zahlungsfähigkeit in der Tochter-KGaA.

---

[68] Hierzu anschaulich *BGH*, ZIP 1988, S. 1248, 1252 (HSW). Dazu *Priester*, ZIP 1989, S. 1301, 1302; *Müller*, ZGR 1977, S. 1, 7.

[69] *Kleindiek*, Strukturvielfalt, S. 194.

[70] Anders offenbar *Emmerich*, in: Emmerich/Habersack, Kommentar, § 302, Rn. 30, 41, allerdings unter der Voraussetzung von Abschlagszahlungen.

[71] Vgl. *Kleindiek*, Strukturvielfalt, S. 164.

[72] Ebenso *Kleindiek*, Strukturvielfalt, S. 194 f.

[73] A.A. im Hinblick auf Personengesellschaften *Baumgartl*, Personengesellschaft, S. 49; *Löffler*, Personengesellschaft, S. 32 f.

In diesem Kontext mögen *rechtsgeschäftliche* Liquiditätszusagen oder Patronatserklärungen des Mutterunternehmens taugliche Instrumente sein.[74] Fehlen derartige Vereinbarungen, hängt die Wirksamkeit der Konzernierung jedoch wiederum davon ab, ob sich entsprechende Folgen bereits aus dem *Gesetz* ergeben.

VI. Anspruch auf Liquiditätsausstattung?

Das Problem des konzernspezifischen Liquiditätsschutzes stellt nur einen Ausschnitt aus dem weiten Diskussionsfeld dar, welches gemeinhin mit dem Schlagwort der „ordnungsgemäßen Konzernfinanzierung“ charakterisiert wird.[75] Konkret geht es darum, ob das Mutterunternehmen verpflichtet ist, die Tochtergesellschaft kontinuierlich mit den Finanzmitteln auszustatten, die dieses für ihr Dasein als Rechts- und Wirtschaftssubjekt benötigt. Damit aufs Engste verknüpft ist die Frage nach einer Pflicht zur *Existenzsicherung*, denn vor dem Hintergrund der §§ 17, 18 InsO ist die Zahlungsunfähigkeit regelmäßig mit einer Vernichtung der rechtlichen Existenz verbunden (vgl. § 262 I Nrn. 3 u. 4 AktG für die AG bzw. §§ 289 I, II Nr.1 AktG, 161 II, 131 I Nr.3 HGB für die KGaA). Sofern eine Existenzerhaltungspflicht anerkannt wird, würde diese ohne weiteres eine liquiditätsbezogene Alimentierungspflicht nach sich ziehen.

1. Faktische Satzungsänderung

Einige Stimmen in der Literatur gründen das Verbot der Existenzvernichtung auf den Umstand, dass diese einer Aufgabe des Geschäftsbetriebes gleichstünde. Ein solcher Vorgang würde eine faktische Satzungsänderung darstellen, fiele also in den alleinigen Kompetenzbereich der Gesellschafter, nicht aber des Mutterunternehmens. Eine darauf zielende Weisung sei folglich – genauso wie jede sonstige Leitungsmaßnahme mit entsprechendem Inhalt – unzulässig.[76] – Dies überzeugt schon deshalb nicht, weil der wirtschaftliche Zusammenbruch, z.B. wegen Zahlungsunfähigkeit oder Überschuldung, keinesfalls vergleichbar ist mit der auf Gesellschafterbeschluss beruhenden Einstellung des Geschäftsbetriebs. Hier handelt es sich um einen rechtlichen Vorgang, dort um einen solchen, der auf Risiken beruht, welche jeder unternehmerischen Tätigkeit innewohnen und in den hier interessierenden Fällen lediglich besonders gesteigert sind. Niemand würde aber auf die Idee kommen, den wirtschaftlichen Zusammenbruch eines

---

[74] Allg. *Emmerich*, in: Emmerich/Habersack, Kommentar, § 302, Rn. 9 ff.; zur Patronatserklärung vgl. *Michalski*, WM 1994, S. 1229 ff.

[75] Allg. hierzu *Emmerich*, Bestandsschutz, S. 64, 92 ff. m.w.N.

[76] *Kleindiek*, Strukturvielfalt, S. 142 m.w.N.

Unternehmens deshalb „nicht gelten“ zu lassen, weil dessen Inhaber dieser Entwicklung nicht zugestimmt haben.

2. Leitung im Konzerninteresse

Zum Teil wird eine entsprechende Verantwortlichkeit des Mutterunternehmens, verbunden mit dem Verbot existenzgefährdender Leitungsmaßnahmen, aus der Maßgeblichkeit des *Konzerninteresses* abgeleitet.[77] – Jedoch: Im ersten Teil wurde gezeigt, dass das Konzerninteresse der Zulässigkeit existenzgefährdender bzw. unverhältnismäßiger Weisungen nicht grundsätzlich im Weg steht;[78] für nicht weisungsbedingte Leitungsmaßnahmen kann nichts anderes gelten, denn auch für diese bietet das Konzerninteresse den einzig zulässigen Leitungsmaßstab. Nicht ausgeschlossen ist mithin, dass die Vernichtung eines Konzernunternehmens im Einzelfall durch das Konzerninteresse als dem Interesse der größeren unternehmerischen Planungseinheit geboten sein kann.

Nach anderer Ansicht folgt die Pflicht zur Existenzsicherung – und damit korrespondierend die Pflicht zur Liquiditätsausstattung – unmittelbar aus der *Leitungsmacht* des Mutterunternehmens: Genauso wie die Geschäftsführer einer unabhängigen Gesellschaft deren Existenz nicht über das Maß eines ordentlichen und gewissenhaften Geschäftsleiters hinaus gefährden dürfen (§§ 93 I, 283 Nr.3 AktG), sei es dem Mutterunternehmen verboten, die Lebensfähigkeit der Tochtergesellschaft aufs Spiel zu setzen. Denn der „Auftrag zur eigenverantwortlichen Leitung“ ginge mittels § 309 I AktG auf das Mutterunternehmen bzw. deren Verwaltung[79] über.[80] Die Finanzierungspflicht würde somit bloß einen Teilausschnitt aus der Pflicht zur ordnungsgemäßen Konzerngeschäftsführung darstellen.[81] – Auch diesem Ansatz ist zu widersprechen: Einerseits ist die Leitungsmacht des Mutterunternehmens kein zwingendes Merkmal der Konzernunterordnung. Andererseits orientiert sich der Handlungsmaßstab für sämtliche Leitungsmaßnahmen in der Tochtergesellschaft künftig am Konzerninteresse, ganz gleich wer in concreto mit der Leitung befasst ist. Aus der vormaligen Pflicht der Geschäftsführer, das Eigeninteresse der Gesellschaft und somit

[77] So z.B. *Priester*, ZIP 1989, S. 1301, 1303; *Immenga*, ZHR 140 (1976), S. 301, 305.

[78] S.o., § 3, III, 2, a, cc, (4).

[79] Neben die Haftung der Mutter-Verwaltung tritt nach einhelliger Ansicht eine *Eigenhaftung des Mutterunternehmens* (präziser: dessen Rechtsträgers). Ob diese Haftung aus § 31 BGB oder aus §§ 280 I, 278 BGB i.V.m. dem Beherrschungsvertrag folgt, spielt im Ergebnis keine Rolle. Die besseren Gründe dürften jedoch für den zuerst genannten Weg streiten. Denn aufgrund der regelmäßig vorhandenen Organstellung der Mutter-Verwaltung wird es zumeist an der für § 278 BGB erforderlichen Subjektsverschienenheit fehlen. Nachw. zum Streitstand bei *Kleindiek*, Strukturvielfalt, S. 170, Fn. 31; a.A. *Praël*, Eingliederung, S. 94.

[80] *Kleindiek*, Strukturvielfalt, S. 141; ähnlich *Emmerich/Sonnenschein/Habersack*, KonzernR, S. 370 f.

[81] *Kleindiek*, Strukturvielfalt, S. 192 m.w.N.; *Jula/Breitbarth*, AG 1997, S. 256, 258. Wohl auch *Zeidler*, NZG 1999, S. 692, 695, der eine teleologische Reduktion des § 308 AktG befürwortet.

ihre Lebensfähigkeit zu wahren, lässt sich für die Dauer der Konzernierung nichts ableiten, denn diese Pflicht wird durch das Konzerninteresse überlagert, welches den ausschlaggebenden Sorgfaltsmaßstab auch für §§ 309, 310 AktG liefert. Wie gesehen, ist dessen Maßgeblichkeit aber kein tauglicher Anknüpfungspunkt für eine Existenzsicherungspflicht. Dass die Geschäftsführer einer unabhängigen Gesellschaft bestimmte Maßnahmen zu unterlassen haben, bedeutet keineswegs, dass sie oder das Mutterunternehmen dies auch im Zustand der Konzernierung tun müssten.[82] Hinzu kommt, dass § 309 AktG auch für die Hauptgesellschaft gilt (§ 323 I 2 AktG), eine Überlebensgarantie für die eingegliederte Gesellschaft aber auch von den genannten Autoren nicht in Betracht gezogen wird.

Aus § 308 AktG (bzw. § 323 I 1 AktG) lassen sich nach alledem keine Argumente für oder gegen eine Existenzerhaltungspflicht – und damit verbunden eine Liquiditätsausstattungspflicht – des Mutterunternehmens gewinnen.[83] Erforderlich ist vielmehr eine weitergehende Analyse der gesetzlichen Modellregelung, in welcher die für Gläubiger, Gesellschafter und Gesellschaft vorgesehenen Sicherungsinstrumente Berücksichtigung finden. Hierbei soll wieder zwischen Beherrschungsvertrag und Eingliederung differenziert werden.

3. Beherrschungsvertrag

a) § 297 AktG

Methodisch fragwürdig ist der Hinweis auf das Recht der Tochtergesellschaft, den Beherrschungsvertrag aus wichtigem Grund zu kündigen (§ 297 I AktG). Weil die Existenzbedrohung einen in diesem Sinn wichtigen Kündigungsgrund darstelle, sei eine dahin zielende Weisung a priori rechtswidrig.[84] Unabhängig von der (schwierigen) Frage, wann eine Veränderung der wirtschaftlichen Verhältnisse in der Tochtergesellschaft überhaupt als wichtiger Kündigungsgrund anzuerkennen ist,[85] basiert diese These auf einem Zirkelschluss, denn nur ein rechtswidriges Verhalten kann zur Kündigung berechtigen; dann kann aber die Rechtswidrigkeit nicht ihrerseits aus einem (angeblichen) Kündigungsrecht gefolgert werden.[86]

b) §§ 300-304 AktG

Das Regelungssystem der *§§ 300-302 AktG* sichert der vertragsbeherrschten Tochtergesellschaft das im Zeitpunkt des Vertragsschlusses vorhandene Nettovermögen, ergänzt um die während der Vertragsdauer zwingend aufzufüllende

[82] So aber scheinbar *Geßler*, ZHR 140 (1976), S. 433, 439.
[83] A.A. *Immenga*, ZHR 140 (1976), S. 301, 303.
[84] So *Schauß*, Weisungsrecht, S. 85 ff.
[85] Hierzu *Emmerich*, in: Emmerich/Habersack, Kommentar, § 297, Rn. 19, 22 m.w.N.
[86] Zutreffend *Immenga*, ZHR 140 (1976), S. 301, 306.

gesetzliche Rücklage.[87] Hieraus wird verbreitet der Schluss gezogen, das Gesetz gehe vom Fortbestand der Tochtergesellschaft aus[88] – und tatsächlich: Stünde die wirtschaftliche (und rechtliche) Existenz während der Konzernierung zur Disposition, so würden die benannten Sicherungsinstrumente ihren Sinn verlieren.[89] Was nützte der Tochtergesellschaft der Erhalt ihrer bilanzmäßigen Substanz, wenn über ihrem Dasein unentwegt das Damoklesschwert der Zahlungsunfähigkeit schwebte? Die (unzureichende) Nominalgarantie des Bilanzvermögens durch §§ 300-302 AktG muss folglich um eine Pflicht zur Liquiditätsausstattung ergänzt werden.

Auch der Gläubigerschutz gem. *§ 303 AktG* deutet auf eine Existenzsicherungspflicht für die Zeit des Beherrschungsvertrags hin: Endet dieser, so muss das Mutterunternehmen den Gläubigern[90] der Tochtergesellschaft Sicherheit leisten. Entsprechend den Fällen der §§ 225 I AktG, 22 I UmwG kommt es auch hier darauf an, dass die Forderung vor Bekanntmachung der Eintragung der Beendigung begründet worden ist[91] und sich der Gläubiger innerhalb von sechs Monaten beim Sicherungsgeber meldet. Anders als bei der Verschmelzung (§ 22 I 2 UmwG) bedarf es aber nicht der Glaubhaftmachung, dass die Erfüllung der Forderungen gefährdet sei. Um einer sog. „Endloshaftung" des Mutterunternehmens – insbesondere bei Dauerschuldverhältnissen – vorzubeugen, wird erwogen, die Regelung des § 160 HGB auch im Rahmen des § 303 AktG entsprechend anzuwenden.[92] Ob dem gefolgt werden kann, soll hier noch offen bleiben. Es kann jedenfalls nichts anderes gelten als i.R.d. § 322 AktG.[93]

Aus der Tatsache, dass ein besonderer Gläubigerschutz bloß für die Zeit *nach Vertragsende* vorgesehen ist, kann aber nur gefolgert werden, die Lebensfähigkeit der Tochtergesellschaft stehe *während* der Vertragsdauer nicht in Frage.[94] Andernfalls würden die Gläubiger, die ja in aller Regel ohne Einfluss auf die Konzernierung sind und überdies keinen Direktanspruch gegen das Mutterunternehmen haben,[95] mit einem nicht hinnehmbaren Risiko belastet.

Schließlich ist zu berücksichtigen, dass jeder Beherrschungsvertrag zwingend einen angemessenen Ausgleich für die außenstehenden Aktionäre (bzw. Kom-

---

[87] RegBegr. bei *Kropff*, S. 388, 391; *Immenga*, ZHR 140 (1976), S. 301, 307. Die Auflösung stiller Reserven ist indes zulässig, *Ballerstedt*, ZHR 137 (1973), S. 388, 388, Fn. 5.

[88] *Kleindiek*, Strukturvielfalt, S. 168 f.

[89] So bereits *Geßler*, ZHR 140 (1976), S. 433, 439.

[90] Aus dem Schutzbereich von vornherein ausgenommen sind Gläubiger, die im Fall des Insolvenzverfahrens ein Recht auf vorzugsweise Befriedigung aus einer besonderen Deckungsmasse haben, § 303 II AktG; hierzu *Emmerich*, in: Emmerich/Habersack, Kommentar, § 303, Rn. 26 f.

[91] Zur näheren Definition des „Begründetseins" s.u., VIII, 3, b u. c.

[92] *Emmerich*, in: Emmerich/Habersack, Kommentar, § 303, Rn. 11 m. Nachw. zur Gegenansicht; *Jaeger*, DB 1996, S. 1069, 1069 f.

[93] Hierzu s.u., 4, b, aa.

[94] *Kleindiek*, Strukturvielfalt, S. 169; *Geßler*, ZHR 140 (1976), S. 433, 439; *Immenga*, ZHR 140 (1976), S. 301, 302.

[95] Bea. aber § 309 IV 3 AktG, der nach ganz h.M. entsprechend für § 302 AktG gilt; *Emmerich*, in: Emmerich/Habersack, Kommentar, § 302, Rn. 44.

manditaktionäre) vorsehen muss, *§ 304 AktG*, welcher gleichberechtigt neben das Abfindungsangebot nach § 305 AktG tritt. Der Verbleib in der Gesellschaft unter Wahrnehmung des Ausgleichsangebots gestaltete sich für die Aktionäre indes als schlechte Wahl, wenn diese durch entsprechende Leitungsmaßnahmen jederzeit in ihrem Bestand gefährdet wäre. Dies gilt um so mehr, als das Abfindungsangebot gem. § 305 IV 1 AktG zeitlich befristet werden kann. – Auch die Regelung des § 304 AktG streitet mithin für eine Pflicht der Konzernmutter zur Existenzerhaltung während der Vertragsdauer.[96]

c) Kontinuierliche Alimentierungspflicht

Aus der soeben befürworteten Existenzsicherungspflicht folgt eine kontinuierliche Alimentierungspflicht des Mutterunternehmens. Solange der Beherrschungsvertrag besteht, sind der Tochtergesellschaft liquide Mittel in dem Maße zu belassen oder zuzuführen, dass deren Zahlungsfähigkeit zu jeder Zeit und in jedem Umfang sichergestellt ist.[97]

Diese Pflicht ergibt sich ohne weiteres aus den §§ 300 ff. AktG; sie stellt weder ein Korrelat zur Leitungsmacht noch eine Konsequenz aus der Maßgeblichkeit des Konzerninteresses dar. Keine Rolle spielt daher, ob der Liquiditätsmehrbedarf auf konzernspezifische Leitungsmaßnahmen zurückgeführt werden kann oder ob ein existenzbedrohender Liquiditätsabzug zur Rettung einzelner Konzernunternehmen oder gar des ganzen Konzerns erforderlich ist.[98] Der Anspruch auf Liquiditätsausstattung besteht vielmehr losgelöst von der wirtschaftlichen Situation des Konzerns.

Wenn dagegen eingewandt wird, ein derartiger Anspruch sei außerhalb einer Krise des Mutterunternehmens unnötig, da der reguläre Ausgleichsanspruch gem. § 302 I AktG der Tochtergesellschaft als Kreditsicherheit dienen könne,[99] wird übersehen, dass dieser oftmals ein eigenständiger Finanzierungsspielraum gar nicht zur Verfügung stehen wird. Besonders bei *zentraler Konzernfinanzierung* (zentrales Cash-Management[100]) sind eigene Kreditlinien der Tochtergesellschaft regelmäßig ausgeschlossen, sodass eine Liquiditätsbeschaffung durch Aufnahme von Fremdkapital unmöglich ist.[101] Gleichwohl ist an diesem Ansatz zutreffend, dass ein Anspruch auf Liquiditätszufuhr bzw. ein Verbot des Liquiditätsabzugs erst dann zu bejahen ist, wenn die Tochtergesellschaft vorhandene Kreditchancen erfolglos ausgeschöpft hat; erst dann erweist sie sich unter dem Aspekt des Bestandsschutzes als schutzwürdig. Dies wird freilich allenfalls im

---

96 *Kleindiek*, Strukturvielfalt, S. 169.

97 Vgl. *Altmeppen*, in: MK AktG, §§ 291, Rn. 66; 302, Rn. 36; a.A. *Lwowski/Groeschke*, WM 1994, S. 613, 615.

98 Anders im Hinblick auf den letzten Aspekt *Emmerich*, Bestandsschutz, S. 64, 74 f.

99 *Priester*, ZIP 1989, S. 1301, 1304.

100 Allg. zum zentralen Cash-Management, *Zeidler*, Cashmanagement.

101 Das erkennt auch *Priester*, ZIP 1989, S. 1301, 1305, verneint aber eine Liquiditätsausstattungspflicht dennoch unter Berufung auf den Vorrang des Konzerninteresses.

dezentral finanzierten Konzern der Fall sein können, wo die Entscheidungszuständigkeit für die laufende Finanzierung bei den einzelnen Konzerngliedern verbleibt. Eine Alimentierungspflicht des Mutterunternehmens ist jedoch auch dort nicht von vornherein ausgeschlossen.[102] Das oben geschilderte liquiditätsbezogene Gefährdungspotential entfaltet sich nämlich ebenso bei dezentraler Konzernfinanzierung.[103] Die damit verbundenen Risiken werden sich aber nicht in allen Fällen durch Fremdkapitalaufnahme kompensieren lassen, zumal die Qualität der Ausgleichsansprüche gem. §§ 302 I, 324 III AktG als Kreditsicherheit ohnehin auf unsicheren Beinen steht.[104]

d) Fazit

Zumindest solange ein Beherrschungsvertrag besteht, ist das Mutterunternehmen verpflichtet, der Tochtergesellschaft die zum Erhalt der dauernden Zahlungsfähigkeit erforderlichen Mittel zu belassen bzw. – sofern eine kurzfristige Kreditaufnahme ausscheidet – zuzuführen. Dieses Ergebnis knüpft an die Rechtslage vor dem AktG 1965 an, wo eine entsprechende Pflicht der Obergesellschaft gegenüber der Organgesellschaft aus dem Organschaftsvertrag abgeleitet wurde (§§ 670, 669 BGB).[105]

Hieraus folgt, dass die Regressansprüche der phG gem. §§ 110 HGB, 257 BGB (i.V.m. §§ 278 II Alt.2 AktG, 161 II, 105 III HGB) während der Vertragsdauer *werthaltig* sind, weil die KGaA zu jeder Zeit in der Lage sein wird, diese unverzüglich zu erfüllen. Damit werden die phG wirtschaftlich genauso gestellt wie bei einem unmittelbar gegen das Mutterunternehmen gerichteten Freistellungsanspruch.

Dass der Ausstattungsanspruch nicht ihnen, sondern der Gesellschaft zusteht, ist unschädlich. Denn wie der Anspruch aus § 302 AktG, kann auch dieser nach zutreffender Ansicht entsprechend §§ 309 IV, 317 IV AktG von den Gesellschaftern geltend gemacht werden, sofern diese Leistung an die Gesellschaft fordern;[106] für die phG kann insoweit nichts anderes gelten als für die Kommanditaktionäre. Die Verschuldensunabhängigkeit des Ausstattungsanspruchs steht einer prozessstandschaftlichen Geltendmachung nicht im Weg,[107] denn dieser dient – wie § 309 AktG – zumindest *auch* dem Schutz der Gesellschafter.

---

[102] So aber *Schneider*, ZGR 1984, S. 497, 534 f.; *Jula/Breitbarth*, AG 1997, S. 256, 262.

[103] Ausführlich *Kleindiek*, Strukturvielfalt, S. 179 f.

[104] Hierzu *Meister*, WM 1976, S. 1182 ff.

[105] Vgl. z.B. *Rasch*, KonzernR, 1. Aufl., S. 92.

[106] *Koppensteiner*, in: KK AktG, § 302, Rn. 22; *Emmerich*, in: Emmerich/Habersack, Kommentar, § 302, Rn. 44; *Görling*, Konzernhaftung, S. 139 f.; *Lutter*, AG 1968, S. 73, 74; a.A. *Hüffer*, AktG, § 302, Rn. 20; *Altmeppen*, in: MK AktG, § 302, Rn. 76; *Krieger*, in: Münchener Handbuch, Bd.4, § 70, Rn. 59.

[107] So aber *Altmeppen*, in: MK AktG, § 302, Rn. 77 f. für die entsprechende Lage bei § 302 AktG.

Daneben besteht für die phG auch die unstreitige Möglichkeit, sich den Anspruch gegen die Konzernmutter im Wege der Pfändung überweisen zu lassen, sofern sie auf Basis ihres Regressanspruchs einen Titel gegen die KGaA erwirkt haben. Dieser Weg ist angesichts des hohen Zeitaufwands freilich kaum geeignet, das hier thematisierte Haftungsrisiko abzufedern.

Mit Blick auf das Risiko einer Insolvenz des Mutterunternehmens gelten die oben gemachten Ausführungen entsprechend.[108]

4. Eingliederung

Zu untersuchen ist, ob die für den Beherrschungsvertrag angenommene Alimentierungspflicht auch für die Hauptgesellschaft gilt:

Auch deren Befürworter stellen die vorstehenden Grundsätze teilweise in Frage, wenn der Tochtergesellschaft keine außenstehenden Gesellschafter angehören.[109] Dies wäre im unmittelbaren Anwendungsbereich der §§ 319 ff. AktG stets der Fall, weil die Hauptgesellschaft Alleinaktionärin ist. Bei einer KGaA als eingegliederter Gesellschaft wären indes regelmäßig noch phG vorhanden; andernfalls – also wenn die Hauptgesellschaft zugleich einziger phG wäre – würde sich das hier thematisierte Haftungsproblem nicht stellen. Davon abgesehen ist eine Einschränkung der Liquiditätsverantwortung für die vertragsbeherrschte Einpersonengesellschaft aber ohnehin abzulehnen, da sich die entsprechende Pflicht aus einer Gesamtschau solcher gesetzlicher Regelungen ergab, welche – mit Ausnahme des § 304 AktG – auch in der Einpersonengesellschaft Geltung beanspruchen.[110] Aus einer Begrenzung der beherrschungsvertraglichen Alimentierungspflicht bei Fehlen außenstehender Gesellschafter lassen sich mithin keine Rückschlüsse auf die Rechtslage im institutionellen Konzern ziehen.

Nach ganz h.M. darf die Hauptgesellschaft auch solche Weisungen erteilen, die die Tochtergesellschaft in ihrer wirtschaftlichen und rechtlichen Existenz bedrohen.[111] Folgte man dem, so würde sich auch ein besonderer Liquiditätsschutz für die eingegliederte Gesellschaft erübrigen. Der Auffassung eines nahezu „entgrenzten" Weisungsrechts wurde indes im ersten Teil entgegengetreten. Dort wurde gezeigt, dass der Leitungsmaßstab auch für die eingegliederte Gesellschaft allein das *Konzerninteresse* sein kann.[112] Aus diesem lassen sich aber wiederum keine Argumente für einen Bestandsschutz bzw. eine Liquiditätsausstattungspflicht gewinnen, sodass auch in diesem Kontext allein die Analyse der gesetzlichen Modellregelung weiterführt.

---

108 S.o., IV und V, 3, a.

109 *Ulmer*, ZHR 148 (1984), S. 391, 418 ff. m.w.N.; offengelassen von *Kleindiek*, Strukturvielfalt, S. 192.

110 Im Erg. ebenso *Jula/Breitbarth*, AG 1997, S. 256, 262 für den zentral finanzierten Konzern.

111 H.M., vgl. *Hüffer*, AktG, § 323, Rn. 4.

112 S.o., § 3, III, 2, b, cc.

a) Schutz des Gesellschaftsvermögens

Das Vermögen der eingegliederten Gesellschaft wird nur in Höhe des *Grundkapitals* geschützt. Sofern dies durch das Konzerninteresse geboten ist, kann die Verwaltung der Tochtergesellschaft – entweder aufgrund von Weisungen oder eigenmächtig – grundsätzlich frei über deren Vermögen verfügen. Durch die in § 324 III AktG verankerte Pflicht der Hauptgesellschaft zum Ausgleich des (fiktiven) Bilanzverlustes wird jedoch verhindert, „dass die eingegliederte Gesellschaft ständig ein ihr Grundkapital nicht erreichendes Reinvermögen ausweist".[113] Entgegen einer verbreiteten Ansicht[114] ist diese Regelung notwendig, da eine AG (bzw. KGaA) stets zwingend über ein Grundkapital von mindestens 50.000 € verfügen muss (§§ 1 II, 6, 7 AktG).[115]

Die gesetzliche Regelung versucht weder, das bilanzielle Anfangsvermögen der eingegliederten Gesellschaft zu schützen, noch trifft sie irgendwelche Vorkehrungen zur risikovorsorglichen Bindung neuer Vermögenswerte. Vielmehr sind die Vorschriften des § 150 AktG betreffend der *gesetzlichen Rücklage* durch § 324 I AktG vollumfänglich suspendiert. Dies ist sachgerecht, da das diese deckende Vermögen ohnehin zur Disposition steht (arg. e § 324 III AktG), keine außenstehenden Aktionäre vorhanden sind und die Gläubiger durch § 322 AktG geschützt sind. Statuarische Vorschriften über Zuführungen zur gesetzlichen Rücklage sollen indes nach einhelliger Ansicht auch während der Eingliederung wirksam bleiben.[116] Derartige Satzungsregelungen dürften sich allerdings unter dem Aspekt der Substanzstärkung als weitgehend nutzlos erweisen, wenn man bedenkt, dass die auf diese Weise aufgestockte gesetzliche Rücklage im Falle eines Bilanzverlustes in den Folgeperioden umgehend zur Kürzung des Verlustausgleichsanspruchs herangezogen werden kann; im Gegensatz zum Beherrschungsvertrag sind im Rahmen des § 324 III AktG nämlich auch sämtliche statuarischen Gewinnrücklagen auflösbar.[117]

Existiert zusätzlich ein *Gewinnabführungsvertrag* zwischen den Beteiligten – für dessen Abschluss in § 324 II 1, 2 AktG erhebliche Erleichterungen vorgesehen sind –, so ist die damit legitimierte offene Gewinnabführung ebenfalls allein durch das Grundkapital begrenzt (§ 324 II 3 AktG). Die restriktive Vorschrift des § 301 AktG ist gem. § 324 II 1 AktG ausdrücklich unanwendbar.

Damit ergibt sich für die eingegliederte Gesellschaft während der Konzernierung die Gefahr einer völligen Aushöhlung ihrer Substanz.

---

[113] RegBegr. bei *Kropff*, S. 429.

[114] *Koppensteiner*, in: KK AktG, § 324, Rn. 3; krit. auch *Habersack*, in: Emmerich/Habersack, Kommentar, § 324, Rn. 2; *Praël*, Eingliederung, S. 99 f.

[115] Ähnlich *Hüffer*, AktG, § 324, Rn. 1, allerdings mit dem missverständlichen Hinweis auf die Unerwünschtheit bloßer Gesellschaftsmäntel.

[116] Z.B. *Veit*, Unternehmensverträge, S. 95.

[117] Auch für die Zeit nach Beendigung der Eingliederung sind solche Satzungsregelungen i.d.R. ohne Wert, da die Hauptgesellschaft spätestens im Schlussausgleich auf eine Auflösung hinwirken wird.

b) Gläubigerschutz

aa) Persönliche Haftung der Hauptgesellschaft (§ 322 AktG)

Im Zentrum des eingliederungsspezifischen Gläubigerschutzes steht die persönliche Haftung der Hauptgesellschaft gem. § 322 AktG für alle Verbindlichkeiten der Tochtergesellschaft, ganz gleich ob diese vor oder nach der Eingliederung begründet worden sind. Die Regelung stellt eine Ausnahme zu § 1 I 2 AktG dar.[118]

Obwohl § 322 AktG den Vorschriften der §§ 128, 129 HGB nachgebildet wurde, ist dort von einer *gesamtschuldnerischen* Haftung zwischen Haupt- und eingegliederter Gesellschaft die Rede. Dies freilich steht im Widerspruch zur allgemein anerkannten Rechtslage im Recht der Personengesellschaften, wo zwar ein Gesamtschuldverhältnis zwischen den Gesellschaftern untereinander, nicht aber zwischen Gesellschaft und Gesellschafter angenommen wird.[119] Nach zutreffender Ansicht ist § 322 AktG daher dergestalt korrigierend auszulegen, dass die Haftung der Hauptgesellschaft – wie die der Gesellschafter neben der oHG – von *akzessorischer*[120] Natur ist.[121] Eine solche Interpretation vermeidet nicht nur die unsaubere Vermengung von Gesamtschulds- (§ 322 I AktG) und Akzessorietätsgrundsätzen (§ 322 II, III AktG),[122] sondern steht auch in Einklang mit der Absicht des historischen Gesetzgebers, die Erkenntnisse der Rechtslehre und Rechtsprechung zu §§ 128 f. HGB für die Auslegung des § 322 AktG möglichst umfassend fruchtbar zu machen.[123]

Aufgrund der Regelungen des § 322 II-IV AktG vermag sich der Streit jedoch allenfalls bei der Bestimmung des *Haftungsinhalts* praktisch auszuwirken: Bei Gesamtschuld hätten die Gläubiger ohne weiteres einen Erfüllungsanspruch in natura gegen die Hauptgesellschaft (§ 421 BGB); bei (bloß) akzessorischer Haftung käme es auf den Streit zwischen Haftungs- und Erfüllungstheorie an, insbesondere auf die zu § 128 HGB vertretenen Ausnahmetatbestände zum Schutz der „gesellschaftsfreien Privatsphäre“.[124] Hierbei ist indes zu beachten, dass eine schutzwürdige Eigensphäre der Hauptgesellschaft gegenüber der eingegliederten Gesellschaft gar nicht existiert.[125] Letztere wird vielmehr im Ergebnis wie eine

---

[118] *Hüffer*, AktG, § 1, Rn. 9.

[119] BGHZ 39, S. 319, 323; 47, S. 376, 378; vgl. *Michalski*, OHG, § 128, Rn. 15. Nach der neueren Rechtsprechung des *BGH* zur BGB-Gesellschaft dürfte auch dort nichts anderes gelten.

[120] Zu den Unterschieden der akzessorischen Haftung gegenüber der gesamtschuldnerischen *Geßler*, ZGR 1978, S. 251 ff.

[121] Ausführlich *Geßler*, ZGR 1978, S. 251, 265 f.; vgl. auch *Habersack*, in: Emmerich/Habersack, Kommentar, § 322, Rn. 4; s. bereits *Kley/Lehmann*, DB 1972, S. 1421, 1422.

[122] *Habersack*, in: Emmerich/Habersack, Kommentar, § 322, Rn. 4.

[123] Vgl. *Godin/Wilhelmi*, AktG, § 322, Anm. 2.

[124] Hierzu BGHZ 23, S. 305; *Schmidt*, GesR, S. 1423 ff.; *Emmerich*, FS Lukes, S. 639, 645; ferner unten, § 20, I, 1, b, cc.

[125] So bereits *Würdinger*, in: GK AktG, 3. Aufl., § 322, Rn. 1; ihm folgend *Geßler*, ZGR 1978, S. 251, 261; *Hüffer*, AktG, § 322, Rn. 4.

Betriebsabteilung der Hauptgesellschaft geführt, sodass eine auf Erfüllung gerichtete Haftung bereits mit Blick auf die wirtschaftlichen Verhältnisse des Eingliederungskonzerns naheliegt. Hierfür spricht auch der Zweck des § 322 AktG, den Gläubigern eine effektive Sicherung für die mitunter weitreichenden wirtschaftlichen Nachteile der Eingliederung zu gewähren.[126] Zwar verfolgt auch § 128 HGB den Zweck der Gläubigersicherung, deren Sicherungsbedürfnis ist aber bei einer im Eigeninteresse geleiteten Gesellschaft von anderer Qualität als im vorliegenden Fall, wo die künftige Unternehmenspolitik auf das übergeordnete Konzerninteresse und somit auf das konzernbezogene Sonderinteresse der Hauptgesellschaft ausgerichtet wird. Der spezifische Sicherungszweck des § 322 AktG würde verfehlt, wenn man die Haftung der Hauptgesellschaft als bloße „Einstandspflicht"[127] qualifizierte. Dass das Schutzsystem im Vertragskonzern (§§ 300 ff. AktG) ebenfalls nicht die Erfüllung der konkreten Verbindlichkeit zu sichern vermag, steht dem nicht entgegen,[128] da die Interessen der Gläubiger einer vertragsbeherrschten Gesellschaft aufgrund der umfassenden Bestandsgarantie für die Tochtergesellschaft besser geschützt sind.

Die überzeugenderen Gründe sprechen daher für eine *Erfüllungshaftung* der Hauptgesellschaft. Ausnahmen können allenfalls bei unvertretbaren Handlungen angenommen werden. Sofern man nicht schlicht ein Redaktionsversehen unterstellt, wird man die Terminologie des Gesetzes in § 322 I AktG wohl hauptsächlich auf diesen Befund zurückführen müssen: Trotz im Übrigen akzessorischer Haftung bestimmt sich der Haftungsinhalt nach den Grundsätzen der Gesamtschuld.[129]

Die Haftung kommt sowohl Alt- als auch Neugläubigern zugute (§ 322 I AktG). Gläubiger, deren Forderungen nach Eintragung und Bekanntmachung der Beendigung (§ 327 III AktG) begründet wurden, können sich demgegenüber nur noch auf § 15 II 2 HGB berufen.[130]

Hinsichtlich der *Verjährung* gilt § 327 IV AktG. Diese Vorschrift wurde in Anlehnung an § 159 HGB a.F. konzipiert und ist durch das *Nachhaftungsbereinigungsgesetz* von 1994[131] nicht an die Neufassung der §§ 159 f. HGB angepasst worden. Sie folgt deshalb noch heute dem Verjährungskonzept (§ 159 HGB), nicht aber dem Enthaftungskonzept (§ 160 HGB).[132] Der Hauptgesellschaft kann deshalb (ähnlich wie bei § 303 AktG) unter bestimmten Umständen eine sog.

---

[126] RegBegr. bei *Kropff*, S. 426.

[127] *Koppensteiner*, in: KK AktG, § 322, Rn. 7 ff.; *Kley/Lehmann*, DB 1972, S. 1421, 1422.

[128] So aber *Koppensteiner*, in: KK AktG, § 322 Rn. 8.

[129] So im Ergebnis auch *Geßler*, ZGR 1978, S. 251, 260, der eine Erfüllungshaftung trotz Akzessorietät bejaht; vgl. auch *Habersack*, in: Emmerich/Habersack, Kommentar, § 322, Rn. 6, der trotz Annahme von Akzessorietät weitgehende Ausnahmen zugunsten gesamtschuldnerischer Grundsätze machen will.

[130] *Habersack*, in: Emmerich/Habersack, Kommentar, § 322, Rn. 5.

[131] BGBl. I, S. 560.

[132] Zu den Begriffen, *Schmidt*, GesR, S. 1497 ff.

„Endloshaftung" drohen.[133] Nach wohl überwiegender Meinung ist darin ein Versäumnis des Gesetzgebers zu erblicken, welches – jedenfalls bei Dauerschuldverhältnissen – durch eine analoge Anwendung von § 160 HGB ausgeglichen werden soll.[134] Bei Lichte besehen erweist sich diese Kritik aber als unbegründet: Das Enthaftungskonzept des § 160 HGB, welches den ausgeschiedenen (oder Kommanditist gewordenen) oHG-Gesellschafter nach fünf Jahren von jeglicher Haftung freistellt, knüpft an die Erwägung an, dass hier die Gesellschaft als vollwertiger, weil weiterhin werbend am Wirtschaftsverkehr teilnehmender Schuldner erhalten bleibt. In den Fällen des § 159 HGB erscheint demgegenüber eine großzügigere Nachhaftung der Gesellschafter aus Sicht der Gläubiger eher angebracht, weil diese im Zuge der Liquidation mit ihren Forderungen gegen die, gegebenenfalls durch unzulässige Vermögensausschüttungen geschwächte,[135] Gesellschaft auszufallen drohen;[136] die Gesellschaft ist hier nicht mehr werbend tätig und daher typischerweise kein vollwertiger Schuldner. – Endet der Eingliederungskonzern, so nimmt die ehemals eingegliederte Gesellschaft i.d.R. wieder souverän am Rechts- und Wirtschaftverkehr teil, wenngleich sie auch grundsätzlich von der früheren Hauptgesellschaft abhängig bleiben dürfte (§ 17 AktG); ihre Leitung ist nunmehr wieder auf das Eigeninteresse verpflichtet. Die Situation entspricht vordergründig der Lage bei Ausscheiden eines Gesellschafters (§ 160 HGB). Diese Annahme täuscht. Im Vorgriff auf spätere Ergebnisse ist bereits an dieser Stelle zu konstatieren, dass die Hauptgesellschaft keineswegs verpflichtet ist, die eingegliederte Gesellschaft nach Ende der Konzernierung in lebensfähigem, geschweige denn in wettbewerbesfähigem Zustand zu hinterlassen.[137] Im Gegenteil: Die Konzernmutter wird regelmäßig von ihrem Recht Gebrauch machen, das Vermögen und die Marktposition der Tochtergesellschaft den Belangen des Konzerns dienstbar zu machen. Die wiedererlangte Souveränität der Tochtergesellschaft dürfte daher für Altgläubiger meist nur von geringem Wert sein.[138] Vor diesem Hintergrund scheint der Fall der beendeten Eingliederung eher den Schutzbereich des § 159 HGB (Verjährungskonzept) als des § 160 HGB (Enthaftungskonzept) anzusprechen.[139] Die dementsprechende Gesetzesfassung erweist sich somit – möglicherweise unbeabsichtigt – als plausibel. Handelt es sich um Dauerschuldverhältnisse, so ist freilich im Einzelfall zu erwägen, die zu § 159 HGB a.F. entwickelten Ausnahmen auch i.R.d. § 322

[133] Diese Gefahr besteht bei Ansprüchen, die vor Bekanntmachung begründet und innerhalb von sechs Monaten angezeigt worden sind, aber erst später fällig werden (vor allem also bei Dauerschuldverhältnissen).

[134] *Habersack*, in: Emmerich/Habersack, Kommentar, § 327, Rn. 15 m.w.N.

[135] Hierzu *Habersack*, in: GK HGB, §§ 159, Rn. 1; 149, Rn. 9, 37; 155, Rn. 16 f.

[136] Vgl. *Habersack*, in: GK HGB, § 159, Rn. 1.

[137] S.u., VIII, 2, b.

[138] Zu den ökonomischen Folgen der Beendigung, *Wilhelm*, Beendigung, S. 109 ff.

[139] Die gleichen Argumente gelten i.R.d. § 303 AktG, denn auch die ehemals vertragsbeherrschte Gesellschaft genießt keinen Existenzschutz für die Zeit nach Vertragsende; s.u., VIII, 2, a.

AktG anzuwenden, sofern der konzernspezifische Schutzzweck dem nicht entgegensteht.[140]

bb) Sicherheitsleistung (§ 321 AktG)

Im Unterschied zur Lage beim Beherrschungsvertrag, wo die Gläubiger einen Anspruch auf Sicherheitsleistung nur für den Fall der Vertrags*beendigung* haben (§ 303 AktG), ist bei der Eingliederung die *Eingehung* des institutionellen Konzerns maßgeblich, § 321 I 1 AktG. Damit wird der Umfang des Gläubigerschutzes durch Sicherheitsleistung im Vergleich zum Beherrschungsvertrag zeitlich vorverlagert; Neugläubiger dagegen genießen Schutz durch § 322 AktG.

Während die Pflicht zur Sicherheitsleistung bei § 303 AktG unstreitig das Mutterunternehmen trifft, ist der Wortlaut des § 321 AktG insoweit unklar. Die h.M. will den Anspruch gegen die eingegliederte Gesellschaft richten.[141] Hierfür kann freilich nicht bereits der Umstand angeführt werden, dass ein Anspruch auf Sicherheitsleistung für diejenigen Gläubiger entfällt, die Befriedigung verlangen können, deren Forderungen mithin schon fällig sind (§ 321 I 1 a.E.).[142] Diese Regelung macht zwar Sinn, wenn sich der Anspruch gegen die eingegliederte Gesellschaft richtet, denn diese müsste bei Fälligkeit ohnehin leisten. Sie wäre aber gleichermaßen einleuchtend, wenn man den Anspruch auf Sicherheitsleistung gegen die Hauptgesellschaft richtete; wegen § 322 AktG wäre die Sicherheitsleistung auch in diesem Fall sinnlos. – Das Ergebnis der h.M. erscheint aber aufgrund des Zusammenspiels zwischen § 321 und der persönlichen Haftung der Hauptgesellschaft überzeugend: Die Sicherheitsleistung erweist sich nämlich neben § 322 AktG überhaupt nur in den Fällen als zweckmäßiges Sicherungsinstrument, in denen die wirtschaftliche Lage der Hauptgesellschaft schlechter ist als die der eingegliederten Gesellschaft.[143] Nur dann kann ihr ein eigenständiger Nutzen zukommen, weil die Haftung der Hauptgesellschaft keine hinreichende Sicherheit bietet. Der Gläubiger soll dann die Möglichkeit erhalten, seine Forderung noch vor Fälligkeit abzusichern, bevor sich auch die Situation der Tochtergesellschaft entsprechend verschlechtert. Aus dieser Zielsetzung muss gefolgert werden, dass sich der Anspruch auf Sicherheitsleistung allein gegen die eingegliederte Gesellschaft richten kann. Andererseits zeigt sie aber auch, dass der Gesetzgeber – abweichend von der Lage beim Beherrschungsvertrag – offenkundig davon ausgegangen ist, dass die eingegliederte Gesellschaft auch während der Konzernierung in eine Situation geraten kann, die es ihr unmöglich werden lässt, ihre Gläubiger zu befriedigen.

---

[140] Hierzu allg. *Sonnenschein/Weitemeyer*, in: Heymann, HGB, § 159 a.F.

[141] *Habersack*, in: Emmerich/Habersack, Kommentar, § 321, Rn. 6 m.w.N.

[142] Im Rahmen des § 303 AktG ist eine Sicherungspflicht des Mutterunternehmens demgegenüber selbst bei Fälligkeit zweckmäßig, da dieses nicht selbst für die Forderung haftet.

[143] *Veit*, Unternehmensverträge, S. 110.

Weil die Hauptgesellschaft ohnehin persönlich haftet, ist sie kein tauglicher Bürge i.S.d. § 232 II BGB; an einer Parallelbestimmung zu § 303 III AktG fehlt es daher bei § 321 AktG.

c) Fazit

Die Betrachtung der gesetzlichen Schutzmechanismen im Eingliederungskonzern ergibt, dass der Gesetzgeber nicht von einer Pflicht der Hauptgesellschaft ausgegangen ist, den Bestand der eingegliederten Gesellschaft zu sichern. Andernfalls wäre weder eine persönliche Haftung noch ein besonderer Schutz für Altgläubiger während der Konzernierung erforderlich gewesen. Auch die – eher aus formalen Gründen – auf ein Minimum reduzierte Kapitalsicherung und der völlige Verzicht auf eine Risikovorsorge belegen dies.

Weil eine Existenzsicherungspflicht der Hauptgesellschaft nicht angenommen werden kann, besteht auch kein Bedürfnis nach einer dauerhaften Ausstattung der eingegliederten Gesellschaft mit liquiden Mitteln.[144] Nicht ausgeschlossen werden kann mithin, dass diese auch während der Eingliederung *zahlungsunfähig* wird. Die Möglichkeit einer Insolvenz der eingegliederten Gesellschaft ist vom Gesetzgeber bewusst in Kauf genommen worden.

Diesem Ergebnis stehen *soziale Interessen*, wie die der Arbeitnehmer oder der Allgemeinheit, nicht entgegen: Die Interessen der Arbeitnehmer müssen bereits durch die ausufernden Regelungen der deutschen Mitbestimmung als hinreichend geschützt betrachtet werden; wenn das in der KGaA nur in engeren Grenzen zutrifft (vgl. § 31 I 2 MitbestG), so beruht dies auf einer eindeutigen Entscheidung des Gesetzgebers, die durch die rechtsformspezifischen Besonderheiten bedingt ist.[145] Zu berücksichtigen ist ferner, dass die Existenzvernichtung der Tochtergesellschaft auch im Eingliederungskonzern nur in den Grenzen des *Konzerninteresses* zulässig sein kann, also nur dann, wenn dies dem Konzern als kohärenter unternehmerischer Planungseinheit nutzt. Die konzerndimensionale Betrachtung muss aber ebenfalls für die Arbeitnehmerinteressen gelten: Eine Förderung der Konzernbelange dient stets auch mittelbar den Belangen der in anderen Konzernunternehmen, vor allem im Mutterunternehmen, beschäftigten Arbeitnehmer.[146] Im Falle einer Insolvenz der eingegliederten Gesellschaft ist schließlich ein Schutz durch Sozialplan (§§ 111 ff. BetrVG, 123 f. InsO) in Betracht zu ziehen.[147]

Sofern das „Gemeinwohl“ als mögliche Schranke konzernspezifischer Substanzvernichtung angeführt wird,[148] gelten vergleichbare Erwägungen: Mit den Nachteilen für die eingegliederte Gesellschaft müssen zwingend Vorteile des

---

[144] *Grunewald*, in: MK AktG, § 324, Rn. 11.

[145] *Assmann/Sethe*, GK AktG, vor § 278, Rn. 38.

[146] Vgl. auch *Koppensteiner*, in: KK AktG, § 308, Rn. 32.

[147] Allg. zum Sozialplan in der Insolvenz *Häsemeyer*, InsolvenzR, Rn. 23.14 ff.

[148] Z.B. *Stehle*, AG 1966, S. 233, 235 f.; *Immenga*, ZHR 140 (1976), S. 301, 308 ff.

Gesamtkonzerns korrespondieren, weshalb aus makroökonomischer Perspektive kein Schaden entsteht.[149] Wenn in diesem Kontext „unter Berücksichtigung der Gesetzesgeschichte" auf § 70 I AktG 1937 verwiesen[150] und die genannte Vorschrift sogar als „dem jetzigen AktG immanent" bezeichnet wird,[151] so liegt darin eine nicht hinnehmbare Transplantation staatswirtschaftlicher Elemente in unsere liberale Wirtschaftsordnung.[152] Auf die Interessen von betrieblicher „Gefolgschaft" sowie „Volk und Reich" (so § 70 I AktG 1937) kann deshalb ebenso wenig Rücksicht genommen werden wie auf die der Arbeitnehmer und der Allgemeinheit, sofern die Unternehmensleitung nur die durch Gesetz, Satzung und Konzerninteresse gezeichneten Grenzen beachtet.[153]

Aus all dem ergibt sich, dass die Regressansprüche der phG gem. §§ 110 HGB, 257 BGB im Falle der Eingliederung einer KGaA *während* der Konzernierung nachhaltig gefährdet sind. Die Gesellschaft kann in eine Lage geraten, in der die prompte Bedienung dieser Ansprüche mangels Zahlungsfähigkeit unmöglich wird.

5. Zwischenergebnis

In der *vertragsbeherrschten KGaA* sind die Regressansprüche der phG, die ihnen bei erfolgter (oder drohender) Realisierung des persönlichen Haftungsrisikos gegen die KGaA zustehen, jedenfalls während der Vertragsdauer jederzeit durchsetzbar und werthaltig. Einzige Bedingung ist, dass das Mutterunternehmen solvent bleibt. Das damit verbundene Risiko ist den phG zuzumuten. Der Abschluss eines Beherrschungsvertrags mit einer KGaA als Tochtergesellschaft kann daher – solange der Vertrag besteht – selbst dann nicht als sittenwidrig beurteilt werden, wenn ihr natürliche Personen als außenstehende phG angehören. Auf flankierende rechtsgeschäftliche Vereinbarungen kommt es nicht an.

Ganz anders gestaltet sich das Bild bei einer *eingegliederten KGaA*: Hier besteht keine Garantie für die Tochtergesellschaft, dauerhaft mit Liquidität ausgestattet zu werden. Mit Blick auf das daraus erwachsende Risiko für die phG erscheint die Annahme der Sittenwidrigkeit zumindest dann nahe liegend, wenn natürliche Personen als außenstehende phG beteiligt sind und diese weder durch besondere Liquiditätszusagen noch durch rechtsgeschäftliche Freistellungsansprüche geschützt werden. Die gesetzlichen Regressansprüche aus §§ 110 HGB, 257 BGB vermögen diesen Schutz jedenfalls nicht zu gewähren.

---

149 S.o., § 3, III, 2, a, cc, (1), (c).

150 *Immenga*, ZHR 140 (1976), S. 301, 309 f.

151 *Mertens*, in: KK AktG, § 76, Rn. 5.

152 Zutreffend *Emmerich*, Wirtschaftsrecht, S. 239 ff.

153 Im Ergebnis auch *Koppensteiner*, in: KK AktG, § 308, Rn. 32; auch *Immenga*, ZHR 140 (1976), S. 301, 310 f. konstatiert, dass sich aus der von ihm befürworteten Gemeinwohlorientiertheit keine „präzisen Rechtssätze formulieren lassen."

Hieraus ließe sich folgern, die Eingliederung einer KGaA mit natürlichen Personen als phG könne überhaupt nur dann einen legalen Zustand darstellen, wenn deren Haftungsrisiko durch zusätzliche Vereinbarungen auf rechtsgeschäftlicher Basis kompensiert würde; andernfalls sei diese Gestaltung a priori sittenwidrig. – Diese Schlussfolgerung wäre jedoch voreilig. Noch nicht untersucht wurde nämlich, ob den phG bereits ex lege ein unmittelbar gegen die Hauptgesellschaft gerichteter Regress- bzw. Freistellungsanspruch zusteht. Wäre dies der Fall, so würde sich das Bedürfnis nach rechtsgeschäftlicher Risikokompensation erübrigen. Dieser Frage soll im Folgenden nachgegangen werden.

VII. Gesetzliche Direktansprüche der persönlich haftenden Gesellschafter gegen das Mutterunternehmen

1. § 322 AktG

Die Hauptgesellschaft haftet den Gläubigern der eingegliederten Gesellschaft gem. § 322 AktG für sämtliche Verbindlichkeiten. Zu erwägen ist, ob diese Haftung auch die Regressansprüche der phG erfasst:

§ 322 AktG wendet sich an die „Gläubiger" der Gesellschaft. Dies entspricht der Terminologie in § 128 HGB. Erwirbt ein phG einen Regressanspruch gegen die Gesellschaft, so ist er formal betrachtet deren Gläubiger. Indes: Im Rahmen des § 128 HGB besteht Einigkeit, dass *Sozialverbindlichkeiten*, also Verbindlichkeiten der Gesellschaft gegenüber den Gesellschaftern aus dem Gesellschaftsverhältnis, nicht an der persönlichen Gesellschafterhaftung teilhaben – zumindest, soweit es sich um auf Geld gerichtete Verbindlichkeiten handelt.[154] Um eben solche Sozialverbindlichkeiten handelt es sich aber bei §§ 110 HGB, 257 BGB. Soweit gerade für die genannten Rückgriffsansprüche eine unmittelbare Inanspruchnahme der Mitgesellschafter unter bestimmten Bedingungen in Betracht gezogen wird,[155] beruht dies keinesfalls auf § 128 HGB, sondern auf dem zwischen mehreren phG bestehenden Gesamtschuldverhältnis.[156]

Berücksichtigt man die Ähnlichkeiten zwischen der persönlichen Gesellschafterhaftung und der Haftung der Hauptgesellschaft, so liegt es nahe, die gesellschaftsinternen Regressansprüche der phG aus dem Anwendungsbereich des § 322 AktG herausfallen zu lassen. Diese könnten dann ebensowenig direkt gegen die Hauptgesellschaft wie gegen andere phG geltend gemacht werden. Richtige Ebene für einen Ausgleich wäre allein ein etwaiges Gesamtschuldverhältnis.

---

[154] *Michalski*, OHG, §§ 110, Rn. 8; 128, Rn. 19 ff. m.w.N.

[155] *Schmidt*, in: Schlegelberger, HGB, § 128, Rn. 34; *Emmerich*, in: Heymann, HGB, § 128, Rn. 14.

[156] H.M., vgl. *Emmerich*, in: Heymann, HGB, § 110, Rn. 15; anders offenbar BGHZ 37, S. 299, 303 ff.: §§ 110, 128 HGB.

Dieses Ergebnis würde aber kaum überzeugen: Als wesentliches Argument für die Nichtberücksichtigung von Sozialverbindlichkeiten im Rahmen des § 128 HGB wird angeführt, dass andernfalls die Vorschrift des § 707 BGB gegenstandslos würde.[157] Diese Begründung versagt mit Blick auf die Hauptgesellschaft. Deren Haftung ist nicht Folge ihrer mitgliedschaftlichen Beteiligung am Tochterverband,[158] sondern eine Reaktion auf den Umstand, dass das Vermögen der eingegliederten Gesellschaft nur noch einen Bestandteil einer übergeordneten (nämlich konzerndimensionalen) Vermögensmasse bildet. Eine Berufung auf die Regelung des § 707 BGB würde nicht weiter führen. Sie stünde der Erstreckung des § 322 AktG auf Sozialverbindlichkeiten mithin nicht im Weg.

Auch wirtschaftliche Gesichtspunkte sprechen dafür, die Hauptgesellschaft für die genannten Regressansprüche haften zu lassen: Aus § 110 HGB folgt, dass letzten Endes der Unternehmensträger, also die Gesellschaft, in vollem Umfang für das unternehmensbezogene Haftungsrisiko aufkommen soll.[159] Im Fall der Eingliederung sind die eingegliederte und die Hauptgesellschaft aus wirtschaftlicher Perspektive Teil eines Gesamtunternehmens, welches im Konzerninteresse und somit im konzernbezogenen Sonderinteresse der Hauptgesellschaft geleitet wird. Die Haftung der Hauptgesellschaft erscheint vor diesem Hintergrund gleichsam als „Repräsentativhaftung“ für die konzerndimensionale Planungseinheit.[160] Wenn aber die ökonomischen Folgen der Außenhaftung nach dem Zweck des § 110 HGB den Unternehmensträger treffen sollen, erscheint es naheliegend, gerade auch die Hauptgesellschaft als Konzernmutter hierfür einstehen zu lassen.

Dem entspricht es auch, dass die ganz h.M. in mehrstufigen Eingliederungskonzernen auch den Verlustausgleich gem. § 324 III AktG, der eine eingegliederte Hauptgesellschaft ihrerseits treffen würde, zu den von § 322 AktG erfassten Verbindlichkeiten rechnet,[161] obwohl dieser das interne Verhältnis der Konzernbeteiligten betrifft und somit den hier in Frage stehenden Sozialverbindlichkeiten zumindest nahe steht.[162]

Im Ergebnis haftet die Hauptgesellschaft über § 322 AktG auch für die Regressansprüche der phG gem. §§ 110 HGB, 257 BGB. Damit ist der Schutz der phG zumindest für die Dauer der Eingliederung[163] auf gleichem Niveau wie bei

[157] BGHZ 37, S. 299, 301 = NJW 1962, S. 1863; *BGH*, WM 1989, S. 1022; *BGH*, NJW-RR 1989, S. 866; ausführlich *Walter*, JuS 1982, S. 81, 82 ff.

[158] So aber *Praël*, Eingliederung, S. 101.

[159] Die Frage einer späteren Verlusttragung ist davon zu unterscheiden, denn aus der Haftung lassen sich noch keine Anhaltspunkte hierfür gewinnen.

[160] S.o., § 3, III, 2, a, cc, (1), (c).

[161] *Sonnenschein*, BB 1975, S. 1088 ff.; *Rehbinder*, ZGR 1977, S. 613 ff.

[162] So z.B. *Praël*, Eingliederung, S. 102, der ihn als mitgliedschaftlich qualifiziert.

[163] Zur zeitlichen Geltung der Haftung *Habersack*, in: Emmerich/Habersack, Kommentar, § 322, Rn. 5.

einem Beherrschungsvertrag. Hier wie dort kann das Risiko der unbeschränkt persönlichen Haftung nicht als sittenwidrig beurteilt werden.

2. Gesamtschuldnerausgleich

Mehrere phG haften den Gläubigern als Gesamtschuldner (§§ 278 II Alt.3 AktG, 161 II, 128 S.1 HGB). Erweist sich der infolge einer Gläubigerbefriedigung gegen die KGaA erworbene Regressanspruch als nicht durchsetzbar (z.B. wegen Illiquidität der Gesellschaft[164]), so kann der Leistende nach h.M. über den Gesamtschuldnerausgleich des § 426 I 1 BGB eventuell vorhandene andere phG in Anspruch nehmen.[165] Zur Vermeidung einer „Regressspirale“ kommt dann jedoch nur ein Ausgleich in Höhe des jeweiligen Verlustanteils in Betracht (pro-rata-Regress).[166]

Dieser Weg steht prima vista nur bei Vorhandensein mehrerer phG offen. Dies umfasst freilich auch den Fall, dass das Mutterunternehmen selbst die Stellung eines phG einnimmt; dann könnte sich über § 426 BGB ein Direktanspruch gegen dieses ergeben. Bei der Eingliederung ist darüber hinaus eine Beteiligung der Hauptgesellschaft am Gesamtschuldnerausgleich bereits wegen *§ 322 AktG* in Erwägung zu ziehen, sofern man das Verhältnis zwischen dieser und den phG nach Gesamtschuldregeln behandelt.

Beachtlich ist jedoch, dass der Gesamtschuldnerausgleich nur *subsidiär* gegenüber dem Regress nach §§ 110 HGB, 257 BGB existiert.[167] Aus Sicht der in Anspruch genommenen phG ist dieser aber – Solvenz der Konzernmutter vorausgesetzt – *während* der Konzernierung ohne weiteres durchsetzbar: beim Beherrschungsvertrag gegen die Tochter-KGaA, bei der Eingliederung über § 322 AktG unmittelbar gegen die Hauptgesellschaft. In dieser Zeit kann dem Ausgleich nach § 426 BGB Bedeutung allenfalls bei Zahlungsunfähigkeit des Mutterunternehmens zufallen. Dann hilft dem betroffenen phG aber auch kein Gesamtschuldregress gegen das Mutterunternehmen. Ihm blieben nur etwaige Mitgesellschafter als Schuldner. Ein Rückgriff auf diese würde indes das hier thematisierte Haftungsrisiko nur verlagern und auf die Gruppe der phG verteilen. Sofern das Haftungsrisiko entsprechend hoch und die Leistungsfähigkeit der anderen dadurch in gleichem Maße gefährdet ist wie bei dem Betroffenen, kommt dieser Option keine entlastende Wirkung zu. Der in Anspruch genommene phG läuft dann weiterhin Gefahr, auf der im Fremdinteresse veranlassten und mitunter Existenz bedrohenden Haftung sitzen zu bleiben. Hinzu kommt, dass der

---

164 Vgl. *BGH*, WM 1979, S. 1282; ausführlich *Martens*, in: Schlegelberger, HGB, § 110, Rn. 7.

165 Anders als bei einer direkten Anwendung des § 128 HGB, steht dem auch § 707 BGB nicht entgegen, denn der Anspruch beruht nicht auf dem Gesellschaftsverhältnis; vgl. *Schmidt*, GesR, S. 1437.

166 *Emmerich*, in: Heymann, HGB, § 110, Rn. 15 m.w.N.; speziell zur KGaA *Schütz/Reger*, in: Schütz/Bürgers/Riotte, KGaA, § 5, Rn. 224.

167 *Schmidt*, GesR, S. 1437 m.w.N.; *Walter*, JuS 1982, S. 81, 84.

Rückgriff nur *pro rata* stattfindet, ein voller Ausgleich somit nur ausnahmsweise möglich ist. – Der Gesamtschuldnerausgleich im Verhältnis der phG untereinander kann daher kaum geeignet sein, das hier thematisierte Haftungsrisiko für die phG zu kompensieren.

Sofern das Mutterunternehmen selbst am Gesamtschuldnerausgleich teilnehmen würde – was bei der Eingliederung wegen § 322 AktG naheliegt – könnte der Weg über § 426 BGB aber für die Zeit *nach Ende der Konzernierung* Bedeutung erlangen. Auch dies setzte jedoch voraus, dass der Regressanspruch nicht mehr auf andere Weise gesichert ist. Ob das nach Beendigung des Beherrschungsvertrags oder der Eingliederung der Fall ist, soll nunmehr im letzten Abschnitt dieses Kapitels untersucht werden.

VIII. Schutz der persönlich haftenden Gesellschafter nach Beendigung der Konzernierung

1. Gefährdungspotential

Es hat sich gezeigt, dass das Risiko der unbeschränkten Außenhaftung für die phG *während* der beherrschungsvertraglichen bzw. institutionellen Konzernierung ihrer KGaA durch die Sicherung der Regress- bzw. Freistellungsansprüche kompensiert wird. Rechtsgeschäftliche Regelungen sind insoweit entbehrlich, weil sich ein hinreichender Schutz bereits ex lege ergibt.

Bislang noch nicht betrachtet wurde die Situation *nach Beendigung* des Beherrschungsvertrags bzw. der Eingliederung.[168] Hier scheinen die genannten Kompensationsinstrumente nicht mehr einzugreifen: Sowohl die Ausgleichsansprüche nach §§ 302 I, 324 III AktG als auch die beherrschungsvertragliche Alimentierungspflicht sind nur während der Dauer der Konzernierung anwendbar.[169] Auch die Haftung der Hauptgesellschaft gem. § 322 AktG setzt voraus, dass die Verbindlichkeit spätestens während der Eingliederung begründet wurde.

Die Gefahr, trotz mitunter umfangreicher Inanspruchnahme durch Gesellschaftsgläubiger mit ihren Regressansprüchen auszufallen, ist für die phG nunmehr virulent. Hinzu kommt das Risiko, dass die aus dem Konzernverbund entlassene Gesellschaft dauerhaft nicht mehr selbstständig *wettbewerbsfähig* ist. Die Auflösung von Rücklagen, Veränderungen im Anlage- und Umlaufvermögen, konzernbedingte Spezialisierungen im Produktions- und Absatzbereich oder Maßnahmen der Personalpolitik seien nur beispielhaft als Ursachen genannt. – Es fragt sich, ob das Mutterunternehmen verpflichtet ist, derartige Gefahren

[168] Zu den Beendigungsgründen ausführlich *Wilhelm*, Beendigung, S. 9 ff.
[169] Vgl. *Emmerich*, in: Emmerich/Habersack, Kommentar, § 302, Rn. 38.

von der Tochtergesellschaft abzuwenden, also für deren wirtschaftliche Existenz auch nach Beendigung der Konzernierung zu sorgen.

2. Nachwirkende Überlebenshilfen?

a) Beherrschungsvertrag

Zumindest für den Beherrschungsvertrag wird eine Pflicht des Mutterunternehmens zur nachvertraglichen Existenzsicherung zum Teil aus der Maßgeblichkeit des Konzerninteresses bzw. einer immanenten Beschränkung des Weisungsrechts abgeleitet.[170] Dies überzeugt nicht: Weder das Konzerninteresse noch die (nicht einmal zwingende) Leitungsmacht des Mutterunternehmens vermögen eine derartige Verpflichtung *während* der Vertragsdauer zu begründen.[171] Nicht einzusehen ist, warum *nach* Vertragsende etwas anderes gelten soll. – Eine solche Pflicht wäre im Übrigen praktisch nicht zu realisieren: Wirtschaftlicher Zweck der Konzernierung ist es ja gerade, die Funktionen des Tochterunternehmens in den Dienst der übergeordneten Unternehmenseinheit zu stellen. Stünde die Leitung des Tochterunternehmens fortwährend unter dem Vorbehalt einer Wiedererlangung der wettbewerblichen Selbstständigkeit,[172] so würde dieser Zweck regelmäßig vereitelt werden, zumal sich fast jede nachteilige Maßnahme auf den Zustand nach Vertragsende auswirken wird.[173] Der Beherrschungsvertrag führt zwar nicht zu einer vollständigen finanziellen, wohl aber zu einer umfassenden *wettbewerblichen Integration* der Tochtergesellschaft. Hinzu tritt, dass sich die Dauer der Konzernierung und damit der Zeitpunkt, auf den die angebliche Vorsorge abzielt, nicht immer prognostizieren lässt.

Die gleichen Argumente stehen der Auffassung entgegen, die Geschäftsführer der künftigen Tochtergesellschaft seien zur Meidung einer Schadensersatzhaftung verpflichtet, im Zuge der Vertragsverhandlungen für die Implementierung sog. „Wiederaufbauhilfen" zu sorgen.[174] Eine solche Verpflichtung besteht weder für die Zeit der Vertragsdauer noch für die Folgezeit. Nicht ausgeschlossen ist freilich, dass derartige Vereinbarungen dennoch getroffen werden; nur wird man sie eben nicht als notwendigen Bestandteil des Beherrschungsvertrags ansehen können.

Zu beachten ist ferner, dass die Konzernunterordnung in der Praxis nicht selten den letzten Ausweg für akut sanierungsbedürftige Gesellschaften darstellt. In diesen Fällen erscheint es geradezu unzumutbar für das Mutterunternehmen, wä-

---

[170] *Kleindiek*, Strukturvielfalt, S. 206 f.; *Wilhelm*, Beendigung, S. 120 f.

[171] S.o., VI, 2.

[172] Dies fordern *Kleindiek*, Strukturvielfalt, S. 208 f. und *Wilhelm*, Beendigung, S. 141.

[173] Auf die praktische Undurchführbarkeit einer solchen Einschränkung weist auch *Altmeppen*, in: MK AktG, § 302, Rn. 40 hin.

[174] *Geßler*, in: Geßler/Hefermehl, AktG, § 300, Rn. 6; *ders.*, ZHR 146 (1976), S. 433, 435; *Wilhelm*, Beendigung, S. 116.

re es verpflichtet, die ursprünglich gar nicht vorhandene Wettbewerbsfähigkeit nach Vertragsende zu garantieren.

Maßgebend für die Beantwortung der vorliegenden Frage kann wiederum allein der Blick auf das gesetzliche Schutzsystem der §§ 300 ff. AktG sein: Aus diesem wurde eine Pflicht des Mutterunternehmens zur Existenzsicherung während der Vertragsdauer abgeleitet. Ausschlaggebendes Argument hierfür war insbesondere die Regelung des *§ 303 AktG*, welche ein Sicherungsbedürfnis für die Gesellschaftsgläubiger erst für den Fall der Vertragsbeendigung anerkennt. Wäre das Überleben der Tochtergesellschaft nach Vertragsende gewährleistet, so hätte es dieser Vorschrift nicht bedurft. Hieraus folgert die h.M. zu Recht, eine Existenzsicherungspflicht komme nach Ende des Beherrschungsvertrags nicht mehr in Betracht.[175]

Eine gewisse, wenn auch völlig unzureichende Vorsorge für die Zeit nach der Konzernierung ergibt sich immerhin aus der Tatsache, dass das Anfangsvermögen der Tochtergesellschaft bilanzmäßig zu schützen ist (§§ 301, 302 AktG) und darüber hinaus weiterhin eine Dotierung der gesetzlichen Rücklage stattfindet (§ 300 AktG). Die angesprochenen Gefahren bezüglich der Zahlungs- und Wettbewerbsfähigkeit sind damit jedoch nicht ausgeräumt.

b) Eingliederung

Im Fall der institutionellen Konzernierung liegen die Dinge noch eindeutiger: Hier besteht für die Hauptgesellschaft nicht einmal während der Eingliederung eine Pflicht, den Bestand der eingegliederten Gesellschaft zu gewährleisten. Es wäre widersinnig, eine derartige Pflicht nach Beendigung anzuerkennen, denn andernfalls würden die weitgehenden Möglichkeiten der wirtschaftlichen Integration ihren Wert verlieren.[176]

3. Sicherung der persönlich haftenden Gesellschafter

Realisiert sich das Haftungsrisiko für die phG nach Ende der beherrschungsvertraglichen oder institutionellen Konzernunterordnung, so laufen sie Gefahr, mit ihren Regressansprüchen gegen die wirtschaftlich geschwächte und mitunter zahlungsunfähige KGaA auszufallen. Bei der Analyse dieses Risikos ist danach zu differenzieren, ob die betreffende Verbindlichkeit vor oder nach dem Zeitpunkt der Beendigung *begründet* wurde.

---

[175] *Emmerich*, in: Emmerich/Habersack, Kommentar, § 296, Rn. 27; BGHZ 135, S. 374, 378.

[176] Wohl unbestr.; vgl. aber *Baumbach/Hueck*, AktG, § 324, Rn. 5, die scheinbar davon ausgehen, dass der Verlustausgleich nach § 324 III AktG die spätere Lebensfähigkeit der eingegliederten Gesellschaft zu sichern vermag.

a) Nach Konzernende begründete Verbindlichkeiten

Endet der Beherrschungsvertrag oder die Eingliederung, so endet auch die Maßgeblichkeit des Konzerninteresses als alleinigem Leitungsmaßstab.[177] Die KGaA wird wieder im *Eigeninteresse* geleitet, die Verwaltung hat sich ausschließlich an deren Wohl zu orientieren und trägt hierfür die volle Verantwortung (§§ 283 Nr.3, 93 AktG). Beurteilungsgrundlage für künftige unternehmerische Entscheidungen ist die aktuelle wirtschaftliche Lage nach Ausscheiden aus dem Konzernverbund. Ab diesem Zeitpunkt dürfen keine neuen Verbindlichkeiten eingegangen werden, welche die KGaA in finanzieller Hinsicht überfordern würden.[178]

Für die phG liegt darin kein unzumutbarer Zustand; ihr Haftungsrisiko ist durch das Regulativ des eigenbezogenen Verbandsinteresses determiniert und damit wieder kalkulierbar. Zur Erinnerung: Das Urteil der Sittenwidrigkeit wurde mit der Gefahr begründet, in unkalkulierbarem Umfang und ohne hinreichende Kompensationsperspektive für eine an *Fremd*interessen orientierte Unternehmenspolitik einstehen zu müssen.

Dass die KGaA mitunter nicht mehr lebensfähig ist, ändert hieran nichts. Die Geschäftsführung hat ihre Unternehmenspolitik an den neuen Verhältnissen auszurichten, gegebenenfalls die Eingehung neuer Verbindlichkeiten zu unterlassen und – falls erforderlich – einen Insolvenzantrag zu stellen bzw. auf Abwicklung hinzuwirken. Das Risiko für die phG ist dann kein anderes, als wenn sie sich an einer maroden Gesellschaft beteiligen würden. Dies wäre aber kein sittenwidriger Vorgang. Die Verschlechterung der wirtschaftlichen Situation führt nämlich keineswegs zur Nichtigkeit eines Gesellschaftsvertrags, nur weil unbeschränkt haftende Gesellschafter an ihm beteiligt sind. Zu erwägen ist in diesem Fall allenfalls ein außerordentliches Kündigungsrecht.[179]

Besonderheiten für die hier interessierende Frage gelten folglich nur für *„Altschulden"*, also für solche Verbindlichkeiten, die vor der Konzernbeendigung (bzw. deren Eintragung ins Handelsregister) begründet wurden, aber erst danach bei den phG geltend gemacht werden. Diese beruhen wirtschaftlich noch auf einer Unternehmensleitung im Konzerninteresse. Sofern die Gesellschaft nunmehr infolge der Konzernunterordnung zahlungsunfähig wird, kann sich für die phG das thematisierte Gefährdungspotential realisieren. – Mit Blick auf die Intensität dieser Gefahr ist abermals zwischen Beherrschungsvertrag und Eingliederung zu differenzieren, wobei diesmal mit dem weniger problematischen Fall der Eingliederung begonnen werden soll:

---

[177] Ausnahmen sind freilich denkbar, wenn die vormalige Konzernform durch einen neuen Beherrschungsvertrag oder eine neue Eingliederung ersetzt wird.

[178] § 93 AktG.

[179] Hierzu s.u., § 13, III, 2.

b) Eingliederung

Der Regressanspruch des phG aus § 110 HGB entsteht, sobald dieser zum Zweck der Erfüllung einer Gesellschaftsschuld an einen Gesellschaftsgläubiger leistet; in diesem Zeitpunkt wird er auch fällig (§ 271 BGB).[180] Steht eine Inanspruchnahme ernstlich bevor, so ist für die Entstehung des Freistellungsanspruchs analog § 257 BGB dieser Zeitpunkt ausschlaggebend. Zu untersuchen ist, ob sich die oben grundsätzlich bejahte Haftung der Hauptgesellschaft gem. § 322 AktG noch auf diese Ansprüche bezieht, wenn deren Voraussetzungen erst *nach* Beendigung der Eingliederung eintreten.

§ 322 AktG setzt voraus, dass die Verbindlichkeit vor Eintragung der Beendigung ins Handelsregister *begründet* wurde. Mitunter können sich Gläubiger aber auf die 15-Tages-Frist des § 15 II 2 HGB berufen.[181] Für den gesellschaftsinternen Regressanspruch der phG aus §§ 110 HGB, 257 BGB dürfte diese „Schonfrist" freilich keine Anwendung finden, denn diesen steht hinsichtlich eines derart folgenreichen Vorgangs wie der Beendigung der Eingliederung in jedem Fall ein umfassendes Auskunftsrecht gegenüber der Geschäftsleitung zu (§§ 278 II Alt.2 AktG, 161 II, 105 III HGB, 242 BGB[182]), weshalb hier mindestens ein „Kennenmüssen" der Beendigung i.S.d. § 15 II 2 a.E. HGB unterstellt werden muss.

Hinsichtlich des „Begründetseins" gelten nach ganz h.M. die gleichen Grundsätze wie bei § 160 HGB. Begründet ist die Verbindlichkeit also jedenfalls im Zeitpunkt ihrer rechtlichen Entstehung.[183] Für die Ansprüche aus §§ 110 HGB, 257 BGB kommt dieser Zeitpunkt allerdings – wie gesehen – zu spät. Als ausreichend wird es aber schon betrachtet, wenn alle zur Anspruchsentstehung erforderlichen Tatsachen vor der Eintragung vorliegen und es insoweit keiner weiteren Handlung des Gläubigers mehr bedarf.[184] Nahezu unbestritten sind deshalb befristete und bedingte Ansprüche bereits begründet.[185]

Voraussetzung des Gesellschafterrückgriffs ist einerseits eine entsprechende Gesellschaftsschuld, für die der Betroffene persönlich haftet, andererseits eine Inanspruchnahme durch den Gläubiger. In den hier interessierenden Fällen ist die Gesellschaftsschuld (und damit auch die persönliche Haftung) vor Eintragung begründet worden. Auf die spätere Inanspruchnahme hat der phG keinen Einfluss; die Situation ist nicht anders gelagert als im Fall eines aufschiebend bedingten Anspruchs. Der Rechtsgrund für den Regressanspruch wird also in

---

[180] *Emmerich*, in: Heymann, HGB, § 110, Rn. 17.

[181] *Habersack*, in: Emmerich/Habersack, Kommentar, § 322, Rn. 5.

[182] A.A. (für die Gesellschafter einer oHG) *Michalski*, OHG, § 118, Rn. 13: §§ 713, 666 BGB.

[183] Vgl. *Grunewald*, in: MK AktG, § 322, Rn. 8; *Altmeppen*, in: MK AktG, § 303, Rn. 15.

[184] BGHZ 116, S. 37, 46 f. = NJW 1992, S. 505 (Stromlieferung); *Altmeppen*, in: MK AktG, § 303, Rn. 16; *Habersack*, in: GK HGB, § 160, Rn. 10 (jeweils m.w.N.); a.A.: *Honsell/Harrer*, ZIP 1986, S. 341, 344 ff.; *Moll/Hottgenroth*, RdA 1994, S. 223, 224 ff.

[185] H.M., vgl. *Krieger*, FS Nirk, S. 551, 554 f. m.w.N.; anders noch *Geßler*, in: Geßler/Hefermehl, AktG, § 303, Rn. 8: Nur bei Potestativbedingung.

dem Augenblick gelegt, in dem die entsprechende (Haupt-)Verbindlichkeit der Gesellschaft und somit die persönliche Haftung gem. § 128 HGB begründet wird. In diesem Zeitpunkt ist auch er begründet.

Hieraus folgt, dass sich die Haftung der Hauptgesellschaft gem. § 322 AktG auch dann noch auf den Regressanspruch eines phG bezieht, wenn dieser nach Eintragung der Beendigung entsteht, sofern nur die entsprechende Gesellschaftsschuld vor Eintragung begründet wurde. Dafür lässt sich nicht zuletzt auch der Zweck des § 322 AktG anführen: Gläubiger von Ansprüchen, deren *Ursache* noch in einer Zeit liegt, in der die Unternehmenspolitik vollumfänglich auf die Belange des Konzerns ausgerichtet war, sollen durch die Beendigung der Eingliederung nicht benachteiligt werden. Ursache für die Ansprüche aus §§ 110 HGB, 257 BGB ist die persönliche Haftung. Liegen deren wirtschaftliche Wurzeln aber noch in der Eingliederungsphase, so ist nicht einzusehen, warum die Hauptgesellschaft nicht auch für den hieraus erwachsenden Rückgriff einstehen sollte.

Der Schutz zugunsten der phG wird insoweit über das Ende der Eingliederung hinaus verlängert; für Verbindlichkeiten, die später begründet werden, gilt das oben Gesagte. Einen Rückgriff auf § 426 BGB bedarf es daher nicht. – Nach hier vorgeschlagener Auslegung laufen die phG auch nicht Gefahr, wegen Verjährung mit ihrem (künftigen) Anspruch gegen die frühere Hauptgesellschaft auszufallen: Entgegen der wohl h.M. verjähren Ansprüche der Altgläubiger, die erst nach Eintragung fällig werden, gem. § 327 IV AktG nämlich erst fünf Jahre nach Fälligkeit.[186]

c) Beherrschungsvertrag

Während der Vertragsdauer sind die phG dadurch geschützt, dass die KGaA ständig mit der notwendigen Liquidität ausgestattet werden muss. Für die Zeit nach Ende des Beherrschungsvertrags besteht eine solche Liquiditätsgarantie nicht. Selbst wenn man davon ausgeht, dass sämtliche während der Vertragsdauer begründeten wirtschaftlichen Nachteile der Tochtergesellschaft in der bei Vertragsende zwingend aufzustellenden Schlussbilanz gem. § 302 I AktG bilanziell ausgeglichen werden, würde dies nicht notwendig einen ausreichenden Zufluss an Liquidität nach sich ziehen. Denn ausgleichspflichtig ist allein der bilanzmäßige Jahresfehlbetrag, welcher grundsätzlich unbeeinflusst von der Liquiditätslage ist.[187] – Endet der Beherrschungsvertrag, so trifft das Mutterunternehmen indes keine Pflicht, über den bilanziellen Schlussausgleich hinaus Liquiditätshilfen zu gewähren. Wäre es verpflichtet, der Tochtergesellschaft Liquidität in dem Maße zuzuführen, dass diese sämtliche bereits begründeten Ver-

[186] S.o., VI, 4, b, aa.

[187] Das gilt grundsätzlich auch dann, wenn man eine Schlussbilanz auf Basis von Zerschlagungswerten fordert, wie vor allem *Altmeppen*, in: MK AktG, § 303, Rn. 39 ff.

bindlichkeiten erfüllen könnte,[188] so hätte es – wie bereits dargelegt – der Vorschrift des § 303 AktG nicht bedurft.

Damit erscheint die Lage der phG nach Ende des Beherrschungsvertrags ungleich prekärer als bei der Eingliederung, wo der später entstehende Regressanspruch durch § 322 AktG gesichert wird. Fehlt es an besonderen rechtsgeschäftlichen Freistellungen oder sonstigen Sicherheiten durch das Mutterunternehmen, so laufen sie Gefahr, für konzernbedingte Risiken in unkalkulierbarem Umfang einstehen zu müssen, ohne über einen gesicherten Rückgriffsanspruch zu verfügen. – Dieses Ergebnis stünde offenkundig im Widerspruch zur eben behandelten Rechtslage nach beendeter Eingliederung: Warum aber sollen die phG nach der institutionellen Konzernierung besser gestellt sein als nach der beherrschungsvertraglichen? Dass die vertragsbeherrschte Gesellschaft während der Konzernierung einen weitergehenderen Substanzschutz genießt als die eingegliederte, wird hierfür kaum ausschlaggebend sein, weil daraus – wie gesehen – keineswegs Rückschlüsse auf die nachvertragliche Lebensfähigkeit gezogen werden können. Es drängt sich daher die Frage auf, ob nicht der spezifische Gläubigerschutz des *§ 303 AktG* auch die Rückgriffsansprüche der phG zu sichern vermag.

Auch § 303 AktG erfasst nur Ansprüche, die vor der Eintragung des Vertragsendes *begründet* worden sind. Für die Frage, wann dies im Hinblick auf §§ 110 HGB, 257 BGB der Fall ist, gilt das zu § 322 AktG Gesagte. Sofern der phG einen Gläubiger befriedigt, dessen Forderung vor Eintragung begründet wurde, gilt auch der Regressanspruch als in diesem Zeitpunkt begründet.

Dennoch bestehen Bedenken, den Gläubigerschutz des § 303 AktG auf die rückgriffsbedingten Sozialverbindlichkeiten der Tochtergesellschaft zu erstrecken. Anders als bei § 322 AktG handelt es sich hierbei nicht um die „Verlängerung“ einer schon während der Konzernierung bestehenden Haftung, sondern um eine Sicherheitsleistung, die erstmals nach deren Ende eingreift und gegebenenfalls durch eine Bürgschaft ersetzt werden kann (§ 303 III AktG). Die befristete Meldeobliegenheit der Gläubiger (§ 303 I 1 a.E. AktG) macht deutlich, dass der mit § 303 AktG intendierte Schutz auch nicht ohne weiteres eingreift, sondern eine Initiative der Gläubiger voraussetzt. Diese Unterschiede wiegen jedoch nicht so schwer, dass sie eine Ungleichbehandlung für die vorliegend untersuchte Frage rechtfertigen könnten:

Auch der Gläubigerschutz des § 303 AktG beruht maßgeblich auf der Erwägung, dass Mutter- und Tochterunternehmen Teil eines einheitlichen, im Konzerninteresse geleiteten Gesamtunternehmens sind. Den Gläubigern, die allein mit dem wirtschaftlich unselbstständigen Konzernglied in Kontakt treten, ist eine Haftungsmasse zu sichern, welche die konzerndimensional gesteigerten Risiken hinreichend abfedert. Bei der Eingliederung geschieht dies durch die per-

[188] So *Altmeppen*, in: MK AktG, § 303, Rn. 41 u. insbes. 54, allerdings begrenzt auf fällige Ansprüche.

sönliche Haftung der Hauptgesellschaft, die das konzerndimensionale Gesamtunternehmen repräsentiert.[189] Beim Beherrschungsvertrag ist eine derartige Sicherung aufgrund der umfassenden Alimentierungspflicht während der Vertragsdauer entbehrlich. Mit deren Ende lebt das durch die Diskrepanz von Leitungsmaßstab und Haftungsmasse bedingte Sicherungsbedürfnis zumindest für die Gläubiger wieder auf, deren Ansprüche noch unter dem Einfluss der Konzernierung begründet wurden. Statt eines unmittelbaren Zugriffs auf das Vermögen der ehemaligen Konzernmutter sieht § 303 AktG allerdings bloß deren Verpflichtung zur Sicherheitsleistung vor. Dass hierin keine entscheidende Abweichung zum Schutzkonzept des § 322 AktG besteht, wird offenbar, wenn man die Pflicht zur Sicherheitsleistung mit der h.M. bei Vermögenslosigkeit der Tochtergesellschaft zu einem unmittelbaren Zahlungsanspruch analog § 322 AktG werden lässt.[190] Es kann offen bleiben, unter welchen Voraussetzungen ein solcher Direktanspruch anzunehmen ist.[191] Seine grundsätzliche Anerkennung macht deutlich, dass der beherrschungsvertragliche und der eingliederungsspezifische Gläubigerschutz nach Ende der Konzernierung auf den gleichen ökonomischen Erwägungen beruht. Auch die Verpflichtung der Konzernmutter zur Sicherheitsleistung gem. § 303 AktG ist der Preis für die Teilnahme des vormals in ihrem Sonderinteresse geleiteten Gesamtunternehmens am Rechts- und Wirtschaftsverkehr.

Weil § 110 HGB das Risiko der Außenhaftung im Ergebnis dem Unternehmensträger zuweisen will, ist es nur konsequent, die Pflicht der ehemaligen Konzernmutter zur Sicherheitsleistung auch auf die haftungsbedingten Regressansprüche zu erstrecken. Die phG können daher nach Vertragsende verlangen, für künftige Regressansprüche, die mit Blick auf bereits begründete Gesellschaftsverbindlichkeiten in Aussicht stehen, nach Maßgabe des § 303 AktG gesichert zu werden. Voraussetzung ist freilich, dass sie dies innerhalb der 6-Monats-Frist beim Mutterunternehmen anmelden. Sofern die Leistungsunfähigkeit der Tochter-KGaA bereits feststeht, verwandelt sich der Anspruch auf Sicherheitsleistung – unter im Detail umstrittenen Voraussetzungen – in einen unmittelbar gegen das Mutterunternehmen gerichteten Zahlungsanspruch analog § 322 AktG.

d) Fazit

Die phG sind auch nach Ende des Beherrschungsvertrags oder der Eingliederung im Hinblick auf das Risiko der unbeschränkten Außenhaftung hinreichend ge-

---

[189] Zu dieser Begründung s.o., VII, 1.

[190] Umfangreiche Nachw. bei *Emmerich*, in: Emmerich/Habersack, Kommentar, § 303, Rn. 24, Fn. 59 (zumeist zum „qualifizierten" faktischen GmbH-Konzern).

[191] Vgl. *Emmerich/Sonnenschein/Habersack*, KonzernR, S. 301 f.: Erst wenn feststeht, dass ein Insolvenzverfahren über das Vermögen der Tochtergesellschaft nicht mehr durchgeführt wird. Hiergegen *Altmeppen*, in: MK AktG, § 303, Rn. 42 ff.: Direktanspruch schon im Insolvenzverfahren.

schützt. Sofern es um die Haftung für Gesellschaftsverbindlichkeiten geht, deren Rechtsgrund nach Konzernende gelegt wurde, realisiert sich überhaupt kein konzernspezifisches Risiko mehr. Die Geschäftsführung darf solche Verbindlichkeiten nur eingehen, wenn dies die wirtschaftliche Lage der Gesellschaft zulässt.

Aber auch bezüglich solcher Gesellschaftsverbindlichkeiten, deren Rechtsgrund noch vor Konzernende gelegt wurde, erweist sich der Schutz der phG als ausreichend. Ihre Regressansprüche aus §§ 110 HGB, 257 BGB sind in diesem Fall durch § 322 AktG bzw. § 303 AktG gesichert. Ist die KGaA nicht selbst in der Lage, diese zu erfüllen, können die phG auf diese Sicherheiten zurückgreifen.

IX. Ergebnis zum Haftungsrisiko

Aus der unbeschränkten Haftung mindestens eines phG lassen sich keine Argumente gegen die Legitimität der beherrschungsvertraglichen oder institutionellen Konzernunterordnung einer KGaA ableiten. Obwohl die Tochter-KGaA während der Konzernierung nicht mehr im Eigeninteresse geleitet wird und im Hinblick auf ihre unternehmerischen Aktivitäten auf das konzerndimensionale Gesamtunternehmen ausgerichtet ist, kann das Haftungsrisiko für die phG weder beim Beherrschungsvertrag noch bei der Eingliederung als sittenwidrig eingestuft werden. Werden sie von einem Gesellschaftsgläubiger in Anspruch genommen, so erwerben sie *Regressansprüche* gegen die Gesellschaft (§ 110 HGB); u.U. kommt ein vorwirkender Befreiungsanspruch (§ 257 BGB) in Betracht. Die damit eröffnete Rückgriffsperspektive erweist sich für die phG als *werthaltig*, solange das Mutterunternehmen zahlungsfähig ist. Dieses Risiko ist aber schon deshalb hinzunehmen, weil das Mutterunternehmen – anders als die Tochtergesellschaft – im Eigeninteresse geleitet wird und das Konzerninteresse überdies als dessen konzernbezogenes Sonderinteresse zu qualifizieren ist.[192]

Die Werthaltigkeit der Regressansprüche ergibt sich während des Bestands eines *Beherrschungsvertrags* aus der umfassenden Überlebensgarantie für die Tochtergesellschaft, die eine kontinuierliche Liquiditätsausstattung nach sich zieht. Nach Vertragsende wird der Schutz auf das Mutterunternehmen verlagert, welches das nachwirkende konzernspezifische Haftungsrisiko über § 303 AktG abzusichern hat. Sofern das nachvertragliche Risiko seinen Grund nicht mehr in der Konzernierung findet, wird es durch das wieder auflebende Regulativ des eigenbezogenen Verbandsinteresses begrenzt.

---

[192] Zu den Fällen mehrstufiger Unternehmensverbindungen s.o., IV.

Bei der *Eingliederung* wird das konzernspezifische Haftungsrisiko zu jeder Zeit durch die Haftung der Hauptgesellschaft gem. § 322 AktG abgefedert, welche ohne weiteres auch die Regressansprüche der phG umfasst.

Die angeführten und für ausreichend befundenen Kompensationsinstrumente ergeben sich bereits aus dem zwingenden gesetzlichen Regelungsgefüge. Es bedarf daher keiner zusätzlichen rechtsgeschäftlichen Vereinbarungen zugunsten der phG. Ebenfalls unerheblich ist, ob es sich bei diesen um natürliche oder juristische Personen handelt.

§ 12: Konzernunterordnung und Verlustbeteiligung der persönlich haftenden Gesellschafter

I. Gefährdungspotential

Risiken drohen den phG nicht nur im Außenverhältnis, sondern ebenso im Innenverhältnis – und zwar dann, wenn sie an den *Verlusten* der KGaA beteiligt sind. Selbst bei vollständigem Wegfall des Haftungsrisikos kann ihre Vermögenssphäre durch entsprechende Verlustzuweisungen erheblich beeinträchtigt werden.[1] Eine Beteiligung an den Verlusten kann allerdings in der Satzung ausgeschlossen werden, da sich die vermögensbezogene Stellung der phG gegenüber der KGaA nach dispositivem Kommanditrecht richtet (§ 278 II Alt.2 AktG).[2] Die folgenden Betrachtungen sind nur für Fälle bedeutsam, in denen eine solche Regelung *nicht* getroffen wurde, die phG also mit ihrem eigenen Vermögen für wirtschaftliche Fehlleistungen der Gesellschaft geradestehen müssen.

Durch die Konzernunterordnung und die damit verbundene umfassende wirtschaftliche und wettbewerbliche Integration in das übergeordnete Gesamtunternehmen kann es in der Tochtergesellschaft zu erheblichen Verlusten kommen. Diese sind zwar durch das Mutterunternehmen auszugleichen (§§ 302 I, 324 III AktG), ungeklärt ist aber, in welchem Verhältnis die konzernspezifische Ausgleichspflicht und die Verlustzuweisung an die phG stehen. Denkbar ist, dass die §§ 302 I, 324 III AktG einer Verlustbeteiligung a priori entgegenstehen; möglich ist aber auch umgekehrt, dass diese dem konzernrechtlichen Ausgleich vorgeht. In diesem Fall würde sich das soeben im Zusammenhang mit der Außenhaftung diskutierte Gefährdungspotential in mittelbarer Form realisieren.

Der Verlustanteil der phG ist gem. § 286 II 2 AktG zwingend von deren Kapitalanteil abzuschreiben, sodass dieser – bei entsprechendem Verlustumfang – negativ werden kann.[3] Ein negativer Kapitalanteil führt zwar nur bei besonderer Satzungsklausel zu einem sofortigen Anspruch der Gesellschaft, der betroffene Gesellschafter muss aber spätestens im Rahmen einer Gesamtabrechnung anlässlich der Liquidation oder seines Ausscheidens dafür aufkommen (§§ 278 II AktG, 161 II, 155, 105 III HGB, 735, 739 BGB).[4] Auf diese Weise läuft er nicht nur Gefahr, eine eventuell geleistete Vermögenseinlage zu verlieren, sondern auch in unbegrenzter Höhe mit seinem gesamten gegenwärtigen und künftigen

---

[1] *Burbach*, Personenhandelsgesellschaft, S. 258 f. mit Blick auf die Parallelproblematik bei Personengesellschaften.

[2] *Wichert*, Finanzen, S. 149. Zum Ausschluss der Gesellschafter einer oHG vom Verlust vgl. *Michalski*, OHG, § 121, Rn. 8.

[3] Eine bei der KG mögliche Verbuchung auf einem Verlustsonderkonto ist nicht möglich, vgl. *Semler/Perlitt*, in: MK AktG, § 286, Rn. 87; *Assmann/Sethe*, in: GK AktG, § 286, Rn. 39 m.w.N.; *Sethe*, DB 1998, S. 1044, 1047.

[4] *Martens*, in: Schlegelberger, HGB, § 120, Rn. 26; *Michalski*, OHG, § 121, Rn. 5.

Vermögen für eine an Fremdinteressen orientierte Unternehmenspolitik einstehen zu müssen. Erreichen die Verluste einen bestimmten Umfang, kann den phG hierdurch der Verlust ihrer Lebensgrundlage bzw. die Vernichtung ihrer wirtschaftlichen, mitunter auch rechtlichen Existenz drohen. Das im vorhergehenden Kapitel behandelte Risiko wird damit allenfalls verzögert, besitzt aber die gleiche Brisanz. Auch hier stellt sich die Frage, ob die Betroffenen durch den konzernspezifischen Interessenumbruch einem Risiko ausgesetzt werden, das gegen die guten Sitten verstößt.

Zur Abfederung des Verlustrisikos ist zuallererst an rechtsgeschäftliche Vereinbarungen zu denken, vor allem an eine Verlustfreistellung durch das Mutterunternehmen bzw. einen Verlustausschluss. Fehlt es hieran oder können sich die Beteiligten im Zuge der Verhandlungen nicht einigen, so kommt es darauf an, ob sich eine hinreichende Risikokompensation bereits *ex lege* ergibt.

II. Zustimmungserfordernisse zugunsten der persönlich haftenden Gesellschafter

Zunächst ist darauf hinzuweisen, dass das Risiko einer existenzvernichtenden Verlusttragung nicht bereits durch das Zustimmungserfordernis des *§ 286 I 2 AktG* ausgeräumt wird. Nach dieser Vorschrift bedarf die Feststellung des Jahresabschlusses der Zustimmung der phG.

Das Zustimmungsgebot eröffnet den phG die Möglichkeit, durch entsprechende Verweigerung die Feststellung des Jahresabschlusses – und damit auch die Verlustzuweisung – zu verhindern. Zu berücksichtigen ist aber, dass viele konzerntypische Verluste im Zeitpunkt der Bilanzfeststellung bereits irreversibel eingetreten sind, da die ihnen zugrunde liegenden unternehmerischen Entscheidungen im Verlauf des Geschäftsjahres getroffen wurden. Zu denken ist beispielhaft an die Leistung sog. Konzernumlagen oder überhöhte Zahlungen für den Erwerb von Grundstücken. Die wirtschaftlichen Folgen derartiger Vorgänge können auch durch eine Zustimmungsverweigerung nicht aus der Welt geschafft werden. Hinzu kommt, dass die phG ihr grundsätzliches Einverständnis mit der Konzernierung erteilt haben. Verweigerten sie ihre Zustimmung nach § 286 I 2 AktG mit dem Argument, der Gesellschaft seien durch eine ungünstige Geschäftspolitik oder durch nachteilige Maßnahmen bei der Bilanzaufstellung[5] Verluste entstanden, so würden sie sich hierzu in Widerspruch setzen. Solange das Konzerninteresse als legitimer Leitungsmaßstab im Rahmen der Geschäftsführung beachtet wurde, kann ein Interesse der phG an einer Zustimmungsverweigerung nicht anerkannt werden. Entscheiden sie sich dennoch für eine Blockade, so handeln sie rechtsmissbräuchlich und können wegen Treuepflichtver-

[5] Die Bilanz*aufstellung* ist nach zutreffender Ansicht eine Leitungsmaßnahme und untersteht dementsprechend dem Konzerninteresse als Leitungsmaßstab; s.o., § 3, III, 1, c (a.E.).

letzung verklagt werden. Angesichts der bisherigen Ergebnisse dürfte einleuchten, dass in diesem Zusammenhang allein die KGaA als Klägerin in Betracht kommen kann, denn die Zustimmung der phG betrifft exklusiv deren Verhältnis zur Gesellschaft (§ 278 II Alt.2 AktG).[6] Soweit die Bilanzpolitik unter Beachtung des Konzerninteresses nicht zu beanstanden ist, wird eine entsprechende Klage regelmäßig Erfolg haben.

Davon abgesehen ist in Rechnung zu stellen, dass im Rahmen des § 286 I 2 AktG nach ganz h.M. auch statuarische Mehrheitsklauseln zulässig sein sollen, eine Zustimmung *aller* phG also keineswegs immer zwingend ist.[7] Ob solche Gestaltungen möglich sind, kann offen bleiben, da selbst ein allseitiges Zustimmungsgebot – wie gesehen – die hier thematisierten Gefahren nicht auszuschalten vermag. Weil die Zustimmung gem. § 286 I 2 AktG das kommanditrechtliche Verhältnis der phG zur KGaA betrifft, kann in dieser Frage auf das personengesellschaftsrechtliche Schrifttum verwiesen werden.[8]

Schließlich vermag auch die Zustimmung aller phG zum *Konzernierungsbeschluss* das Urteil der Sittenwidrigkeit im Hinblick auf das Verlustrisiko nicht zu beeinflussen. Hier gelten die gleichen Erwägungen wie im Zusammenhang mit der unbegrenzten Globalbürgschaft bzw. dem Treuhändermodell.[9] Auch dort wurde eine sittenwidrige Knebelung bzw. Selbstentmündigung bejaht, obwohl sich der Betroffene aus freien Stücken den entsprechenden Risiken aussetzt. Ausschlaggebend ist hierbei, dass sich das im Zeitpunkt der Zustimmung zu bewertende Risiko als unabsehbar und *unkalkulierbar* erweist, eine sachgerechte Interessenabwägung aus Perspektive des Betroffenen mithin unmöglich ist.

III. Ergebnisermittlung und -verteilung in der KGaA

1. Ergebnisermittlung

Maßgeblich für die Ermittlung des Jahresergebnisses ist die *Handelsbilanz* der KGaA, die nach §§ 238 ff., 264 ff. HGB, 150 ff. AktG aufzustellen ist.[10] Wegen der Parallelgeltung von Aktien- und Kommanditrecht (Normenhybridität) be-

---

[6] So auch *Mertens*, in: KK AktG, § 286, Rn. 3; *Wichert*, Finanzen, S. 134 ff; a.A. *Semler*, in: Geßler/Hefermehl, AktG, § 286, Rn. 41 f.: Rechtsstreit der Gesellschaftergruppen, weil das Verhältnis zwischen phG und der „Gesamtheit der Kommanditaktionäre“ betroffen sei; differenzierend *Reger*, in: Schütz/Bürgers/Riotte, KGaA, § 5, Rn. 632: Rechtsstreit zwischen KGaA und phG, obwohl „in der Sache“ das Verhältnis der beiden Gesellschaftergruppen betroffen sei.

[7] H.M., vgl. *Assmann/Sethe*, in: GK AktG, § 286, Rn. 6 ff.

[8] Z.B. *Emmerich*, in: Schlegelberger, HGB, § 120, Rn. 8.

[9] S.o., § 11, III, 1 u. 2.

[10] Die Anwendung der §§ 264 ff. HGB folgt aus der Eigenschaft als Kapitalgesellschaft, der §§ 150 ff. AktG aus § 278 III AktG.

steht Streit über die genaue Methode. Im Wesentlichen werden zwei Modelle vorgeschlagen:

a) Dualistische Ermittlung

Nach bislang noch h.M.[11] sind die Erfolgsanteile der phG vorweg im Rahmen einer *internen Sonderbilanz*[12] nach den für die KG geltenden Vorschriften zu ermitteln. Streitig ist freilich, ob hierbei die handelsrechtlichen oder die (strengeren) aktienrechtlichen Ansatz- und Bewertungsregeln maßgeblich sind.[13] Anschließend ist der externe Jahresabschluss nach Aktienrecht aufzustellen, in dessen Gewinn- und Verlustrechnung (GuV) die errechneten Gewinnanteile der phG gem. § 275 II Nr.8, III Nr.7 HGB als „sonstige betriebliche Aufwendungen", die Verlustanteile gem. § 275 II Nr.4, III Nr.6 HGB als „sonstige betriebliche Erträge" verbucht werden.[14] Aus dem auf diese Weise ermittelten Jahresüberschuss bzw. Jahresfehlbetrag (§ 275 II Nr.20, III Nr.19 HGB) errechnet sich unter Berücksichtigung des § 158 AktG der Bilanzgewinn bzw. Bilanzverlust (§ 158 I 1 Nr.5 AktG). – Erforderlich sind nach diesem Ansatz folglich zwei Bilanzen, von denen allerdings nur eine nach außen in Erscheinung tritt. Angesichts der Tatsache, dass die intern ermittelten Erfolgsanteile der phG als Aufwendungen bzw. Erträge behandelt werden, sind sie im Jahresergebnis bereits enthalten.

b) Monistische Ermittlung

Nach anderer Ansicht ist das verteilungsfähige Ergebnis für beide Gesellschaftergruppen anhand eines einheitlich und ausschließlich nach Aktienrecht zu erstellenden Jahresabschlusses zu berechnen.[15] Die Aufstellung einer zusätzlichen Bilanz ist demnach überflüssig. Der Jahresüberschuss bzw. -fehlbetrag i.S.d. § 275 II Nr.20, III Nr.19 HGB wird bei Anwendung dieser Berechnungsmethode nicht beeinflusst von der Erfolgsbeteiligung der phG. Dies gilt unabhängig davon, ob als Ausgangspunkt für die Erfolgsanteile der phG der Jahresüberschuss bzw. -fehlbetrag oder erst der Bilanzgewinn bzw. -verlust herange-

---

[11] Z.B. *Semler/Perlitt*, in: MK AktG, § 286, Rn. 20 ff.; *Würdinger*, AktienR, S. 255 f.; *Mathiak*, DStR 1989, S. 661, 667.

[12] Diese hat nichts zu tun mit dem gleichnamigen steuerrechtlichen Rechenwerk zur Ermittlung des personengesellschaftsrechtlichen Sonderbetriebsvermögens; hierzu *Schmidt*, in: Schmidt, EStG, § 15, Rn. 475.

[13] Für Aktienrecht *Semler/Perlitt*, in: MK AktG, § 286, Rn. 25; für Handelsrecht *Mathiak*, DStR 1989, S. 661, 667.

[14] Gem. § 286 III AktG bedarf es hierbei keines individualisierten Ausweises. Es genügt die Einstellung einer Gesamtsumme.

[15] *Hüffer*, AktG, § 288, Rn. 2; *Mertens*, in: KK AktG, § 288, Rn. 13 ff., *ders.*, FS Barz, S. 253, 256 ff.; *Wichert*, Finanzen, S. 141 ff.; *Würdinger*, AktienR, 3. Aufl., S. 231; *Riotte/Hansen*, in: Schütz/Bürgers/Riotte, KGaA, § 6, Rn. 52.

zogen wird.[16] In beiden Varianten wird der Posten nach § 275 II Nr.20, III Nr.19 HGB nicht anders berechnet wie bei einer AG und stellt lediglich die Grundlage für eine spätere Verteilung dar.

c) Diskussion

Die h.M. überzeugt nicht. Sie geht davon aus, dass die Ergebnisermittlung das Rechtsverhältnis der phG zur „Gesamtheit der Kommanditaktionäre" betrifft.[17] Dass ein solches Rechtsverhältnis nicht existiert, wurde gezeigt. Aber auch bei korrigierender Auslegung liegt kein Anwendungsfall des § 278 II (Alt.2) AktG vor, denn die Ergebnisermittlung fällt ebensowenig in das Verhältnis zwischen phG und Gesellschaft. Die wirtschaftlichen Erfolge sind aufgrund der Eigenschaft als *juristische Person* der KGaA als solcher zuzuordnen. Ihre Berechnung ist demnach Sache der Gesellschaft, fällt mithin unter § 278 III AktG.[18] Das Verhältnis zwischen Gesellschaftern und Gesellschaft ist erst im Zusammenhang mit der Ergebnis*verteilung* tangiert.

Gegen die h.M. kann jedoch nicht bereits die bilanzbezogene *Kompetenzverteilung* angeführt werden:[19] Zwar obläge die interne Vorabermittlung als Maßnahme der Bilanzaufstellung den Geschäftsführern und damit typischerweise den phG selbst, obwohl auch die Kommanditaktionäre hiervon betroffen wären. Die Hauptversammlung wäre aber dennoch nicht machtlos, bliebe ihr doch über § 286 I 1 AktG ein mittelbarer Einfluss auch auf diese Entscheidung.

Andere Argumente sind stichhaltiger: Da die interne Sonderbilanz nach den für Personengesellschaften geltenden Regeln aufgestellt werden soll, könnten dort Ansätze zugrunde gelegt werden, die bei Kapitalgesellschaften unzulässig wären. Zu denken ist insbesondere an *Abschreibungen nach § 253 IV HGB*, die im kapitalgesellschaftsrechtlichen Jahresabschluss ausweislich § 279 I 1 HGB verboten sind. Weil die durch derartige Abschreibungen verminderten Ansätze über die Erfolgsanteile der phG mittelbar in die aktienrechtliche GuV einfließen würden, wäre es – entgegen §§ 264 ff. HGB – möglich, Gewinne still zu thesaurieren.[20] – Sofern dieses Ergebnis dadurch verhindert werden soll, dass auch die interne Bilanz den aktienrechtlichen Ansatz- und Bewertungsregeln untergeordnet wird,[21] leuchtet der Zusatznutzen der dualistischen Methode nicht ein.

Hinzu kommt, dass der aktienrechtliche Ausweis eines durch die Erfolgsanteile der phG beeinflussten Jahresüberschusses bzw. -fehlbetrags für Außenstehen-

[16] Für Jahresüberschuss bzw. Jahresfehlbetrag *Wichert*, Finanzen, S. 143 f.; für Bilanzgewinn bzw. Bilanzverlust: *Mertens*, in: KK AktG, § 288, Rn. 13.

[17] *Assmann/Sethe*, in: GK AktG, § 288, Rn. 6.

[18] *Mertens*, in: KK AktG, § 288, Rn. 6; s. bereits *Schreiber*, KGaA, S. 117.

[19] So aber *Hüffer*, AktG, § 288, Rn. 2; *Wichert*, Finanzen, S. 142 f.

[20] *Ammenwerth*, KGaA, S. 53 f.

[21] *Assmann/Sethe*, in: GK AktG, § 288, Rn. 20. Vgl. auch *Semler*, in: Geßler/Hefermehl, AktG, § 286, Rn. 24 (allerdings nur im Hinblick auf Höchstwertansätze für Vermögen und Mindestwertansätze für Verbindlichkeiten); hiergegen *Mathiak*, DStR 1989, S. 661, 667.

de ein falsches Bild der Ertragslage zeichnen würde, was offenkundig in Widerspruch zu § 264 II 1 HGB (*true and fair view*) steht.[22]

Auch aus *§ 288 I AktG* ergibt sich nichts anderes: Die Vorschrift geht sowohl in Satz 1 als auch in Satz 2 davon aus, dass dem phG ein Gewinn zusteht, während die KGaA einen Verlust ausweist. Daraus wird zum Teil eine Entscheidung des Gesetzgebers zugunsten der dualistischen Ermittlungsmethode gefolgert, denn das gleichzeitige Vorliegen von Gewinnanteil und Bilanzverlust sei überhaupt nur bei Zugrundelegung zweier Bilanzen denkbar.[23] Diese Interpretation geht fehl: § 288 I AktG setzt nicht ein Nebeneinander von Gesellschaftergewinn und Bilanzverlust im gleichen Geschäftsjahr voraus, sondern stellt auf Gewinnanteile anderer Rechnungsperioden ab. Satz 1 verbietet in Abweichung zum Personengesellschaftsrecht[24] die Gewinnentnahme in den *Folgeperioden*, solange der Kapitalanteil negativ ist; Satz 2 verwehrt hingegen den Abzug stehen gelassener Gewinne aus *früheren Perioden*, wenn in der aktuellen Bilanz die aufgeführten Voraussetzungen vorliegen.

Schließlich ist in Anschlag zu bringen, dass die Gewinnanteile der phG *körperschaftssteuerrechtlich* gem. § 9 I Nr.1 KStG als abzugsfähige Posten anerkannt werden.[25] Dies wäre überflüssig, wenn sie – nach der dualistischen Ermittlungsmethode – ohnehin bereits den Jahresüberschuss kürzen würden.[26]

Alles in allem sprechen die besseren Argumente für eine einheitliche Ergebnisermittlung nach Aktienrecht. Grundlage für die Erfolgsanteile der phG ist jedoch – anders als für die Kommanditaktionäre – nicht der Bilanzgewinn oder -verlust (§ 158 I 1 Nr.5 AktG), sondern der insoweit einheitlich ermittelte *Jahresüberschuss bzw. -fehlbetrag* gem. § 275 II Nr.20, III Nr.19 HGB.[27] Als Grund für diese Abweichung lässt sich zum einen der Umstand anführen, dass die phG andernfalls an der Dotierung der gesetzlichen Rücklage beteiligt wären, ohne von dieser jemals zu profitieren. Denn die gesetzliche Rücklage ist gem. § 158 I 1 Nr.4a AktG aus dem Jahresüberschuss zu bilden, vermindert also den Bilanzgewinn. Dieses Ergebnis stünde im Widerspruch zur Intention des Gesetzgebers, der eine solche Zuführungspflicht für die phG durch die Streichung des § 230 II AktG 1937 ausschließen wollte.[28] – Zum anderen würden die phG bei Anknüpfung an Gewinn und Verlust auch an den Gewinn- und Verlustvorträgen (§ 158 I 1 Nr.1 AktG) partizipieren, obgleich sie in deren Entstehungsperiode bereits durch die entsprechenden Gewinn- oder Verlustzuweisungen begünstigt bzw. belastet wurden.[29] Beispiel: In t_0 wird ein Bilanzverlust von 100 ausgewiesen,

[22] *Ammenwerth*, KGaA, S. 57; *Wichert*, Finanzen, S. 142.
[23] *Assmann/Sethe*, in: GK AktG, § 288, Rn. 12.
[24] *Michalski*, OHG, § 122, Rn. 6; *Emmerich*, in: Schlegelberger, HGB, § 121, Rn. 5.
[25] Ausführlich *Riotte/Dümichen/Engel*, in: Schütz/Bürgers/Riotte, KGaA, § 9, Rn. 24 ff.
[26] *Ammenwerth*, KGaA, S. 57, Fn. 174.
[27] H.M., vgl. *Semler/Perlitt*, in: MK AktG, § 286, Rn. 31.
[28] *Wichert*, Finanzen, S. 143; s. auch die RegBegr. bei *Kropff*, S. 371.
[29] *Semler/Perlitt*, in: MK AktG, § 286, Rn. 31; *Wichert*, Finanzen, S. 143.

der von dem phG in Höhe von 20 getragen wird (Erfolgsbeteiligung: $^1/_5$); der Restverlust wird nach t_1 vorgetragen. In t_1 entsteht ein Jahresüberschuss von 100, der um den Verlustvortrag aus t_0 gekürzt wird, also – unter Vernachlässigung von Rücklagenbildung – zu einem Bilanzgewinn von 20 führt. Davon entfällt auf den phG bei einer Erfolgsbeteiligung von $^1/_5$ ein Anteil von 4; ohne den Verlustvortrag hätten ihm jedoch 20 gebührt. Die Verrechnung des Verlustvortrags vor Gewinnverteilung hat zur Folge, dass der phG zweimal am Verlust teilnimmt. Diese Konsequenz wäre nicht sachgerecht. – Endlich wäre es unbillig, wenn die phG die anderen Gewinnrücklagen i.S.d. § 158 I 1 Nr.4d AktG mitfinanzieren müssten, obgleich diese bei einer Kapitalerhöhung aus Gesellschaftsmitteln allein den Kommanditaktionären zugute kommen. Gem. §§ 207 I, 208 I AktG können solche Gewinnrücklagen nämlich in Grundkapital umgewandelt werden. Die neuen Aktien stehen dann den Kommanditaktionären zu (§ 212 AktG).[30]

Die aus dem Jahresüberschuss bzw. -fehlbetrag errechneten Erfolgsanteile der phG sind alsdann bilanztechnisch *nach* diesem in das Gliederungsschema des § 158 I AktG aufzunehmen. Entgegen einer verbreiteten Ansicht[31] eröffnet die Vorschrift des § 286 III AktG *kein Wahlrecht* zwischen dieser Methode und einem Ausweis der Erfolgsanteile als Erträge bzw. Aufwendungen (§ 275 II Nrn.4 u. 8, III Nrn.6 u. 7 HGB). Das in § 286 III AktG thematisierte Wahlrecht besteht vielmehr – seinem Wortlaut entsprechend – allein zwischen individualisierter Kenntlichmachung und Einstellung einer Gesamtsumme.

2. Ergebnisverteilung

a) Erfolgsanteile der persönlich haftenden Gesellschafter

Basis für die Erfolgsanteile der phG ist der *Jahresüberschuss* bzw. *-fehlbetrag*. Einschlägig ist das Verhältnis zwischen phG und KGaA, sodass sich die Verteilung gem. § 278 II Alt.2 AktG nach Kommanditrecht richtet. Dabei treten die phG an die Stelle der Komplementäre, die KGaA dagegen an die Stelle eines Alleinkommanditisten, dessen fiktiver Kapitalanteil durch das Grundkapital verkörpert wird. – Existiert keine abweichende Satzungsregelung,[32] so ergibt sich folgendes Bild:

Aus einem *Jahresüberschuss* werden zunächst die Kapitalanteile der phG sowie das Grundkapital nach Maßgabe der §§ 278 II Alt.2 AktG, 168 I, 161 II, 121 I HGB verzinst. Wird der Jahresüberschuss durch die Vorausdividende nicht bereits vollständig aufgezehrt, erfolgt alsdann eine Verteilung des Rests in einem angemessenen Verhältnis[33] zwischen den phG und der KGaA (§ 168 II Alt.1

[30] Keine Partizipation der phG; vgl. *Assmann/Sethe*, in: GK AktG, § 278, Rn. 185 ff.
[31] *Herfs*, in: Münchener Handbuch, Bd.4, § 79, Rn. 6.
[32] Eine Satzungsregelung wird in der Praxis die Regel sein, vgl. *Wichert*, Finanzen, S. 147.
[33] A.A. noch *Semler*, in: Geßler/Hefermehl, AktG, § 288, Rn. 7.

HGB).[34] Ebenfalls in angemessenem Verhältnis ist ein etwaiger *Jahresfehlbetrag* zwischen phG und KGaA zu verteilen (§ 168 II Alt.2 HGB).

Sind mehrere phG vorhanden, so ist hinsichtlich des individuellen Erfolgsanteils nach h.M. ebenfalls auf § 168 II HGB zurückzugreifen. Auch hier entscheidet somit ein den Umständen nach angemessenes Verhältnis.[35] Hinzuweisen ist freilich auf den Umstand, dass selbst in dieser Phase der Erfolgsverteilung nicht § 278 II AktG in seiner ersten Alternative (Verhältnis der phG untereinander), sondern allein in seiner zweiten (Verhältnis der phG gegenüber der Gesellschaft) einschlägig ist. Trotz des Rückgriffs auf den Verteilungsschlüssel des § 168 II HGB bleibt die Erfolgsverteilung für die phG nämlich aus jeder Perspektive ein Vorgang, der ausschließlich ihr individuelles Verhältnis zur Gesellschaft angeht. Die Vorstellung, die Aufteilung des Erfolgs bei Vorhandensein mehrerer phG betreffe deren Verhältnis zueinander, wurzelt auch hier wieder in der unzutreffenden Übertragung kommanditrechtlicher Grundsätze auf die KGaA.[36] Als juristische Person ist aber allein diese Trägerin des Verbandsvermögens und somit auch Zuordnungssubjekt unternehmerischer Erfolge.

Gewinnanteile der phG werden i.d.R. ihren Kapitalanteilen zugeschrieben, §§ 278 II Alt.2 AktG, 161 II, 120 II HS 1 HGB; abweichende Satzungsregelungen, z.B. die Vereinbarung fester Kapitalanteile, sind zulässig.[37] *Verlustanteile* (d.h. Anteile am Jahresfehlbetrag) sind hingegen zwingend von den Kapitalanteilen abzuschreiben, § 286 II 2 AktG; hinsichtlich der bilanziellen Verbuchung gilt § 286 II 3 AktG. Hat ein am Verlust beteiligter phG keine Vermögenseinlage und auch sonst keinen bilanzierungsfähigen Beitrag geleistet,[38] so beläuft sich sein Kapitalanteil auf 0 €. Durch die Regelung des § 286 II 2 AktG rutscht sein Kapitalanteil bei Verlusten sofort in den negativen Bereich.[39]

b) Erfolgsanteil der Kommanditaktionäre

Der nach Maßgabe der vorstehenden Grundsätze auf die KGaA entfallende Anteil am *Jahresüberschuss* wird nicht etwa unter den Kommanditaktionären verteilt. Die Berechnung der auf das Grundkapital entfallenden Vorausdividende sowie des Kommanditisten-Gewinns dient vielmehr ausschließlich dazu, die An-

---

[34] Bei der Angemessenheit ist z.B. die persönliche Haftung zu berücksichtigen; ausführlich hierzu *Wichert*, Finanzen, S. 145.

[35] *Assmann/Sethe*, in: GK AktG, § 288, Rn. 27; a.A. *Mertens*, in: KK AktG, § 288, Rn. 17: Verteilung nach Köpfen.

[36] Zur Qualifizierung vermögensrechtlicher Beziehungen innerhalb gesamthänderischer Vermögensordnungen s.o., § 2, III, 1, b.

[37] *Assmann/Sethe*, in: GK AktG, § 288, Rn. 38; *Semler/Perlitt*, in: MK AktG, § 288, Rn. 40. Zum Personengesellschaftsrecht *Michalski*, OHG, § 120, Rn. 14.

[38] Zur Bilanzierungsfähigkeit des Beitrags als Voraussetzung für die Anerkennung als Kapitalanteil vgl. *Hüffer*, GesR, S. 155.

[39] Deshalb werden in der Praxis phG, die keine Vermögenseinlage erbringen, i.d.R. vom Verlust ausgeschlossen sein; vgl. *Riotte/Hansen*, in: Schütz/Bürgers/Riotte, KGaA, § 6, Rn. 70.

teile der phG bestimmen zu können. Für die Kommanditaktionäre ist demgegenüber der *Bilanzgewinn* i.S.d. § 158 I 1 Nr.5 AktG maßgeblich.

Ein um die Gewinnanteile der phG verminderter Jahresüberschuss ist daher um die Posten des § 158 I 1 Nrn.1-4 AktG zu korrigieren; insbesondere ist aus ihm die gesetzliche Rücklage zu dotieren. Umstritten ist, ob hinsichtlich der Bildung *anderer Gewinnrücklagen* (§ 158 I 1 Nr.4d AktG) die Regelung des § 58 I oder II AktG Anwendung findet: § 58 AktG ist offenkundig auf die Verhältnisse in der AG zugeschnitten. Stellen dort Vorstand und Aufsichtsrat den Jahresabschluss fest (§ 172 AktG), so ist eine Rücklagendotierung auch ohne Satzungsregelung bis zur Hälfte des Jahresüberschusses zulässig, § 58 II AktG. Erfolgt die Feststellung dagegen durch die Hauptversammlung (vgl. § 173 AktG), so bedarf es zwingend einer Satzungsregelung für die Bildung anderer Gewinnrücklagen, §§ 58 I, 173 II 2 AktG. In der KGaA stellen gem. § 286 I AktG Hauptversammlung und phG gemeinsam den Jahresabschluss fest, weshalb weder Absatz 1 noch Absatz 2 des § 58 AktG unmittelbar gelten kann. – Ohne den dahinterstehenden Streit vertiefen zu müssen, sprechen – entgegen der h.M.[40] – die besseren Argumente für eine Anwendung des § 58 II AktG: Einerseits knüpft § 58 II AktG an den *Regelfall* der aktienrechtlichen Zuständigkeitsordnung an (§ 172 AktG), während § 58 I AktG den *Ausnahmefall* behandelt (§ 173 AktG). In der KGaA bildet die Feststellung nach § 286 I AktG aber den Regelfall, sodass eine Heranziehung der unflexiblen Ausnahmebestimmung des § 58 I AktG auf eine unnötige Behinderung der Bilanzpolitik hinauslaufen würde.[41] Andererseits sollte durch die restriktive Bestimmung des § 58 I AktG verhindert werden, dass ein Organ alleine ohne entsprechende statuarische Ermächtigung über die Rücklagenbildung entscheiden kann.[42] Da in der KGaA Hauptversammlung und phG stets zusammenwirken, erweist sich dort der mit § 58 I AktG intendierte Schutz als überflüssig.[43]

Über die Verwendung des Bilanzgewinns entscheidet die Hauptversammlung gem. §§ 278 III, 174 AktG. Hierbei kann sie weitere Rücklagen nach Maßgabe des § 58 III AktG bilden. Die geschäftsführungsbefugten phG müssen zwar einen Vorschlag für die Gewinnverwendung machen (§§ 283 Nr.9, 170 II AktG), dürfen an dem Beschluss aber selbst nur mitwirken, wenn sie zugleich Kommanditaktionäre sind. Allerdings kann die Satzung nach h.M. einen Zustimmungsvorbehalt installieren, da insoweit wieder das dispositive Verhältnis der phG zur Gesellschaft betroffen ist.[44]

---

[40] *Mertens*, in: KK AktG, § 286, Rn. 5; differenzierend *Riotte/Hansen*, in: Schütz/Bürgers/Riotte, KGaA, § 6, Rn. 22.

[41] Im Ergebnis auch *Wichert*, Finanzen, S. 126 m.w.N.

[42] *Lutter*, in: KK AktG, § 58, Rn. 20; RegBegr. bei *Kropff*, S. 74 ff.; *Wichert*, Finanzen, S. 126.

[43] Vgl. *Semler*, in: Geßler/Hefermehl, AktG, § 286, Rn. 32.

[44] *Mertens*, in: KK AktG, §§ 285, Rn. 17; 286, Rn. 6; *Semler/Perlitt*, in: MK AktG, § 286, Rn. 80; a.A. *Assmann/Sethe*, in: GK AktG, § 285, Rn. 82; *Riotte/Hansen*, in: Schütz/Bürgers/Riotte, KGaA, § 6, Rn. 36 f.; für die atypische KGaA vgl. *Ihrig/Schlitt*, ZHR Beiheft 67/1998, S. 68 f.

Ebenfalls nach allgemeinem Aktienrecht richtet sich die Behandlung des auf die KGaA entfallenden Anteils an einem *Jahresfehlbetrag.*[45] Wird dieser nicht durch Gewinnvorträge oder Rücklagen ausgeglichen (vgl. § 158 I 1 AktG), so entsteht ein Bilanzverlust, welcher in die Folgejahre vorgetragen wird.

IV. Behandlung von Verlusten in der vertragsbeherrschten KGaA

1. Während der Konzernierung

Die zwingende Ausgleichspflicht des Mutterunternehmens gem. § 302 I AktG knüpft an den bilanziellen *Jahresfehlbetrag* i.S.d. § 275 II Nr.20, III Nr.19 HGB an. Weil dieser aber nach dem hier zugrunde gelegten Ansatz seinerseits als Bemessungsgrundlage für die Verlustbeteiligung der phG dient, kann es während der Vertragsdauer zu keiner Verlustzuweisung an die phG kommen. Die Kapitalanteile werden in dieser Zeit durch Verluste nicht vermindert und können insoweit auch nicht negativ werden. Nicht ausgeschlossen ist damit freilich eine Verminderung durch Entnahmen, wobei allerdings die Schranken des § 288 AktG einzuhalten sind.

Das Risiko für die phG, in unzumutbarem Umfang für Verluste einstehen zu müssen, die ihren Grund in einer am Konzerninteresse ausgerichteten Unternehmenspolitik finden, ist folglich, solange der Beherrschungsvertrag besteht, durch die Ausgleichspflicht des § 302 I AktG abgefedert. Was das Insolvenzrisiko im Hinblick auf das Mutterunternehmen betrifft, gelten die im Zusammenhang mit dem Haftungsrisiko dargelegten Argumente auch hier.[46]

Würde man stattdessen der h.M. folgen und eine *dualistische* Erfolgsermittlung zugrunde legen, so wäre der bilanzielle Jahresfehlbetrag im Zeitpunkt der Ausgleichspflicht bereits durch die Verlustanteile der phG gekürzt. Diese flössen nämlich als Erträge in die aktienrechtliche GuV ein und wären dem ausgleichspflichtigen aktienrechtlichen Jahresfehlbetrag immanent. Die phG wären in vollem Umfang auch an den konzernbedingten Verlusten beteiligt. Vor dem Hintergrund des geschilderten Gefährdungspotentials dürften die Anhänger der h.M. einen Beherrschungsvertrag mit einer KGaA im Grunde nur dann als zulässig beurteilen, wenn alle außenstehenden phG – zumindest soweit sie natürliche Personen sind – statuarisch vom Verlust ausgeschlossen oder durch das Mutterunternehmen freigestellt wären.[47] – Nach der vorzugswürdigen *monistischen* Erfolgsermittlung bedarf es solcher Regelungen nicht, da sich der Verlustausschluss bereits ex lege ergibt.

---

[45] *Wichert*, Finanzen, S. 150 f.

[46] S.o., § 11, IV.

[47] So *Schießl*, Personengesellschaft, S. 250 (für das Personengesellschaftsrecht).

2. Nach Vertragsende

Endet der Beherrschungsvertrag, so endet auch die Ausgleichspflicht nach § 302 I AktG. Allerdings hat das Mutterunternehmen im Rahmen einer Schlussbilanz einen letzten Fehlbetragsausgleich zu leisten.[48] Nach heute fast einhelliger Ansicht gilt dies auch dann, wenn der Beherrschungsvertrag während des laufenden Geschäftsjahres endet; in diesem Fall ist eine Zwischen- bzw. Stichtagsbilanz aufzustellen.[49] Wie gezeigt, kann dieser rein bilanzmäßig konzipierte Schlussausgleich das nachvertragliche *Haftungsrisiko* für die phG nicht aufheben. Der abschließende Ausgleich des Jahresfehlbetrags garantiert nämlich keineswegs die Zahlungsfähigkeit der Tochtergesellschaft nach Vertragsende. Werden die phG für während der Vertragsdauer begründete Gesellschaftsschulden in Anspruch genommen (§ 128 HGB), laufen sie Gefahr, mit ihren Regressansprüchen gegen die KGaA auszufallen; erst der Weg über § 303 AktG vermag diese Gefahr zu beseitigen.[50]

Demgegenüber ist das hier interessierende *Verlustrisiko* ein bilanzmäßiges. Der abschließende Anspruch aus § 302 I AktG sichert der Tochtergesellschaft zwar nicht ihren nachvertraglichen Liquiditätsbedarf (arg. e § 303 AktG), er entschädigt aber für die negativen Folgen des Beherrschungsvertrags insoweit, als er der Tochtergesellschaft das im Zeitpunkt des Vertragsschlusses vorhandene Nettovermögen *bilanziell* garantiert.[51] Aufwendungen, die in der Zeit des Beherrschungsvertrags verursacht wurden und nicht durch entsprechende Erträge gedeckt werden, sind daher spätestens in den Schlussausgleich einzustellen – und zwar ganz unabhängig von den korrespondierenden Zahlungsströmen (§ 252 I Nr.5 HGB: matching principle).

Im Unterschied zum Haftungsrisiko wird das konzernspezifische Verlustrisiko für die phG folglich durch § 302 I AktG abschließend kompensiert: Durch die Prädominanz des Konzerninteresses bedingte Jahresfehlbeträge werden vom Mutterunternehmen übernommen. Spätere Defizite sind hingegen nicht mehr unmittelbar vom konzernspezifischen Interessenumbruch beeinflusst, selbst wenn sie auf der wirtschaftlichen Schwächung der Tochtergesellschaft beruhen. Entscheidend ist hierbei, dass die Gesellschaft nunmehr wieder im Eigeninteresse wirtschaften kann, die Entstehung eines Jahresfehlbetrags somit in den alleinigen Verantwortungsbereich der Geschäftsleitung fällt. Das Risiko für die phG,

---

[48] *Emmerich*, in: Emmerich/Habersack, Kommentar, § 302, Rn. 38.

[49] Nach früher vertretender Ansicht sollte es einer solchen Zwischen- oder Stichtagsbilanz nicht bedürfen. Dies hätte zur Folge, dass bei einem Vertragsende während des Geschäftsjahres die seit dem letzten Bilanzstichtag entstandenen Verluste nicht mehr ausgeglichen werden müssten; vgl. *OLG Schleswig*, AG 1988, S. 382; *Meister*, WM 1976, S. 1182, 1184. Dem ist der *BGH* erstmals in BGHZ 103, S. 1, 9 f. = NJW 1988, S. 1362 (Familienheim) entgegengetreten; seitdem st. Rechtsprechung, Nachw. bei *Emmerich*, in: Emmerich/Habersack, Kommentar, § 302, Rn. 38.

[50] S.o., § 11, VIII, 3, c.

[51] *Meister*, WM 1976, S. 1182, 1186 f.

durch Verlustzuweisungen belastet zu werden, ist dann kein anderes als im Falle der Beteiligung an einer maroden Gesellschaft.

3. Insbesondere: Auflösung der Tochtergesellschaft

Einen Sonderfall stellt es dar, wenn die Tochtergesellschaft während der Vertragsdauer *aufgelöst* wird. Als Gründe hierfür kommen allein die in §§ 289 II Nr.2, I AktG, 161 II, 131 I Nrn.1, 2, 4 HGB genannten in Betracht. Denn solange der Beherrschungsvertrag besteht, ist weder eine Insolvenz noch eine Löschung wegen Vermögenslosigkeit der Tochtergesellschaft denkbar (Grund: § 302 AktG sowie die umfassende Alimentierungspflicht des Mutterunternehmens).

Die Auflösung bedingt nach zutreffender Ansicht die Beendigung des Beherrschungsvertrags.[52] Als ausschlaggebend hierfür dürfte bereits der Umstand gewertet werden, dass sich in der Abwicklungsgesellschaft nicht nur der Verbands*zweck*,[53] sondern ebenfalls das Verbands*interesse* mit Blick auf die besonderen Verhältnisse des Liquidationsstadiums ändert.[54] Die Interessenverfassung der Abwicklungsgesellschaft würde aber unvereinbar sein mit der Prädominanz des Konzerninteresses, weshalb eine Fortsetzung des Beherrschungsvertrags nicht mehr in Betracht kommen kann. – Auch die Auflösung führt daher ohne weiteres zu einem Schlussausgleich, in welchem das bis zu diesem Zeitpunkt angefallene wirtschaftliche Defizit zu decken ist.

Probleme können sich aus dem Blickwinkel der phG hinsichtlich sog. *Abwicklungsverluste* ergeben, solcher Jahresfehlbeträge also, die erst im Zuge der Liquidation entstehen. Nach h.M. sind derartige Defizite nicht mehr vom Mutterunternehmen auszugleichen, da sich § 302 I AktG nur auf Jahresfehlbeträge während der Konzernierung und nur auf solche einer werbenden Gesellschaft beziehen soll.[55] Nach anderer Ansicht würde dies den Schutzzweck des § 302 I AktG konterkarieren, da es das Mutterunternehmen, sofern es – wie meistens – über entsprechende Mehrheiten verfügt, in der Hand hätte, die Ausgleichspflicht durch Herbeiführung eines Auflösungsbeschlusses zunichte zu machen.[56] – Beide Ansätze vermögen nicht zu befriedigen: Zwar trifft zu, dass für den Ausgleich allein der Jahresfehlbetrag der Schlussbilanz maßgeblich sein kann, weil spätere Jahresabschlüsse nicht mehr in die Zeit des Beherrschungsvertrags fallen. Richtig ist aber auch, dass § 302 I AktG der Tochtergesellschaft das bilanzielle Anfangsvermögen erhalten will. Wird die Tochtergesellschaft als Liquida-

---

[52] H.M., vgl. *Emmerich*, in: Emmerich/Habersack, Kommentar, § 297, Rn. 50 m.w.N.; a.A. *Koppensteiner*, in: KK AktG, § 297, Rn. 26; *Meister*, WM 1976, S. 1182, 1186.

[53] Darauf stellt die h.M. ab.

[54] Hierzu bereits im Zusammenhang mit Personengesellschaften, s.o., § 5, III, 1, c.

[55] *Geßler*, in: Geßler/Hefermehl, AktG, § 302, Rn. 15; *Koppensteiner*, in: KK AktG, § 302, Rn. 19 m.w.N.

[56] *Meister* WM 1976, S. 1182, 1187.

tionsgesellschaft in die Unabhängigkeit entlassen, so kann diesem Anliegen nur dadurch Geltung verschafft werden, dass die negative Überlebensprognose bereits bei Aufstellung der Schlussbilanz in Anschlag zu bringen ist. Der Schlussbilanz fällt dann zugleich die Funktion einer Abwicklungseröffnungsbilanz zu. Für diese ergibt sich aber bereits aus § 252 I Nr.2 HGB ein Ansatzgebot nicht zu Fortführungs-, sondern zu *Zerschlagungswerten*.[57] Der Zweck des § 302 I AktG gebietet es, den Schlussausgleich durch das Mutterunternehmen auf Basis der Abwicklungseröffnungsbilanz, mithin der tatsächlichen wirtschaftlichen Verhältnisse, zu berechnen. Durch entsprechende Abschreibungen kommt es zu einem gesteigerten Jahresfehlbetrag und damit zu einem höheren Schlussausgleich. Auf diese Weise wird eine effektive Kompensation der konzernbedingten Nachteile in der Tochtergesellschaft erreicht, sofern sich diese bilanziell darstellen lassen.[58] Das Risiko für die phG, durch umfangreiche Abwicklungsverluste belastet zu werden, wird hierdurch auf ein zumutbares Maß begrenzt. Sofern es dennoch zu Fehlbeträgen während der Liquidationsphase kommen sollte, sind diese jedenfalls nicht mehr unmittelbar durch die Prädominanz des Konzerninteresses veranlasst und unterscheiden sich nicht von den „gewöhnlichen" Risiken, die jeder verlustbeteiligte Gesellschafter zu tragen hat.

V. Behandlung von Verlusten in der eingegliederten KGaA

Anders als beim Beherrschungsvertrag knüpft die Ausgleichspflicht der Hauptgesellschaft gem. § 324 III AktG nicht an den Jahresfehlbetrag (§ 275 II Nr.20, III Nr.19 HGB) an, sondern an den Bilanzverlust (§ 158 I 1 Nr.5 AktG). Behandelt man aber zutreffenderweise nicht diesen, sondern jenen als Bemessungsgrundlage für die Verlustanteile der phG, so ergibt sich folgendes Problem: Weist die GuV der eingegliederten KGaA einen Jahresfehlbetrag aus, so ist dieser um die Verlustanteile der phG zu kürzen, noch *bevor* es zu einem Ausgleich gem. § 324 III AktG kommt.[59] Jahresfehlbeträge gehen dann in vollem Umfang zu Lasten der verlustbeteiligten phG, deren Kapitalanteile sich entsprechend vermindern. Konsequenz ist, dass diese – gemäß ihrer Verlustquote – für eine an den Interessen des Gesamtkonzerns ausgerichtete Unternehmenspolitik einzustehen haben. Spätestens bei Ausscheiden oder Liquidation können sich daraus erhebliche, ja existenzvernichtende Zahlungsverpflichtungen ergeben. Sofern die Realisierung der Verlustzuweisung – wie im Regelfall – eine notwendige

---

[57] *Altmeppen*, in: MK AktG, § 302, Rn. 39; *Emmerich*, in: Emmerich/Habersack, Kommentar, § 302, Rn. 39; a.A. aber *Koppensteiner*, in: KK AktG, § 302, Rn. 19; *Lwowski/Groeschke*, WM 1994, S. 613, 615 f.

[58] Zahlungs- und Wettbewerbsfähigkeit werden demgegenüber nicht garantiert.

[59] Bilanztechnisch geschieht dies – wie gezeigt – durch Aufnahme in das Gliederungsschema des § 158 I AktG; s.o. III, 1, c.

Folge ihrer Kündigung ist,[60] sind die phG mitunter sogar gezwungen, gegen ihren Willen in der eingegliederten Gesellschaft zu verbleiben, um einer wirtschaftlichen Überforderung zu entgehen; das aber wäre eine unerträgliche Einschränkung ihrer Entscheidungsfreiheit (vgl. § 723 III BGB).[61]

Im Unterschied zum Haftungsrisiko ist das persönliche Verlustrisiko für die phG auch kein bloß vorläufiges, da weder ein Rückgriff auf die eingegliederte noch auf die Hauptgesellschaft vorgesehen ist. Jede Verlustzuweisung führt vielmehr zu einer endgültigen Vermögensminderung bei den phG, und sei es bloß durch die bilanzielle Schmälerung ihrer Kapitalanteile. Dieser Zustand verstößt zumindest dann offenkundig gegen die guten Sitten, wenn es sich bei dem verlustbeteiligten phG um eine natürliche Person handelt. Aber auch bei einer *juristischen Person* ist kein grundsätzlich anderes Ergebnis gerechtfertigt: Auch deren wirtschaftliches (und ferner: rechtliches) Dasein ist durch die geschilderten Risiken dauerhaft gefährdet. Zwar wird man der juristischen Person kein Interesse am Erhalt einer persönlichen Lebensgrundlage zugestehen können. Erkennt man aber zumindest ein ökonomisches Eigeninteresse an,[62] so schlagen die aufgedeckten Gefahren – nämlich Existenzvernichtung und Beschränkung der wirtschaftlichen Bewegungsfreiheit – auch bei der juristischen Person in vollem Umfang durch.[63] Eine Differenzierung zwischen typischer und atypischer KGaA ist demzufolge jedenfalls im vorliegenden Kontext unangebracht.[64]

1. Ausnahme von der Maßgeblichkeit des Jahresfehlbetrags?

Die geschilderte Problematik verlöre ihre Brisanz, wenn die Verlustbeteiligung der phG in Anbetracht der besonderen Verhältnisse im Eingliederungskonzern ausnahmsweise nicht an den Jahresfehlbetrag, sondern an den *Bilanzverlust* anknüpfen würde. Dann nämlich könnte es wegen der Verlustausgleichspflicht während der Eingliederung nicht zu Verlustzuweisungen an die phG kommen. Die Situation würde im Ergebnis, wenngleich auf einer späteren Bilanzstufe, mit der des Beherrschungsvertrags korrespondieren.

Die hier befürwortete monistische Erfolgsermittlung durch eine einheitliche GuV nach Aktienrecht spricht dem Grunde nach für eine einheitliche Bemessungsgrundlage, die sowohl für die Kommanditaktionäre als auch für die phG

---

[60] Die Kündigung führt gem. §§ 278 II Alt.2 AktG, 161 II, 131 III 1 Nr.3 HGB zum Ausscheiden des phG.

[61] Zur Nichtigkeit von Vertragsklauseln, die einem faktischen Ausschluss des Kündigungsrechts gleichstehen vgl. *BGH*, NJW 1985, S. 192, 193; *BGH*, NJW 1989, S. 3272; *BGH*, NJW 1993, S. 2101, 2102; BGHZ 126, S. 226 = NJW 1994, S. 2536, 2537; allg. *Möhring*, FS Barz, S. 49, 59 ff.

[62] Zum Eigeninteresse der juristischen Person ausführlich oben, § 5, III, 2, a.

[63] Für den Aspekt der wirtschaftlichen Bewegungsfreiheit s. bereits RGZ 130, S. 143, 145.

[64] Anders Schütz, *Fett*, in: Schütz/Bürgers/Riotte, KGaA, § 12, Rn. 37. – Im Zusammenhang mit den Risiken eines Beherrschungsvertrags mit einer Personengesellschaft auch *Emmerich/Sonnenschein/Habersack*, KonzernR, S. 514.

gilt. Wenn dennoch ausnahmsweise der Jahresfehlbetrag zugrunde gelegt wurde, so beruhte dies auf der andernfalls sachwidrigen Beteiligung der phG an der gesetzlichen Rücklage sowie anderen Gewinnrücklagen und eventuellen Gewinn- und Verlustvorträgen.[65] Zumindest das erste Argument fällt in der eingegliederten Gesellschaft weg: Eine Dotierung der gesetzlichen Rücklage findet gem. § 324 I AktG nicht statt, sodass die phG auch nicht einen Posten mitfinanzieren müssen, an dessen späterer Auflösung sie nicht partizipieren. – Hinsichtlich der anderen Gewinnrücklagen können derartige Besonderheiten jedoch nicht festgestellt werden; gleiches gilt für die Gefahr einer doppelten Beteiligung der phG an Gewinnen und Verlusten durch Auflösung entsprechender Ergebnisvorträge: Trotz Eingliederung kann die Tochtergesellschaft Überschüsse erwirtschaften, aus denen andere Gewinnrücklagen dotiert und Gewinnvorträge gebildet werden. Da außerdem die Verlustausgleichspflicht gem. § 324 III AktG nur insoweit greift, als der Bilanzverlust den Betrag der Kapital- und Gewinnrücklagen übersteigt, kann ein dahinter zurückbleibender Bilanzverlust ohne weiteres vorgetragen werden.[66] Eine Anknüpfung an den Bilanzverlust im Hinblick auf den Erfolgsanteil der phG würde also im Großen und Ganzen auch in der eingegliederten KGaA den gleichen Bedenken ausgesetzt sein wie in einer unabhängigen Gesellschaft. Auch dort bleibt es mithin bei der Maßgeblichkeit des Jahresfehlbetrags.

Selbst wenn man ausnahmsweise auf den Bilanzverlust abstellte, würde dieser bilanzielle „Trick“ keinen ausreichenden Schutz für die verlustbeteiligten phG bieten. Für die eingegliederte KGaA stellt sich nämlich das Problem der sog. *Abwicklungsverluste* in anderem Licht: Auch die Auflösung der eingegliederten Gesellschaft führt zur Beendigung der Eingliederung[67] mit der Folge, dass die Hauptgesellschaft einen Schlussausgleich zu leisten hat. Anders als § 302 I AktG verfolgt indes die eingliederungsspezifische Verlustausgleichspflicht nicht den Zweck, der Tochtergesellschaft das bilanzielle Anfangsvermögen zu sichern. § 324 III AktG soll vielmehr allein die ununterbrochene Existenz des gem. §§ 1 II, 6, 7 AktG notwendigen Grundkapitals während der Eingliederung garantieren, hat also rein formalen Charakter.[68] Zwar muss auch die eingegliederte Gesellschaft im Falle ihrer Auflösung eine Abwicklungseröffnungsbilanz auf Basis von Zerschlagungswerten aufstellen. Vor dem Hintergrund der vorstehenden Erwägungen ist aber kein Argument ersichtlich, warum der Schlussausgleich gerade auf Grundlage dieser Bilanz stattfinden sollte. Spätestens mit Übergang der Tochtergesellschaft von einem werbenden in den Liquidationsstatus endet das Bedürfnis nach einer Formalgarantie des Grundkapitals. Der von

---

[65] S.o., III, 1, c.

[66] *Koppensteiner*, in: KK AktG, § 324, Rn. 11.

[67] H.M., vgl. *Habersack*, in: Emmerich/Habersack, Kommentar, § 327, Rn. 11; *Grunewald*, in: MK AktG, § 327, Rn. 11; *Krieger*, in: Münchener Handbuch, Bd.4, § 73, Rn. 63.

[68] S.o., § 11, VI, 4, a.

§ 302 I AktG abweichende Schutzzweck des § 324 III AktG legt demzufolge den Schluss nahe, dass die Hauptgesellschaft nicht zum Ausgleich von Abwicklungsverlusten verpflichtet ist. – Damit würde das hier behandelte Verlustrisiko der phG auch bei Anknüpfung an den Bilanzverlust zumindest mit Blick auf künftige Abwicklungsverluste existieren.

2. Rechtsgeschäftliche Kompensationen

Es zeigt sich, dass die phG einer eingegliederten KGaA mit dem Risiko belastet sind, in unkalkulierbarem Umfang für konzernveranlasste Verluste gerade stehen zu müssen. Der Umstand, dass sich die entsprechenden Vermögensminderungen regelmäßig erst bei Ausscheiden oder Liquidation zahlungswirksam realisieren, vermag dieses Risiko keineswegs abzufedern, da dies bloß auf eine zeitliche Verzögerung der Problematik hinausläuft. Im Gegenteil: Die Aussicht, infolge kündigungsbedingten Ausscheidens einer entsprechenden Zahlungspflicht ausgesetzt zu sein, stellt sogar regelmäßig einen faktischen Zwang zum Verbleib in der Gesellschaft dar, verbunden mit dem Risiko weiterer Verlustzuweisungen.

Will man vermeiden, dass die Eingliederung einer KGaA wegen Verstoßes gegen die guten Sitten von vornherein nichtig ist, sobald verlustbeteiligte außenstehende phG beteiligt sind (§ 138 I BGB), so bedarf es einer rechtsgeschäftlichen Kompensation des geschilderten Verlustrisikos: Der einfachste und zugleich sicherste Weg liegt in einem *Verlustausschluss* der betroffenen phG in der Satzung der eingegliederten Gesellschaft. Denkbar ist aber auch, die Verlustbeteiligung betragsmäßig zu beschränken[69] und damit das Verlustrisiko für die phG auf ein kalkulierbares Maß zu reduzieren. Ferner können schuldrechtliche Abreden getroffen werden, in welchen sich die Hauptgesellschaft zur Übernahme bzw. Freistellung im Hinblick auf die Verlustanteile der phG verpflichtet; erforderlich ist freilich, dass sich die Freistellung gerade auch auf Abwicklungsverluste bezieht. Als möglicher Ort für derartige Vereinbarungen kommt beispielsweise ein interner Eingliederungsvertrag in Betracht, der auch zugunsten der phG ausgestaltet sein kann (§ 328 I BGB).

Nicht ausreichend ist demgegenüber die Abdingung des Weisungsrechts nach § 323 I 1 AktG bzw. ein Ausschluss nachteiliger Weisungen. Auch in diesem Fall bliebe nämlich das Konzerninteresse der alleinige Leitungsmaßstab für die Tochtergesellschaft, selbst wenn diese wieder durch ihre eigenen Organe verwaltet würde.[70] – Gleiches gilt für leitungsbezogene Mitwirkungsbefugnisse, z.B. gem. §§ 278 II Alt.2 AktG, 116 II HGB oder durch die Satzung der KGaA. Die Einräumung von Leitungsmacht zugunsten der phG änderte nichts an der Maßgeblichkeit des Konzerninteresses bei Durchführung der Leitungsmaßnah-

[69] Zu dieser Möglichkeit *Assmann/Sethe*, in: GK AktG, § 288, Rn. 39.
[70] S.o., § 3, III, 3, b, bb.

men, würde also die hier thematisierten Gefahren für die Tochter-KGaA und deren phG nur unzureichend entschärfen.

Alles in allem dürften der privatautonomen Gestaltungsfreiheit der Beteiligten in dieser Frage jedoch kaum Grenzen gesetzt sein. Erforderlich ist allein, dass die außenstehenden phG von dem in diesem Kapitel behandelten konzernspezifischen Verlustrisiko befreit werden.

VI. Ergebnis zum Verlustrisiko

Das Risiko für die außenstehenden verlustbeteiligten phG, in sittenwidriger Weise durch Verluste belastet zu werden, deren Ursache eine Leitung der KGaA im übergeordneten Konzerninteresse ist, wird im Fall des *Beherrschungsvertrags* durch § 302 I AktG kompensiert. Während der Vertragsdauer sind Verlustzuweisungen an die phG generell ausgeschlossen. Auch nach Vertragsende besteht kein gesteigertes Risiko, denn durch den Schlussausgleich wird die Tochtergesellschaft endgültig von sämtlichen Verlusten befreit. Unmittelbar konzernbedingte Verluste gehen deshalb auch nach Vertragsende nicht zu Lasten der phG. Gleiches gilt für Abwicklungsverluste in der (ehemaligen) Tochtergesellschaft. Der Schutzzweck des § 302 I AktG gebietet es nämlich, den abschließenden Fehlbetragsausgleich auf Basis von Zerschlagungswerten zu berechnen, wodurch die während der Konzernierung eingetretenen Einbußen am Nettovermögen effektiv entschädigt werden. Weil die Verlustbeteiligung ausschließlich an bilanzielle Defizite anknüpft, vermögen die konzernspezifischen Gefahren die Kapitalanteile der phG nicht zu beeinflussen.

In der *eingegliederten* KGaA fehlt ein derartiger Schutz. Um das Urteil der Sittenwidrigkeit abzuwenden, bedarf es einer rechtsgeschäftlichen Kompensation des Verlustrisikos durch einen statuarischen Verlustausschluss oder vergleichbare Abreden. Die Beteiligung der phG an der Feststellung des Jahresabschlusses gem. § 286 I 2 AktG ändert hieran ebensowenig wie ihre zwingende Zustimmung zur Eingliederung. Ebenfalls unerheblich ist, ob es sich bei den verlustbeteiligten phG um natürliche oder juristische Personen handelt. – Fehlen Vereinbarungen der geschilderten Art, sind also (unbeschränkt) verlustbeteiligte außenstehende phG beteiligt, so scheitert eine analoge Anwendung der §§ 319 ff. AktG auf die KGaA als eingegliederte Gesellschaft an § 138 I BGB; andernfalls steht einer solchen Analogie aber auch der Hinweis auf das Verlustrisiko nicht im Weg.

§ 13: Ausgleich und Desinvestition

Im letzten Kapitel, das sich mit der Stellung der phG in der vertragsbeherrschten bzw. eingegliederten KGaA befasst, wird der Frage nachgegangen, ob diesen in entsprechender Anwendung der §§ 304, 305, 320b AktG Ausgleichs- und Abfindungsansprüche einzuräumen sind. Beim *Ausgleich* geht es um die Garantie eines Gewinnanteils oder einer Ausgleichszahlung, um mögliche Ertragseinbußen in der künftigen Tochtergesellschaft zu kompensieren. Der Anspruch auf *Abfindung* gestattet den Begünstigten demgegenüber ein Ausscheiden aus ihrer Gesellschaft gegen Gewährung von Anteilen einer anderen Gesellschaft oder einer Barabfindung. Schließlich kann eine Desinvestition ihrer Mitgliedschaft von den phG einer KGaA auch durch *Kündigung* bzw. *Auflösungsklage* herbeigeführt werden. Zu untersuchen ist, ob diesbezüglich infolge der Konzernierung Besonderheiten gegenüber der allgemeinen Rechtslage bestehen.

I. Ausgleich

Trotz Beherrschungsvertrag oder Eingliederung kann die Tochtergesellschaft weiterhin Gewinne erwirtschaften. Sind die phG nicht kraft Satzung vom Gewinn ausgeschlossen,[1] partizipieren sie daran entsprechend ihrer Gewinnquoten. Zu beachten ist freilich, dass nach hier zugrundegelegtem Verständnis nicht der Bilanzgewinn, sondern der Jahresüberschuss hierfür die richtige Bemessungsgrundlage ist.[2] Eine Beteiligung der phG an den Gewinnen scheidet nicht schon dann aus, wenn diese von den Verlusten freigestellt sind, denn Gewinn- und Verlustbeteiligung können unabhängig voneinander geregelt werden. Deshalb steht auch der hier als zwingend erforderlich befundene Verlustausschluss in der eingegliederten KGaA einer möglichen Gewinnbeteiligung nicht entgegen.

Jedoch: In der vertragsbeherrschten oder eingegliederten Gesellschaft ist die Generierung von Überschüssen keineswegs mehr sicher. Das Mutterunternehmen wird regelmäßig in der Lage sein, diese an sich zu ziehen oder erst gar nicht entstehen zu lassen.[3] Selbst ohne Weisungsrecht kann die zwingende Maßgeblichkeit des Konzerninteresses zu umfangreichen Gewinnverlagerungen innerhalb des Unternehmensverbunds führen. Den ertragsbeteiligten Gesellschaftern droht unter diesen Umständen eine Minderung ihrer Gewinnaussichten, mitunter sogar ein dauerhafter Gewinnausschluss.

---

[1] Nach h.M. ist dies zulässig, vgl. *Semler/Perlitt*, in: MK AktG, § 288, Rn. 28; *Assmann/Sethe*, in: GK AktG, § 288, Rn. 37; *Schlitt*, Satzung, S. 126; *Schütz/Reger*, in: Schütz/Bürgers/Riotte, KGaA, § 5, Rn. 254; a.A. *Herfs*, in: Münchener Handbuch, Bd.4, § 79, Rn. 18.

[2] Zu den Einzelheiten der Erfolgsermittlung und -verteilung s.o., § 12, III.

[3] BGHZ 135, S. 374, 379.

Die Regelung des § 304 AktG reagiert hierauf und garantiert den außenstehenden Aktionären[4] der *vertragsbeherrschten* AG einen angemessenen Ausgleich. Je nachdem, ob es sich um einen isolierten Beherrschungsvertrag oder um einen kombinierten Beherrschungs- und Gewinnabführungsvertrag handelt, ist Gegenstand der Garantie ein bestimmter jährlicher Gewinnanteil oder eine auf die Grundkapitalanteile bezogene wiederkehrende Ausgleichszahlung. Der Umfang ergibt sich aus § 304 II AktG, in dessen Rahmen zwischen festem und variablem Ausgleich differenziert wird.[5] – In der *eingegliederten* AG wäre demgegenüber ein Ausgleichsanspruch für die Aktionäre aufgrund deren Ausscheidens sinnlos. Eine dem § 304 AktG entsprechende Vorschrift ist im Rahmen der §§ 319 ff. AktG folgerichtig nicht vorgesehen (vgl. auch § 304 I 3 AktG).

§ 304 AktG gilt unmittelbar auch für die *Kommanditaktionäre* einer KGaA. Dies ergibt sich aus § 291 I 1 AktG, wo die KGaA ausdrücklich als Tochtergesellschaft genannt ist.[6] Die Konzernierung trifft freilich in gleicher Weise die *phG*: Auch deren Gewinnbeteiligung steht zur Disposition – und zwar auch in der eingegliederten KGaA. Fraglich ist deshalb, ob ihnen ein Ausgleichsanspruch analog § 304 AktG eingeräumt werden muss.[7] Von vornherein ausgeschlossen wäre dies nur dann, wenn es sich bei dem entsprechenden phG um das Mutterunternehmen selbst handelte; denn dieses ist nicht „außenstehend". Andernfalls kommt es darauf an, ob ein hinreichendes Schutzbedürfnis zu bejahen ist.

1. Selbstschutz durch Zustimmungsgebot

Die beherrschungsvertragliche und institutionelle Konzernunterordnung einer KGaA bedarf zu ihrer Wirksamkeit der Zustimmung sämtlicher phG (§§ 278 II, 285 II 1 AktG).[8] In Anlehnung an die überwiegende Meinung zum Personengesellschafts- und GmbH-Recht, wo die Zulässigkeit eines Beherrschungsvertrags ebenfalls von der Zustimmung aller Gesellschafter abhängen soll,[9] wird man argumentieren können, die phG seien in der Lage, ihre Interessen selbstverantwortlich wahrzunehmen und ihre Zustimmung von der Einräumung entsprechender Ausgleichsansprüche abhängig zu machen (§ 311 I BGB).

---

[4] Zum Begriff des außenstehenden Aktionärs *Bilda*, in: MK AktG, § 304, Rn. 17 ff.

[5] Kritisch hierzu *Emmerich/Sonnenschein/Habersack*, KonzernR, S. 310. Wegen der Einzelheiten des Ausgleichsanspruchs muss auf die umfangreiche Kommentarliteratur verwiesen werden, vgl. z.B. *Emmerich*, in: Emmerich/Habersack, Kommentar, § 304.

[6] Zu den Besonderheiten bei der Berechnung des Ausgleichs für die Kommanditaktionäre s.u., § 14, II.

[7] Im Fall der Eingliederung läge methodisch eine doppelte Analogie zu § 304 AktG vor.

[8] S.o., § 7.

[9] Vgl. *Haas*, Personengesellschaften, S. 94 f.; *Löffler*, Personengesellschaft, S. 116, 118; *Emmerich*, FS Stimpel, S. 743, 750; *Reuter*, ZHR 146 (1982), S. 1, 5, 8, 18 f.; *ders.*, AG 1986, S. 130, 138 (jeweils zum Personengesellschaftsrecht). – *Emmerich*, in: Emmerich/Habersack, Kommentar, § 304, Rn. 11; *Decher*, in: Münchener Handbuch, Bd.3, § 70, Rn. 7 (zur GmbH).

Angesichts der vorstehenden Ausführungen zum Haftungs- und Verlustrisiko erscheint diese Argumentation überprüfungsbedürftig. Die bloße Möglichkeit für die phG, ihre Zustimmung von der Vereinbarung einer internen Haftungsfreistellung und eines Verlustausgleichs abhängig zu machen, wurde nämlich keineswegs für tauglich befunden, das Risiko einer sittenwidrigen Selbstentmündigung bzw. Knebelung auszuschalten. Wenn den phG aber nicht zugemutet werden kann, das persönliche Haftungs- und Verlustrisiko eigenverantwortlich zu bewältigen, warum sollte dann mit Blick auf das Renditeinteresse etwas anderes gelten?

Hinter dieser Überlegung verbirgt sich jedoch nur scheinbar ein Widerspruch: Die beschriebenen Risiken in Zusammenhang mit der persönlichen Haftung und der Verlusttragung erweisen sich nämlich im Zeitpunkt des Zustimmungsbeschlusses als unabsehbar und gegenständlich unbegrenzt, sind mithin für die betroffenen phG *unkalkulierbar*. Den phG ist es unter diesen Umständen unmöglich, die Vor- und Nachteile einer Zustimmung gegeneinander abzuwägen. Die zwingende Zustimmung steht der Sittenwidrigkeit dem Grunde nach ebenso wenig im Weg wie die freiverantwortliche Mitwirkung des Bürgen am Vertragsschluss im Fall einer sittenwidrigen Globalbürgschaft;[10] entgegen der These *Wiedemanns*[11] garantiert daher das Einstimmigkeitsprinzip (hier in Form der allseitigen Zustimmung sämtlicher phG) keineswegs einen „vollkommenen Individual- und Minderheitenschutz". – Ganz anders stellt sich die hier behandelte Gefahr einer drohenden Gewinnverlagerung dar. Diese ist für die phG im Zeitpunkt des Zustimmungsbeschlusses gegenständlich begrenzt und überschaubar: Im ungünstigsten Fall droht ihnen der vollständige Verlust ihrer Gewinnbeteiligung. Diese Konsequenz könnte aber auch durch eine entsprechende Satzungsbestimmung herbeigeführt werden.[12] Ein Gewinnausschluss ist weder sittenwidrig noch aus anderen Gesichtspunkten unzumutbar für die betroffenen Gesellschafter, insbesondere wenn diese zugleich vom Haftungs- und Verlustrisiko befreit sind. Die negativen Folgen der Konzernierung erweisen sich folglich, sofern sie das Renditeinteresse betreffen, als kalkulierbar und im Zeitpunkt des Zustimmungsbeschlusses abwägungsfähig. Es ist sachgerecht, die phG insoweit auf einen Selbstschutz zu verweisen. Im Unterschied zur Haftungs- und Verlustproblematik bedarf es im vorliegenden Kontext keiner generellen Begrenzung der Privatautonomie.

2. Wirtschaftliche Zwangslage?

Im personengesellschaftsrechtlichen Schrifttum wird gegen dieses Ergebnis eingewandt, der Konzernbildung liege typischerweise eine Ungleichheit der wirt-

[10] Hierzu s.o., § 11, III.
[11] JZ 1976, S. 612.
[12] Vgl. Fn. 1.

schaftlichen Machtstellung zugrunde, infolge derer die Entscheidungsfreiheit der Gesellschafter maßgeblich eingeschränkt sei. Angesichts der daraus resultierenden Zwangslage könne ein Missbrauch der Privatautonomie nur durch Einräumung gesetzlicher Ausgleichsansprüche analog § 304 AktG, mit richterlicher Kontrollmöglichkeit entsprechend § 315 III BGB verhindert werden.[13]

Dieser Ansatz fußt auf der These, die Regelung des § 304 AktG sei die Konsequenz eines generellen gesetzgeberischen Misstrauens gegenüber der Richtigkeitsgewähr von Beherrschungs- und Gewinnabführungsverträgen, welche insoweit dem Bereich privatautonomer Individualvereinbarung entzogen seien.[14] – Das überzeugt nicht: Anlass für die Implementierung einer Mindestgarantie in das Gefüge des Aktienkonzernrechts war nicht der Argwohn des Gesetzgebers gegenüber der Vertragsfreiheit, sondern die Geltung des *Mehrheitsprinzips* bei der Konzernbildung (§ 293 I AktG).[15] Allein die Möglichkeit, dass eine Konzernunterordnung gegen den Willen einzelner Aktionäre beschlossen werden kann, macht besondere Schutzinstrumente jenseits der Privatautonomie erforderlich. Aus Perspektive der phG ist diese Möglichkeit nicht gegeben, denn Beherrschungsvertrag und Eingliederung benötigen zwingend ihre Zustimmung. Damit hat es jeder phG in der Hand, die Konzernbildung durch abweichendes Votum zu verhindern. Seine Position unterscheidet sich grundlegend von der eines Kommanditaktionärs, welcher – sofern er nicht ausnahmsweise über entsprechende Mehrheiten verfügt – Gefahr läuft, überstimmt zu werden.

Dass sich die phG mitunter in einer wirtschaftlichen Zwangslage befinden,[16] ändert hieran nichts. Sofern die besonderen Umstände des Einzelfalls einen Missbrauch der Privatautonomie nahelegen, wird dies nach allgemeinen Grundsätzen (vor allem über § 138 I BGB) zu korrigieren sein.[17]

3. Folgerungen

Die phG sind gehalten, einen drohenden Verlust ihrer Rendite durch individuelle Vereinbarung mit dem Mutterunternehmen oder der Tochtergesellschaft abzuwenden. Wegen der zwingend erforderlichen Zustimmung aller phG sind sie dazu auch in der Lage. Als geeigneter Ort für derartige Vereinbarungen bieten sich der Beherrschungsvertrag, die Satzung der Tochter-KGaA oder schuldrechtliche Abreden unmittelbar mit dem Mutterunternehmen an.

---

[13] *Baumgartl*, Personengesellschaft, S. 122 ff. Für eine gerichtliche Kontrolle bei wirtschaftlichem Machtgefälle *Reuter*, ZHR 146 (1982), S. 1, 19. De lege ferenda für das GmbH-Konzernrecht *Schmidt*, GmbHR 1979, S. 121, 133 f.

[14] *Baumgartl*, Personengesellschaft, S. 123 f.

[15] *Barz*, in: GK AktG, 3. Aufl., vor § 304.

[16] *Baumgartl* kann zur Begründung seiner These nur auf die Sanierungsbedürftigkeit der künftigen Tochtergesellschaft verweisen (Personengesellschaft, S. 123, 13). Dem dürfte freilich eine unzulässige Verallgemeinerung des „Gervais"-Urteils (*BGH*, WM 1979, S. 937) zugrunde liegen.

[17] Zutreffend *Haas*, Personengesellschaften, S. 94 f.

Art und Umfang eines möglichen Ausgleichs bleiben somit dem Verhandlungsgeschick der phG überlassen. Entscheidend werden die Besonderheiten des Einzelfalls sein. In Anschlag zu bringen ist jedoch, dass die phG infolge der Konzernierung weder einem gesteigerten Haftungsrisiko noch einem besonderen Verlustrisiko ausgesetzt sind.[18] Bei der Bemessung des Ausgleichs wird ferner eine mögliche Tätigkeit als Geschäftsführer, spezifisches Know-How, besondere Reputationen zu Gunsten des Unternehmens, aber auch die im Außenverhältnis weiterhin bestehende persönliche Haftung zu berücksichtigen sein.

II. Abfindung

§§ 305, 320b AktG regeln das Ausscheiden der Aktionäre aus der künftig vertragsbeherrschten oder eingegliederten Gesellschaft gegen Abfindung in Aktien der Muttergesellschaft (gegebenenfalls einer Großmuttergesellschaft) oder gegen Barabfindung. Im Fall des Beherrschungsvertrags stellt die Abfindung bloß eine Alternative neben dem Ausgleich dar, deren Fehlen zwar keine Nichtigkeit (§ 304 III 1 AktG), wohl aber eine gerichtliche Festsetzung nach sich zieht (§ 305 V 2 AktG). Bei der Eingliederung ist die Abfindung indessen das einzige Sicherungsinstrument für die Aktionäre, denen hierdurch ein Vermögensausgleich für den mit der (Mehrheits-)Eingliederung notwendig verbundenen Verlust ihrer Mitgliedschaft gewährt wird.[19] Dementsprechend geht es in § 320b AktG nicht um die außenstehenden, sondern um die gem. § 320a AktG *ausgeschiedenen* Aktionäre, sodass auch solche Aktionäre abzufinden sind, die mit der Haupt- (bzw. der eingegliederten) Gesellschaft i.S.d. § 18 I AktG konzernverbunden sind.[20] Für die im Übrigen zwischen § 305 AktG und § 320b AktG bestehenden Unterschiede – insbesondere im Hinblick auf mehrstufige Unternehmensverbindungen – gibt es freilich weder aus ökonomischer noch aus rechtlicher Sicht tragfähige Gründe. Insbesondere wenn man die weitgehende Strukturgleichheit von Beherrschungsvertrag und Eingliederung in Rechnung stellt, erscheinen die zum Teil aufwendigen Differenzierungen wenig überzeugend.[21] Mit guten Gründen ist deshalb immer wieder versucht worden, die §§ 305, 320b AktG durch korrigierende Auslegung einer Harmonisierung zuzuführen.[22]

---

[18] S.o., §§ 11, 12.

[19] *Hüffer*, AktG, § 320b, Rn. 1.

[20] Um einen Konflikt mit § 71d S.2 AktG zu vermeiden, dürfte hingegen eine Abfindung eigener Aktien der eingegliederten Gesellschaft ausscheiden; vgl. *Krieger*, in: Münchener Handbuch, Bd.4, § 73, Rn. 37; a.A. *Habersack*, in: Emmerich/Habersack, Kommentar, § 320b, Rn. 4, der aber den praktischen Sinn einer solchen Abfindung in Frage stellt. Hierfür spricht auch eine Wertungsparallele zu § 327a II i.V.m. § 16 II 2 AktG bzw. § 20 I Nr. 3 S.1 HS 2 UmwG.

[21] Kritisch auch *Habersack*, in: Emmerich/Habersack, Kommentar, § 320b, Rn. 9.

[22] Für die Zubilligung des Wahlrechts nach § 305 II Nr. 2 AktG an die Aktionäre *Hüchting*, Abfindung und Ausgleich, S. 22. Für die Gewährung von Aktien der Großmuttergesellschaft in Fällen mehrstufiger Eingliederungskonzerne z.B. *OLG Nürnberg*, AG 1997, S. 136 (Rhenus AG/

Es drängt sich die Frage auf, ob den *phG* der Tochter-KGaA in entsprechender Anwendung der §§ 305, 320b AktG ebenfalls die Möglichkeit gegeben werden muss, anlässlich der Konzernierung gegen Abfindung auszuscheiden. Hierdurch würden diese von vornherein den konzernspezifischen Gefahren entgehen. Bei der Eingliederung kann es freilich – abweichend von § 320b AktG – nicht um ein Zwangsausscheiden der phG gehen, denn die hier untersuchten Fälle sind durch den grundsätzlichen Verbleib der phG im Verbandsgefüge und eine Beschränkung der Eingliederung auf die fungiblen Kommanditaktien gekennzeichnet.[23] Auch im institutionellen Konzern könnte es demnach allein um die Einräumung eines *Wahlrechts* nach Vorbild des § 305 AktG gehen.

Der Rückgriff auf § 305 AktG scheitert jedoch an den gleichen Argumenten wie bei § 304 AktG: Die Regelung ist ebenfalls die Konsequenz daraus, dass § 293 I AktG für den Abschluss des Beherrschungsvertrags lediglich eine Dreiviertelmehrheit fordert, für die (Kommandit-)Aktionäre also die Gefahr besteht, gegen ihren Willen in den Konzernverbund hineingedrängt zu werden. Die phG müssen der Konzernbildung demgegenüber zwingend zustimmen, weshalb sich vergleichbare Gefahren für sie nicht nachweisen lassen.[24] Sie können ihre Zustimmung von der individuellen Einräumung eines Abfindungsangebots abhängig machen, welches ihre bisherige Gesellschafterstellung adäquat entschädigt.[25] Das Mutterunternehmen würde dann im Wege der Einzelnachfolge in die Mitgliedschaft des phG eintreten. Auf diese Weise kann es auch zu dem eingangs erwähnten Fall kommen, dass die Hauptgesellschaft im Zuge der Eingliederung sämtliche Mitgliedschaften der eingegliederten KGaA übernimmt und die KGaA dadurch zur Einpersonengesellschaft wird.[26]

Da es sich dann um einen Wechsel im Bestand der phG auf Basis einer Vereinbarung handelt, muss die Satzung der Tochter-KGaA – sofern sie dies nicht bereits vorsieht – um eine dahingehende *Ermächtigung* ergänzt werden (entsprechend § 131 III 1 Nr.5 HGB).[27] Wegen der besonderen Beschlusserfordernisse in § 293 I AktG und der Zustimmung aller phG bestehen aber keine Bedenken, eine solche Abrede gegebenenfalls auch im Beherrschungsvertrag zuzulassen.

Einer analogen Anwendung der Abfindungsregeln auf die phG steht folglich bereits die mangelnde Vergleichbarkeit der Sachverhalte entgegen.

Bayer. Lloyd). Generell für die Gewährung von Aktien der Großmuttergesellschaft *Kamprad/Römer*, AG 1990, S. 486, 487 f.

[23] S.o., § 4, II.

[24] Anders wiederum *Baumgartl*, Personengesellschaft, S. 130 ff., an seine These von der wirtschaftlichen Zwangslage anknüpfend.

[25] Vgl. *Haas*, Personengesellschaften, S. 88 ff.; *Löffler*, Personengesellschaft, S. 119.

[26] Der Zulässigkeit einer Einpersonen-KGaA stehen keine dogmatischen Hindernisse entgegen; s.o., § 5, III, 5.

[27] Vgl. *Semler/Perlitt*, in: MK AktG, § 289, Rn. 128 ff.

III. Kündigung und Auflösungsklage

Die Möglichkeit, den Wert der Mitgliedschaft durch Lösung vom Verband vermögenswirksam zu realisieren, ist den phG auch durch die allgemeinen Gestaltungsinstrumente der Kündigung bzw. der Auflösungsklage eingeräumt. Während die Kündigung das Ausscheiden des Gesellschafters unter gleichzeitiger Fortsetzung der Gesellschaft nach sich zieht (Austrittskündigung[28]), hat die Auflösungsklage deren Abwicklung zur Folge. Beide Fälle führen ökonomisch zum gleichen Ergebnis, nämlich zur *Desinvestition.*

1. Ordentliche Kündigung

Gem. § 289 I AktG richten sich die Gründe für das Ausscheiden eines phG nach den Regeln des Kommanditrechts. Danach ist eine ordentliche Kündigung nach §§ 161 II, 132 HGB mit der Folge des Ausscheidens (§ 131 III 1 Nr.3 HGB) zulässig. Beachtlich ist aber die Sonderregel des *§ 289 V AktG*, nach der ein Ausscheiden der phG nur bei besonderer Satzungsbestimmung für zulässig erklärt wird. Weil diese Vorschrift durch das *Handelsrechtsreformgesetz* von 1998[29] unangetastet geblieben ist, würden sich bei wörtlicher Anwendung nicht unerhebliche Nachteile für die phG gegenüber der alten Rechtslage ergeben: Vor dem *HRefG* fiel die ordentliche Kündigung der phG nicht unter § 289 V AktG, da diese nicht zum Ausscheiden, sondern zur Auflösung der KGaA führte (vgl. §§ 131 Nr.6, 132 HGB a.F.). Nunmehr ist die Regelfolge der Kündigung das Ausscheiden, weshalb die Restriktion durch § 289 V AktG im Ergebnis auf einen Ausschluss des gesetzlichen Kündigungsrechts hinauslaufen würde. Eine dahin zielende Absicht kann dem Gesetzgeber keinesfalls unterstellt werden, zumal § 289 V AktG in erster Linie dem Schutz der phG dient.[30] Die Vorschrift ist daher mit der heute h.M. teleologisch dahingehend zu interpretieren, dass eine Kündigung des phG gem. § 289 I AktG i.V.m. dem Kommanditrecht ohne weiteres zum Ausscheiden führt und § 289 V AktG nur noch für solche (weiteren) Tatbestände Bedeutung erlangt, die nach der Satzung zum Ausscheiden führen.[31]

Die Modalitäten der (ordentlichen) Kündigung richten sich nach Personengesellschaftsrecht.[32] Entgegen teilweise geäußerter Bedenken[33] unterliegt das Kündigungsrecht der phG auch nicht schon deshalb a priori einer Beschränkung, weil die KGaA typischerweise vom Kredit der phG lebt: Zum einen ist ein sol-

---

[28] Zur Terminologie *Schmidt*, GesR, S. 1454.

[29] BGBl. I, S. 1474.

[30] *Semler/Perlitt*, in: MK AktG, § 289, Rn. 84.

[31] *Semler/Perlitt*, in: MK AktG, § 289, Rn. 84; *Assmann/Sethe*, in: GK AktG, § 289, Rn. 81; *Veil*, NZG 2000, S. 72, 74 ff.

[32] Zusammenfassend *Michalski*, OHG, § 132, Rn. 5.

[33] *Veil*, NZG 2000, S. 72, 76.

cher Effekt aufgrund der gegenüber dem Aktienrecht identischen Kapitalschutzmechanismen nicht nachweisbar, zum anderen wäre er – als wahr unterstellt – gleichermaßen im Kommanditrecht relevant. Besonderheiten für die KGaA sind daher in jedem Fall zu verneinen.

Für die phG besteht folglich jederzeit die Möglichkeit, sich durch ordentliche Kündigung von der KGaA zu lösen. Eine Kündigung *aus Anlass der Konzernbildung* macht jedoch angesichts des zwingenden Zustimmungserfordernisses keinen Sinn. Die phG können ihre Zustimmung nämlich von der Einräumung eines Abfindungsrechts abhängig machen, ohne auf die Kündigung zurückgreifen zu müssen. Deren entscheidender Nachteil liegt außerdem in der mindestens sechsmonatigen Kündigungsfrist des § 132 HGB. Aus Sicht eines phG, der den konzernspezifischen Risiken entgehen will, dürfte ein derart langer Verbleib in der Tochtergesellschaft kaum interessengerecht erscheinen. Bedeutung kann der ordentlichen Kündigung daher allenfalls für spätere Zeitpunkte, vor allem für den Fall der *Konzernbeendigung* zukommen; das Problem der Kündigungsfrist bleibt dann freilich bestehen. Wollen sich die phG mit Blick auf spätere Zeitpunkte eine effektive Desinvestitionsoption erhalten, so ist ihnen zu raten, im Zuge der Konzernbildung auf die Implementierung eines ordentlichen *fristlosen* Kündigungsrechts, zumindest aber auf die Verkürzung der Kündigungsfrist des § 132 HGB hinzuwirken.[34]

2. Außerordentliche Kündigung und Auflösungsklage

Es bleibt zu untersuchen, ob den phG ein sofortiges (zumindest aber zeitnahes) Ausscheiden aus der Gesellschaft, auch ohne besondere Vereinbarung, mittels außerordentlicher Kündigung bzw. Auflösungsklage möglich ist:

a) Gesetzliche Ausgangslage

Im Rahmen des gesetzlichen Regelungsmodells ist eine außerordentliche (fristlose) Kündigung der phG nach überwiegender Lesart nicht vorgesehen. Die Vorschrift des § 723 I BGB soll vielmehr durch § 133 HGB (i.V.m. § 289 I AktG, 161 II HGB) ersetzt werden, wonach bei Vorliegen eines wichtigen Grundes die Auflösung der Gesellschaft durch Urteil beantragt werden kann.[35] Nicht schon das Lösungsbegehren eines einzelnen phG, sondern erst das Gestaltungsurteil führt somit den angestrebten Rechtserfolg herbei. – Der Antrag nach § 133 HGB kann von jedem phG gestellt werden; er bedarf nicht der Zustimmung der Kommanditaktionäre.[36] Die bisherigen Erkenntnisse machen deutlich,

---

[34] Beide Varianten werden im personengesellschaftsrechtlichen Schrifttum für zulässig gehalten, vgl. *Emmerich*, in: Heymann, HGB, § 132, Rn. 11 m.w.N.; *Michalski*, OHG, § 132, Rn. 7.

[35] *Strothmann/Vieregge*, FS Oppenhoff, S. 451, 452.

[36] Die Regelung des § 289 IV AktG gilt nur für den Fall, dass die Auflösung auf Initiative der Hauptversammlung betrieben wird; vgl. *Mertens*, in: KK AktG, § 289, Rn. 25.

dass Klagegegnerin nur die KGaA als solche sein kann, vertreten durch den Aufsichtsrat (§ 287 II AktG), weil insoweit deren Verhältnis zu den phG betroffen ist.[37]

Die Möglichkeit der Auflösungsklage kann entsprechend der Rechtslage bei den Personengesellschaften[38] statuarisch durch ein Recht zur außerordentlichen *Austritts*kündigung ersetzt werden.[39] Im Unterschied zum Fall einer einseitigen *Auflösungs*kündigung begegnet diese Gestaltung keinen Bedenken im Hinblick auf die Rechtssicherheit, die bei der KGaA als Kapitalgesellschaft anders bewertet werden muss als bei einer Personengesellschaft.[40]

b) Außerordentliche Austrittskündigung?

Fraglich ist allerdings, ob eine außerordentliche Austrittskündigung aus wichtigem Grund nicht schon aus allgemeinen Erwägungen neben der Möglichkeit der Auflösungsklage anzuerkennen ist. Dies wird bislang überwiegend abgelehnt, und zwar sowohl für die Personengesellschaften als auch für die KGaA.[41]

Die h.M. sieht sich indes gewissen Zweifeln ausgesetzt, insbesondere vor dem Hintergrund der jüngeren Rechtsentwicklung: Zunächst ist in Rechnung zu stellen, dass die Kündigung nach geltendem Recht nicht mehr zur Auflösung, sondern zum Ausscheiden führt (§ 131 III 1 Nr.3 HGB). Die Notwendigkeit einer Substitution des außerordentlichen Kündigungsrechts (§ 723 I BGB) durch ein formalisiertes Verfahren (§ 133 HGB) kann darum nicht mehr mit dem Argument gerechtfertigt werden, andernfalls sei das Schicksal der ganzen Gesellschaft von der Unsicherheit eines wichtigen Grundes abhängig.[42] Das Ausscheiden eines Gesellschafters mag zwar im Einzelfall ebenfalls weitreichende Folgen für die Gesellschaft haben, diese werden aber typischerweise geringer sein als bei der Auflösung. Angesichts dessen will nicht recht einleuchten, warum bei Vorliegen eines wichtigen Grundes die regelmäßig einschneidendere Auflösung Vorrang vor der Austrittskündigung als milderem Mittel haben soll.[43] Nicht unberücksichtigt bleiben sollte auch die Vorschrift des § 314 BGB, in welcher nunmehr der bereits in § 723 I BGB zum Ausdruck kommende allgemeine

---

[37] Ebenso *Mertens*, in: KK AktG, § 289, Rn. 25; a.A. *Assmann/Sethe*, in: GK AktG, § 289, Rn. 46; *Semler/Perlitt*, in: MK AktG, § 289, Rn. 28: Klage des phG gegen die übrigen phG und die „Gesamtheit der Kommanditaktionäre".

[38] *Ulmer*,in: GK HGB, § 133, Rn. 73 ff.; *Michalski*, OHG, § 133, Rn. 22.

[39] *Mertens*, in: KK AktG, § 289, Rn. 27; *Semler/Perlitt*, in: MK AktG, § 289, Rn. 108; vgl. auch *Assmann/Sethe*, in: GK AktG, § 289, Rn. 53 a.E. mit unzutreffendem Verweis auf *Semler/Perlitt*, in: MK AktG, § 289, Rn. 33, wo es aber um eine Auflösungskündigung geht.

[40] Die h.M. verneint daher die Zulässigkeit einer außerordentlichen Auflösungskündigung, vgl. *Semler/Perlitt*, in: MK AktG, § 289, Rn. 33; *Assmann/Sethe*, in: GK AktG, § 289, Rn. 53, allerdings unter Hinweis auf die Eigenschaft der KGaA als juristische Person; a.A. *Mertens*, in: KK AktG, § 289, Rn. 27.

[41] *Michalski*, OHG, § 133, 1 (f. d. oHG); *Semler*, in: Geßler/Hefermehl, AktG, § 289, Rn. 81 (für die KGaA); kritisch aber *Schmidt*, GesR, S. 1457.

[42] So z.B. BGHZ 3, S. 285, 289 f. für den Fall der Auflösung einer fehlerhaften Gesellschaft.

[43] Zweifelnd auch *Baumbach/Hopt*, HGB, § 133, Rn. 1.

Grundsatz fixiert ist, dass sich die Beteiligten aus wichtigem Grund aus jedem Dauerschuldverhältnis durch Kündigung lösen können.

Nach alledem sprechen gute Argumente dafür, eine außerordentliche Austrittskündigung aus wichtigem Grund auch ohne besondere Satzungsbestimmung anzuerkennen.[44] Für die vorliegende Untersuchung spielt diese Frage indes nur am Rande eine Rolle, denn einerseits führen beide Instrumente aus Perspektive der phG zum gleichen Ergebnis, andererseits hängen beide Fälle vom Vorliegen eines *wichtigen Grundes* ab. Nicht unerwähnt bleiben sollte jedoch, dass der Erfolg der Auflösungsklage erst mit Rechtskraft des Gestaltungsurteils eintritt,[45] der antragstellende phG mithin vorerst noch in der Gesellschaft verbleiben muss. Vor diesem Hintergrund wird der Weg über eine außerordentliche Austrittskündigung regelmäßig der vorzugswürdigere sein.

c) Wichtiger Grund

Ein zur Kündigung bzw. Auflösung berechtigender wichtiger Grund liegt vor, wenn dem betroffenen Gesellschafter unter Abwägung aller Umstände der Verbleib in der Gesellschaft bis zum nächsten ordentlichen Kündigungstermin oder bis zum Ablauf der Zeit, für welche die Gesellschaft eingegangen ist, nicht zugemutet werden kann.[46] Für die KGaA gilt insoweit nichts anders als für die KG (§ 289 I AktG).[47]

aa) Konzernbildung

Fraglich ist, ob bereits die *Konzernbildung* einen wichtigen Grund darstellt. Hierfür könnte angeführt werden, dass bei einer KG die Unerreichbarkeit des Gesellschaftszwecks regelmäßig als wichtiger Grund anerkannt wird.[48] Betrachtete man die Veränderung des Gesellschaftszwecks als wesentliche Konsequenz der Konzernierung, so dürfte die Konzernbildung eine außerordentliche Kündigung oder Auflösungsklage immer rechtfertigen. – Diese Annahme geht freilich schon deshalb fehl, weil der Verbandszweck durch die Konzernierung gar nicht angetastet wird.[49] Darüber hinaus spricht die zwingende Zustimmung aller phG entscheidend dagegen, die Konzernbildung als wichtigen Kündigungsgrund zu qualifizieren.[50]

---

[44] Vgl. *Röhricht*, FS Kellermann, S. 361, 379. – Aus Gründen der Rechtssicherheit sollte dennoch auf eine entsprechende Satzungsbestimmung Wert gelegt werden!

[45] RGZ 123, S. 151, 153.

[46] *Ulmer*, in: MK BGB, § 723, Rn. 20 m.w.N.; *Michalski*, OHG, § 133, Rn. 4 ff.

[47] Vgl. nur *Assmann/Sethe*, in: GK AktG, § 289, Rn. 50.

[48] BGHZ 69, S. 162; *BGH*, WM 1973, S. 864. – § 726 BGB, wonach die BGB-Gesellschaft in diesem Fall ipso iure aufgelöst wird, gilt nicht für die handelsrechtlichen Personengesellschaften.

[49] S.o., § 5, IV, 1.

[50] A.A. wohl *Schießl*, Personengesellschaft, S. 18.

bb) Konzernleitung

Erwägenswert ist aber, bestimmte Entwicklungen *während der Konzernierung* als tauglichen Anlass für die außerordentliche Kündigung oder Auflösungsklage zu qualifizieren. Zu denken ist vor allem an Leitungsmaßnahmen, die die Existenz oder Wettbewerbsfähigkeit der Tochtergesellschaft bedrohen und infolgedessen deren Ertragsaussichten nachhaltig schädigen. Die dauernde Unrentabilität der Gesellschaft wird nach h.M. als wichtiger Grund akzeptiert.[51]

Zu berücksichtigen ist jedoch Folgendes: Nach den bisherigen Ergebnissen sind die phG während der Konzernierung sowohl vom Risiko der persönlichen Haftung als auch vom Verlustrisiko befreit;[52] was ihr Renditeinteresse betrifft, so haben sie es anlässlich des Zustimmungsbeschlusses selbst in der Hand, für ausreichende Sicherung zu sorgen.[53] Unter diesen Bedingungen ist kein Grund ersichtlich, (rechtmäßige) Maßnahmen der Konzernleitung unter den Begriff des wichtigen Grundes zu subsumieren. Solange die phG durch die angesprochenen Mechanismen geschützt sind, ist ihnen ein Verbleib in der Tochter-KGaA – jedenfalls bis zum nächsten ordentlichen Kündigungstermin – zuzumuten.

Eine andere Bewertung ist angebracht, wenn das nunmehr für die Leitung der Tochtergesellschaft maßgebliche Konzerninteresse wiederholt missachtet wird, die zuständigen Instanzen sich also fortgesetzt jenseits des konzernbedingt erweiterten Interessenhorizonts bewegen. Derartige Verhaltensweisen müssen selbst von den an sich gesicherten phG nicht hingenommen werden, da sie andernfalls zu „Komplizen" eines rechtswidrigen Zustands würden. In solchen Fällen sind die phG zur Kündigung bzw. Auflösungsklage aus wichtigem Grund berechtigt. Dies gilt auch dann, wenn konzerninteressenwidrige Weisungen nach §§ 308 II, 323 I 2 AktG zu befolgen sind, denn die Folgepflicht ändert nichts an der Rechtswidrigkeit.

Ebenfalls nicht mehr zuzumuten ist den phG der Verbleib in der Tochter-KGaA, wenn sich die erwähnten Schutzmechanismen deshalb nicht mehr als effektiv erweisen, weil das Mutterunternehmen seine konzernspezifischen Verpflichtungen voraussichtlich nicht mehr erfüllen kann. Beim Beherrschungsvertrag würde dieser Fall sogar zur Kündigung des ganzen Vertrags berechtigen (§ 297 I AktG).[54] Angesichts dessen liegt ein außerordentliches Lösungsrecht für den einzelnen phG auf der Hand.

---

[51] *RG*, LZ 07, S. 139; LZ 08, S. 61. *Baumbach/Hopt*, HGB, § 133, Rn. 10; *Michalski*, OHG, § 133, Rn. 16; *Ulmer*, in: GK HGB, § 133, Rn. 37 ff.; vgl. auch *BGH*, WM 1960, S. 105, 106.

[52] S.o., §§ 11, 12.

[53] S.o., I, 1, II.

[54] Zu den Einzelheiten *Emmerich*, in: Emmerich/Habersack, Kommentar, § 297, Rn. 21 – Bei der Eingliederung ist ein Kündigungsrecht aus wichtigem Grund dagegen nicht vorgesehen (vgl. § 327 AktG).

cc) Konzernbeendigung

Abgesehen von den beiden zuletzt genannten Fällen kommt eine Kündigung oder Auflösungsklage aus wichtigem Grund, solange der Beherrschungsvertrag bzw. die Eingliederung besteht, nicht in Betracht. Ein anderes Bild zeichnet sich nach Ende der Konzernierung: Weder beim Beherrschungsvertrag noch bei der Eingliederung wurde eine Pflicht des Mutterunternehmens anerkannt, die Tochtergesellschaft in lebensfähigem, geschweige denn in wettbewerbsfähigem Zustand zu hinterlassen. Immerhin sind die phG hinreichend gegen die unmittelbaren Konzerngefahren gesichert; dies gilt aber nur solange, wie die entsprechenden Schutzinstrumente Bestand haben. Nach deren Wegfall kommt eine wirtschaftliche Destabilisierung der Tochtergesellschaft ungeschminkt zum Tragen. Dass die Gesellschaft nunmehr wieder im Eigeninteresse geleitet wird, verhindert zwar eine sittenwidrige Belastung der phG mit unvorhersehbaren und unkalkulierbaren Risiken, steht aber der Annahme eines wichtigen Kündigungs- bzw. Auflösungsgrundes wegen dauernder Unrentabilität keineswegs entgegen. Vielmehr gelten die allgemeinen Regeln, nach denen sich die phG von der Gesellschaft lösen können, wenn deren wirtschaftliche Lage unhaltbar geworden ist, insbesondere auch langfristig nicht mehr mit einer Gewinnerzielung gerechnet werden kann.[55]

Ist die weitere Lebensfähigkeit der ehemaligen Tochter-KGaA nach Beendigung des Beherrschungsvertrags bzw. der Eingliederung unter Berücksichtigung aller ökonomischen Rahmenbedingungen ausgeschlossen oder nachhaltig gefährdet, so haben die phG die Möglichkeit, sich durch außerordentliche Kündigung bzw. Auflösungsklage einseitig von der KGaA zu lösen.[56]

Freilich werden die phG in diesem Fall regelmäßig schlechter stehen als im Augenblick der Konzernbildung. Die mangelnde Ertragskraft der Gesellschaft mindert nämlich sowohl den Abfindungsanspruch als auch den anteiligen Anspruch am Liquidationserlös. Diese Nachteile müssen sie sich jedoch gefallen lassen, denn das Zustimmungsgebot bei der Konzernbildung ermöglicht insoweit einen Selbstschutz auf privatautonomer Basis. Wollen sich die phG den Wert ihrer Beteiligung effektiv auch für die Zeit *nach* Ende des Beherrschungsvertrags bzw. der Eingliederung sichern, können sie dies durch Vereinbarung eines von vornherein festgelegten, durch die Konzernbeendigung bedingten Abfindungsangebots erreichen. Unterlassen sie dies, müssen sie Verluste bei der Desinvestition in Kauf nehmen.

3. Zwischenergebnis

Die phG müssen nicht um jeden Preis in der vertragsbeherrschten oder eingegliederten KGaA verbleiben. Durch ordentliche Kündigung können sie jederzeit

[55] Vgl. die in Fn. 51 Genannten sowie *Schmidt*, in: Schlegelberger, HGB, § 133, Rn. 13.
[56] Ebenso *Kleindiek*, Strukturvielfalt, S. 230 für den Parallelfall bei der Personengesellschaft.

aus der Gesellschaft ausscheiden, müssen aber – sofern keine abweichende Vereinbarung getroffen wird – die sechsmonatige Kündigungsfrist einhalten. Dem Kündigungsrecht steht insbesondere § 289 V AktG nicht entgegen.

Ferner ist ihnen grundsätzlich zu jeder Zeit die Möglichkeit eingeräumt, durch Einreichung einer gegen die KGaA gerichteten Klage deren Auflösung zu erzwingen und auf diese Weise den Wert ihrer Mitgliedschaft zu liquidieren. Daneben besteht nach vorzugswürdiger Auffassung auch ohne entsprechende Satzungsregelung ein Recht zur außerordentlichen Austrittskündigung. Diese setzt jedoch – wie die Auflösungsklage – das Vorliegen eines wichtigen Grundes voraus. Ein solcher kann keinesfalls bereits in der Konzernbildung gesehen werden. Auch Vorgänge im Verlauf der Konzernierung berechtigen nur ausnahmsweise zur außerordentlichen Kündigung bzw. Auflösung. Nach Konzernende gelten hingegen keine Besonderheiten mehr, weshalb sich die phG insbesondere dann aus wichtigem Grund lösen können, wenn die nunmehr wieder selbständige Gesellschaft nicht mehr allein lebensfähig ist.

IV. Fazit

Die phG einer vertragsbeherrschten oder eingegliederten KGaA haben weder einen gesetzlichen Ausgleichsanspruch noch einen gesetzlichen Abfindungsanspruch. Die Vereinbarung derartiger Sicherungsinstrumente obliegt dem individuellen Verhandlungsgeschick jedes phG. Wegen der zwingenden Zustimmung zur Konzernbildung ist ihnen dieses Ergebnis auch zuzumuten, denn im Unterschied zum vorher behandelten Haftungs- und Verlustrisiko sind die im Zusammenhang mit möglichen Gewinneinbußen und gesellschaftsbezogener Unrentabilität drohenden Risiken im Zeitpunkt des Zustimmungsbeschlusses gegenständlich eingegrenzt und daher abwägungsfähig. Unterlassen es die phG, eigenverantwortlich für ihren Schutz zu sorgen, ist dies für die Wirksamkeit der Konzernunterordnung irrelevant.

Eine gesetzliche Desinvestitionsoption ist den phG aber durch das Recht zur ordentlichen und außerordentlichen Kündigung sowie zur Auflösungsklage eingeräumt. Der für die beiden zuletzt genannten Instrumente erforderliche wichtige Grund wird aber typischerweise frühestens mit Konzernende anzunehmen sein. Vorher steht dem i.d.R. der Umstand des legitimen Interessenumbruchs sowie das allseitige Zustimmungserfordernis entgegen.

§ 14: Schutz der Gläubiger und der Kommanditaktionäre

Die Untersuchung der KGaA als vertragsbeherrschter bzw. eingegliederter Gesellschaft kann nicht enden, ohne einen Blick auf die Stellung der Gläubiger und der Kommanditaktionäre geworfen zu haben. Erwähnenswerte Probleme werden sich hierbei jedoch kaum ergeben, da die rechtsformspezifischen Besonderheiten in diesen Bereichen nur marginal sind.

I. Gläubigerschutz

Die Gläubiger genießen ohne Abstriche den gleichen Schutz wie die Gläubiger einer AG. Solange ein *Beherrschungsvertrag* besteht, kommt ihnen insbesondere die Fehlbetragsdeckungs- (§ 302 I AktG) und Alimentierungspflicht des Mutterunternehmens zugute, durch welche die permanente Zahlungsfähigkeit der KGaA sichergestellt ist.[1] Nach Vertragsende haben sie einen Anspruch auf Sicherheitsleistung (§ 303 AktG), der sich unter den oben skizzierten Voraussetzungen bei Vermögenslosigkeit der Tochtergesellschaft in einen unmittelbaren Zahlungsanspruch verwandelt.[2] Im Fall der *Eingliederung* besteht eine solche unmittelbare Zugriffsmöglichkeit auf das Vermögen der Hauptgesellschaft bereits gem. § 322 AktG, weshalb das künftige Schicksal der Tochtergesellschaft keinen entscheidenden Einfluss auf die Position der Gläubiger nimmt. Der zusätzlichen, von der eingegliederten Gesellschaft zu leistenden Sicherung nach § 321 AktG kommt daneben ein nur beschränkter Anwendungsbereich zu.

Damit wird der Gläubigerschutz im Ernstfall auf das Mutterunternehmen verlagert. Die Werthaltigkeit der angeführten Sicherungsmechanismen steht und fällt mit dessen Zahlungsfähigkeit. Zumindest aus Perspektive der Altgläubiger erscheint das nicht unproblematisch, weil diese – im Unterschied zu den phG – keinerlei Einfluss auf die Konzernbildung nehmen können; die Neugläubiger wissen demgegenüber aufgrund der Handelsregistereintragung (§§ 294, 319 IV, VII, 320 I 3 AktG), auf was sie sich einlassen.[3] – Dieser Umstand stellt indes kein Spezifikum der konzernierten KGaA dar. Das damit verbundene Risiko ist vielmehr rechtsformunabhängig jedem Konzerntatbestand immanent und wird vom Gesetzgeber in Kauf genommen. Im Übrigen erweisen sich die Gefahren für die Gläubiger der Tochter-KGaA auch keineswegs als unabsehbar und unkalkulierbar, sondern gegenständlich begrenzt: Schlimmstenfalls bleiben sie auf ihren Forderungen sitzen; dieses Risiko muss letztlich jeder Gläubiger tragen.

---

[1] S.o., § 11, V, VI.
[2] S.o., § 11, VIII, 3, c.
[3] Zu den Einzelheiten der Registerpublizität *Schneider*, WM 1986, S. 181 ff.

Bei Lichte besehen ist die Situation der Gläubiger einer Tochter-KGaA sogar günstiger als bei einer Tochter-AG, wird ihnen durch die persönliche Haftung mindestens eines Gesellschafters doch neben den allgemeinen Sicherungen noch eine *zusätzliche* Haftungsmasse eröffnet. Im Fall einer eingegliederten KGaA bedeutet dies beispielsweise, dass deren Gläubiger für ihre Forderungen auf drei verschiedene Vermögen zugreifen können: Auf das der KGaA, der Hauptgesellschaft (§ 322 AktG) und der phG (§§ 278 I, II Alt.3 AktG, 161 II, 128 S.1 HGB); Hauptgesellschaft und phG haften dann als Gesamtschuldner.

II. Kommanditaktionäre

Während die Kommanditaktionäre einer eingegliederten KGaA zwingend gegen Abfindung ausscheiden (§§ 320a, 320b AktG), besteht in der vertragsbeherrschten KGaA ein Wahlrecht zwischen dieser Alternative und einem Verbleib in der Gesellschaft (§§ 304, 305 AktG). Sofern die Kommanditaktionäre Gesellschafter bleiben, wird der vermögensbezogene Aspekt ihrer Mitgliedschaft durch die Dividendengarantie des § 304 AktG geschützt; wie schon an anderer Stelle angedeutet, bestehen insoweit keinerlei Besonderheiten im Vergleich zur AG.[4] Auch zum organisationsbezogenen Aspekt der Mitgliedschaft, insbesondere zur Behandlung der Regelzuständigkeit nach § 164 S.1 HS 2 HGB (i.V.m. § 278 II Alt.2 AktG), wurde bereits Stellung genommen.[5]

Von Interesse sind daher nur noch die Abfindungsfälle: In deren Zusammenhang sind Bedenken angebracht, wenn die Kommanditaktionäre infolge der Abfindung die Position von *Aktionären* in einer Mutter-AG (vgl. §§ 305 II Nr.1, 320b I 2 AktG) bzw. einer Großmutter-AG (vgl. § 305 II Nr.2 AktG) erlangen würden. Vor allem wenn diese Konsequenz, wie bei der Eingliederung in eine unabhängige AG, unvermeidbar ist, stellt sich die Frage der Zumutbarkeit für die Kommanditaktionäre: Müssen diese eine Umwandlung ihrer Kommanditaktien in Aktien hinnehmen?

1. Machtverlust der Kommanditaktionäre?

Verbreitet wird die These vertreten, die Stellung der Kommanditaktionäre sei a priori schwächer als die von Aktionären.[6] Dementsprechend findet das Problem ausschließlich im Zusammenhang mit dem umgekehrten Fall (Umwandlung von Aktien in Kommanditaktien) Erwähnung.[7] Eine derart pauschale Aussage ist un-

[4] S.o., § 13, I.
[5] S.o., § 10.
[6] Vgl. *Schütz/Reger*, in: Schütz/Bürgers/Riotte, KGaA, § 5, Rn. 364.
[7] Vgl. *Habersack*, in: Emmerich/Habersack, Kommentar, § 319, Rn. 6; *Fett*, in: Schütz/Bürgers/Riotte, KGaA, § 12, Rn. 38 (beide im Hinblick auf die KGaA als Hauptgesellschaft).

zutreffend da die mitgliedschaftliche Stellung der Kommanditaktionäre sehr unterschiedlich ausfallen kann. Aufgrund der weitgehenden Satzungselastizität besteht insoweit ein breites Spektrum an Gestaltungsmöglichkeiten.

Eine gegenüber Aktionären *schwächere* Ausgangsposition der Kommanditaktionäre wird man z.B. dann annehmen können, wenn in der Satzung der KGaA zusätzliche Zustimmungsvorbehalte zugunsten der phG vorgesehen sind – z.B. für den Gewinnverwendungsbeschluss (§ 174 AktG)[8] – oder das Mitwirkungsrecht bei (ungeregelten) Grundlagengeschäften eingeschränkt ist (§§ 278 II AktG, 161 II, 119 HGB). In diesem Fall erweist sich der Anteilstausch für die Kommanditaktionäre als vorteilhaft, da derartige Beschränkungen für Aktionäre nicht vorgesehen sind (§ 23 V AktG).[9]

Im gesetzlichen Modellfall dürfte jedoch der Einfluss der Kommanditaktionäre auf das Verbandsleben eher *stärker* sein als der von Aktionären: Ihnen kommt nicht nur eine Mitwirkungsbefugnis bei außergewöhnlichen Geschäftsführungsmaßnahmen zugute (§ 164 S.1 HS 2 HGB), sondern auch die nach h.M. unentziehbare Feststellungskompetenz bezüglich des Jahresabschlusses (vgl. § 286 I 1 AktG im Kontrast zu § 172 AktG). Unter diesen Umständen wird die Umwandlung ihrer Mitgliedschaften in Beteiligungen an einer AG mit einem Machtverlust der Kommanditaktionäre verbunden sein.[10]

2. Keine Unzumutbarkeit

Abgesehen davon, dass § 305 AktG ebenso wie §§ 78 S.4, 250 UmwG die Austauschbarkeit von Kommanditaktien und Aktien voraussetzen, sind die vorstehenden Bedenken mit den folgenden Argumenten zu entkräften:

a) Mehrheitsverhältnisse

Zunächst ist in Anschlag zu bringen, dass die Stellung der Kommanditaktionäre zu jeder Zeit durch einfache *Satzungsänderung* beeinträchtigt werden kann (z.B. durch Ausschluss des § 164 S.1 HS 2 HGB oder Implementierung von Zustimmungsvorbehalten für die phG). Die Mehrheit der Kommanditaktionäre, die der Konzernierung zustimmt, könnte also ebensogut eine entsprechende Satzungsänderung beschließen, ohne dass die überstimmte Mehrheit in der Lage wäre, dies zu verhindern. Diese müsste den damit verbundenen Einflussverlust sogar ohne jedwede Entschädigung hinnehmen. – Nicht einleuchten will, warum die Kommanditaktionäre beim konzernbedingten Anteilstausch schutzwürdiger sein

[8] Zu dieser Möglichkeit s.o., § 12, III, 2, b.

[9] Für die Aktionäre einer AG ergibt sich eine zwingende Mitwirkung bei (ungeregelten) Grundlagengeschäften u.U. nach den „Holzmüller"-Grundsätzen.

[10] Das Argument der fehlenden Personalkompetenz für die phG (vgl. *Schütz/Reger*, in: Schütz/ Bürgers/Riotte, KGaA, § 5, Rn. 364) dürfte demgegenüber weniger schwer ins Gewicht fallen, da diese auch für die Aktionäre einer AG bloß von mittelbarer Natur ist (§§ 101 I, 84 AktG).

sollen, wo doch das Risiko inhaltlicher Modifikation jeder Kommanditaktie innewohnt.

b) Korrektur des Umtauschverhältnisses

Dennoch darf nicht übersehen werden, dass §§ 305 I, 320b I 1 AktG eine *angemessene* Abfindung verlangen. Darunter ist eine solche zu verstehen, die den betroffenen Gesellschaftern eine volle Entschädigung für das Ausscheiden gewährt, d.h. den „wirklichen Wert" der Beteiligung widerspiegelt.[11] Maßgeblich ist hierbei die sog. Verschmelzungswertrelation, also das Umtauschverhältnis, welches im Falle einer Verschmelzung zugrunde zu legen wäre (§§ 305 III 1, 320b I 4 AktG i.V.m. § 5 I Nr.3 UmwG).[12]

Die Angemessenheit der Abfindung setzt voraus, dass der im Zuge der Konzernierung erfolgende Eingriff in die Mitgliedschaft nicht bloß mit Blick auf die Vermögensrechte, sondern ebenfalls mit Blick auf die Mitverwaltungsrechte kompensiert wird, deren die Gesellschafter verlustig gehen.[13] Sofern der gesellschaftsrechtliche Einfluss der Kommanditaktionäre durch den Mitgliedschaftswechsel geschmälert wird, ist dieser Umstand bei der Berechnung der Abfindung zu berücksichtigen. Maßgeblich kann also nicht allein das Umrechnungsverhältnis auf Basis des Unternehmenswertes sein, vielmehr muss dieses gegebenenfalls durch entsprechende Auf- oder Abschläge korrigiert werden. Eine sachgerechte Bemessung der Abfindung erfordert demzufolge nicht nur eine eingehende betriebswirtschaftliche Bewertung der beteiligten Unternehmen,[14] sondern ebenfalls eine detaillierte *juristische* Analyse der Organisationsverfassung der Tochter-KGaA.

Handelt es sich bei der KGaA um eine börsennotierte Gesellschaft, werden all diese Erwägungen typischerweise in den *Börsenkurs* der Kommanditaktie einfließen.[15] Wie im Aktienrecht wird man diesen daher grundsätzlich als Mindestgrenze der Abfindung heranziehen müssen,[16] wenngleich der Ansatz eines höheren Wertes selbstredend zulässig bleibt.[17]

---

[11] BVerfGE 14, S. 263, 276 ff. (Feldmühle); BVerfGE 100, S. 289, 303, 305 (DAT/Altana I); *BVerfG*, AG 1999, S. 217 (Tarkett/Pegulan); *BVerfG*, AG 1999, S. 218 (SEN/KHS); *BVerfG*, AG 2000, S. 40, 41 (Hartmann und Braun/Mannesmann); BGHZ 71, S. 40, 51 (Kali & Salz); BGHZ 138, S. 136, 140 (ASEA/BBC II); BayObLGZ 1998, S. 231, 235 f. (EKU/März).

[12] Zur Verschmelzungswertrelation vgl. *OLG Düsseldorf*, AG 1995, S. 84; *Bayer*, ZIP 1997, S. 1613, 1617 f.

[13] Vgl. *Habersack*, in: Emmerich/Habersack, Kommentar, § 320b, Rn. 6.

[14] Hierzu ausführlich und weiterführend *Emmerich*, in: Emmerich/Habersack, Kommentar, § 305, Rn. 51 ff.; *Hüchting*, Abfindung und Ausgleich, S. 25 ff.

[15] Vgl. z.B. *Wieneke/Fett*, in: Schütz/Bürgers/Riotte, KGaA, § 10, Rn. 28.

[16] BVerfGE 100, S. 289, 307 ff. (DAT/Altana I).

[17] Vgl. *LG München*, DB 2000, S. 1016.

3. Fazit

Selbst wenn die Kommanditaktionäre durch die Umwandlung ihrer Kommanditaktien in Aktien der Obergesellschaft einen Teil ihrer Mitverwaltungsrechte einbüßen, stellt dies keine unzumutbare Härte dar. Eventuelle Diskrepanzen zwischen der alten und der neuen Gesellschafterstellung sind nämlich schon bei der Festlegung des Umrechnungsverhältnisses zu berücksichtigen. Auf diese Weise wird sichergestellt, dass die Kommanditaktionäre eine volle Entschädigung auf Basis des wirklichen Wertes ihrer ursprünglichen Mitgliedschaft erhalten.

Entsprechendes gilt für die Bemessung einer *Barabfindung*: Zwar verweist das Gesetz insoweit nicht ausdrücklich auf die Verschmelzungswertrelation, sondern auf die Verhältnisse der Tochtergesellschaft im Zeitpunkt des Konzernierungsbeschlusses (vgl. §§ 305 III 2, 320b I 5 AktG), entscheidend ist aber, dass auch die Barabfindung angemessen, sprich vollwertig, sein muss.[18]

[18] *Emmerich*, in: Emmerich/Habersack, Kommentar, § 305, Rn. 37; *Habersack*, in: Emmerich/Habersack, Kommentar, § 320b, Rn. 12.

§ 15: Konzernbeendigung

Wird die beherrschungsvertragliche oder institutionelle Konzernierung auf Initiative der Tochter-KGaA beendet, so stellt sich die diesen Teil abschließende Frage, ob die Hauptversammlung und die (außenstehenden) phG an dieser Entscheidung zu beteiligen sind. In Betracht kommt die Beendigung des Beherrschungsvertrags durch Aufhebungsvertrag (§ 296 AktG) und Kündigung (§ 297 AktG) bzw. die Beendigung der Eingliederung durch Beschluss (§ 327 I Nr.1 AktG).

I. Aufhebungsvertrag (§ 296 AktG)

1. Rechtsnatur

Anders als der institutionelle Konzern kann ein Beherrschungsvertrag durch einen Vertrag zwischen den beteiligten Unternehmen aufgehoben werden, § 296 AktG. Rechtsprechung[1] und weite Teile der Literatur[2] behandeln den Abschluss eines Aufhebungsvertrags als *Geschäftsführungsmaßnahme* und sehen dementsprechend allein den Vorstand (bzw. die vertretungsberechtigten Geschäftsführer der KGaA) als zuständig an. Hierfür spricht der Wortlaut des § 296 AktG, der eine Zustimmung der Hauptversammlung nicht vorsieht. Enthält der aufzuhebende Beherrschungsvertrag jedoch Ausgleichs- und Abfindungspflichten, so ist gem. § 296 II AktG ein Sonderbeschluss der außenstehenden Aktionäre erforderlich, der einer Dreiviertelmehrheit bedarf.

Die Qualifikation als Geschäftsführungsmaßnahme beruht auf der Vorstellung, die Aufhebung des Beherrschungsvertrags sei für die Tochtergesellschaft weniger bedeutsam als dessen Abschluss (§ 293 I AktG) oder Änderung (§ 295 AktG).[3] – Dies ist fragwürdig und in der Literatur zu Recht auf Kritik gestoßen: Zwar trifft zu, dass die Tochtergesellschaft nach Aufhebung wieder im Eigeninteresse geleitet wird und ein eventuelles Weisungsrecht ebenso wegfällt wie die Aufhebung der Vermögensbindung. Zu berücksichtigen ist aber, dass dies nur um den Preis eines erneuten Interessenumbruchs und einer erneuten Umgestaltung der Kapital- bzw. Organisationsverfassung eintreten kann. Auch wenn die neue Situation vorteilhafter sein mag, ändert dies nichts daran, dass die Aufhebung des Beherrschungsvertrags die Strukturen der Tochtergesellschaft ebenso

---

[1] *OLG Frankfurt*, ZIP 1993, S. 1790 = AG 1994, S. 85; *OLG Karlsruhe*, ZIP 1994, S. 1022 = AG 1995, S. 38 (Mannesmann & Kienzle) – beide für die GmbH.

[2] Vgl. *Götz*, Entherrschungsvertrag, S. 106; speziell zur KGaA *Fett*, in: Schütz/Bürgers/Riotte, KGaA, § 12, Rn. 19.

[3] RegBegr. bei *Kropff*, S. 385; *Ehlke*, ZIP 1995, S. 355, 356.

einschneidend modifiziert wie der Vertragsschluss oder dessen nachträgliche Änderung. Beim Aufhebungsvertrag handelt es sich der Sache nach um einen *actus contrarius* zur Konzernbildung[4] und damit wiederum um eine materielle Satzungsänderung. Eine solche bleibt aber auch dann Strukturmaßnahme, wenn ihr Inhalt ausschließlich vorteilhaft sein sollte.

Hieraus folgt, dass es sich bei dem Aufhebungsvertrag um ein *Grundlagengeschäft* handelt, für welches in der AG eigentlich die Mitwirkung der Hauptversammlung hätte vorgesehen sein müssen.[5] Dies entspricht im Ergebnis der h.M. im GmbH- und Personengesellschaftsrecht, die hinsichtlich der Aufhebung eines Beherrschungsvertrags – sofern sein Abschluss überhaupt zulässig ist – ebenfalls die Mitwirkung der Gesellschafter fordert.[6]

2. Folgerungen

Der Gesetzgeber hat in § 296 AktG anders entschieden. Eine korrigierende Auslegung wird gemeinhin für ausgeschlossen gehalten, da der Gesetzgeber die Problematik gesehen und gleichwohl auf eine Mitwirkung der Hauptversammlung verzichtet habe.[7] Ob sich aus der sog. „Holzmüller"-Rechtsprechung des *BGH* etwas anderes ergeben kann, ist bislang ungeklärt.[8]

Erneut muss indes darauf hingewiesen werden, dass sich das Regelungsgefüge der §§ 291 ff. AktG primär an die vertragsbeherrschte *AG* richtet, deren Vorstand größtmögliche Autonomie genießt und deshalb gegen Manipulationen durch die Gesellschafter geschützt werden muss. In der *KGaA* besteht eine vergleichbare Rechtslage nicht: Die Geschäftsführer sind dort a priori durch die Zustimmungsvorbehalte gem. §§ 164 S.1 HS 2, 116 II HGB determiniert und können darüber hinaus sogar noch weitergehenderen Beschränkungen ausgesetzt sein. Diese Strukturunterschiede sind vom Gesetzgeber nicht berücksichtigt worden. Ist die Regelung des § 296 AktG schon für die AG als unglücklich einzustufen,[9] so erscheint sie mit Blick auf die KGaA als kaum hinnehmbar. Eine korrigierende Auslegung ist daher angebracht, womit sich folgendes Bild ergibt:

---

[4] *OLG Oldenburg*, NZG 2000, S. 1138, 1140; *LG Konstanz*, ZIP 1992, S. 1736, 1737; *Ebenroth/Willken*, WM 1993, S. 1617, 1627 (jeweils zur GmbH).

[5] Vgl. *Koppensteiner*, in: KK AktG, § 296, Rn. 4; *Altmeppen*, in: MK AktG, § 296, Rn. 8 ff. (jeweils m.w.N.); *Wilhelm*, Beendigung, S. 20.

[6] *Lutter/Hommelhoff*, GmbHG, Anh. zu § 13, Rn. 83; *Ulmer*, in: GK GmbHG, § 53, Rn. 154; *Emmerich*, in: Emmerich/Habersack, Kommentar, § 293, Rn. 43a; *Decher*, in: Münchener Handbuch, Bd.3, § 70, Rn 6 ff. (jeweils für die GmbH); *Haas*, Personengesellschaften, S. 166 (für die Personengesellschaft).

[7] Vgl. RegBegr. bei *Kropff*, S. 385; *Hüffer*, AktG, § 296, Rn. 5.

[8] *Altmeppen*, in: MK AktG, § 296, Rn. 18; bejahend *Ebenroth/Wilken*, WM 1993, S. 1617, 1625.

[9] *Ehlke*, ZIP 1995, S. 355, 357.

a) Zustimmung der Hauptversammlung

Der Abschluss des Aufhebungsvertrags unterliegt als Grundlagengeschäft der Zustimmung der Hauptversammlung. Dies folgt aus §§ 278 II Alt.2 AktG, 161 II, 119 I HGB.[10] Mangels ausdrücklicher Kompetenzzuweisung im AktG stellt die Mitwirkung der Hauptversammlung somit einen der (seltenen) Fälle dar, in denen sich die Zustimmung zu Grundlagengeschäften unmittelbar aus § 278 II AktG ergibt. Weil es sich dabei bloß um einen Reflex aus der Geltung von Kommanditrecht im Verhältnis der phG zur KGaA handelt,[11] muss bereits die einfache Stimmenmehrheit des § 133 I AktG genügen. Einer Dreiviertelmehrheit i.S.d. § 293 I AktG bedarf es nicht.[12]

Anders als die ausdrücklich geregelten Kompetenzzuweisungen an die Hauptversammlung unterliegt die Mitwirkung am Aufhebungsvertrag der Satzungsautonomie; die Regelung des § 23 V AktG ist unanwendbar. Weil sie nicht mitgliedschaftlichen Ursprungs ist, sondern der Gesellschaft zugeordnet wird, bestehen auch keine Bedenken gegen einen völligen Ausschluss dieser Befugnis in der Satzung oder im Beherrschungsvertrag. Ein Eingriff in den mitgliedschaftlichen Kernbereich scheidet ebenso aus wie die Berufung auf den Bestimmtheitsgrundsatz.[13] Da es dogmatisch um die Mitwirkung der KGaA als solcher geht, kann die Zustimmung der Hauptversammlung auch auf andere Gesellschaftsorgane, z.B. den Aufsichtsrat, übertragen werden. Möglich ist auch ein Ermächtigungsbeschluss zugunsten der Geschäftsführer. Allerdings wird man einen solchen nicht bereits inzident in der Zustimmung zum Beherrschungsvertrag sehen können, weil die Zulässigkeit des Aufhebungsvertrags auf dem Gesetz beruht, die Einzelheiten der Aufhebung im Zeitpunkt der Konzernbildung mithin gar nicht absehbar sind.[14]

b) Zustimmung der persönlich haftenden Gesellschafter

Der Aufhebungsvertrag bedarf ebenfalls der Zustimmung aller phG, § 285 II 1 AktG bzw. §§ 278 II Alt.2 AktG, 161 II, 119 I HGB.[15] Insoweit erweist sich eine korrigierende Auslegung des § 296 AktG als entbehrlich, weil sich dessen Regelungsbereich ohnedies nur auf die Hauptversammlung bezieht.

---

[10] Weil keine Geschäftsführungsmaßnahme vorliegt, folgt die Zustimmung nicht aus § 164 S.1 HS 2 HGB; a.A. *Fett*, in: Schütz/Bürgers/Riotte, KGaA, § 12, Rn. 19.

[11] S.o., § 7, II, 2.

[12] Für die AG a.A. *Möhring*, FS Westermann, S. 427, 435 f., der eine Analogie zu § 293 I AktG befürwortet.

[13] Zum gleichen Ergebnis kommen diejenigen, die den Aufhebungsvertrag als Geschäftsführungsmaßnahme werten und das Zustimmungsgebot für die Hauptversammlung deshalb auf § 164 S.1 HS 2 HGB stützen, vgl. *Fett*, in: Schütz/Bürgers/Riotte, KGaA, § 12, Rn. 19. Auch bei der Befugnis aus § 164 S.1 HS 2 HGB handelt es sich nämlich nicht um ein den Kommanditaktionären unmittelbar zufallendes Mitgliedschaftsrecht; vgl. *Heermann*, ZGR 2000, S. 61, 81.

[14] Vgl. *BGH*, WM 1993, S. 1087, 1093 (Schubert/Salzer); *LG Konstanz*, WM 1993, S. 953, 954 = ZIP 1992, S. 1736, 1738.

[15] Auch hier gilt das in Fn.10 Gesagte.

Satzungsklauseln, die dieses Zustimmungsgebot modifizieren, müssen den Ansprüchen des *Bestimmtheitsgrundsatzes* genügen, welcher – entgegen der h.M. – zugunsten der phG auch in der KGaA gilt.[16] Fraglich ist aber, ob die Aufhebung des Beherrschungsvertrags in den *Kernbereich* der Mitgliedschaft der phG eingreift. Die Qualifikation als Grundlagengeschäft kann hierfür allenfalls ein Indiz sein. Diese beruhte auf dem strukturverändernden Charakter, ohne dass inhaltliche Gesichtpunkte eine Rolle spielten. Wie bereits angedeutet, muss die Bestimmung des Kernbereichs anhand einer wertenden Betrachtung vorgenommen werden, bei der die Vor- und Nachteile für die Betroffenen gegeneinander abgewogen werden.[17] Hierbei ist nunmehr in Rechnung zu stellen, dass die Gesellschaft nach der Vertragsaufhebung wieder im Eigeninteresse geleitet wird und ein typischerweise vorhandenes Weisungsrecht ebenso wegfällt wie die vormalige Aufhebung der Vermögensbindung. Die Konzernbeendigung wird also für die ehemalige Tochtergesellschaft regelmäßig vorteilhaft sein, weil sich deren Spielräume erweitern.[18] In diesem Fall lässt sich ein Eingriff in den mitgliedschaftlichen Kernbereich nicht begründen.

Mitunter können mit der Vertragsbeendigung aber auch erhebliche Nachteile für die Tochtergesellschaft verbunden sein, insbesondere wenn sie über einen langen Zeitraum fremdgeleitet wurde und nun über ein eigenständig arbeitendes Management nicht mehr verfügt[19] oder infolge der dauerhaften wettbewerblichen Integration in das konzerndimensionale Gesamtunternehmen nicht mehr alleine lebensfähig ist. In diesem Fall kann der Abschluss des Aufhebungsvertrags durchaus mit einem Eingriff in den Kernbereich der Mitgliedschaft verbunden sein. Eine statuarische Ausschlussklausel wäre dann unwirksam.[20] Für die Zulässigkeit einer Mehrheitsklausel käme es darauf an, mit welcher Intensität die phG durch die Konzernbeendigung beeinträchtigt werden. In aller Regel dürfte jedoch bloß der stimmrechtsfeste Kernbereich tangiert sein mit der Folge, dass zumindest eine Mehrheitsentscheidung zulässig ist.[21]

Aus diesen Erwägungen ergibt sich, dass die rechtliche Behandlung von entsprechenden Satzungsklauseln nicht pauschal, sondern nur mit Blick auf die konkreten Umstände des Einzelfalls erfolgen kann. Ob derartige Gestaltungen zulässig sind, lässt sich erst im Zeitpunkt der Aufhebung beurteilen. Aus diesem Grund wird man auch eine Antizipation der Zustimmung als unwirksam erachten müssen. Denn die für eine sachgerechte Abwägung unerlässlichen Informa-

---

[16] S.o., § 7, III, 2.

[17] *Westermann*, Vertragsfreiheit, S. 353; *Ebenroth*, FS Boujong, S. 99, 112 f. m.w.N.

[18] Vgl. *Götz*, Entherrschungsvertrag, S. 106; für die KGaA *Fett*, in: Schütz/Bürgers/Riotte, KGaA, § 12, Rn. 19.

[19] *Ehlke*, ZIP 1995, S. 355, 357.

[20] *Schmidt*, GesR, S. 472, 475.

[21] Zur Differenzierung zwischen unverzichtbaren, mehrheitsfesten und stimmrechtsfesten Mitgliedschaftspositionen s.o., § 7, III, 3.

tionen werden im Zeitpunkt der Konzernbildung noch nicht absehbar sein.[22] Die damit verbundene Rechtsunsicherheit ist hinzunehmen, da sie in der Entscheidung der Beteiligten für eine partiell personalistische Rechtsform wurzelt.

c) Ergebnis

Ein Vertrag, durch den ein Beherrschungsvertrag mit einer KGaA als Tochtergesellschaft aufgehoben wird, bedarf zu seiner Wirksamkeit der Zustimmung der Hauptversammlung (mit einfacher Stimmenmehrheit) und aller phG. Daneben ist gegebenenfalls ein Sonderbeschluss der außenstehenden Aktionäre nach Maßgabe des § 296 II AktG nötig. Insoweit korrespondiert die Rechtslage bei Vertragsaufhebung mit der Rechtslage bei Vertragsänderung (§ 295 AktG).

Während die Mitwirkung der Hauptversammlung abbedungen oder auf andere Organe übertragen werden kann, hängt die Zulässigkeit von statuarischen Modifikationen zu Lasten der phG davon ab, ob der Bestimmtheitsgrundsatz gewahrt wird und ob die Konsequenzen der Vertragsaufhebung in den mitgliedschaftlichen Kernbereich eingreifen. Letzteres kann grundsätzlich erst im Augenblick der Aufhebung beantwortet werden, weshalb die Wirksamkeit entsprechender Klauseln ebenfalls erst in diesem Zeitpunkt festgestellt werden kann.

II. Kündigung (§ 297 AktG)

1. Außerordentliche Kündigung

Gem. § 297 I AktG können beide Vertragspartner den Beherrschungsvertrag aus wichtigem Grund kündigen. Die gesetzliche Regelung sieht weder die Zustimmung der Hauptversammlung noch die der phG vor. Im Unterschied zur Aufhebung (§ 296 AktG) und zur ordentlichen Kündigung (§ 297 II AktG) ist sogar nicht einmal ein Sonderbeschluss der außenstehenden Aktionäre vorgesehen.[23]

Nach h.M. im Aktienrecht handelt es sich bei der Kündigungserklärung um eine Geschäftsführungsmaßnahme.[24] Im Schrifttum zum GmbH- und zum Personengesellschaftsrecht überwiegen demgegenüber diejenigen Stimmen, die auch die Kündigung als Grundlagengeschäft werten und daher die Beteiligung der Gesellschafter fordern.[25] – Bedenkt man, dass die einseitige Kündigung des Beherrschungsvertrags die gleichen Folgen nach sich zieht wie die beiderseitige Vertragsaufhebung, so dürften Zweifel an der Einordnung als Geschäftsfüh-

[22] So zutreffend *BGH*, WM 1993, S. 1087, 1093 (Schubert/Salzer), freilich aus Perspektive der Aktionäre.
[23] Vgl. *Altmeppen*, in: MK AktG, § 297, Rn. 81.
[24] *Emmerich*, in: Emmerich/Habersack, Kommentar, § 297, Rn. 7; kritisch, wenngleich der h.M. folgend, *Altmeppen*, in: MK AktG, § 297, Rn. 7.
[25] *Ulmer*, in: GK GmbHG, § 53, Rn. 155; *Haas*, Personengesellschaften, S. 167.

rungsmaßnahme angebracht sein.[26] Vorzugswürdig ist daher auch hier die Qualifikation als *Grundlagengeschäft*.

Dass es zur Wirksamkeit der außerordentlichen Kündigung trotzdem nicht der Zustimmung der Hauptversammlung und der phG bedarf, ergibt sich aus folgenden Erwägungen: Ein Recht zur außerordentlichen Kündigung hat die Tochter-KGaA nur dann, wenn ihr die Fortsetzung des Beherrschungsvertrags nicht mehr zugemutet werden kann, ihre Position nach der Kündigung also günstiger sein wird als ohne Kündigung.[27] Angesichts dessen erscheint die Mitwirkung der Hauptversammlung und der außenstehenden phG ausnahmsweise entbehrlich, weil sich weder die Position der Gesellschaft noch die der Gesellschafter durch die Vertragsbeendigung verschlechtert;[28] aus eben diesem Grund konnte auch auf den Sonderbeschluss der außenstehenden Aktionäre verzichtet werden.[29]

Für die phG kommt hinzu, dass diesen nach hier vertretener Ansicht bei Vorliegen eines wichtigen Grundes ein eigenes Kündigungsrecht zukommt, welches ihnen ein Ausscheiden aus der Gesellschaft ermöglicht.[30] Der wichtige Grund i.S.d. § 297 I AktG wird dabei regelmäßig zugleich einen wichtigen Grund zur außerordentlichen Austrittskündigung darstellen.

2. Ordentliche Kündigung

§ 297 II AktG bietet eine Sonderregelung für die ordentliche Kündigung des Beherrschungsvertrags, gewährt aber selbst kein derartiges Recht. Die Vorschrift setzt vielmehr voraus, dass ein Kündigungsrecht im Vertrag *vereinbart* wurde.[31] Ist dies der Fall, so bedarf die Kündigung eines Sonderbeschlusses der außenstehenden Aktionäre. Eine darüber hinaus gehende Mitwirkung der Hauptversammlung ist ebenso wenig vorgesehen wie die Zustimmung der phG.

Hinsichtlich der Rechtsnatur gilt das zur außerordentlichen Kündigung bzw. zum Aufhebungsvertrag Gesagte. Auch die ordentliche Kündigung ist somit auf Tochterebene *Grundlagengeschäft*.[32] Allerdings sind hier die im Zusammenhang mit der Kündigung aus wichtigem Grund getroffenen Erwägungen nicht einschlägig, weil die Position der Gesellschaft und der Gesellschafter durch die Kündigung nicht automatisch günstiger ist als ohne Kündigung. Infolgedessen

---

[26] A.A. offenbar *Ehlke*, ZIP 1995, S. 355, 357, der die Kündigung eines Beherrschungsvertrags unter Hinweis auf die vertraglich vorgezeichneten Voraussetzungen „eher als Geschäftsführungsentscheidung" ansieht.

[27] Allg. *Wilhelm*, Beendigung, S. 12 f.

[28] A.A. offenbar *Fett*, in: Schütz/Bürgers/Riotte, KGaA, § 12, Rn. 19, der die Kündigung als außergewöhnliche Geschäftsführungsmaßnahme wertet und ein Zustimmungsgebot dementsprechend aus §§ 164 S.1 HS 2, 116 II HGB ableitet.

[29] Vgl. RegBegr. bei *Kropff*, S. 386.

[30] S.o., § 13, III, 2, b.

[31] H.M., vgl. *Wilhelm*, Beendigung, S. 9.

[32] A.A. *Fett*, in: Schütz/Bürgers/Riotte, KGaA, § 12, Rn. 19: Außergewöhnliche Geschäftsführungsmaßnahme.

ist grundsätzlich die Zustimmung der Hauptversammlung (mit einfacher Stimmenmehrheit) sowie die Zustimmung aller phG erforderlich, §§ 278 II Alt.2 AktG, 161 II, 119 I HGB bzw. § 285 II 1 AktG.

Die Zustimmung der Hauptversammlung hatte sich bereits bei der Vertragsaufhebung als dispositiv erwiesen; für die Kündigung gilt nichts anderes. Allerdings ist nunmehr in Anschlag zu bringen, dass die ordentliche Kündigung nur bei entsprechender Vereinbarung zulässig ist. Die Zustimmung der Hauptversammlung zum Vertrag umfasst auch diese Klausel und kann mithin – anders als bei der Vertragsaufhebung – ohne weiteres im Sinne einer entsprechenden Ermächtigung zugunsten der Geschäftsleitung ausgelegt werden. Dies ist sachgerecht, weil die Voraussetzungen der ordentlichen Kündigung im Vertrag bestimmt werden können, was bei der auf Gesetz beruhenden Vertragsaufhebung nicht der Fall ist.[33] Deshalb dürfte auch im Fall einer ordentlichen Kündigung die Mitwirkung der Hauptversammlung immer entbehrlich sein.

Aus Perspektive der phG ist demgegenüber der Bestimmtheitsgrundsatz zu beachten. Darüber hinaus muss ermittelt werden, ob die Vertragsbeendigung durch ordentliche Kündigung in den mitgliedschaftlichen Kernbereich eingreift. Wie bei der Vertragsaufhebung hängt dies von den Umständen des Einzelfalls im Zeitpunkt der Konzernbeendigung ab.

III. Beendigungsbeschluss der Hauptversammlung einer eingegliederten KGaA (§ 327 I Nr.1 AktG)

Der institutionelle Konzern kann durch Beschluss der Hauptversammlung der eingegliederten Gesellschaft beendet werden, § 327 I Nr.1 AktG.[34] Handelt es sich bei dieser um eine KGaA, so fragt sich, ob die Wirksamkeit des Beschlusses von der Zustimmung der phG abhängt.

Im Unterschied zu den vorstehend behandelten Beendigungstatbeständen ist der Grundlagencharakter des Beendigungsbeschlusses offenkundig. Es handelt sich um einen *actus contrarius* zum Eingliederungsbeschluss und damit um eine materielle Satzungsänderung in der eingegliederten Gesellschaft. Auf besondere Mehrheitserfordernisse konnte nur deshalb verzichtet werden, weil die Hauptversammlung ohnehin stets Vollversammlung i.S.d. § 121 VI AktG ist.[35]

Das Zustimmungserfordernis zugunsten der phG folgt aus § 285 II 1 AktG bzw. §§ 278 II Alt.2 AktG, 161 II, 119 I HGB. Abweichende Satzungsregelungen sind hier in denselben Grenzen zulässig wie bei der Aufhebung oder der ordentlichen Kündigung eines Beherrschungsvertrags.

---

[33] *BGH*, WM 1993, S. 1087, 1093 (Schubert/Salzer).

[34] Zu den sonstigen Beendigungsgründen vgl. *Habersack*, in: Emmerich/Habersack, Kommentar, § 327, Rn. 5 ff.

[35] *Hüffer*, AktG, § 327, Rn. 3; *Grunewald*, in: MK AktG, § 327, Rn. 2.

Dritter Teil: Die KGaA als Mutterunternehmen eines Beherrschungsvertrags bzw. Hauptgesellschaft

§ 16: Einleitung

Im dritten Teil soll auf die rechtlichen Probleme eingegangen werden, die bei Beteiligung einer KGaA als Mutterunternehmen eines Beherrschungsvertrags bzw. einer Eingliederung auftreten können. Während der zuerst genannte Fall unstreitig zulässig ist (§ 291 I AktG spricht rechtsformneutral von einem anderen „Unternehmen"), ließe sich die Eingliederung in eine KGaA wiederum nur auf Basis einer Analogie erzielen. Die h.M. verneint auch insoweit eine entsprechende Anwendung der §§ 319 ff. AktG, wobei überwiegend auf Gesichtspunkte des Gläubigerschutzes verwiesen wird.[1] Die bisherigen Erwägungen haben jedoch gezeigt, dass eine KGaA sogar eingegliederte Gesellschaft sein kann. Vor diesem Hintergrund dürfte ihr die Stellung als Hauptgesellschaft nicht grundsätzlich verschlossen sein.

Konzernbedingte Konflikte lassen sich nicht nur auf Ebene des Tochterunternehmens, sondern auch auf Ebene des Mutterunternehmens beobachten. Gleichwohl betreffen die konzernspezifischen Vorschriften der §§ 291 ff., 319 ff. AktG primär den Schutz der Tochtergesellschaft, deren Gläubiger und Gesellschafter. Soweit eigene Regelungen für das Mutterunternehmen vorgesehen sind (z.B. in §§ 293 II, 319 II, 320 I 3 AktG) gehen diese freilich nicht auf die Strukturunterschiede zwischen AG und KGaA ein. Zu untersuchen ist daher, ob und inwieweit sich in diesem Zusammenhang Besonderheiten für die KGaA ergeben. Dabei kann in weiten Teilen an die Ergebnisse des zweiten Teils angeknüpft werden, sodass die nachfolgenden Ausführungen als Ergänzung hierzu verstanden werden sollen.

Auch die Darstellung folgt im Wesentlichen der Struktur des zweiten Teils, behandelt also zunächst Fragen der Konzernbildung (§ 17) und der Konzernleitung (§ 18), bevor auf die vermögensbezogene Stellung der phG, insbesondere unter Berücksichtigung des Haftungsrisikos, eingegangen wird (§ 19). Alsdann wird das Argument des mangelhaften Gläubigerschutzes und die Position etwaiger Aktionäre einer Tochter-AG beleuchtet (§ 20). Der dritte Teil schließt mit einem Blick auf die Konzernbeendigung (§ 21).

---

[1] *Grunewald*, in: MK AktG, § 319, Rn. 1; *Hüffer*, AktG, § 319, Rn. 4. *Koppensteiner*, in: KK AktG, § 319, Rn. 5; *Veit*, Unternehmensverträge, S. 54. Eine Analogie befürworten dagegen *Habersack*, in: Emmerich/Habersack, Kommentar, § 319, Rn. 6 und *Fett*, in: Schütz/Bürgers/Riotte, KGaA, § 12, Rn. 38. Bejahend auch *DJT-KonzernR*, Tz. 257 (der Hinweis bei *Koppensteiner*, in: KK AktG, § 319, Rn. 6 ist unzutreffend, da die Studienkommission die KGaA allein als taugliche *Haupt*gesellschaft bezeichnet).

§ 17: Fragen der Konzernbildung

Handelt es sich bei dem Mutterunternehmen eines Beherrschungsvertrags um eine KGaA, so ist gem. § 293 II AktG die Zustimmung ihrer Hauptversammlung mit satzungsändernder Mehrheit erforderlich; in entsprechender Anwendung der §§ 319 II, 320 I 3 AktG gilt dies gleichermaßen für die KGaA als Hauptgesellschaft eines Eingliederungskonzerns.[1] Diese Zustimmungsgebote sind zwingend, können also in der Satzung nicht modifiziert werden, weil sie nicht auf § 278 II AktG, sondern unmittelbar auf §§ 293 II, 319 I, 320 I 3 AktG beruhen (§§ 278 III, 23 V AktG).[2]

Fraglich ist, ob die Konzernbildung auch in der Muttergesellschaft stets der Zustimmung *aller phG* bedarf.

I. Konzernbildung als Grundlagengeschäft

Die Konzernierung ist für die Muttergesellschaft nicht mit einer Satzungsänderung verbunden.[3] Es kommt dort weder zu einem Interessenumbruch noch zu einer Auflösung der Vermögensbindung oder einer Veränderung der Leitungsmacht. Dennoch handelt es sich keineswegs bloß um eine Maßnahme der Geschäftsführung, sondern um ein *Grundlagengeschäft*. Hierunter fallen nämlich auch Vorgänge, die zwar formal die Satzung unberührt lassen, sich aber aufgrund ihrer Tragweite unmittelbar auf die Grundstrukturen der Gesellschaft und die Mitgliedschaft ihrer Gesellschafter auswirken.[4]

Der Grundlagencharakter ergibt sich aus dem weitgehenden konzernspezifischen Pflichtenprogramm, welches das *Haftungsvolumen* der Muttergesellschaft in erheblichem Umfang erweitert. Hinzuweisen ist beim Beherrschungsvertrag auf die Pflichten zum Fehlbetragsausgleich (§ 302 AktG), zur Liquiditätsausstattung,[5] zur Sicherheitsleistung (§ 303 AktG) sowie zum Ausgleich und zur Abfindung (§§ 304, 305 AktG),[6] bei der Eingliederung auf die Pflichten zur Verlustübernahme (§ 324 III AktG), zur Abfindung (§ 320b AktG) sowie vor allem auf die unmittelbare persönliche Haftung der Hauptgesellschaft für sämtliche

---

[1] Zu den Einzelheiten des Verfahrens vgl. *Emmerich*, in: Emmerich/Habersack, Kommentar, § 293, Rn. 36 f.; *Habersack*, ebendort, § 319, Rn. 13 ff.

[2] S.o., § 7, II, 4, b.

[3] Vgl. *Praël*, Eingliederung, S. 105; anders *Bälz*, in: 40 Jahre Bundesrepublik, S. 177, 226.

[4] RGZ 162, S. 370, 374; *Martens*, in: Schlegelberger, HGB, § 114, Rn. 7.

[5] Hierzu ausführlich oben, § 11, VI, 3.

[6] Nach a.A. soll sich der Ausgleichsanspruch gegen die Tochtergesellschaft richten, vgl. z.B. *Möhring*, FS Hengeler, S. 216, 220 ff. Wegen der Fehlbetragsausgleichs- und Alimentierungspflicht würde die Ausgleichszahlung jedoch auch nach dieser Ansicht im Innenverhältnis zu Lasten des Mutterunternehmens gehen.

Verbindlichkeiten der Tochtergesellschaft (§ 322 AktG). Insbesondere die Pflichten aus §§ 302, 324 III, 322 AktG bedingen letzten Endes, dass die Muttergesellschaft in eine Art Repräsentativhaftung für das konzerndimensionale Gesamtunternehmen eintritt, weil sie für das unternehmerische Handeln der größeren Planungseinheit aufkommen muss.[7] Während auf Tochterebene die konzerndimensionale Neuausrichtung der Interessenverfassung im Mittelpunkt stand, lässt sich der Grundlagencharakter auf Mutterebene maßgeblich auf diesen Gesichtspunkt stützen.

Wenn hiergegen eingewandt wird, der Abschluss eines Beherrschungsvertrags (bzw. die Eingliederung) sei für die Muttergesellschaft und deren Gesellschafter nicht in gleichem Maße rechtsbeeinträchtigend wie für die Tochtergesellschaft und deren Gesellschafter,[8] so ist dem zumindest insoweit zu widersprechen, als mit diesem Argument die Qualifikation als Grundlagengeschäft bestritten wird.[9] Noch keine Aussage ist damit freilich über die erforderlichen Mehrheitsverhältnisse sowie die Möglichkeit von Ausschluss- oder Mehrheitsklauseln getroffen. In diesem Kontext kommt es aber, wie bereits dargelegt, entscheidend auf qualitative Gesichtspunkte an, insbesondere auf die Intensität der Rechtsbeeinträchtigung für die betroffenen Gesellschafter.

II. Zustimmung der persönlich haftenden Gesellschafter

Die phG der Mutter-KGaA müssen dem Abschluss des Beherrschungsvertrags und der Eingliederung als Grundlagengeschäft gem. § 285 II 1 AktG bzw. §§ 278 II Alt.2 AktG, 161 II, 119 I HGB zustimmen. Ungeklärt ist, ob dieses Zustimmungserfordernis in der Satzung der Muttergesellschaft ausgeschlossen oder einer Mehrheitsentscheidung unterworfen werden kann.[10] Für die phG der Tochter-KGaA wurde dies unter Hinweis auf den mehrheitsfesten mitgliedschaftlichen Kernbereich verneint.[11] Angesichts des Umstands, dass es sich bei der Eingrenzung des Kernbereichs in erster Linie um eine Wertungsfrage handelt, wird man für die phG einer Mutter-KGaA differenzierter argumentieren müssen:

Zwar haften diese über § 128 HGB (i.V.m. § 278 II Alt.3 AktG, 161 II HGB) persönlich für alle konzernspezifischen Pflichten ihrer Gesellschaft. Dieses Haftungsrisiko erweist sich aber – wie noch zu zeigen sein wird – keineswegs als unbeherrschbar und unkalkulierbar, wurde das Konzerninteresse doch als das

---

[7] Zu diesem Argument s. bereits o., § 11, VII, 1.

[8] Nachweise bei BGHZ 105, S. 324, 334 (Supermarkt).

[9] So mit Recht BGHZ 105, S. 324, 334 ff. (Supermarkt) für eine Mutter-GmbH.

[10] Vgl. einerseits *Schneider*, ZHR 143 (1979), S. 485, 519 (f. d. Personengesellschaft als Mutterunternehmen: Mehrheitsklausel zulässig), andererseits *Fett*, in: Schütz/Bürgers/Riotte, KGaA, § 12, Rn. 14: Zwingende Zustimmung aller phG in der Mutter-KGaA.

[11] S.o., § 7, III, 3.

konzernbezogene Sonderinteresse des Mutterunternehmens qualifiziert. Ökonomischen Nachteilen für die Tochtergesellschaft stehen typischerweise Vorteile für die Muttergesellschaft gegenüber, an denen die phG mittelbar partizipieren.[12]

Dieser Befund beseitigt zwar den Grundlagencharakter der Konzernbildung nicht, er lässt aber Zweifel daran aufkommen, ob diese für die phG der Mutter-KGaA stets mit einem Eingriff in den mitgliedschaftlichen Kernbereich verbunden ist. Letztendlich werden in diesem Zusammenhang die Umstände des Einzelfalls den entscheidenden Ausschlag geben müssen. Beachtlich sind dann insbesondere die Größenverhältnisse der beteiligten Gesellschaften[13] sowie der Umstand, dass die phG typischerweise Geschäftsführer der Muttergesellschaft und daher selbst für die Konzernleitung zuständig sein werden. Anders als auf Tochterebene lässt sich somit ein Eingriff in den Kernbereich der Mitgliedschaft durch die Konzernbildung für die phG der Muttergesellschaft nicht pauschal feststellen. Die Strukturveränderung in der Muttergesellschaft basiert nicht auf einer unvermeidlichen Umgestaltung des Interessenhorizonts, sondern auf einer Erweiterung des Haftungshorizonts, hängt also im Hinblick auf Intensität und Qualität maßgeblich von den ökonomischen Rahmenbedingungen ab.

Erweist sich die Konzernbildung unter Abwägung aller Umstände im Zeitpunkt der Beschlussfassung als Eingriff in den mitgliedschaftlichen Kernbereich der phG, so kann ein vorher in der Satzung installierter Stimmrechtsausschluss keine Wirkung entfalten.[14] Sofern die Konsequenzen der Konzernbildung sogar zu einer Verkürzung mehrheitsfester Rechtspositionen führen sollten, muss auch die Berufung auf eine Mehrheitsklausel ausscheiden.[15] In jedem Fall ist aber dem Bestimmtheitsgrundsatz Rechnung zu tragen.

III. Informationsrechte bei der Konzernbildung

Die besonderen Berichts-, Prüfungs-, Informations- und Erläuterungspflichten, die in den §§ 293a ff., 319 ff. AktG für die Aktionäre einer Mutter-AG vorgesehen sind,[16] finden auch für die *Kommanditaktionäre* der Mutter-KGaA Anwendung. Soweit die *phG* aufgrund ihres Anwesenheitsrechts in der Hauptversammlung nicht mittelbar an diesen Rechten partizipieren, gewährt ihnen das allgemeine Kontrollrecht gem. § 118 I HGB (i.V.m. §§ 278 II Alt.1 u. 2 AktG, 161 II HGB) auch in diesem Zusammenhang hinreichenden Schutz. Auf die Ergebnisse des zweiten Teils kann deshalb verwiesen werden.[17]

---

[12] Hierzu s.u., § 19, I.

[13] Für das Personengesellschaftsrecht *Heck*, Personengesellschaften, S. 44 f. und *Emmerich/Sonnenschein/Habersack*, KonzernR, S. 127, auf die Bagatellgrenze des § 62 UmwG hinweisend.

[14] *Schmidt*, GesR, S. 472, 475.

[15] Zur entsprechenden Differenzierung s.o., § 7, III, 3.

[16] Allg. *Emmerich/Sonnenschein/Habersack*, KonzernR, S. 136 f., 228 ff.

[17] S.o., § 8, III.

§ 18: Fragen der Konzernleitung

Ist der Muttergesellschaft eines Beherrschungsvertrags oder eines Eingliederungskonzerns ein Weisungsrecht eingeräumt (§§ 308, 323 I 1 AktG), so fällt dessen Ausübung gegenüber der Tochtergesellschaft bzw. deren Organen in den Kompetenzbereich des zuständigen Vertretungsorgans.[1] Bei der KGaA wird diese Aufgabe durch den oder die vertretungsbefugten phG wahrgenommen.[2] Gleiches gilt für die Ausübung von Beteiligungsrechten in der Tochtergesellschaft, wenn die Mutter-KGaA selbst Gesellschafterin wird, was bei der Eingliederung stets der Fall ist.[3] Damit ist aber noch nicht gesagt, dass den phG eine korrespondierende Befugnis auch im *Innenverhältnis* zusteht. Zu untersuchen ist, unter welchen Voraussetzungen sich hier Beschränkungen ergeben können:

I. „Holzmüller"-Doktrin in der KGaA?

Mit Blick auf konzernleitende Maßnahmen in einer Tochtergesellschaft werden Beschränkungen für den Vorstand einer Mutter-AG unter dem Gesichtspunkt der sog. *„Holzmüller"-Doktrin* diskutiert.[4] In dem entsprechenden Urteil hatte der *BGH*[5] die These vertreten, die Hauptversammlung einer AG müsse immer dann um Zustimmung gebeten werden, wenn eine grundlegende Entscheidung so tief in die Mitgliedsrechte der Aktionäre und deren im Anteilseigentum verkörpertes Vermögensinteresse eingreife, dass der Vorstand vernünftigerweise nicht annehmen könne, er dürfe sie in ausschließlich eigener Verantwortung treffen, ohne die Hauptversammlung zu beteiligen.[6] Im konkreten Fall ging es um die Ausgliederung eines Betriebs, der den wertvollsten Teil des Vermögens einer AG ausmachte, auf eine zu diesem Zweck errichtete Tochtergesellschaft (eine KGaA!). Gegenstand der Entscheidung waren einerseits Fragen der Konzernbildung,[7] andererseits solche der anschließenden Konzernleitung.[8] Wegen der eindeutigen Kompetenzlage bei der Konzernbildung durch Beherrschungs-

---

[1] Allg. *Altmeppen*, in: MK AktG, § 308, Rn. 31.
[2] Sollte § 170 HGB zwingend sein, so muss die KGaA immer durch phG vertreten werden.
[3] Wenn im Folgenden von konzernleitenden Maßnahmen die Rede ist, ist die Ausübung von etwaigen Beteiligungsrechten in der Tochtergesellschaft i.d.R. miterfasst.
[4] Übersichten bei *Mülbert*, in: GK AktG, § 119, Rn. 17 ff. und *Habersack*, in: Emmerich/Habersack, Kommentar, vor § 311, Rn. 33 ff. Vgl. auch *Henze*, FS Ulmer, S. 211 ff. und *Hüffer*, ebendort, S. 279 ff.
[5] BGHZ 83, S. 122 = NJW 1982, S. 1703 = BB 1982, S. 827 = DB 1982, S. 795 = ZIP 1982, S. 558 (Holzmüller).
[6] BGHZ 83, S. 122, 131 (Holzmüller).
[7] BGHZ 83, S. 122, 131 f. (Holzmüller).
[8] BGHZ 83, S. 122, 138 ff. (Holzmüller).

vertrag und Eingliederung (§§ 293 II, 319 I, 320 I 3 AktG) spielt im hier interessierenden Zusammenhang freilich allein der zweite Aspekt eine Rolle.

Fraglich ist, ob die „Holzmüller"-Grundsätze auch die Verwaltung einer Mutter-KGaA zugunsten der Kommanditaktionäre zu begrenzen vermögen. Anders gewendet: Muss die Hauptversammlung der Mutter-KGaA bestimmten konzernleitenden Maßnahmen zustimmen, sofern diese von herausragender Bedeutung für die Muttergesellschaft bzw. deren Gesellschafter sind?

Nach weitverbreiteter Ansicht soll dies der Fall sein, da die „Holzmüller"-Doktrin uneingeschränkt auch in der KGaA gelte.[9] Dem wird jedoch in der Literatur[10] und neuerdings auch durch die Rechtsprechung[11] mit guten Gründen entgegengetreten: Anlass für die Entwicklung „ungeschriebener Mitwirkungsbefugnisse"[12] der Hauptversammlung durch den *BGH* war die im aktienrechtlichen Normgefüge zum Ausdruck kommende „Allmacht" des Vorstands, die nur durch einige im Gesetz ausdrücklich benannte Zuständigkeiten des Aufsichtsrats bzw. der Hauptversammlung durchbrochen wird.[13] Da für die AG eine allgemeingültige Differenzierung zwischen gewöhnlichen und außergewöhnlichen Geschäftsführungsmaßnahmen sowie Grundlagengeschäften nicht vorgesehen ist, war es notwendig, eine besondere Kompetenzzuweisung an die Hauptversammlung für solche Entscheidungen zu schaffen, die die Rechtsstellung der Aktionäre in besonderer Weise tangieren.[14] Eben dieses Regelungsdefizit ist für die KGaA nicht vorhanden. Dort ergibt sich die Mitwirkung der Hauptversammlung an außergewöhnlichen Geschäftsführungsmaßnahmen grundsätzlich bereits aus §§ 278 II AktG, 164 S.1 HS 2 HGB, an Grundlagengeschäften dagegen – bei Fehlen von Spezialnormen – aus §§ 278 II AktG, 161 II, 119 I HGB.[15] Für die außenstehenden phG folgen vergleichbare Rechte aus §§ 278 II AktG, 161 II, 116 II HGB (außergewöhnliche Geschäfte) bzw. §§ 285 II 1, 278 II AktG, 161 II, 119 I HGB (Grundlagengeschäfte). Die Organisationsverfassung der KGaA erweist sich mithin als weniger starr als die der AG. Da die von der „Holzmüller"-Doktrin erfassten Entscheidungen zweifellos außergewöhnliche oder gar Grundlagengeschäfte darstellen,[16] folgt die Beteiligung der Hauptversammlung bereits aus dem gesetzlichen Organisationsmodell der §§ 278 ff.

---

[9] *Semler/Perlitt*, in: MK AktG, § 278, Rn. 180; *Heermann*, ZGR 2000, S. 61, 70 f.

[10] *Assmann/Sethe*, in: GK AktG, vor § 278, Rn. 102; *Fett*, in: Schütz/Bürgers/Riotte, KGaA, § 3, Rn. 15 ff., *Schütz/Reger*, ebendort, § 5, Rn. 91 f.; *Fett/Förl*, NZG 2004, S. 210 ff.

[11] *OLG Stuttgart*, NZG 2003, S. 778.

[12] *Ulmer*, AG 1975, S. 15, 15.

[13] Allg. zur Stellung des Vorstands in der Organisationsverfassung der AG *Kort*, in: GK AktG, § 76, Rn. 4 ff.

[14] Auch der *Deutsche Corporate Governance Kodex* beschränkt sich bei der Umgrenzung der „wesentlichen unternehmerischen Maßnahmen" in Ziffer 2.2.1 auf die Wiedergabe von gesetzlichen Kompetenzzuweisungen.

[15] S.o., § 7, II, 2.

[16] Vgl. *Assmann/Sethe*, in: GK AktG, vor § 278, Rn. 102.

AktG i.V.m. den einschlägigen Vorschriften des HGB.[17] Sofern die Regelbefugnisse der Hauptversammlung dagegen in der Satzung abbedungen sind, beruht dies auf der privatautonomen Entscheidung der Kommanditaktionäre, die jeder Abweichung von der Modellregelung mit satzungsändernder Mehrheit zustimmen müssen. Diese Entscheidung ist zu respektieren.

Nur am Rande sei bemerkt, dass der *BGH* im „Holzmüller"-Urteil die Rechtslage in der Personengesellschaft (§§ 116 II, 164 S.1 HS 2 HGB) implizit anspricht, um hieraus Argumente für die AG abzuleiten.[18] Eine Rückübertragung der hieraus gewonnenen Grundsätze auf die KGaA – in der insoweit Personengesellschaftsrecht gilt – wäre methodisch ein Zirkelschluss.

Aus dem Gesagten folgt, dass die „Holzmüller"-Doktrin in der KGaA *keine Anwendung* findet. Soweit man sie auf § 119 II AktG stützt,[19] leuchtet dieses Ergebnis schon deshalb ein, weil diese Vorschrift für die KGaA unbestritten keine Geltung beansprucht.[20] Die dogmatische Herleitung aus § 119 II AktG ist allerdings nicht unwidersprochen geblieben und jüngst vom *BGH* selbst aufgegeben worden.[21] Insbesondere ist statt ihrer eine *Gesamtanalogie* zu einschlägigen ausdrücklichen Kompetenzzuweisungen (z.B. §§ 179, 179a, 182, 293, 319 II AktG, 65, 125 UmwG) vorgeschlagen worden.[22] Auch diese Begründung kann indes für die KGaA nicht fruchtbar gemacht werden, da es vor dem Hintergrund der § 278 II Alt.2 AktG i.V.m. § 164 S.1 HS 2 bzw. §§ 161 II, 119 I HGB bereits an einer *Regelungslücke* fehlt.[23] Unerheblich sind deshalb auch die Aussagen des „Gelatine"-Urteils, wo der *BGH* vermittelnd vom „Ergebnis einer offenen Rechtsfortbildung" spricht, diese aber gerade auf eine Kombination beider Ansätze stützt.[24]

Eine Beschränkung der Konzernleitung findet in der Mutter-KGaA somit ausschließlich auf Basis der allgemeinen Regelungen statt. Eine Übertragung der „Holzmüller"-Doktrin bedarf es angesichts des flexiblen Organisationsrechts und der insoweit eindeutigen – wenngleich dispositiven – Kompetenzzuweisungen nicht. Wann eine Maßnahme in der Tochtergesellschaft in der Mutter-KGaA zustimmungspflichtig ist, richtet sich danach, ob es sich dabei um eine gewöhnliche bzw. außergewöhnliche Geschäftsführungsmaßnahme oder um ein Grundlagengeschäft handelt.

---

[17] Ähnlich für das Personengesellschaftsrecht bereits *Ulmer*, AG 1975, S. 15, 15 der zugibt, dass sich die Probleme dort „in weniger scharfer Form" stellen.

[18] BGHZ 83, S. 122, 138 (Holzmüller) unter Hinweis auf das Urteil *BGH*, LM HGB § 116 Nr.2 = BB 1973, S. 212, 213 = WM 1973, S. 170, 171 (Schuhgeschäft). Zu diesem alsbald unter II, 2.

[19] So der ursprüngliche Ansatz des *BGH* in der „Holzmüller"-Entscheidung.

[20] *Assmann/Sethe*, in: GK AktG, § 278, Rn. 94; *Semler/Perlitt*, in: MK AktG, § 278, Rn. 202; *Schütz/Reger*, in: Schütz/Bürgers/Riotte, KGaA, § 5, Rn. 363; *Würdinger*, AktienR, S. 258.

[21] *BGH*, AG 2004, S. 384 (Gelatine).

[22] *Mülbert*, in: GK AktG, § 119, Rn. 23; *Krieger*, in: Münchener Handbuch, Bd.4, § 69, Rn. 8; *Rehbinder*, ZGR 1983, S. 92, 98; *Lutter/Leinekugel*, ZIP 1998, S. 805, 806.

[23] A.A. *Heermann*, ZGR 2000, S. 61, 70 f.

[24] *BGH*, AG 2004, S. 384, 387 (Gelatine).

II. Mitwirkungsbefugnisse in der Mutter-KGaA gem. §§ 278 II AktG, 164 S.1 HS 2, 116 II, 119 I HGB

1. Grundsatz

Treffen die vertretungsberechtigten phG der Mutter-KGaA konzernleitende Maßnahmen, so benötigen sie hierfür die Zustimmung der außenstehenden phG bzw. der Hauptversammlung, sofern es sich bei den Maßnahmen um außergewöhnliche Geschäftsführungsmaßnahmen oder Grundlagengeschäfte handelt und die entsprechenden Befugnisse nicht abbedungen sind. Weitere Zustimmungsvorbehalte können in der Satzung der Mutter-KGaA vorgesehen sein – dies auch zugunsten anderer Gesellschaftsorgane. Ungeschriebene Beschränkungen der Konzernleitung existieren auf Ebene der Mutter-KGaA nach dem bisher Gesagten nicht.

Nach zutreffendem Verständnis erfolgt die Qualifikation der Konzerleitungsmaßnahme aus *Perspektive der Muttergesellschaft*, weil sich dort die Frage nach dem konkreten Kompetenzkonflikt stellt.[25] Die Auswirkungen in der Tochtergesellschaft bleiben demgegenüber außer Betracht. Eine außergewöhnliche Geschäftsführungsmaßnahme ist folglich dann anzunehmen, wenn sich der Vorgang zwar als Ausfluss des zweckgerichteten Wirkens erweist, nach Art, Inhalt, Umfang oder Risiko für die Muttergesellschaft bzw. deren Gesellschafter aber Ausnahmecharakter besitzt.[26] Von einem Grundlagengeschäft ist hingegen auszugehen, wenn sich der Vorgang aus Sicht der Mutter-KGaA ausnahmsweise nicht mehr als Verwirklichung des Verbandszwecks, sondern als strukturverändernde Maßnahme darstellt.[27]

Abgesehen davon, dass es allein auf die Auswirkungen in der Muttergesellschaft ankommen kann, handelt es sich bei der präzisen Einordnung einer konzernleitenden Maßnahme um eine Einzelfallentscheidung, für die sich allgemeingültige Kriterien nicht aufstellen lassen.[28]

2. Einschränkungen durch das „Schuhgeschäft"-Urteil?

Allerdings hatte der *BGH* in seinem *„Schuhgeschäft"-Urteil*[29] entschieden, dass bestimmte, sich aus der Organisationsverfassung einer Personengesellschaft ergebende Mitwirkungsbefugnisse im Zweifel auch dann gelten sollen, wenn und

---

[25] Vgl. BGHZ 83, S. 122, 136 ff. (Holzmüller); *BGH*, WM 1973, S. 170, 172 (Schuhgeschäft); *OLG Frankfurt*, AG 1988, S. 335, 339 (Sirenta); *Schneider*, ZHR 143 (1979), S. 485, 499.

[26] *Assmann/Sethe*, in: GK AktG, § 278, Rn. 110 ff.; *Schütz/Reger*, in: Schütz/Bürgers/Riotte, KGaA, § 5, Rn. 85 ff. m.w.N.

[27] *Assmann/Sethe*, in: GK AktG, § 278, Rn. 122 ff.; *Schütz/Reger*, in: Schütz/Bürgers/Riotte, KGaA, § 5, Rn. 89 f. m.w.N.

[28] Vgl. insoweit die Beispiele bei *Emmerich/Sonnenschein/Habersack*, KonzernR, S. 517.

[29] *BGH*, LM HGB § 116 Nr.2 = BB 1973, S. 212 = WM 1973, S. 170 (Schuhgeschäft).

soweit die Geschäftsführer der Gesellschaft deren Beteiligungsrechte in einer hundertprozentigen Tochtergesellschaft wahrnehmen.[30] Hieraus wird gefolgert, eine Erstreckung der Befugnisse aus §§ 116 II, 164 S.1 HS 2 HGB auf konzernleitende Maßnahmen in einer Tochtergesellschaft – zu denen vor allem die Ausübung von Beteiligungsrechten gezählt werden – scheide generell aus, wenn außenstehende Gesellschafter an der Tochtergesellschaft beteiligt seien[31] bzw. wenn die Verfassung der Tochtergesellschaft vergleichbare Befugnisse für diese nicht vorsehe.[32] Als Grund hierfür wird ein angebliches Interesse der außenstehenden Gesellschafter der Tochtergesellschaft angeführt, vor dem Einfluss der Mutter-Gesellschafter geschützt zu werden. – Indes: Für die Gesellschafter der Tochtergesellschaft macht es im Ergebnis gar keinen Unterschied, ob die Konzernleitung mit oder ohne Zustimmung anderer Instanzen als der vertretungsbefugten Organe der Muttergesellschaft erfolgt. Der diesbezügliche Willensbildungsprozess in der Muttergesellschaft ist der entsprechenden Maßnahme vielmehr *vorgeschaltet* und nimmt keinen Einfluss auf die Position der außenstehenden Gesellschafter in der Tochtergesellschaft. Ein besonderes Schutzbedürfnis lässt sich für diese nicht begründen.[33] Die außenstehenden Gesellschafter der Tochtergesellschaft sind allerdings an den hier in Frage stehenden Maßnahmen gegebenenfalls nach den rechtsformspezifischen Regeln zu beteiligen.

Abgesehen von der unzutreffenden Berufung auf ein angebliches Schutzbedürfnis außenstehender Gesellschafter beruhen die Erwägungen der zitierten Literaturstimmen auch im Übrigen auf einer Verkennung der Problematik. In Wahrheit geht es nämlich nicht um die Anerkennung von Mitwirkungsrechten auf Ebene der Muttergesellschaft für Angelegenheiten der Tochtergesellschaft, d.h. um eine Verlängerung der gesellschaftsinternen Zuständigkeiten auf eine höhere Ebene,[34] sondern um eine selbständige Qualifikation bestimmter Maßnahmen auf Ebene der Muttergesellschaft als deren *eigene* Angelegenheiten. Vorgänge, die in der Tochtergesellschaft außergewöhnliche oder Grundlagengeschäfte darstellen, können sich auch auf Mutterebene als solche erweisen;[35] sie können dort aber auch als einfache Geschäftsführungsmaßnahmen qualifiziert werden. Umgekehrt ist es denkbar, dass bereits einfache Geschäftsführungsmaßnahmen in der Tochtergesellschaft die Grundlagen der Muttergesellschaft tangieren.[36] Ein notwendiger Beurteilungsgleichlauf existiert keinesfalls.

Aufgrund der hier befürworteten Maßgeblichkeit der Mutterperspektive spielt es hinsichtlich der Behandlung leitungsbegrenzender Befugnisse in der Mutter-KGaA mithin keine Rolle, ob der vertragsbeherrschten oder eingegliederten Ge-

---

[30] *BGH*, WM 1973, S. 170, 171 (Schuhgeschäft).
[31] Nachw. bei *Ulmer*, in: GK HGB, Anh. zu § 105, Rn. 84.
[32] *Martens*, in: Schlegelberger, HGB, Anh. zu § 105, Rn. 17.
[33] So mit Recht *Haas*, Personengesellschaften, S. 189 ff.
[34] So aber eine weitverbreitete Ansicht, vgl. *Ulmer*, in: GK HGB, Anh. zu § 105, Rn. 84.
[35] *Emmerich/Sonnenschein/Habersack*, KonzernR, S. 516.
[36] Vgl. *Haas*, Personengesellschaften, S. 191 mit Beispiel.

sellschaft außenstehende Gesellschafter angehören oder ob es sich um eine hundertprozentige Tochter handelt. Aus der „Schuhgeschäft"-Entscheidung kann nichts Gegenteiliges abgeleitet werden, zumal sich der *BGH* dort ohnehin maßgeblich auf das Merkmal der wirtschaftlichen Einheit zwischen Mutter- und Tochterunternehmen stützt – eine Voraussetzung, die im Fall des Beherrschungsvertrags oder der Eingliederung immer gegeben ist.

III. Auswirkungen auf die Vertretungsmacht

Sofern bei der Ausübung konzernleitender Maßnahmen durch die vertretungsberechtigten phG Zustimmungsvorbehalte anderer Instanzen der Mutter-KGaA bestehen, hat deren Existenz grundsätzlich keine Auswirkungen auf den Umfang der Vertretungsmacht und damit auf die Wirksamkeit der entsprechenden Maßnahme.[37] Gem. § 126 II HGB (i.V.m. §§ 278 II Alt.3[38] AktG, 161 II HGB) bleibt das Außenverhältnis nämlich regelmäßig unberührt vom Innenverhältnis.[39]

Eine Ausnahme hiervon ist jedoch anzuerkennen, wenn keine schutzwürdigen Interessen Dritter berührt werden. Dies ist u.a. bei Rechtsgeschäften mit *hundertprozentigen Tochtergesellschaften* der Fall.[40] Demnach ist eine konzernleitende Maßnahme, die ohne eine erforderliche Zustimmung der außenstehenden phG, der Hauptversammlung oder anderer Organe getroffen wird, unwirksam, wenn sich alle Anteile der Tochtergesellschaft in der Hand der Mutter-KGaA befinden. Dies trifft im Verhältnis zu einer eingegliederten AG stets zu, gegenüber einer eingegliederten KGaA dagegen nur dann, wenn keine außenstehenden phG vorhanden sind. In diesen Fällen wirken sich interne Kompetenzbeschränkungen auf Ebene der Mutter-KGaA ohne weiteres auch auf Ebene der Tochtergesellschaft aus. Andernfalls liegt bloß ein Verstoß im Innenverhältnis vor, der nach allgemeinen Grundsätzen zu behandeln ist.[41]

Eine weitere Einschränkung ist angebracht, wenn sich die konzernleitende Maßnahme aus Perspektive der Mutter-KGaA als *Grundlagengeschäft* darstellt:

---

[37] *Schneider*, ZHR 143 (1979), S. 485, 510; etwas anderes soll nach h.M. mit Blick auf *§ 32 MitbestG* gelten, s. *Raiser*, MitbestG, § 32, Rn. 24 m.w.N. Diese Vorschrift kommt aber nur bei Ausübung von Beteiligungsrechten in der Tochtergesellschaft und nach zutreffender Ansicht nicht im Eingliederungskonzern zur Anwendung (zum Letzten vgl. *Raiser*, MitbestG, § 32, Rn. 16).

[38] Da es hier um die Beachtlichkeit bzw. Unbeachtlichkeit von Beschränkungen gegenüber dem Rechtsverkehr geht, ist ausnahmsweise die dritte Alternative des § 278 II AktG einschlägig; hierzu s.o., § 2, III, 2, b.

[39] *Schütz/Reger*, in: Schütz/Bürgers/Riotte, KGaA, § 5, Rn. 172.

[40] *Emmerich*, in: Heymann, HGB, § 126, Rn. 21; *Schneider*, ZHR 143 (1979), S. 485, 510; *Heck*, Personengesellschaften, S. 92; *Haas*, Personengesellschaften, S. 192. – Der verbreitete Hinweis auf *OLG Koblenz*, NJW-RR 1991, S. 487, 490 (SAT 1) ist in diesem Kontext allerdings unzutreffend, da sich dem Urteil nichts Entsprechendes entnehmen lässt.

[41] *Schütz/Reger*, in: Schütz/Bürgers/Riotte, KGaA, § 5, Rn. 172; zur Personengesellschaft vgl. *BGH*, WM 1988, S. 968, 970; *Emmerich*, in: Heymann, HGB, § 114, Rn. 20.

Nach h.M. erstreckt sich die personengesellschaftsrechtliche Vertretungsmacht nur auf Vorgänge der Geschäftsführung, nicht auch auf Grundlagengeschäfte;[42] in der KGaA kann nichts anderes gelten. – Wenn hiergegen vereinzelt eingewandt wird, der Grundlagencharakter einer solchen Maßnahme sei wegen der Anknüpfung an die Mutterperspektive für den Verkehr nur schwer erkennbar,[43] so wird verkannt, dass die Eigenart des hier in Frage stehenden Ausnahmetatbestands gerade in einem Zurücktreten der Verkehrsinteressen hinter die Interessen der Gesellschafter und der vertretenen Gesellschaft, deren Grundstrukturen verändert werden, besteht. Da es hier um den Schutz der Genannten geht, kann es auf Fragen der Erkennbarkeit für Dritte nicht ankommen. Ausschlaggebend ist allein, dass sich die Maßnahme *aus Sicht der Mutter-KGaA* als Grundlagengeschäft darstellt.[44] Auch in diesem Fall ist die Vertretungsmacht der phG beschränkt.

IV. Informationsrechte bei der Konzernleitung

1. Kommanditaktionäre

Dem einzelnen Kommanditaktionär steht zunächst das allgemeine Auskunftsrecht nach §§ 278 III, 131 AktG zu. Dieses bezieht sich gem. § 131 I 2 AktG auch auf die geschäftlichen Beziehungen *zur* Tochtergesellschaft. Bei besonderer Bedeutung können aber auch Angelegenheiten *in* der Tochtergesellschaft selbst zu Angelegenheiten der Muttergesellschaft werden mit der Folge, dass sich das Auskunftsrecht ebenfalls auf diese erstreckt.[45] Gleiches wird man mit Blick auf eine hundertprozentige Tochtergesellschaft annehmen können; die Vorschrift des § 326 AktG hat daher wohl eher klarstellende Bedeutung.

Sofern die Hauptversammlung an der Geschäftsführung mitwirkt sind die Kommanditaktionäre außerdem nach allgemeinen Grundsätzen in dem Maße mit Informationen zu versorgen, wie dies zur sachgerechten Ausübung der Geschäftsführung erforderlich ist.[46] Davon abgesehen kommt der Hauptversammlung reflexartig das der KGaA als solcher zugeordnete Kontrollrecht nach § 166 HGB zugute, das jedoch neben dem aktienrechtlichen Auskunftsrecht (§ 131 AktG) kaum Bedeutung erlangen wird.[47] Ein zusätzlicher Nutzen für die Kommanditaktionäre könnte allenfalls angenommen werden, wenn man auf Basis des

---

[42] *Schmidt*, in: Schlegelberger, HGB, § 126, Rn. 10; *Schmidt*, GesR, S. 1403.
[43] *Haas*, Personengesellschaften, S. 192 f. mit zahlreichen unzutreffenden Nachweisen.
[44] Im Ergebnis auch *Schmidt*, in: Schlegelberger, HGB, Anh. zu § 105, Rn. 18; *Heck*, Personengesellschaften, S. 89 ff.
[45] *BayObLG*, AG 2000, S. 131, 132; *OLG Düsseldorf*, ZIP 1987, S. 1555, 1556; zu den Voraussetzungen *Kubis*, in: MK AktG, § 131, Rn. 62, 66 f.
[46] *Martens*, in: Schlegelberger, HGB, § 166, Rn. 17; ausführlich *Sudhoff*, Kommanditist, S. 31.
[47] Vgl. *Assmann/Sethe*, in: GK AktG, § 278, Rn. 140.

§ 166 HGB – über § 131 I 2 AktG hinaus – ein Einsichtsrecht auch für die Geschäftsunterlagen der Tochtergesellschaft bejahte.[48] Neben § 131 AktG ebenfalls irrelevant ist das der Gesellschaft zustehende allgemeine Auskunftsrecht nach §§ 278 II Alt.2 AktG, 161 II, 105 III HGB, 713, 666 BGB; ob dieses – wie von der h.M. angenommen – von den Kommanditaktionären bzw. der Hauptversammlung im Wege der actio pro socio durchgesetzt werden kann, kann somit offen bleiben.[49]

2. Persönlich haftende Gesellschafter

Die von der Geschäftsführung ausgeschlossenen phG der Mutter-KGaA werden auch im Zusammenhang mit der Konzernleitung umfassend durch das Kontrollrecht nach §§ 278 II Alt.1 u. 2 AktG, 161 II, 118 I HGB geschützt. Auch dieses Recht erstreckt sich auf die geschäftlichen Beziehungen zur Tochtergesellschaft – und mitunter auch auf deren Angelegenheiten, sofern diese aufgrund ihrer besonderen Tragweite zu eigenen Angelegenheiten der Muttergesellschaft werden.[50] Dies ist bei hundertprozentiger Beteiligung an der Tochtergesellschaft immer anzunehmen. Die Rechtsfolge des § 326 AktG ergibt sich dann für die phG der Hauptgesellschaft bereits aus § 118 HGB.

---

[48] So *OLG Köln*, OLGZ 1967, S. 362; vgl. auch BGHZ 25, S. 115; *BGH*, WM 1983, S. 910; *Schneider*, BB 1975, S. 1353, 1357 ff.

[49] Vgl. hierzu *Schütz/Reger*, in: Schütz/Bürgers/Riotte, KGaA, § 5, Rn. 361; *Assmann/Sethe*, in: GK AktG, § 278, Rn. 141.

[50] *Baumbach/Hopt*, HGB, § 118, Rn. 16; *Michalski*, OHG, § 118, Rn. 9.

§ 19: Vermögensbezogene Stellung der persönlich haftenden Gesellschafter

Ähnlich wie bei der Konzernunterordnung können sich für die phG der Mutter-KGaA erhebliche Risiken in vermögensbezogener Hinsicht ergeben. Auf die diesbezüglichen Besonderheiten soll nunmehr eingegangen werden, wobei wiederum in weitem Umfang auf die Ergebnisse des zweiten Teils zurückgegriffen werden kann.

I. Haftungsrisiko

1. Umfang der persönlichen Haftung

Um das Risiko der persönlichen Haftung sachgerecht einschätzen zu können, bedarf es zunächst dessen genauer Eingrenzung. Wie bereits an anderer Stelle gezeigt, haften die phG unbeschränkt und akzessorisch mit ihrem gesamten Vermögen für sämtliche Verbindlichkeiten der KGaA (§ 278 I, II Alt.3 AktG i.V.m. §§ 161 II, 128 S.1 HGB). Unerheblich ist der Schuldgrund der Verbindlichkeiten. Die Haftung erstreckt sich folglich nicht nur auf rechtsgeschäftlich, sondern auch auf gesetzlich begründete Schulden der KGaA.[1]

Die phG haften damit ohne weiteres für alle *konzernbedingten Verbindlichkeiten* der Mutter-KGaA gegenüber der Tochtergesellschaft, deren Gesellschaftern und Gläubigern. Im Einzelnen ergibt sich folgendes Bild:

a) Defizitausgleich (§§ 302, 324 III AktG)

Die Tochtergesellschaft kann den gesetzlichen Anspruch auf Ausgleich des Jahresfehlbetrags (§ 302 AktG) bzw. Bilanzverlusts (§ 324 III AktG) in vollem Umfang auch gegen die phG der Mutter-KGaA geltend machen. Gleiches gilt im Fall des Beherrschungsvertrags für den Anspruch auf kontinuierliche Liquiditätsausstattung.[2] Da es sich bei den genannten Ansprüchen um Geldleistungsansprüche handelt, spielt der Streit um mögliche inhaltliche Schranken der Gesellschafterhaftung an dieser Stelle noch keine Rolle.[3]

Einer Erstreckung der persönlichen Haftung auf die konzernspezifischen Ausgleichspflichten der Muttergesellschaft kann auch nicht deren angebliche Nähe zu Sozialverbindlichkeiten entgegengehalten werden. Eine solche Argumentati-

---

[1] Vgl. *Martensen*, Inhalt, S. 117.

[2] Hierzu s.o., § 11, VI, 3.

[3] Etwas anderes könnte freilich gelten, wenn man mit einer Mindermeinung ausnahmsweise auch eine Leistung an Erfüllungs statt (§ 364 I BGB) zulassen würde, vgl. *Altmeppen*, in: MK AktG, § 302, Rn. 67; ablehnend *Koppensteiner*, in: KK AktG, § 302, Rn. 25.

on könnte in Betracht gezogen werden, wenn man die Ansprüche aus §§ 302, 324 III AktG mit einer Mindermeinung als mitgliedschaftlich bzw. quasi-mitgliedschaftlich charakterisieren würde,[4] denn nach einhelliger Ansicht werden Sozialverbindlichkeiten von § 128 S.1 HGB nicht umfasst. Ähnliche Erwägungen wurden bereits im Zusammenhang mit der Haftung der Hauptgesellschaft für die Regressansprüche der phG einer eingegliederten KGaA diskutiert.[5] Anders als dort fehlt es jedoch zwischen den phG der Mutter-KGaA und der Tochtergesellschaft als Gläubigerin der besagten Ansprüche schon an einer mitgliedschaftlichen Zugehörigkeit zum selben Verband, welche eine Ausnahme von der unbeschränkten Außenhaftung mit Blick auf das Verbot der Beitragserhöhung (§ 707 BGB) rechtfertigen könnte. Aus Sicht der phG ist die Tochtergesellschaft deshalb *Dritt*gläubigerin i.S.d. § 128 S.1 HGB.

b) Ausgleich und Abfindung (§§ 304, 305, 320b AktG)

aa) Problem

Sofern man das Mutterunternehmen mit der h.M. als Schuldner des – ebenfalls auf Geld gerichteten – Ausgleichsanspruchs nach § 304 AktG ansieht,[6] haften die phG auch für diesen. Der Beherrschungsvertrag erweist sich in dieser Hinsicht als Vertrag zugunsten der außenstehenden Aktionäre der Tochtergesellschaft (§ 328 I BGB).[7] Gleiches gilt für die vertragliche[8] Abfindungspflicht nach § 305 AktG.[9] Die persönliche Haftung erfasst ferner die gesetzliche Abfindungspflicht der Hauptgesellschaft gegenüber den ausgeschiedenen Aktionären nach § 320b AktG.

Schwierigkeiten im Zusammenhang mit den beiden zuletzt genannten Pflichten können entstehen, wenn die Abfindung nicht in Geld (Barabfindung: §§ 305 II Nr.2 Alt.2 u. Nr.3, 320b I 3 Alt.2 AktG), sondern – wie regelmäßig – in Aktien zu leisten ist. Hier kann das Problem auftauchen, ob die phG zu einer Leistung „in natura“ verpflichtet sind. Anders gewendet: Müssen phG, die selbst über (Kommandit-)Aktien der Mutter-KGaA (gegebenenfalls der Großmuttergesellschaft, § 305 II Nr.2 AktG) verfügen, diese an außenstehende bzw. ausgeschiedene Aktionäre abgeben, wenn sie von diesen in Anspruch genommen werden?

---

[4] *Praël*, Eingliederung, S. 74 f., 102.

[5] S.o., § 11, VII, 1.

[6] *Emmerich*, in: Emmerich/Habersack, Kommentar, § 304, Rn. 22 m.w.N.; s. auch oben, § 17, I.

[7] *OLG Düsseldorf*, AG 1998, S. 39; *LG Mannheim*, AG 1995, S. 89, 90 (Klöckner/SEN); *Hüchting*, Abfindung und Ausgleich, S. 11; *Schwenn*, Ausgleichs- und Abfindungsanspruch, S. 53.

[8] Ausnahmsweise kann es sich auch um eine gesetzliche Verpflichtung handeln, die lediglich vom Gericht konkretisiert wird; dies im Fall des § 305 V 2, 3 AktG.

[9] Vgl. hierzu BGHZ 135, S. 374, 380 (Guano); *Emmerich*, in: Emmerich/Habersack, Kommentar, § 305, Rn. 25.

Die Frage kann insbesondere dann relevant werden, wenn die Mutter-KGaA selbst nicht in der Lage ist, sich die erforderlichen Aktien zu verschaffen, z.B. bei Unmöglichkeit des Ankaufs (bea. § 71 I Nr.3, II AktG) oder Scheitern einer Kapitalerhöhung. Ihre Beantwortung hängt vom Streit um den Inhalt der persönlichen Gesellschafterhaftung ab, der vom Gegensatz zwischen Haftungs- und Erfüllungstheorie geprägt wird:[10] Nach der Erfüllungstheorie könnten die außenstehenden bzw. ausgeschiedenen Aktionäre von den phG das Gleiche verlangen wie von der KGaA, d.h. gegebenenfalls auch Aktien. Nach der Haftungstheorie hafteten die phG dagegen nur auf Geld, d.h. allenfalls auf den Gegenwert der Aktien.

bb) Besonderheiten für die KGaA?

Der Streit könnte sich allerdings im Zusammenhang mit der KGaA als entbehrlich erweisen, sofern man die Problematik primär auf die juristische Natur der oHG bzw. KG als Gesamthandsgesellschaft zurückführte.[11] Nach diesem Ansatz soll eine inhaltsgleiche Erfüllungshaftung der Gesellschafter auf dem Umstand beruhen, dass diese als Gesamthänder selbst Träger der Verpflichtungen seien. Bei der KGaA als juristischer Person wäre demzufolge von vornherein nur eine Einstandspflicht für *fremde* Schulden in Form einer Haftung auf das Interesse denkbar.

Indes: Abgesehen davon, dass eine Unterscheidung zwischen juristischer Person und Gesamthand in Bezug auf die Rechtsfähigkeit bereits allgemeinen Zweifeln ausgesetzt war,[12] wurde insbesondere die persönliche Haftung als ein von dieser Differenzierung unabhängiges Phänomen beschrieben.[13] Die Qualifikation der Gesellschafterhaftung gem. § 128 S.1 HGB kann deshalb keinesfalls von der juristischen Natur des Verbands abhängig gemacht werden.[14] Sie beruht allein auf einer Entscheidung des Gesetzgebers und könnte von diesem theoretisch jederzeit beseitigt werden, ohne dass dem unüberbrückbare dogmatische Hindernisse entgegenstünden.[15] Der Haftungsinhalt kann folglich seinerseits allein durch eine Auslegung des Gesetzes (§ 128 HGB) bestimmt werden. Besonderheiten für die KGaA gegenüber den Personengesellschaften lassen sich insoweit nicht nachweisen; auf die dort angebotenen Argumente kann zurückgegriffen werden.[16]

---

[10] Kritisch zur Terminologie, wenngleich selbst keinen besseren Vorschlag machend, *Schmidt*, GesR, S. 1423.

[11] So ausdrücklich *RG*, JW 1916, S. 1409, 1410.

[12] S.o., § 2, II, 3, a.

[13] S.o., § 2, IV.

[14] BGHZ 23, S. 302, 305.

[15] Vgl. auch *Hueck*, OHG, S. 313 f.

[16] Vgl. *Assmann/Sethe*, in: GK AktG, § 278, Rn. 65.

cc) Lösung

Mittlerweile nahezu anerkannt ist, dass sich die Konzepte der Haftungs- und Erfüllungstheorie nicht in Reinform durchführen lassen, sondern – egal von welcher Seite man sich nähert – einer Korrektur bedürfen.[17] Hierbei sind einerseits die Interessen der Gesellschafter, anderseits die der Gläubiger bzw. der Gesellschaft an der Erhaltung ihrer Kreditwürdigkeit zu berücksichtigen. Angesichts dessen überwiegen heute diejenigen Stimmen in Literatur und Rechtsprechung, die zum Schutz der Gesellschaftsgläubiger von einer grundsätzlichen Erfüllungshaftung ausgehen, diese aber zugunsten einer bloßen Einstandspflicht einschränken, wenn die Erfüllung „in natura" den Gesellschafter in seiner *„gesellschaftsfreien Privatsphäre"* wesentlich mehr als im Fall einer Geldleistung beeinträchtigen würde.[18] Im Ergebnis läuft dies auf eine Interessenabwägung hinaus, bei welcher die „gesellschaftsfreie Privatsphäre" eine Umschreibung der berechtigten Gesellschafterinteressen darstellt. Dem ist zuzustimmen, da sich nur auf Basis einer flexiblen, interessenorientierten Herangehensweise sachgerechte Lösungen für den Einzelfall finden lassen.

Besitzt ein phG selbst abfindungsrelevante (Kommandit-)Aktien, so ist mithin zu fragen, ob ihn eine Abgabepflicht im Fall seiner Inanspruchnahme wesentlich stärker belasten würde als eine entsprechende Geldleistungspflicht. Dies ist nicht der Fall: Aktien sind Wertpapiere und damit vertretbare Sachen i.S.d. § 91 BGB.[19] Als solche entbehren sie typischerweise einer besonderen Individualisierung gegenüber anderen Aktien der gleichen Gattung und sind daher ohne weiteres *austauschbar*.[20] Dies gilt sogar für Namensaktien (§ 10 I Alt.2 AktG), die bloß Besonderheiten hinsichtlich der Legitimationswirkung aufweisen und damit mehr der Identifikation als der Individualisierung dienen. Zwar verkörpert die Aktie die gesamte Mitgliedschaft des Aktionärs, diese ist aber – anders als die personalistische Mitgliedschaft – von ihrem Inhalt her kapitalistisch geprägt, weshalb ein besonderes Affektionsinteresse nicht existiert. Vor diesem Hintergrund erscheint eine Erfüllungshaftung der phG nicht unzumutbar. Es besteht für sie kein wesentlicher Unterschied zu einer Geldleistungspflicht. Das hier im Vordergrund stehende Vermögensinteresse kann ohne weiteres auf dem Regressweg kompensiert werden. Etwas anderes kann nur in den Fällen gelten, in denen die Abgabepflicht zu einem spürbaren, d.h. qualifizierten Machtverlust für die phG führen würde (z.B. Verlust einer Sperrminorität). Dann mag der Naturalerfüllung in (Kommandit-)Aktien ausnahmsweise der Einwand der Unzumutbarkeit entgegengehalten werden. Andernfalls können die außenstehenden bzw. ausgeschiedenen Aktionäre der Tochtergesellschaft ihren Abfindungsanspruch nach §§ 305, 320b AktG auch gegen die phG der Mutter-KGaA geltend

---

[17] *Emmerich*, in: Heymann, HGB, § 128, Rn. 18b.
[18] BGHZ 73, S. 217, 221; *Michalski*, OHG, § 128, Rn. 8.
[19] *Heinrichs*, in: Palandt, BGB, § 91, Rn. 2; *Holch*, in: MK BGB, § 91, Rn. 2.
[20] Vgl. zu diesem Merkmal *BGH*, NJW 1966, S. 2307; *BGH*, NJW 1971, S. 1793.

machen, sofern diese über entsprechende Aktien verfügen. Die phG sind dann gegebenenfalls verpflichtet, ihre Mitgliedschaft als (Kommandit-)Aktionär um der Abfindung der Tochter-Aktionäre willen aufzugeben.

c) Mithaftung (§ 322 AktG)

Ist eine KGaA Hauptgesellschaft, so erstreckt sich die akzessorische Haftung der phG auch auf deren Mithaftung gem. § 322 AktG. Die Gläubiger der eingegliederten Gesellschaft können dann nicht nur auf das Vermögen der Tochter-, sondern auch auf das der Mutter-KGaA und deren phG zugreifen.

Während der Hauptgesellschaft jedoch eine Berufung auf die „gesellschaftsfreie Privatsphäre" zu versagen ist,[21] muss für die phG im Wege einer Interessenabwägung ermittelt werden, ob ihnen eine naturale Erfüllungspflicht zumutbar ist. Anders als im Fall der auf Aktien gerichteten Abfindung lassen sich hier keine pauschalen Aussagen treffen. Entscheidend ist vielmehr der konkrete Gegenstand des Gläubigeranspruchs. Insoweit bestehen keine Besonderheiten gegenüber dem Fall einer Inanspruchnahme durch Gläubiger der eigenen Gesellschaft; es wird hier entscheidend auf den Einzelfall ankommen.

d) Sonstige konzernbezogene Leistungspflichten

Schließlich müssen die phG der Mutter-KGaA auch für deren Pflichten aus §§ 300 und 303 AktG einstehen.[22] Gleiches gilt für die Eigenhaftung der Muttergesellschaft bei sorgfaltswidriger Konzernleitung, welche sich nach zutreffender Ansicht aus § 309 (323 I 2) AktG i.V.m. § 31 BGB ergibt.[23]

Auch bei diesen Verpflichtungen kommt eine Berufung auf die „gesellschaftsfreie Privatsphäre" seitens der phG nicht in Betracht, da die Ansprüche fast immer auf Geld gerichtet sind. Soweit gem. § 303 AktG Sicherheit zu leisten ist, können sich auch die phG aller in § 232 I BGB aufgeführten Instrumente bedienen. Sie können sich überdies nach Maßgabe des § 303 III AktG für die zu sichernde Forderung verbürgen.

2. Individuelle Zumutbarkeit

Der Blick auf den Haftungsumfang erweckt den Eindruck, dass die phG der Mutter-KGaA einem gegenüber dem „Normalzustand" erheblich gesteigerten Haftungsrisiko ausgesetzt sind. Denn für diese können sich wenigstens mittelbar die gleichen Gefahren realisieren wie für die phG einer Tochter-KGaA. Auch

---

[21] S.o., § 11, VI, 4, b, aa.

[22] Die Pflicht zur Sicherheitsleistung gem. § 321 AktG trifft demgegenüber nach zutreffender Ansicht die eingegliederte Gesellschaft, s.o., § 11, VI, 4, b, bb.

[23] Grundlegend bereits *Beuthien*, DB 1969, S. 1781, 1782 f.; a.A. *Emmerich*, in: Emmerich/Habersack, Kommentar, § 309, Rn. 21: Positive Vertragsverletzung des Beherrschungsvertrags (§ 280 I BGB). – Die Herleitung aus dem Beherrschungsvertrag überzeugt schon deshalb nicht, weil sie die Rechtslage im Eingliederungskonzern nicht erklärt.

hier muss mithin die Frage gestellt werden, ob dieser Zustand *zumutbar* ist, oder ob der Beherrschungsvertrag bzw. die Eingliederung mit einer KGaA als Muttergesellschaft gem. *§ 138 I BGB* sittenwidrig und damit nichtig ist.

Zunächst ist in Rechnung zu stellen, dass die phG der Muttergesellschaft regelmäßig selbst deren Geschäftsführer und Vertreter und daher in persona für die Konzernleitung zuständig sein werden, weshalb die Problematik vordergründig nur die außenstehenden phG betrifft. Doch selbst für die leitungsbefugten phG ist eine umfassende Einflussnahme auf die Tochtergesellschaft keineswegs garantiert: Einerseits kann das leitungsmachtbegründende Weisungsrecht abbedungen oder eingeschränkt sein. Andererseits obliegt die Leitung der Tochtergesellschaft bei Nichterteilung von Weisungen wieder deren Leitungsorganen, die die Geschicke der Gesellschaft eigenverantwortlich wahrnehmen. Das Problem einer wirtschaftlichen Überforderung durch die unbeschränkte Außenhaftung kann also dem Grunde nach für alle phG relevant werden.

Ebenso wie bei einer Tochter-KGaA wird die geschilderte Gefahr für die phG auch nicht durch deren zwingende Zustimmung zur Konzernbildung entschärft. Der Umfang möglicher Haftungsrisiken lässt sich nämlich hier wie dort im Zeitpunkt der Konzernbildung nicht kalkulieren.

Auf der Tochterebene wurde eine sittenwidrige Knebelung bzw. Selbstentmündigung der phG unter Hinweis auf deren Regressansprüche gegen die eigene Gesellschaft (§§ 110 HGB, 257 BGB) verneint, wobei es entscheidend auf die *Werthaltigkeit* dieser Ansprüche ankam. Diese ergab sich während des Bestehens eines Beherrschungsvertrags aus dem Umstand, dass die Tochtergesellschaft permanent mit Liquidität auszustatten ist, nach dessen Ende aus der Sicherung der Regressansprüche gem. § 303 AktG. Bei der Eingliederung folgte sie aus der Erstreckung des § 322 AktG auf den Gesellschafterrückgriff. Damit wurde der Schutz der phG auf Tochterebene im Ergebnis von der Zahlungsfähigkeit des Mutterunternehmens abhängig gemacht. – Spätestens an dieser Stelle wird die Affinität zur hier diskutierten Problematik offenkundig:

Auch die phG der Mutter-KGaA haben im Fall einer Inanspruchnahme durch Gesellschaftsgläubiger Regressansprüche gegen ihre Gesellschaft. Wenn man deren Qualität beurteilt, ist kein anderes Ergebnis geboten als mit Blick auf die korrespondierenden Ansprüche auf Tochterebene. Bejaht man die Werthaltigkeit dieser Ansprüche unter Hinweis auf die Zahlungsfähigkeit des Mutterunternehmens, so kann für den Rückgriff der phG auf Mutterebene nichts anderes gelten. In diesem Zusammenhang waren und sind folgende Aspekte ausschlaggebend: Zum einen wird die Muttergesellschaft weiterhin im *Eigeninteresse* geleitet. Sollte sich im Verlauf der Konzernierung zeigen, dass die wirtschaftliche Situation der Muttergesellschaft durch den Konzernverbund Schaden trägt, folgt hieraus eine Pflicht der Geschäftsleitung, diesen unverzüglich zu beenden oder zumindest zu ändern.[24] Hier bietet also bereits das Regulativ des eigenbezogenen Verbandsinteresses einen wesentlichen Schutz für die phG. – Zum anderen darf nicht übersehen werden, dass das Konzerninteresse, welches den alleinigen Maßstab für die Leitung der Tochtergesellschaft und mithin den Rahmen für die hier thematisierten Risiken darstellt, als das konzernbezogene *Sonderinteresse* des Mutterunternehmens, d.h. dessen Interesse an der Förderung der konzerndimensionalen Planungseinheit, qualifiziert wurde.[25] Dies hat zur Folge, dass Maßnahmen, die im Konzerninteresse getroffen werden, stets auch im Interesse des Mutterunternehmens liegen werden. Möglichen Nachteilen für die Konzerntochter stehen korrespondierende Vorteile für das Gesamtunternehmen Konzern gegenüber, welche wenigstens mittelbar der Muttergesellschaft zugute kommen. Eine Konzernleitung im Konzerninteresse bedingt typischerweise eine Stärkung des Mutterunternehmens, sei es durch Verbesserung der Wettbewerbssituation, sei es durch unmittelbaren Vermögenszugriff.

Vor diesem Hintergrund ist die Gefahr für die phG, mit ihren Regressansprüchen auszufallen, weit weniger wahrscheinlich als dies hinsichtlich einer Tochter-KGaA (ohne entsprechende Kompensationen) der Fall wäre. Das sie treffende Haftungsrisiko ist daher auch hier nicht als sittenwidrig einzustufen.

II. Verlustrisiko

Die Ausgleichsleistungen, die das Mutterunternehmen gem. §§ 302, 324 III AktG zu erbringen hat, fließen als Aufwendungen in deren GuV ein (§ 277 III 2 HGB), vermindern also einen Jahresüberschuss bzw. vergrößern einen Jahresfehlbetrag. Im zweiten Teil wurde gezeigt, dass sich die Erfolgsbeteiligung der phG ausnahmslos aus dem einheitlich ermittelten Jahresergebnis i.S.d. § 275 II Nr.20, III Nr.19 HGB errechnet.[26] Für solche phG, die an den Verlusten der Muttergesellschaft beteiligt sind, besteht daher das Risiko, spätestens bei Liquidation oder Ausscheiden in unvorhersehbarem Umfang für Verluste einstehen zu müssen, die zwar in der Tochtergesellschaft entstanden, über §§ 302, 324 III AktG aber von der Mutter-KGaA auszugleichen sind. Auch ihnen kann hierdurch der Verlust ihrer Lebensgrundlage bzw. die Vernichtung ihrer wirtschaftlichen oder rechtlichen Existenz drohen.

Mit Blick auf die phG einer beherrschungsvertraglich konzernierten Tochter-KGaA wird dieses Risiko durch die Ausgleichspflicht gem. § 302 AktG ausge-

[24] Taugliche Instrumente hierfür sind beim Beherrschungsvertrag die Vertragsänderung (§ 295 AktG), das Hinwirken auf einen Aufhebungsvertrag (§ 296 AktG), die Kündigung (§ 297 AktG); bei der Eingliederung das Hinwirken auf eine entsprechende Satzungsänderung in der Tochtergesellschaft, der Beendigungsbeschluss (§ 327 I Nr.1 AktG) oder die Veräußerung von Aktien mit der Folge des § 327 I Nr.3 AktG.

[25] Hierzu s.o., § 3, III, 2, a, cc, (1), (c).

[26] S.o., § 12, III, 1.

schaltet. Für die phG einer eingegliederten KGaA wurde demgegenüber ein rechtsgeschäftlicher Verlustausschluss oder eine vergleichbare Abrede für zwingend erforderlich befunden, um das Urteil der Sittenwidrigkeit abzuwenden.[27]

Auf Mutterebene existiert indes nicht einmal beim Beherrschungsvertrag eine hinreichende Kompensation des beschriebenen Verlustrisikos, denn in der GuV wird die Entstehung eines Jahresfehlbetrags nicht durch einen Ausgleichsanspruch verhindert.[28] Dennoch ist die Situation nicht vergleichbar mit der entsprechenden Gefährdungslage auf Tochterebene – und zwar aus denselben Gründen wie hinsichtlich des Haftungsrisikos angeführt: Einerseits verbietet die Verpflichtung der Geschäftsleitung auf das *Eigeninteresse* der Mutter-KGaA von vornherein solche konzernleitenden Maßnahmen, die deren wirtschaftliche Situation überfordern würden. Drohen der Gesellschaft infolge der Konzernierung per Saldo eigene Verluste, so ist die Geschäftsleitung gehalten, den Unternehmensverbund sobald als möglich zu verlassen. Andererseits können wirtschaftliche Nachteile in der Tochtergesellschaft nur im Rahmen des Konzerninteresses entstehen. Wenn dieses aber das konzernbezogene *Sonderinteresse* der Muttergesellschaft ist, werden sich konzernbedingte Nachteile auf Tochterebene zumindest mittelbar vorteilhaft auf das Mutterunternehmen auswirken. Aus Perspektive der phG erweist sich die Konzernleitung gerade nicht als eine an *Fremd*interessen orientierte Unternehmenspolitik. Hierin liegt letztlich der wesentliche Unterschied zu den im zweiten Teil diskutierten Konstellationen.

Nach alledem lässt sich ein konzernbedingt gesteigertes Risiko für die phG einer Mutter-KGaA auch im Hinblick auf die Verlusttragung nicht begründen.

III. Ausgleich und Desinvestition

Ebenso wie auf Tochterebene stehen den phG der Mutter-KGaA anlässlich der Konzernbildung keine gesetzlichen Ausgleichs- oder Abfindungsansprüche zu. Nicht ausgeschlossen ist damit, dass entsprechende Rechte auf privatautonomer Basis vereinbart werden.

Für die *Desinvestition* ihrer Mitgliedschaft durch Kündigung und Auflösungsklage gelten ebenfalls keine Besonderheiten; an anderer Stelle wurde bereits ausführlich auf diese Möglichkeiten eingegangen.[29] Dementsprechend kommt ihnen grundsätzlich jederzeit das Recht einer ordentlichen Kündigung zugute, §§ 289 I AktG, 161 II, 132 HGB. Daneben haben sie die Möglichkeit der Auflösungsklage (§§ 289 I AktG, 161 II, 133 HGB) und der außerordentlichen Austrittskündigung. Als wichtiger Grund kommt hierbei insbesondere die dauernde

---

[27] Zu all dem s.o., § 12, V.

[28] Ausnahmen bestehen freilich in mehrstufigen Unternehmensverbindungen. Dort verlagert sich die Problematik auf die höchste Konzernebene.

[29] S.o., § 13, III.

Unrentabilität der KGaA in Betracht. Ob diese während der Konzernierung oder erst im Zuge der Konzernbeendigung eintritt, spielt für die phG der Muttergesellschaft keine Rolle, da für diese – anders als für die Gesellschafter der Tochtergesellschaft – keine besonderen Schutzinstrumente vorgesehen sind.

§ 20: Schutz der Gläubiger und der Kommanditaktionäre

I. Gläubigerschutz

Die ablehnende Haltung der h.M. in Bezug auf die Fähigkeit der KGaA, Hauptgesellschaft eines Eingliederungskonzerns zu sein, wird zumeist auf Gesichtspunkte des Gläubigerschutzes gegründet. Die hierbei vorgebrachten Argumente müssten freilich – wären sie zutreffend – in gleichem Maße auch bei einem Beherrschungsvertrag gelten, denn auch dort hängt der Gläubigerschutz von der wirtschaftlichen Potenz des Mutterunternehmens ab (vgl. beispielhaft § 303 AktG). Bemerkenswert ist, dass in diesem Zusammenhang entsprechende Einschränkungen zu Lasten der KGaA als tauglicher Muttergesellschaft nicht gemacht werden. Bereits dieser Umstand impliziert die Unbrauchbarkeit der Argumentation.

Verbreitet ist insbesondere der Hinweis auf die *persönliche Haftung*, welche in der KGaA teilweise die Funktion des Grundkapitals als Kreditgrundlage übernehme.[1] Hieraus wird der Schluss gezogen, das Grundkapital einer KGaA reiche typischerweise nicht an das einer AG heran, weshalb der Gläubigerschutz dort „weniger effektiv" ausgestaltet sei.[2] – Dieses Argument krankt bereits daran, dass die persönliche Haftung, die angeblich anstelle des Grundkapitals tritt, in vollem Umfang auch den Gläubigern der eingegliederten Gesellschaft zugute kommt (§§ 322, 278 II Alt.3 AktG, 128 HGB). Selbst wenn die behauptete Substitution stattfände, würde sie den Gläubigern keine Nachteile bringen.

Hinzu kommt die Tatsache, dass für die KGaA dieselben *Kapitalschutzregeln* gelten wie für die AG. Auch für sie ist zwingend ein Mindestkapital von 50.000 € vorgesehen (§§ 278 III, 7 AktG), welches über §§ 278 III, 283 Nr.2 AktG denselben Schranken hinsichtlich der Kapitalaufbringung und Kapitalerhaltung unterfällt wie das Grundkapital einer AG.[3] Kommanditrechtlicher Gestaltungsspielraum besteht in diesem Bereich nicht.[4] Die Behauptung, nur im Fall einer AG als Hauptgesellschaft behielten die Gläubiger einen Schuldner, der hinsichtlich der Vermögensbindung den gleichen Vorschriften unterliege wie die eingegliederte Gesellschaft,[5] erweist sich somit als haltlos. Niemand würde auf die Idee kommen, die Eingliederung in eine AG deshalb für unzulässig zu erklären, weil diese bloß über das gesetzlich vorgesehene Mindestgrundkapital verfügt.

---

[1] *Koppensteiner*, in: KK AktG, vor § 319, Rn. 5; *Ebenroth*, AG 1970, S. 104, 108; *Veit*, Unternehmensverträge, S. 54 f.. Allg. zur Kapitalersatzfunktion der persönlichen Haftung *Schmidt*, GesR, S. 542 f.

[2] Vgl. *Grunewald*, in: MK AktG, § 319, Rn. 1.

[3] Hierauf weisen zu Recht *Habersack*, in: Emmerich/Habersack, Kommentar, § 319, Rn. 6 und *Fett*, in: Schütz/Bürgers/Riotte, KGaA, § 12, Rn. 38 hin.

[4] Vgl. *Wichert*, Finanzen, S. 88.

[5] *Koppensteiner*, in: KK AktG, vor § 319, Rn. 5; RegBegr. bei *Kropff*, S. 422.

Bei Lichte besehen erweist sich die Stellung der Gläubiger der in eine KGaA eingegliederten Gesellschaft sogar als *vorteilhafter* im Vergleich zum korrespondierenden Fall einer Mutter-AG. Denn ihnen haften regelmäßig zusätzlich noch die Vermögenseinlagen der phG, deren Umfang in der Praxis nicht unterschätzt werden sollte.[6] Nicht zuletzt angesichts dessen wird man kaum von einer mangelnden Kapitalausstattung der KGaA sprechen können.

Aus dem Gläubigerschutz lassen sich folglich weder Argumente gegen die Fähigkeit der KGaA, Muttergesellschaft eines Beherrschungsvertrags zu sein, noch gegen eine analoge Anwendung der §§ 319 ff. AktG auf die KGaA als Hauptgesellschaft ableiten.

II. Kommanditaktionäre

Handelt es sich bei der Muttergesellschaft um eine KGaA, bei der Tochtergesellschaft dagegen um eine AG, so kann sich für die Tochter-Aktionäre das im zweiten Teil behandelte Konvertibilitätsproblem unter umgekehrten Vorzeichen stellen. Auch aus ihrem Blickwinkel ist zu fragen, ob der abfindungsbedingte Anteilsumtausch (§§ 305, 320b AktG) – diesmal von Aktien in Kommanditaktien – zumutbar ist.

Die pauschale Behauptung, die Stellung eines Kommanditaktionärs sei generell schwächer als die eines Aktionärs, wurde bereits an anderer Stelle zugunsten einer flexiblen, einzelfallbezogenen Sichtweise verworfen.[7] Sollten sich nach eingehender Analyse der einschlägigen Organisationsverfassung tatsächlich Diskrepanzen ergeben, sind diese zwingend bei der Festlegung des *Umrechnungsverhältnisses* zu berücksichtigen. Hierdurch wird sichergestellt, dass die Aktionäre der Tochter-AG eine angemessene, weil vollwertige Entschädigung erhalten. Auf die im zweiten Teil dieser Arbeit gewonnenen Erkenntnisse kann insoweit zurückgegriffen werden.

---

[6] Vgl. die Angaben bei *Wichert*, Finanzen, S. 79 ff.

[7] S.o., § 14, II.

§ 21: *Konzernbeendigung*

Schließlich stellt sich auch auf Mutterebene die Frage nach einer Beteiligung der Hauptversammlung bzw. der (außenstehenden) phG bei Beendigung des Beherrschungsvertrags oder der Eingliederung. In Betracht kommen Aufhebungsvertrag (§ 296 AktG) und Kündigung durch die Geschäftsleitung der Mutter-KGaA (§ 297 AktG) bzw. Beendigung der Eingliederung durch Beschluss oder Veräußerung von Aktien der eingegliederten Gesellschaft (§ 327 I Nrn.1 u. 3 AktG). Mitwirkungsrechte an einer einseitigen Kündigung durch das Tochterunternehmen scheiden von vornherein aus, da dieses ausweislich § 299 AktG insoweit freiverantwortlich und souverän entscheiden soll.[1]

I. Aufhebungsvertrag (§ 296 AktG)

1. Rechtsnatur

Auf Ebene der Tochtergesellschaft wurde der Aufhebungsvertrag als *actus contrarius* zur Konzernbildung und somit als Grundlagengeschäft qualifiziert.[2] Fraglich ist, ob diese Sichtweise auch auf die Mutterebene übertragen werden kann. Für die Muttergesellschaft ist weder der Abschluss des Beherrschungsvertrags noch dessen Beendigung mit einer Veränderung der Interessen-, Kapital- oder Organisationsstrukturen verbunden. Die Einordnung der Konzern*bildung* als Grundlagengeschäft basierte hier vielmehr auf einer Erweiterung des Haftungshorizonts, welche sich vor dem Hintergrund des konzernspezifischen Pflichtenprogramms für die Muttergesellschaft ergeben kann.

Dieses Risiko wird durch den Aufhebungsvertrag *beseitigt*, da mit Ende des Beherrschungsvertrags zugleich die damit zusammenhängenden Pflichten enden. Zwar ist ein abschließender Ausgleich nach § 302 AktG zu leisten, dieser wäre aber – da der Beherrschungsvertrag nur zum Ende des Abrechnungszeitraums aufgehoben werden kann (§ 296 I AktG) – auch ohne die Beendigung zu leisten gewesen. Eine zusätzliche Belastung ist damit nicht verbunden. Gleiches gilt für die Pflicht zur Sicherheitsleistung nach § 303 AktG: Diese erfasst allein solche Ansprüche, deren wirtschaftliche Ursache vor Eintragung der Beendigung ins Handelsregister gelegt wurde. Käme es nicht zur Vertragsbeendigung, so würde das Mutterunternehmen bei fehlender Leistungsfähigkeit der Tochtergesellschaft über § 302 AktG bzw. über seine Pflicht zur dauernden Liquiditätsausstattung ebenfalls mittelbar für die entsprechenden Schulden aufkommen müssen. Aus wirtschaftlicher Perspektive stellt daher auch die Pflicht zur Si-

[1] Vgl. *Emmerich*, in: Emmerich/Habersack, Kommentar, § 299, Rn. 1.
[2] S.o., § 15, I, 1.

cherheitsleistung bei Vertragsbeendigung keine *neue* Gefahr dar. Hier realisiert sich vielmehr ein Risiko, dessen Wurzeln schon während der Vertragsdauer gelegt wurden, welches mithin auch ohne die Vertragsaufhebung zu Lasten der Muttergesellschaft gegangen wäre. – All dies spricht dagegen, die Vertragsaufhebung auf Mutterebene als *actus contrarius* zur Konzernbildung und damit als Strukturmaßnahme bzw. Grundlagengeschäft zu qualifizieren.[3]

Entscheidend ist jedoch ein anderer Gesichtspunkt: Ökonomische Zielsetzung des Konzernverbunds ist die Schaffung eines einheitlichen, konzerndimensionalen *Gesamtunternehmens*, mit dessen Hilfe die Ressourcen der Beteiligten möglichst optimal genutzt werden können. Damit regelmäßig verbunden ist die *wettbewerbliche Integration* des Tochterunternehmens in die neue unternehmerische Planungseinheit. Unter wirtschaftlichen Gesichtspunkten handelt es sich sowohl beim beherrschungsvertraglich als auch beim institutionell konzernierten Tochterunternehmen um eine Betriebsabteilung des auf den Vorteil des Mutterunternehmens ausgerichteten Konzernunternehmens. Durch die Beendigung der Konzernierung werden die unternehmerischen Ressourcen der Tochtergesellschaft und deren Marktposition aus dem konzerndimensionalen Gesamtgefüge amputiert. Für die Muttergesellschaft kann dies mitunter ähnliche Konsequenzen haben wie die *Ausgliederung* eines eigenen Unternehmens- oder Betriebsteils. Nach allgemeinen Grundsätzen kann eine solche Ausgliederung – abhängig von der Bedeutung des Unternehmens- bzw. Betriebsteils für das Gesamtunternehmen – als gewöhnliche oder außergewöhnliche Geschäftsführungsmaßnahme, bisweilen sogar als Strukturmaßnahme behandelt werden.[4] Die Zuständigkeitsordnung hängt dann von der präzisen Qualifikation ab, wobei ausschließlich auf die Perspektive der Muttergesellschaft abzustellen ist.[5]

2. Folgerungen

In § 296 AktG ist eine Mitwirkung der *Hauptversammlung* am Aufhebungsvertrag nicht vorgesehen. Wie gezeigt, ist diese Bestimmung bei Beteiligung einer KGaA korrigierend auszulegen.[6] Der Vertrag bedarf daher der Zustimmung der Hauptversammlung (mit einfacher Mehrheit, § 133 I AktG), wenn der Aufhebung aus Sicht der Mutter-KGaA ausnahmsweise Grundlagencharakter beigemessen werden muss, §§ 278 II Alt.2 AktG, 161 II, 119 I HGB. Gleiches gilt, wenn es sich um eine außergewöhnliche Geschäftsführungsmaßnahme handelt,

---

[3] Vgl. *Vetter*, ZIP 1995, S. 345, 347, der die Beendigung aus Sicht der Muttergesellschaft in ihrem wirtschaftlichen und rechtlichen Gewicht im Vergleich zum Vertragsschluss als weniger bedeutsam bezeichnet.

[4] Hierzu BGHZ 83, S. 122 = NJW 1982, S. 1703 = BB 1982, S. 827 = DB 1982, S. 795 = ZIP 1982, S. 558 (Holzmüller). – A.A. *Fett*, in: Schütz/Bürgers/Riotte, KGaA, § 12, Rn. 19, der die Aufhebung pauschal als außergewöhnliche Geschäftsführungsmaßnahme qualifiziert.

[5] S.o., § 18, II, 1.

[6] S.o., § 15, I, 2.

§§ 278 II Alt.2 AktG, 164 S.1 HS 2 HGB. In beiden Fällen ist freilich der kommanditrechtliche Gestaltungsspielraum eröffnet. Schranken ergeben sich weder aus dem Bestimmtheitsgrundsatz noch aus der Kernbereichslehre.

Unter den genannten Voraussetzungen muss die Geschäftsleitung der Mutter-KGaA außerdem die Zustimmung der außenstehenden *phG* einholen (§§ 278 II Alt.2 AktG, 161 II, 119 I HGB bzw. 116 II HGB). Modifikationen dieses Zustimmungsgebots sind im Rahmen des Bestimmtheitsgrundsatzes und der Kernbereichslehre möglich. Dabei wird man einen Eingriff in den mitgliedschaftlichen Kernbereich durch die Aufhebung des Beherrschungsvertrags nur in besonderen Situationen annehmen können, z.B. wenn die Herauslösung des Tochterunternehmens aus dem Konzernverbund aufgrund von dessen Bedeutung derart schwerwiegende Folgen für die Muttergesellschaft hat, dass dies auch die mitgliedschaftliche Rechtsposition der phG nachhaltig tangiert. Auch hier gilt, dass die Zulässigkeit von statuarischen Ausschluss- oder Mehrheitsklauseln erst im Moment der Konzernbeendigung sachgerecht beurteilt werden kann. Von den in diesem Zeitpunkt herrschenden ökonomischen Rahmenbedingungen hängt es ab, ob entsprechende Klauseln noch wirksam sind oder bereits wegen Eingriffs in den Kernbereich der Mitgliedschaft der phG als unwirksam behandelt werden müssen.

Aus der Tatsache, dass die phG dem Vertragsschluss mitunter zugestimmt haben, wird man allerdings nicht bereits auf eine inzidente Ermächtigung zur Vertragsaufhebung schließen können, denn die wirtschaftlichen Verhältnisse der beteiligten Unternehmen im Zeitpunkt der Konzernbeendigung, insbesondere deren Marktpositionen, dürften bei Konzernbildung kaum vorhersehbar sein.[7]

II. Kündigung (§ 297 AktG)

Unabhängig von ihrer rechtlichen Qualifikation muss die Geschäftsleitung der Mutter-KGaA für die *außerordentliche Kündigung* des Beherrschungsvertrags (§ 297 I AktG) weder die Zustimmung der Hauptversammlung noch die der phG einholen.[8] Grund hierfür ist die Tatsache, dass ein wichtiger Grund nur dann anzunehmen ist, wenn dem kündigenden Teil die Fortsetzung des Beherrschungsvertrags nicht mehr zugemutet werden kann, seine Position nach der Kündigung also günstiger sein wird als ohne Kündigung. Der Fall liegt hier ebenso wie auf Tochterebene.[9]

---

[7] Vgl. *BGH*, WM 1993, S. 1087, 1093 (Schubert/Salzer) aus Perspektive der Aktionäre.

[8] A.A. *Fett*, in: Schütz/Bürgers/Riotte, KGaA, § 12, Rn. 19, der auf Basis seiner Qualifikation als außergewöhnliche Geschäftsführungsmaßnahme grundsätzlich die Zustimmung der Hauptversammlung und der phG fordert.

[9] S.o., § 15, II, 1.

Für die *ordentliche Kündigung*, die nur bei entsprechender Vertragsklausel zulässig ist, gelten die gleichen Erwägungen wie zum Aufhebungsvertrag. Ihre rechtliche Behandlung hängt folglich davon ab, ob man sie angesichts der Konsequenzen für die Muttergesellschaft und deren Gesellschafter im Einzelfall als gewöhnliche bzw. außergewöhnliche Geschäftsführungsmaßnahme oder als Strukturmaßnahme zu qualifizieren hat. An dieser Qualifikation orientiert sich die Zuständigkeitsordnung und ein hierauf bezogener statuarischer Gestaltungsspielraum.

III. Beendigung des Eingliederungskonzerns

Das Ende der Eingliederung führt ganz offenkundig nicht zu zusätzlichen Haftungsrisiken für die Hauptgesellschaft. Deren persönliche Mithaftung gem. § 322 AktG erstreckt sich zwar über den Beendigungszeitpunkt hinaus, gilt aber – wie § 303 AktG – nur für bereits begründete Ansprüche. Für diese hätte die Hauptgesellschaft aber auch bei Fortführung des Eingliederungskonzerns einstehen müssen.

Der Vergleich mit der Ausgliederung eines Unternehmens- oder Betriebsteils ist aber auch in diesem Kontext einschlägig. Folglich können konzernbeendende Maßnahmen der Geschäftsleitung einer Mutter-KGaA sowohl gewöhnliche als auch außergewöhnliche Geschäftsführungsmaßnahmen, mitunter sogar Strukturmaßnahmen darstellen. Entscheidend sind die konkreten Umstände des Einzelfalls.

Die Geschäftsleitung der Mutter-KGaA, die in der Hauptversammlung der eingegliederten Gesellschaft die Beteiligungsrechte ausübt,[10] kann also u.U. gehalten sein, die Zustimmung der Mutter-Hauptversammlung bzw. der außenstehenden phG einzuholen, will sie den Eingliederungskonzern gem. § 327 I Nr.1 AktG beenden. – Gleiches muss für den Fall gelten, dass die Eingliederung gem. § 327 I Nr.3 AktG durch Aktienveräußerung beendet wird. Die daran anknüpfenden Konsequenzen sind nämlich – obgleich hierfür die Abgabe einer *einzigen* Aktie ausreicht[11] – identisch mit dem Beendigungsbeschluss.

---

[10] Vgl. *Grunewald*, in: MK AktG, § 327, Rn. 2.

[11] *Habersack*, in: Emmerich/Habersack, Kommentar, § 327, Rn. 6.

Vierter Teil: Schluss

§ 22: Zusammenfassung der wesentlichen Ergebnisse

Die Betrachtung der KGaA als Beteiligte eines Beherrschungsvertrags und einer Eingliederung brachte eine Reihe von Erkenntnissen zu Tage, die nunmehr zum Abschluss der Untersuchung dargestellt werden sollen:

I. Die KGaA als vertragsbeherrschte Gesellschaft

Eine KGaA kann sich ohne Einschränkungen an einem Beherrschungsvertrag als Tochtergesellschaft beteiligen. Unerheblich ist, ob ausschließlich juristische oder auch natürliche Personen die Stellung von phG bekleiden. Die Option einer beherrschungsvertraglichen Konzernunterordnung steht gleichermaßen einer gesetzestypischen wie einer atypischen KGaA offen. Allerdings ist die Existenz eines Beherrschungsvertrags nicht bereits dann zu bejahen, wenn einem phG mit Unternehmensqualität durch die Satzung atypische Leitungsbefugnisse verliehen werden. Die Satzung kann in einem solchen Fall schon deshalb nicht als Beherrschungsvertrag qualifiziert werden, weil es für diesen nicht auf die Änderung der Leitungsmacht, sondern allein auf die Änderung des Leitungsmaßstabs ankommt.

Hindernisse ergeben sich weder aus dem Merkmal des gemeinsamen Zwecks (§ 705 BGB) noch aus den Prinzipien der Verbandssouveränität bzw. der Selbstorganschaft. Abweichend von der h.M. kommt dem gemeinsamen Zweck in der KGaA überhaupt keine konstitutive Bedeutung zu; auch das Prinzip der Selbstorganschaft hat dort – entgegen landläufiger Lesart – allein die Funktion einer dispositiven Modellregelung. In Fällen, in denen das Mutterunternehmen selbst phG ist, stellt auch das Wettbewerbsverbot des § 284 AktG keine Schranke der Konzernbildung dar.

Erforderlich ist allerdings, dass alle phG der Konzernbildung zustimmen. In der Satzung sind Ausschluss- oder Mehrheitsklauseln unzulässig; auch eine antizipierte Zustimmung kommt nicht in Betracht. Dieser Umstand ermöglicht es den außenstehenden phG, in eigener Verantwortung für die Sicherung ihres Renditeinteresses zu sorgen, beispielsweise durch Vereinbarung eines Ausgleichs nach Vorbild des § 304 AktG. Sie sind außerdem in der Lage, ihre Zustimmung von der Einräumung eines Abfindungsangebots i.S.d. § 305 AktG abhängig zu machen. Verbleiben sie in der vertragsbeherrschten KGaA, so können sie auf die Gestaltungsinstrumente der Kündigung (ordentlich oder außerordentlich aus wichtigem Grund) bzw. der Auflösungsklage zurückgreifen, um ihre

Mitgliedschaft zu liquidieren. Als wichtiger Grund kann aber keinesfalls die Konzernbildung und nur ausnahmsweise die Konzernleitung – nämlich bei fortgesetzten Verstößen gegen das Konzerninteresse – eingestuft werden. Ferner ist ein wichtiger Grund gegeben, wenn das Mutterunternehmen seine konzernspezifischen Pflichten nicht mehr zu erfüllen vermag oder wenn die Tochtergesellschaft nach Konzernende allein nicht mehr lebensfähig ist.

Mit Blick auf das Haftungs- und Verlustrisiko kann das allseitige Zustimmungsgebot demgegenüber keinen zureichenden Schutz bieten. Selbst wenn die phG in Kenntnis dieser Gefahren dem Beherrschungsvertrag zustimmten, wäre dieser aufgrund der unvorhersehbaren und unkalkulierbaren Risiken sittenwidrig und nichtig, sofern nicht anderweitig für Kompensation gesorgt würde. Hinsichtlich des Haftungsrisikos ist dies durch den Regressanspruch gem. §§ 278 II Alt.2 AktG, 161 II, 110 HGB der Fall. Dieser ist während der Vertragsdauer durch die Pflicht des Mutterunternehmens zur permanenten Liquiditätsausstattung, nach Vertragsende durch § 303 AktG gesichert. Eine Zuweisung von konzernbedingten Verlusten an die phG wird hingegen schon durch § 302 AktG verhindert.

Ist das Weisungsrecht nach § 308 AktG nicht ausgeschlossen, so ist zu beachten, dass es sich allein gegen die leitungsbefugten phG richtet und vom Umfang her akzessorisch zu deren eigener Leitungsmacht ist. Leitungsbefugnisse anderer Organe treten während der Vertragsdauer nicht automatisch zurück; auch eine entsprechende Anwendung des § 308 III AktG scheidet außerhalb seines unmittelbaren Anwendungsbereichs aus.

Schließlich ergeben sich aus Perspektive der Gläubiger und der Kommanditaktionäre keine Einschränkungen. Für die Kommanditaktionäre ist jedoch zu beachten, dass die Abfindung gem. § 305 AktG auch die verwaltungsbezogene Stellung in der KGaA berücksichtigen muss, was gegebenenfalls eine sorgfältige juristische Analyse der Organisationsverfassung erforderlich werden lässt.

Soll der Beherrschungsvertrag gem. § 296 AktG aufgehoben werden, so ist hierfür grundsätzlich die Zustimmung der Hauptversammlung sowie aller phG erforderlich. Abweichungen hiervon sind für die Hauptversammlung ohne Einschränkung, für die phG dagegen nur unter Beachtung des Bestimmtheitsgrundsatzes und unter Wahrung des mitgliedschaftlichen Kernbereichs zulässig. Die außerordentliche Kündigung aus wichtigem Grund unterliegt demgegenüber keinem Zustimmungsvorbehalt. Einer ordentlichen Kündigung müssen nur die phG zustimmen, wobei diesbezüglich derselbe Gestaltungsspielraum eröffnet ist wie beim Aufhebungsvertrag.

II. Die KGaA als eingegliederte Gesellschaft

Einer KGaA kann auch die Stellung einer eingegliederten Gesellschaft eingeräumt werden. Die Vorschriften der §§ 319 ff. AktG sind insoweit analogiefähig. Ein gesetzlicher Übergang auf die Hauptgesellschaft findet jedoch entsprechend § 320a AktG nur hinsichtlich der fungiblen Kommanditaktien statt; die phG verbleiben grundsätzlich im Verbandsgefüge.

Unerheblich ist auch hier, ob es sich um eine gesetzestypische oder atypische KGaA handelt. In beiden Fällen ist allerdings ein rechtsgeschäftlicher Verlustausschluss oder jedenfalls eine zumutbare Begrenzung der Verlusttragung erforderlich. Fehlt eine solche Vereinbarung, so ist der Eingliederungsbeschluss nichtig (§ 138 I BGB).

In Bezug auf die Legitimitätsfrage, die Konzernbildung, die Konzernleitung sowie die Ausgleichs- und Desinvestitionsproblematik gilt das zum Beherrschungsvertrag Gesagte. Im Unterschied zu diesem ist das Haftungsrisiko für die phG bei der Eingliederung aber nicht durch eine Alimentierungspflicht oder eine Sicherheitsleistung der Hauptgesellschaft, sondern durch deren persönliche Haftung gem. § 322 AktG gesichert, welche ohne weiteres auch die Regressansprüche der phG erfasst.

Ein Beendigungsbeschluss gem. § 327 I Nr.1 AktG bedarf zu seiner Wirksamkeit grundsätzlich der Zustimmung aller phG. Durch die Satzung kann hiervon abgewichen werden, wobei allerdings der Bestimmtheitsgrundsatz und die Kernbereichslehre beachtet werden müssen.

III. Die KGaA als Mutterunternehmen eines Beherrschungsvertrags bzw. Hauptgesellschaft

Eine KGaA kann ohne Einschränkung Muttergesellschaft eines Beherrschungsvertrags oder Hauptgesellschaft eines Eingliederungskonzerns werden. Im letzteren Fall gelten die §§ 319 ff. AktG entsprechend. Die Konzernbildung bedarf zu ihrer Wirksamkeit der Zustimmung der Hauptversammlung mit satzungsändernder Mehrheit (§§ 293 II, 319 II, 320 I 3 AktG) sowie aller phG (§§ 285 II 1, 278 II AktG, 161 II, 119 I HGB). Während die Mitwirkung der Hauptversammlung zwingend ist, kann die Zustimmung der phG in der Satzung ausgeschlossen bzw. einer Mehrheitsentscheidung unterworfen werden. Unwirksam sind solche Klauseln nur dann, wenn sie den Bestimmtheitsgrundsatz verletzen oder wenn die Konzernbildung unter Abwägung aller Umstände des Einzelfalls in den Kernbereich der Mitgliedschaft der phG eingreift.

Trifft die Geschäftsleitung der Mutter-KGaA konzernleitende Maßnahmen in der Tochtergesellschaft, so beurteilen sich etwaige Mitwirkungsrechte der Hauptversammlung bzw. der außenstehenden phG danach, ob es sich dabei um gewöhnliche, außergewöhnliche oder Grundlagengeschäfte handelt; die „Holzmüller"-Grundsätze finden in der KGaA keine Anwendung. Bei der Qualifikation ist allein auf die Auswirkungen der betreffenden Maßnahme in der Muttergesellschaft abzustellen. Ist demnach ausnahmsweise ein Grundlagengeschäft anzunehmen, so wirken sich etwaige Zustimmungsmängel in der Muttergesellschaft unmittelbar auf die Vertretungsmacht aus. Gleiches gilt für Geschäftsführungsmaßnahmen, die gegenüber einer hundertprozentigen Tochtergesellschaft, z.B. einer eingegliederten AG, vorgenommen werden.

Obwohl die phG für alle konzernbedingten Pflichten der Mutter-KGaA mit ihrem gesamten gegenwärtigen und künftigen Vermögen haften, stellt dieser Zustand für sie keine sittenwidrige Belastung dar. Die damit verbundenen Risiken werden durch ihre Regressansprüche gegen die eigene Gesellschaft hinreichend kompensiert. Weil die Muttergesellschaft weiterhin im Eigeninteresse, die Tochtergesellschaft dagegen in deren konzernbezogenem Sonderinteresse geleitet wird, sind die phG auf Mutterebene – anders als die phG einer Tochter-KGaA – nicht der Gefahr ausgesetzt, in unkalkulierbarem Umfang für eine an Fremdinteressen orientierte Unternehmenspolitik einstehen zu müssen. Aus den gleichen Erwägungen ist ihnen ein gegebenenfalls gesteigertes Verlustrisiko zuzumuten. Sofern die Muttergesellschaft dauernd unrentabel wirtschaftet, haben die phG aber jederzeit die Möglichkeit, ihre Mitgliedschaft durch außerordentliche Kündigung bzw. Auflösungsklage zu desinvestieren.

Gegen die Zulässigkeit einer KGaA als Hauptgesellschaft können auch nicht Defizite im Gläubigerschutz angeführt werden. Die KGaA unterliegt nämlich einerseits den gleichen Kapitalschutzregeln wie die AG; andererseits profitieren die Gläubiger der eingegliederten Gesellschaft zusätzlich von der persönlichen Haftung sowie etwaigen Vermögenseinlagen der phG. Mit Blick auf die in Kommanditaktien abzufindenden Aktionäre einer Tochter-AG ergeben sich ebenfalls keine unzumutbaren Härten, denn eventuelle Einflussverluste werden in vollem Umfang bei der Berechnung des Umtauschverhältnisses berücksichtigt.

Ob es sich bei der Beendigung des beherrschungsvertraglichen bzw. institutionellen Konzerns für die Mutter-KGaA um eine gewöhnliche oder außergewöhnliche Maßnahme der Geschäftsführung oder um ein Grundlagengeschäft handelt, ist allein aus deren Perspektive zu beurteilen. Dabei ist der ausgliederungsähnliche Charakter des Vorgangs in Rechnung zu stellen. Die Zuständigkeitsordnung richtet sich dann nach dem Ergebnis dieser Qualifikation. Pauschale Antworten lassen sich nicht geben. Im Falle der Beendigung des Beherrschungsvertrags durch außerordentliche Kündigung ist allerdings weder die Zustimmung der Hauptversammlung noch die der phG erforderlich, da die Stellung der Gesellschaft und der Gesellschafter hierdurch nicht verschlechtert wird. Statuarische Modifikationen zu Lasten der phG sind nur im Rahmen des Bestimmtheitsgrundsatzes und der Kernbereichslehre zulässig.

IV. Weitere Ergebnisse

Vom Untersuchungsinteresse dieser Arbeit nicht unmittelbar motiviert, aber zur Vorbereitung der vorstehenden Befunde gleichwohl von Belang, wurden außerdem eine Vielzahl weiterer Erkenntnisse erzielt. Aus der Fülle dieser „Sekundärergebnisse" seien die wichtigsten in Thesen skizziert:

1) Die KGaA ist geprägt durch eine Koexistenz personalistischer und korporativer Organisationsstrukturen (Organisationshybridität). Sie ist nicht in vollem Umfang Körperschaft, sondern nur mit Blick auf die Kommanditaktionäre.

2) Dem Antagonismus zwischen juristischer Person und Gesamthand kommt hinsichtlich der Rechtsfähigkeit eines Verbands keine Bedeutung zu. Relevant ist die Differenzierung aber insoweit, als dass (neben natürlichen Personen) nur juristische Personen über eine eigene Rechtspersönlichkeit verfügen, mithin die Fähigkeit besitzen, Träger eigener Interessen, insbesondere eines eigenen, von den Mitgliedern emanzipierten Verbandsinteresses zu sein.

3) Bei der „Gesamtheit der Kommanditaktionäre" handelt es sich weder um einen eigenständigen Verband noch um ein Organ der Kommanditaktionäre, sondern sowohl institutionell als auch funktional um die Hauptversammlung als Organ der Gesellschaft. Das „Rechtsverhältnis der persönlich haftenden Gesellschafter (...) gegenüber der Gesamtheit der Kommanditaktionäre" ist deshalb folgerichtig ein solches zwischen den phG und der KGaA.

4) Das Konzerninteresse stellt ökonomisch das Interesse des Gesamtkonzerns als einheitlicher unternehmerischer Planungseinheit dar. Aus juristischer Perspektive definiert es sich als das konzernbezogene Sonderinteresse des Mutterunternehmens, weshalb eine Förderung der Konzernbelange notwendig im Interesse des Mutterunternehmens liegt. Aus der Maßgeblichkeit des Konzerninteresses für konzernspezifische Leitungsmaßnahmen lassen sich keine Rückschlüsse auf die Zulässigkeit existenzgefährdender bzw. unverhältnismäßiger Weisungen ziehen.

5) Die Leitungsmacht der Hauptgesellschaft unterliegt denselben Beschränkungen wie das beherrschungsvertragliche Weisungsrecht. Auch im Eingliederungskonzern sind Weisungen durch das Konzerninteresse begrenzt. Besonderheiten bestehen allein im Hinblick auf die unterschiedlich ausgestalteten Folgepflichten.

6) Schranken des konzernspezifischen Weisungsrechts können sich im Gesetz, in der Satzung der Tochtergesellschaft oder im Beherrschungsvertrag finden.

Entgegen verbreiteter Ansicht bestehen auch keine Bedenken gegen sog. Teilbeherrschungsverträge.

7) Das Konzerninteresse bildet den Leitungsmaßstab nicht nur für nachteilhafte, sondern auch für vorteilhafte Weisungen und für den weisungsfreien Raum. Dies gilt unabhängig davon, wer in concreto Leitungsaufgaben wahrnimmt.

8) Das Weisungsrecht stellt kein zwingendes Merkmal der beherrschungsvertraglichen oder institutionellen Konzernierung dar. Es kann im Beherrschungsvertrag oder der Satzung ausgeschlossen werden. Der in § 291 I 1 AktG geforderten Unterstellung unter ein anderes Unternehmen wird durch den umfassenden Interessenumbruch Genüge getan: Dadurch, dass das Konzerninteresse zum alleinigen Maßstab der Unternehmensleitung wird, unterstellt sich die Tochtergesellschaft umfassend dem Mutterunternehmen, für welches sich das Konzerninteresse als das konzernbezogene Sonderinteresse darstellt. Dieser Umstand ermöglicht eine sachgerechte Abgrenzung zum faktischen Konzern.

9) Der für das Wirken eines Verbands entscheidende Handlungs- und Sorgfaltsmaßstab ergibt sich aus einem Zusammenspiel von formaler Zweckverfassung und materieller Interessenverfassung. Erstere wird durch den Verbandszweck, letztere durch das Verbandsinteresse definiert. Aus dem Verbandsinteresse lässt sich ableiten, in wessen Interesse der Verbandszweck verfolgt wird.

10) Die Verpflichtung der Verbandsmitglieder, den Verbandszweck im gemeinsamen Interesse zu fördern, macht diesen zu einem „gemeinsamen" i.S.d. § 705 BGB. Der gemeinsame Zweck ist nur in solchen Verbänden zwingendes Strukturmerkmal, in denen das Verbandsinteresse notwendig das gemeinsame Interesse der Verbandsmitglieder darstellt. Dies ist in der werbenden Personengesellschaft sowie in der werbenden Genossenschaft und im VVaG der Fall, nicht aber in der aufgelösten Personengesellschaft, der AG, der GmbH und der KGaA. Weil Letztere nicht zwingend auf einem gemeinsamen Verbandszweck basieren, erweist sich eine Neuausrichtung des Verbandsinteresses auf das konzernbezogene Sonderinteresse des Mutterunternehmens als unproblematisch.

11) Auch in der KGaA gilt der Bestimmtheitsgrundsatz.

12) Wird eine KGaA auf eine andere Gesellschaft verschmolzen, so erwerben die phG Mitgliedschaften an dem übernehmenden oder neu gegründeten Rechtsträger. Gegen ihren Willen darf die neue Mitgliedschaft aber nicht mit einer unbeschränkt persönlichen Haftung verbunden sein (entsprechend § 43 II 3 UmwG).

13) Geltungsgrund für das Prinzip der Selbstorganschaft ist die Existenz einer durch Interessenparallelität gekennzeichneten Interessengemeinschaft der Verbandsmitglieder. Die Verbandsverwaltung durch Verbandsmitglieder ist daher nur in solchen Verbänden verbindlich, in denen die Mitglieder auf einen gemeinsamen Verbandszweck verpflichtet sind. Da dies in der KGaA nicht der Fall ist, stellt das Selbstorganschaftsprinzip dort nur eine dispositive Modellregelung dar.

14) Solange ein Beherrschungsvertrag besteht, ist das Mutterunternehmen verpflichtet, die Existenz der Tochtergesellschaft zu sichern. Dies schließt eine permanente Versorgung mit liquiden Mitteln ein (Alimentierungspflicht). Das Tochterunternehmen kann während dieser Zeit nicht zahlungsunfähig werden. Die Alimentierungspflicht endet mit Vertragsbeendigung. Ab diesem Zeitpunkt ist die Zahlungsfähigkeit der ehemals vertragsbeherrschten Gesellschaft ebenso wenig gewährleistet wie deren Wettbewerbsfähigkeit. Für die Hauptgesellschaft besteht demgegenüber keine Existenzsicherungspflicht und folglich auch keine Alimentierungspflicht.

15) Entgegen der h.M. richtet sich die Verjährung der Verbindlichkeiten aus § 322 AktG nach dem Wortlaut des § 327 IV AktG. Eine analoge Anwendung des Enthaftungskonzepts gem. § 160 HGB kommt nicht in Frage.

16) Das Jahresergebnis der KGaA wird einheitlich nach den für die AG geltenden Bestimmungen ermittelt (monistische Erfolgsermittlung). Basis für die Erfolgsanteile der phG ist nicht der Bilanzgewinn bzw. -verlust, sondern der Jahresüberschuss bzw. -fehlbetrag. Die auf diese Weise ermittelten Erfolgsanteile der phG werden im Gliederungsschema des § 158 AktG nach dem Jahresüberschuss bzw. -fehlbetrag verbucht. Nach zutreffender Ansicht gilt bei der Bildung anderer Gewinnrücklagen nicht § 58 I AktG, sondern § 58 II AktG, sodass eine Rücklagendotierung auch ohne Satzungsregelung bis zur Hälfte des Jahresüberschusses zulässig ist.

17) Entgegen der ganz h.M. haben die phG einer KGaA neben der Möglichkeit einer Auflösungsklage (§§ 289 I AktG, 161 II, 133 HGB) auch das Recht zur außerordentlichen Kündigung aus wichtigem Grund.

18) Die „Holzmüller"-Doktrin findet in der KGaA keine Anwendung.

Literatur

Altmeppen, Holger, Zur Entstehung, Fälligkeit und Höhe des Verlustausgleichsanspruchs nach § 302 AktG. Zugleich Besprechung des Urteils des BGH vom 11.10.1999 – II ZR 120/98, in DB 1999, S. 2453 ff.

Ammenwerth, Michael, Die Kommanditgesellschaft auf Aktien (KGaA). Eine Rechtsformalternative für personenbezogene Unternehmen?, 1997
[zitiert: *Ammenwerth*, KGaA]

Arbeitskreis GmbH-Reform. Thesen und Vorschläge zur GmbH-Reform. Bd.1: Die Handelsgesellschaft auf Einlagen. Eine Alternative zur GmbH & Co. KG, 1971 [zitiert: *Arbeitskreis GmbH-Reform*, Handelsgesellschaft auf Einlagen]

Arlt, Ulrich, Verbot der Fremdorganschaft bei der GbR, in NZG 2002, S. 407 ff.

Armbrüster, Christian, Wettbewerbsverbote im Kapitalgesellschaftsrecht, in ZIP 1997, S. 1269 ff.

Ballerstedt, Kurt, Der gemeinsame Zweck als Grundbegriff des Rechts der Personengesellschaften, in JuS 1963, S. 253 ff.

Ders., Schranken der Weisungsbefugnis aufgrund eines Beherrschungsvertrags, in ZHR 137 (1973), S. 388 ff.

Bälz, Ulrich, Verbundene Unternehmen – Konzernrecht als Speerspitze eines fortschrittlichen Gesellschaftsrechts?, in 40 Jahre Bundesrepublik Deutschland. 40 Jahre Rechtsentwicklung, 1990, S. 177 ff.
[zitiert: *Bälz*, 40 Jahre Bundesrepublik]

Ders., Organisationsvertrag und Gesamthand. Zur Abgrenzung von Außen- und Innengesellschaften, in Festschrift für Wolfgang Zöllner, Bd.1, 1998, S. 35 ff.
[zitiert: *Bälz*, in FS Zöllner I]

Barbasch, Edith, Ausgewählte Probleme der „großen Familienkommanditgesellschaft", 1989 [zitiert: *Barbasch*, Familienkommanditgesellschaft]

Baumbach, Adolf /Hopt, Klaus, Handelsgesetzbuch. Kommentar, 31. Aufl., 2003 [zitiert: *Baumbach/Hopt*, HGB]

Baumbach, Adolf/Hueck, Götz, Kommentar zum Aktiengesetz, 13. Aufl., 1968 [zitiert: *Baumbach/Hueck*, AktG]

Baumgartl, Michael, Die konzernbeherrschte Personengesellschaft, 1986 [zitiert: *Baumgartl*, Personengesellschaft]

Baur, Fritz, Der Testamentsvollstrecker als Unternehmer, in Festschrift für Hans Dölle, Bd.1, 1963, S. 249 ff. [zitiert: *Baur*, FS Dölle I]

Bayer, Walter, 1000 Tage neues Umwandlungsrecht – eine Zwischenbilanz, in ZIP 1997, S. 1613 ff.

Beuthien, Volker, Genossenschaftsgesetz mit Umwandlungsrecht, 13. Aufl., 2002 [zitiert: *Beuthien*, GenG]

Ders., Zur Theorie der Stellvertretung im Gesellschaftsrecht, in Festschrift für Wolfgang Zöllner, Bd.1, 1998, S. 87 ff. [zitiert: *Beuthien*, FS Zöllner I]

Ders., Art und Grenzen der aktienrechtlichen Haftung herrschender Unternehmen für Leitungsmachtmißbrauch, in DB 1969, S. 1781 ff.

Ders., Unternehmenskonzentration und Kleinaktionärsschutz, in JuS 1970, S. 53 ff.

Ders., Konzernbildung und Konzernleitung kraft Satzung. Zu einem organschaftlichen Konzernverständnis, in ZIP 1993, S. 1589 ff.

Ders., Die Vorgesellschaft im Privatrechtssystem (Teil I), in ZIP 1996, S. 305 ff.

Bitter, Georg, Konzernrechtliche Durchgriffshaftung bei Personengesellschaften, 2000 [zitiert: *Bitter*, Durchgriffshaftung]

Brachvogel, Gerrit, Leitungsmacht und Verantwortlichkeit im Konzern, 1967 [zitiert: *Brachvogel*, Leitungsmacht]

Brändel, Oliver C., Änderungen des Gesellschaftsvertrages durch Mehrheitsentscheidung. Der „Bestimmtheitsgrundsatz" im Wandel der Rechtsprechung, in Festschrift für Walter Stimpel, 1985, S. 95 ff. [zitiert: *Brändel*, FS Stimpel]

Brenzel, Jürgen, Der Versicherungsverein auf Gegenseitigkeit. Unternehmensform und Rechtsstruktur im Wandel, 1975 [zitiert: *Brenzel*, VVaG]

Brox, Hans, Zur Gesamtvertretung einer Kommanditgesellschaft durch den Komplementär und den Kommanditisten, in Festschrift für Harry Westermann, 1974, S. 21 ff. [zitiert: *Brox*, FS Westermann]

Buchwald, F., Nichtgesellschafter als Geschäftsführer bei der OHG und KG?, in DB 1957, S. 109 ff.

Ders., Ausschluß und Entziehung der Vertretungsmacht des einzigen vertretungsberechtigten Gesellschafters einer Personengesellschaft?, in BB 1961, S. 1342 ff.

Bungert, Hartwin, Unternehmensvertragsbericht und Unternehmensvertragsprüfung gemäß §§ 293a ff. AktG (Teil I), in DB 1995, S. 1384 ff.

Burbach, Hans Adolf, Das Recht der konzernabhängigen Personenhandelsgesellschaft, 1989 [zitiert: *Burbach*, Personenhandelsgesellschaft]

Cahn, Andreas, Die Änderung von Satzungsbestimmungen nach § 281 AktG bei der Kommanditgesellschaft auf Aktien, in AG 2001, S. 579 ff.

Ebenroth, Carsten Thomas, Die Konzernierung der Personengesellschaft zwischen Vertragsfreiheit und Minderheitenschutz. Ein Beitrag zur Vertragsgestaltung im Konzernrecht der Personengesellschaft, in Festschrift für Karlheinz Boujong, 1996, S. 99 ff. [zitiert: *Ebenroth*, FS Boujong]

Ders., Die Erweiterung des Auskunftsgegenstandes im Recht der verbundenen Unternehmen, in AG 1970, S. 104 ff.

Ders./Wilken, Oliver, Zur Aufhebung von Beherrschungs- und Gewinnabführungsverträgen mit einer Einmann-GmbH, in WM 1993, S. 1617 ff.

Ehlke, Michael, Aufhebung von Beherrschungsverträgen – eine schlichte Geschäftsführungsmaßnahme?, in ZIP 1995, S. 355 ff.

Elschenbroich, Manfred, Die Kommanditgesellschaft auf Aktien. Rechtliche Gestaltung und wirtschaftliche Bedeutung, 1959 [zitiert: *Elschenbroich*, KGaA]

Emmerich, Volker, Das Wirtschaftsrecht der öffentlichen Unternehmen, 1969 [zitiert: *Emmerich*, Wirtschaftsrecht]

Ders., Das Konzernrecht der Personengesellschaften. Rückblick und Ausblick, in Festschrift für Walter Stimpel, 1985, S. 743 ff.
[zitiert: *Emmerich*, FS Stimpel]

Ders., Erfüllungstheorie oder Haftungstheorie. Zur Auslegung der §§ 126 und 128 HGB, in Festschrift für Rudolf Lukes, 1989, S. 639 ff.
[zitiert: *Emmerich*, FS Lukes]

Ders., Bestandsschutz im GmbH-Vertragskonzern, in ZGR-Sonderheft 6, 1986, S. 64 ff. [zitiert: *Emmerich*, Bestandsschutz]

Ders./Habersack, Mathias, Aktien- und GmbH-Konzernrecht. Kommentar zu den §§ 15-22 und 291-328 AktG, 3. Aufl., 2003; 2. Aufl., 2001
[zitiert: *Bearbeiter*, in: Emmerich/Habersack, Kommentar; Vorauflage wird kenntlich gemacht]

Ders./Sonnenschein, Jürgen/Habersack, Mathias, Konzernrecht, 7. Aufl., 2001; *Emmerich, Volker/Sonnenschein, Jürgen*, Konzernrecht, 6. Aufl., 1997; 5. Aufl., 1993
[zitiert: *Emmerich/Sonnenschein/Habersack*, KonzernR; die 6. bzw. 5. Auflage wird zitiert: *Emmerich/Sonnenschein*, KonzernR, 6. bzw. 5. Aufl.]

Erlinghagen, Peter, Der Organschaftsvertrag mit Ergebnisausschlußklausel im Aktienrecht, 1960 [zitiert: *Erlinghagen*, Organschaftsvertrag]

Exner, Werner, Beherrschungsvertrag und Vertragsfreiheit, 1984
[zitiert: *Exner*, Beherrschungsvertrag]

Fahr, Ulrich/Kaulbach, Detlef/Bähr, Gunne W., Versicherungsaufsichtsgesetz (VAG) u.a., Kommentar, 3. Aufl., 2003
[zitiert: *Bearbeiter*, in: Fahr/Kaulbach/Bähr, VAG]

Fett, Torsten/Förl, Thomas, Die Mitwirkung der Hauptversammlung einer KGaA bei der Veräußerung wesentlicher Unternehmensteile. Zugleich Besprechung von OLG Stuttgart, NZG 2003, S. 778, in NZG 2004, S. 210 ff.

Fischer, Florian, Haftung der Verwaltung der Aktiengesellschaft im Subordinationskonzern, 1968 [zitiert: *Fischer*, Haftung]

Fischer, Robert, Gedanken über einen Minderheitenschutz bei den Personengesellschaften, in Festschrift für Carl Hans Barz, 1974, S. 33 ff.
[zitiert: *Fischer*, FS Barz]

Fleck, Hans-Joachim, Missbrauch der Vertretungsmacht oder Treubruch des mit Einverständnis aller Gesellschafter handelnden GmbH-Geschäftsführers aus zivilrechtlicher Sicht, in ZGR 1990, S. 31 ff.

Flume, Werner, Allgemeiner Teil des Bürgerlichen Rechts, Erster Band, Erster Teil: Die Personengesellschaft, 1977 [zitiert: *Flume*, Personengesellschaft]

Ders., Allgemeiner Teil des Bürgerlichen Rechts, Erster Band, Zweiter Teil: Die juristische Person, 1983 [zitiert: *Flume*, Juristische Person]

Ders., Die Rechtsprechung des II. Zivilsenats des BGH zur Treuepflicht des GmbH-Gesellschafters und des Aktionärs, in ZIP 1996, S. 161 ff.

Friedewald, Rolf, Die personalistische Aktiengesellschaft, 1991 [zitiert: *Friedewald*, Personalistische Aktiengesellschaft]

Friedländer, Heinrich E., Konzernrecht unter Berücksichtigung der amerikanischen Praxis, 2. Aufl., 1954 [zitiert: *Friedländer*, KonzernR]

Fuhrmann, Lambertus, „Gelatine“ und die Holzmüller-Doktrin: Ende einer juristischen Irrfahrt?, in AG 2004, S. 339 ff.

Geßler, Ernst, Überlegungen zum faktischen Konzern, in Festschrift für Werner Flume, Bd.2, 1978, S. 55 ff. [zitiert: *Geßler*, FS Flume II]

Ders., Atypische Beherrschungsverträge, in Festschrift für Günter Beitzke, 1979, S. 923 ff. [zitiert: *Geßler*, FS Beitzke]

Ders., Probleme des neuen Konzernrechts, in DB 1965, S. 1729 ff.

Ders., Bestandsschutz der beherrschten Gesellschaft im Vertragskonzern?, in ZHR 140 (1976), S. 433 ff.

Ders., Die Haftung der Hauptgesellschaft bei der Eingliederung (§ 322 AktG), in ZGR 1978, S. 251 ff.

Ders./Hefermehl, Wolfgang/Eckardt, Ulrich/Kropff, Bruno, Aktiengesetz. Kommentar, 1973 ff. (2. Aufl.: *Münchener Kommentar zur Aktiengesetz*) [zitiert: *Bearbeiter*, in: Geßler/Hefermehl, AktG]

v. Gierke, Otto, Deutsches Privatrecht, Bd. 1: Allgemeiner Teil und Personenrecht, 1895, Neudruck 1936 [zitiert: *v. Gierke*, Deutsches Privatrecht I]

Glaser, Erhard, Grenzen des Weisungsrechts im Vertragskonzern, 1982 [zitiert: *Glaser*, Weisungsrecht]

v. Godin, Reinhard Frhr./Wilhelmi, Hans, Aktiengesetz. Kommentar, 4. Aufl., 1971 [zitiert: *Godin/Wilhelmi*, AktG]

Görling, Helmut, Die Konzernhaftung in mehrstufigen Unternehmensverbindungen, 1998 [zitiert: *Görling*, Konzernhaftung]

Götz, Jürgen, Der Entherrschungsvertrag im Aktienrecht, 1991 [zitiert: *Götz*, Entherrschungsvertrag]

Goutier, Klaus E./Knopf, Rüdiger/Tulloch, Anthony, Kommentar zum Umwandlungsrecht, 1996 [zitiert: *Bearbeiter*, in: Goutier/Knopf/Tulloch, UmwG]

Großfeld, Bernhard, Der Versicherungsverein auf Gegenseitigkeit im System der Unternehmensformen, 1985 [zitiert: *Großfeld*, VVaG]

Ders./Berndt, Joachim, Die eingetragene Genossenschaft im Konzern, in AG 1998, S. 116 ff.

Großkommentar zum Aktiengesetz, 4. Aufl., 1992 ff.; 3. Aufl., 1970 ff. [zitiert: *Bearbeiter*, in: GK AktG; Vorauflage wird kenntlich gemacht]

Großkommentar zum GmbHG, 8. Aufl., 1992 ff.; 7. Aufl., 1979 ff. [zitiert: *Bearbeiter*, in: GK GmbHG; Vorauflage wird kenntlich gemacht]

Großkommentar zum Handelsgesetzbuch, 4. Aufl., 1987 ff. [zitiert: *Bearbeiter*, in: GK HGB]

Großmann, Adolf, Die GmbH & Co. KG im Spannungsfeld zwischen § 4 und § 5 Mitbestimmungsgesetz, in BB 1976, S. 1391 ff.

Haas, Holger, Konzernrecht der Personengesellschaften. Grundlagen der Schutz- und Ausgleichsmechanismen im Personengesellschaftskonzern, 2000 [zitiert: *Haas*, Personengesellschaften]

Häsemeyer, Ludwig, Insolvenzrecht, 3. Aufl., 2003 [zitiert: *Häsemeyer*, InsolvenzR]

Heck, Jan Peter, Personengesellschaften im Konzern, 1986 [zitiert: *Heck*, Personengesellschaften]

Heermann, Peter W., Unentziehbare Mitwirkungsrechte der Minderheitsaktionäre bei außergewöhnlichen Geschäften in der GmbH & Co. KGaA, in ZGR 2000, S. 61 ff.

Heidemann, Georg, Der zwingende oder dispositive Charakter des Prinzips der Selbstorganschaft bei Personengesellschaften, 1999 [zitiert: *Heidemann*, Selbstorganschaft]

Helm, Johann Georg, Theorie und Sachanalyse im Recht „atypischer" Gesellschaften. Eine Besprechung der Habilitationsschriften von Immenga und Nitschke, in ZGR 1973, S. 478 ff.

Ders./Wagner, Horst, Fremdgeschäftsführung und -vertretung bei Personenhandelsgesellschaften, in BB 1979, S. 225 ff.

Henze, Hartwig, Holzmüller vollendet das 21. Lebensjahr, in Festschrift für Peter Ulmer, 2003, S. 211 ff. [zitiert: *Henze*, FS Ulmer]

Ders., Leitungsverantwortung des Vorstands – Überwachungspflicht des Aufsichtsrats, in BB 2000, S. 209 ff.

Heymann, Ernst, Handelsgesetzbuch. Kommentar, 2. Aufl., 1996 [zitiert: *Bearbeiter*, in: Heymann, HGB]

Hommelhoff, Peter, Vereinbarte Mitbestimmung, in ZHR 148 (1984), S. 118 ff.

Hönle, Bernd Michael, Gewerbesteuerliche Organschaft, Konzernrecht der Personengesellschaften und Ungleichheiten im Gewerbesteuerrecht, in DB 1986, S. 1246 ff.

Honsell, Heinrich/Harrer, Friedrich, Die Haftung des ausgeschiedenen Gesellschafters bei Dauerschuldverhältnissen, in ZIP 1986, S. 341 ff.

Huber, Ulrich, Vermögensanteil, Kapitalanteil und Gesellschaftsanteil an Personengesellschaften des Handelsrechts, 1970 [zitiert: *Huber*, Vermögensanteil]

Ders., Rechtsfähigkeit, juristische Person und Gesamthand, in Festschrift für Marcus Lutter, 2000, S. 107 ff. [zitiert: *Huber*, FS Lutter]

Ders., Betriebsführungsverträge zwischen selbständigen Unternehmen, in ZHR 152 (1988), S. 1 ff.

Hüchting, Hans-Jochen, Abfindung und Ausgleich im aktienrechtlichen Beherrschungsvertrag, 1972 [zitiert: *Hüchting*, Abfindung und Ausgleich]

Hueck, Alfred, Das Recht der offenen Handelsgesellschaft. Systematisch dargestellt, 4. Aufl., 1971 [zitiert: *Hueck*, OHG]

Hüffer, Uwe, Aktiengesetz. Kommentar, 5. Aufl., 2002 [zitiert: *Hüffer*, AktG]

Ders., Das partiarische Rechtsgeschäft als Rechtstypus, 1970
[zitiert: *Hüffer*, Das partiarische Rechtsgeschäft]

Ders., Gesellschaftsrecht, 6. Aufl., 2003 [zitiert: *Hüffer*, GesR]

Ders., Zur Holzmüller-Problematik: Reduktion des Vorstandsermessens oder Grundlagenkompetenz der Hauptversammlung?, in Festschrift für Peter Ulmer, 2003, S. 279 ff. [zitiert: *Hüffer*, FS Ulmer]

Ihrig, Hans-Christoph/Schlitt, Michael, Die KGaA nach dem Beschluß des BGH vom 24.2.1997 – organisationsrechtliche Folgerungen, in Die GmbH & Co. KGaA nach dem Beschluß BGHZ 134, 392, ZHR Beiheft 67, 1998, S. 33 ff. [zitiert: *Ihrig/Schlitt*, ZHR Beiheft 67/1998]

Immenga, Ulrich, Die personalistische Kapitalgesellschaft, Eine rechtsvergleichende Untersuchung nach deutschem GmbH-Recht und dem Recht der Corporations in den Vereinigten Staaten, 1970
[zitiert: *Immenga*, Personalistische Kapitalgesellschaft]

Ders., Die Minderheitsrechte des Kommanditisten, in ZGR 1974, S. 385 ff.

Ders., Bestandsschutz der beherrschten Gesellschaft im Vertragskonzern?, in ZHR 140 (1976), S. 301 ff.

Ders., Der neue Referentenentwurf zum GmbHG, in BB 1977, S. 957 ff.

Jaeger, Carsten, Sicherheitsleistung für Ansprüche aus Dauerschuldverhältnissen bei Kapitalherabsetzung, Verschmelzung und Beendigung eines Unternehmensvertrages. Zugleich Besprechung des Urteils BGH vom 18.3.1996 – II ZR 299/94, DB 1996, S. 930, in DB 1996, S. 1069 ff.

Jaques, Henning, Börsengang und Führungskontinuität durch die kapitalistische KGaA, in NZG 2000, S. 401 ff.

Joens, Axel F., Die persönlich haftenden Gesellschafter der Kommanditgesellschaft auf Aktien, 1962 [zitiert: *Joens*, Persönlich haftende Gesellschafter]

John, Uwe, Die organisierte Rechtsperson, 1977 [zitiert: *John*, Rechtsperson]

Jula, Rocco/Breitbarth, Carmen, Liquiditätsausgleich im Konzern durch konzerninterne Darlehen, in AG 1997, S. 256 ff.

Kallmeyer, Harald, Rechte und Pflichten des Aufsichtsrats in der Kommanditgesellschaft auf Aktien, in ZGR 1983, S. 57 ff.

Ders./Dirksen, Dirk/Marsch-Barner, Reinhard, Umwandlungsgesetz. Kommentar, 2. Aufl., 2001 [zitiert: *Bearbeiter*, in: Kallmeyer, UmwG]

Kamprad, Balduin/Römer, Hans-Jürgen, Die Abfindung der außenstehenden Aktionäre bei der Eingliederung durch Mehrheitsbeschluß nach § 320 AktG, in AG 1990, S. 486 ff.

Kantzas, Ioannis, Das Weisungsrecht im Vertragskonzern, 1988 [zitiert: *Kantzas*, Weisungsrecht]

Kirchner, Christian, Ökonomische Überlegungen zum Konzernrecht, in ZGR 1985, S. 214 ff.

Kleindiek, Detlef, Strukturvielfalt im Personengesellschafts-Konzern. Rechtsformspezifische und rechtsformübergreifende Aspekte des Konzernrechts, 1991 [zitiert: *Kleindiek*, Strukturvielfalt]

Kley, Max Dietrich/Lehmann, Michael, Probleme der Eingliederungshaftung, in DB 1972, S. 1421 ff.

Knoblau, Jochen, Leitungsmacht und Verantwortlichkeit bei Bestehen eines Beherrschungsvertrags, 1971 [zitiert: *Knoblau*, Leitungsmacht]

Kölner Kommentar zum Aktiengesetz, 2. Aufl., 1986 ff.; 1. Aufl., 1970 ff. [zitiert: *Bearbeiter*, in: KK AktG; soweit die 2. Auflage bereits erschienen ist, wird die Vorauflage zitiert: *Bearbeiter*, in: KK AktG, 1. Aufl.]

Kort, Michael, Die konzerngebundene GmbH in der Insolvenz, in ZIP 1988, S. 681 ff.

Krieger, Gerd, Sicherheitsleistung für Versorgungsrechte?, in Festschrift für Rudolf Nirk, 1992, S. 551 ff. [zitiert: *Krieger*, FS Nirk]

Kropff, Bruno, Aktiengesetz. Textausgabe des Aktiengesetzes vom 6.9.1965 mit Begründung des Regierungsentwurfes und Bericht des Rechtsausschusses des Deutschen Bundestages, 1965 [zitiert: RegBegr. bei *Kropff*]

Ders., Zur Konzernleitungspflicht, in ZGR 1984, S. 112 ff.

Kübler, Friedrich, Gesellschaftsrecht. Die privatrechtlichen Ordnungsstrukturen und Regelungsprobleme von Verbänden und Unternehmen, 5. Aufl., 1998 [zitiert: *Kübler*, GesR]

Kusterer, Stefan, Anteilsumwandlung bei atypisch ausgestalteter KGaA, in DStR 1999, S. 1681 ff.

Ladwig, Peter/Motte, Frank, Die Kommanditgesellschaft auf Aktien – Eine Alternative für börsenwillige mittelständische Unternehmen? (Teil I), in DStR 1996, S. 800 ff.

Larenz, Karl, Methodenlehre der Rechtswissenschaft, 6. Aufl., 1991 [zitiert: *Larenz*, Methodenlehre]

Löffler, Joachim, Die abhängige Personengesellschaft. Beherrschender Einfluß und Konzernherrschaft bei Personengesellschaften, 1988 [zitiert: *Löffler*, Personengesellschaft]

Loritz, Karl-Georg, Arbeitnehmerbeteiligungen und Verbandssouveränität. Ein Beitrag zu den Möglichkeiten und Grenzen unternehmerischer Mitspracherechte kapitalbeteiligter Belegschaftsangehöriger ohne Gesellschafterstellung, in ZGR 1986, S. 310 ff.

Lutter, Marcus, Umwandlungsgesetz. Kommentar, 2. Aufl., 2000 [zitiert: *Bearbeiter*, in: Lutter, UmwG]

Ders., Verfassungsrechtliche Grenzen der Mehrheitsherrschaft nach dem Recht der Kapitalgesellschaften, in AG 1968, S. 73 ff.

Ders., Zur Treuepflicht des Großaktionärs, in JZ 1976, S. 225 ff.

Ders., Theorie der Mitgliedschaft. Prolegomena zu einem Allgemeinen Teil des Korporationsrechts, in AcP 180 (1980), S. 84 ff.

Ders./Hommelhoff, Peter, GmbH-Gesetz. Kommentar, 16. Aufl., 2004 [zitiert: *Lutter/Hommelhoff*, GmbHG]

Ders./Leinekugel, Rolf, Der Ermächtigungsbeschluss der Hauptversammlung zu grundlegenden Strukturmaßnahmen – zulässige Kompetenzübertragung oder unzulässige Selbstentmachtung?, in ZIP 1998, S. 805 ff.

Lwowski, Hans-Jürgen/Groeschke, Peer, Die Konzernhaftung der §§ 302, 303 AktG als atypische Sicherheit?, in WM 1994, S. 613 ff.

Martens, Klaus-Peter, Der Grundsatz gemeinsamer Vorstandsverantwortung, in Festschrift für Hans-Joachim Fleck, 1988, S. 191 ff. [zitiert: *Martens*, FS Fleck]

Ders., Mitbestimmung, Konzernbildung und Gesellschaftereinfluß, in ZHR 138 (1974), S. 179 ff.

Ders., Der Beirat in der Kommanditgesellschaft auf Aktien, in AG 1982, S. 113 ff.

Martensen, Hartwig, Der Inhalt der unbeschränkten Haftung von Personenhandelsgesellschaftern. Ein Beitrag zur Interpretation des § 128 Satz 1 HGB, 1989 [zitiert: *Martensen*, Inhalt]

Mathiak, Walter, Rechtsprechung zum Bilanzsteuerrecht, in DStR 1989, S. 661 ff.

Medicus, Dieter, „Geld muß man haben". Unvermögen und Schuldnerverzug bei Geldmangel, in AcP 188 (1988), S. 489 ff.

Meister, Burkhardt, Der Ausgleichsanspruch nach § 302 Abs. I AktG bei Beherrschungs- und Gewinnabführungsverträgen als Kreditsicherheit, in WM 1976, S. 1182 ff.

Mertens, Hans-Joachim, Zur Existenzberechtigung der Kommanditgesellschaft auf Aktien, in Festschrift für Carl Hans Barz, 1974, S. 253 ff. [zitiert: *Mertens*, FS Barz]

Ders., Die Haftung wegen Missbrauchs der Leitungsmacht nach § 309 AktG aus schadensersatzrechtlicher Sicht, in AcP 168 (1968), S. 225 ff.

Mestmäcker, Joachim, Zur Systematik des Rechts der verbundenen Unternehmen im neuen Aktiengesetz, in Festgabe für Heinrich Kronstein, 1967, S.129 ff. [zitiert: *Mestmäcker*, FG Kronstein]

Meyer, Justus, Die GmbH und andere Handelsgesellschaften im Spiegel empirischer Forschung (I), in GmbHR 2002, S. 177 ff.

Michalski, Lutz, OHG-Recht. Kommentar zum Recht der offenen Handelsgesellschaften (§§ 105-160 HGB), 2000 [zitiert: *Michalski*, OHG]

Ders., Kommentar zum Gesetz betreffend die Gesellschaften mit beschränkter Haftung (GmbH-Gesetz), 2002 [zitiert: *Bearbeiter*, in: Michalski, GmbHG]

Ders., Gesellschaftsrechtliche Gestaltungsmöglichkeiten zur Perpetuierung von Unternehmen. Ein Beitrag zur Unternehmensnachfolge in der Familiengesellschaft, 1980 [zitiert: *Michalski*, Perpetuierung]

Ders., Gesellschaftsrecht 2. Körperschaften des Privatrechts, 2001 [zitiert: *Michalski*, GesR II]

Ders., Ungeklärte Fragen bei der Einlagenrückgewähr im Aktienrecht, in AG 1980, S. 261 ff.

Ders., Die Patronatserklärung, in WM 1994, S. 1229 ff.

Möhring, Philipp, Die Ausgleichsgarantie des abhängigen Unternehmens bei Bestehen eines Beherrschungsvertrages, in Festschrift für Hans Hengeler, 1972, S. 216 ff. [zitiert: *Möhring*, FS Hengeler]

Ders., Zur Zulässigkeit von Abfindungsklauseln in den Verträgen der Handelsgesellschaften, in Festschrift für Carl Hans Barz, 1974, S. 49 ff. [zitiert: *Möhring*, FS Barz]

Ders., Vertraglicher Ausschluss von Abhängigkeit und Konzernvermutung, in Festschrift für Harry Westermann, 1974, S. 427 ff. [zitiert: *Möhring*, FS Westermann]

Moll, Wilhelm/Hottgenroth, Ralf, Zur Nachhaftung des ausgeschiedenen Gesellschafters einer Personenhandelsgesellschaft für Verbindlichkeiten aus Arbeitsverhältnissen, in RdA 1994, S. 223 ff.

Müller, Klaus, Die Haftung der Muttergesellschaft für die Verbindlichkeiten der Tochtergesellschaft im Aktienrecht, in ZGR 1977, S. 1 ff.

Müller-Laube, Hans-Martin, Der Einfluß von Personenwechsel und Gestaltwandel auf die Identität der Personengesellschaft, in Festschrift für Ernst Wolf, 1985, S. 501 ff. [zitiert: *Müller-Laube*, FS Wolf]

Münchener Handbuch des Gesellschaftsrechts, Bd.3: Gesellschaft mit beschränkter Haftung, 2. Aufl., 2003
[zitiert: *Bearbeiter*, in: Münchener Handbuch, Bd.3]

Münchener Handbuch des Gesellschaftsrechts, Bd.4: Aktiengesellschaft, 2. Aufl., 1999 [zitiert: *Bearbeiter*, in: Münchener Handbuch, Bd.4]

Münchener Kommentar zum Aktiengesetz, 2. Aufl., 1999 ff. (zugleich 2. Aufl. von *Geßler/Hefermehl/Eckardt/Kropff*, AktG) [zitiert: *Bearbeiter*, in: MK AktG]

Münchener Kommentar zum Bürgerlichen Gesetzbuch, 4. Aufl., 2004
[zitiert: *Bearbeiter*, in: MK BGB]

Nitschke, Manfred, Die körperschaftlich strukturierte Personengesellschaft, 1970 [zitiert: *Nitschke*, Körperschaftlich strukturierte Personengesellschaft]

Nordmeyer, Andreas, Der Unternehmensbegriff im Konzernrecht, 1970
[zitiert: *Nordmeyer*, Unternehmensbegriff]

Oldenburg, Werner, Fremdgeschäftsführung und -vertretung in den Personengesellschaften, 1973 [zitiert: *Oldenburg*, Fremdgeschäftsführung]

Palandt, Bürgerliches Gesetzbuch, 63. Aufl., 2004
[zitiert: *Bearbeiter*, in: Palandt, BGB]

Peifer, Karl-Nikolaus, Gibt es ein Konzernpersönlichkeitsrecht?, in Gedächtnisschrift für Jürgen Sonnenschein, 2003, S. 687 ff.
[zitiert: *Peifer*, GS Sonnenschein]

Pentz, Andreas, Die Rechtsstellung der Enkel-AG in einer mehrstufigen Unternehmensverbindung, 1994 [zitiert: *Pentz*, Rechtsstellung]

Petersen, Jens, Die GmbH & Co. GbR. Zivil- und steuerrechtliche Aspekte einer neuen Gesellschaftsform, in GmbHR 1997, S. 1088 ff.

Pfeiffer, Gero/Buchinger, Daniel, Haftung des herrschenden Kommanditisten („Rektor-Fall"). Anmerkung zu BGH, Urt. v. 17.3.1966 – II ZR 282/63, BGHZ 45, 204, in JA 2005, S. 181 ff.

Praël, Christoph, Eingliederung und Beherrschungsvertrag als körperschaftliche Rechtsgeschäfte, 1978 [zitiert: *Praël*, Eingliederung]

Prediger, Bernhard, Der Gesamtschuldnerausgleich unter den Gesellschaftern einer Offenen Handelsgesellschaft während des Bestehens der Gesellschaft, in BB 1970, S. 868 ff.

Priester, Hans-Joachim, Liquiditätsausstattung der abhängigen Gesellschaft und unterjährige Verlustdeckung bei Unternehmensverträgen, in ZIP 1989, S. 1301 ff.

Puttfarken, Hans-Jürgen, Seehandelsrecht, 1997 [zitiert: *Puttfarken*, SeehandelsR]

Raiser, Thomas, Mitbestimmungsgesetz, Kommentar, 4. Aufl., 2002 [zitiert: *Raiser*, MitbestG]

Ders., Recht der Kapitalgesellschaften, 3. Aufl., 2001 [zitiert: *Raiser*, Kapitalgesellschaften]

Ders., Gesamthandsgesellschaft oder juristische Person. Eine Geschichte ohne Ende?, in Festschrift für Wolfgang Zöllner, Bd.1, 1998, S. 469 ff. [zitiert: *Raiser*, FS Zöllner I]

Ders., Beherrschungsvertrag im Recht der Personengesellschaft. Besprechung der Entscheidung des *BGH* vom 5.2.1979, in ZGR 1980, S. 558 ff.

Ders., Gesamthand und juristische Person im Licht des neuen Umwandlungsrechts, in AcP 194 (1994), S. 495 ff.

Rasch, Harold, Deutsches Konzernrecht, 5. Aufl., 1974; 1. Aufl., 1944 [zitiert: *Rasch*, KonzernR; 1. Aufl. wird kenntlich gemacht]

Regierungsentwurf eines Gesetzes über Gesellschaften mit beschränkter Haftung, Bundestags-Drucksachen 6/3088 und 7/253 (unver.) [zitiert: *RegE-GmbHG*]

Rehbinder, Eckard, Konzernaußenrecht und allgemeines Privatrecht. Eine rechtsvergleichende Untersuchung nach deutschem und amerikanischen Recht, 1969 [zitiert: *Rehbinder*, Konzernaußenrecht]

Ders., Gesellschaftsrechtliche Probleme mehrstufiger Unternehmensverbindungen, in ZGR 1977, S. 581 ff.

Ders., Zum konzernrechtlichen Schutz der Aktionäre einer Obergesellschaft. Besprechung der Entscheidung BGHZ 83, 122 „Holzmüller", in ZGR 1983, S. 92 ff.

Ders., Minderheiten- und Gläubigerschutz im faktischen GmbH-Konzern, in AG 1986, S. 85 ff.

Reuter, Dieter, Der Beirat der Personengesellschaft, in Festschrift für Ernst Steindorff, 1990, S. 229 ff. [zitiert: *Reuter*, FS Steindorff]

Ders., Die „Wesenselemente" der Personengesellschaft in der neueren Rechtsprechung, in GmbHR 1981, S. 129 ff.

Ders., Die Personengesellschaft als abhängiges Unternehmen, in ZHR 146 (1982), S. 1 ff.

Ders., Ansätze eines Konzernrechts der Personengesellschaft in der höchstrichterlichen Rechtsprechung, in AG 1986, S. 130 ff.

Ders., Die Änderung des Vereinszwecks. Besprechung von BGHZ 96, 245, in ZGR 1987, S. 475 ff.

Ritter, Carl und Justus, Aktiengesetz. Kommentar, 2. Aufl., 1939 [zitiert: *Ritter*, AktG]

Rittner, Fritz, Die werdende juristische Person, 1973 [zitiert: *Rittner*, Juristische Person]

Rödding, Adalbert, Bilanzierung konzerngeleiteter Maßnahmen, 1999 [zitiert: *Rödding*, Bilanzierung]

Röhricht, Volker, Zum Austritt des Gesellschafters aus der GmbH, in Festschrift für Alfred Kellermann, 1991, S. 361 ff. [zitiert: *Röhricht*, FS Kellermann]

Roitzsch, Frank, Der Minderheitenschutz im Verbandsrecht, 1981
[zitiert: *Roitzsch*, Minderheitenschutz]

Röttger, Robert, Die Kernbereichslehre im Recht der Personenhandelsgesellschaften, 1989 [zitiert: *Röttger*, Kernbereich]

Rowedder, Heinz, Die Rechte des Aufsichtsrates in der beherrschten Gesellschaft, in Festschrift für Konrad Duden, 1977, S. 501 ff.
[zitiert: *Rowedder*, FS Duden]

Salfeld, Rainer, Wettbewerbsverbote im Gesellschaftsrecht, 1987
[zitiert: *Salfeld*, Wettbewerbsverbote]

Schaumburg, Harald/Schulte, Christoph, Die KGaA. Recht und Steuern in der Praxis, 2000 [zitiert: *Schaumburg/Schulte*, KGaA]

Schauß, Wolfgang, Das Weisungsrecht des herrschenden Unternehmens bei Bestehen eines Beherrschungsvertrages (§ 308 AktG), 1973
[zitiert: *Schauß*, Weisungsrecht]

Scheffler, Eberhard, Zur Problematik der Konzernleitung, in Festschrift für Reinhard Goerdeler, 1987, S. 469 ff. [zitiert: *Scheffler*, FS Goerdeler]

Ders., Der qualifizierte faktische Konzern. Versuch einer betriebswirtschaftlichen Definition, in AG 1990, S. 173 ff.

Scheuerle, Wilhelm A., Das Wesen des Wesens. Studien über das sogenannte Wesensargument im juristischen Begründen, in AcP 163 (1964), S. 429 ff.

Schießl, Maximilian, Die beherrschte Personengesellschaft, 1985
[zitiert: *Schießl*, Personengesellschaft]

Schilling, Wolf Ulrich, Die GmbH & Co. KGaA zwischen Unternehmergeist und Aktionärs- bzw. Anlegerschutz. Wirkungen des BGH-Beschlusses vom 24. 2. 1997, BB 1997, 1220, in BB 1998, S. 1905 ff.

Schlegelberger, Franz, Handelsgesetzbuch. Kommentar, 5. Aufl., 1973 ff.
[zitiert: *Bearbeiter*, in: Schlegelberger, HGB]

Schlitt, Michael, Die Satzung der Kommanditgesellschaft auf Aktien, 1999
[zitiert: *Schlitt*, Satzung]

Schmidt, Karsten, Gesellschaftsrecht, 4. Aufl., 2002; 3. Aufl., 1997; 2. Aufl., 1991 [zitiert: *Schmidt*, GesR; Vorauflagen werden kenntlich gemacht]

Ders., Konzernrecht, Minderheitenschutz und GmbH-Innenrecht. Zu einer Bestandsaufnahme des inneren GmbH-Konzernrechts, in GmbHR 1979, S. 121 ff.

Ders., Die konzernrechtliche Verlustübernahmepflicht als gesetzliches Dauerschuldverhältnis. Eine rechtsdogmatische Problemskizze zu § 302 AktG, in ZGR 1983, S. 513 ff.

Ders., Zum Haftungsdurchgriff wegen Sphärenvermischung und zur Haftungsverfassung im GmbH-Konzern. Bemerkungen zum Urteil des BGH vom 16.9.1985, in BB 1985, S. 2074 ff.

Ders., Deregulierung des Aktienrechts durch Denaturierung der Kommanditgesellschaft auf Aktien?, in ZHR 160 (1996), S. 265 ff.

Schmidt, Ludwig, Einkommensteuergesetz, 23. Aufl., 2004 [zitiert: *Bearbeiter*, in: Schmidt, EStG]

Schmitt, Joachim/Hörtnagl, Robert/Stratz, Rolf-Christian, Umwandlungsgesetz. Umwandlungssteuergesetz, 3. Aufl., 2001 [zitiert: *Bearbeiter*, in: Schmitt/Hörtnagl/Stratz, UmwG]

Schneider, Uwe H., Zur Wahrnehmung von Mitgliedschaftsrechten an Tochtergesellschaften einer Personengesellschaft, in: Festschrift für Johannes Bärmann, 1975, S. 873 ff. [zitiert: *Schneider*, FS Bärmann]

Ders., Die Änderung des Gesellschaftsvertrages einer Personengesellschaft durch Mehrheitsbeschluß, in ZGR 1972, S. 357 ff.

Ders., Die Auskunfts- und Kontrollrechte des Gesellschafters in der verbundenen Personengesellschaft. Ein Beitrag zum Konzernrecht der Personengesellschaften, in BB 1975, S. 1353 ff.

Ders., Die Personengesellschaft als verbundenes Unternehmen. Prolegomena zu einem Konzernrecht für Personengesellschaften, in ZGR 1975, S. 253 ff.

Ders., GmbH und GmbH & Co. KG in der Mitbestimmung. Korreferat, in ZGR 1977, S. 335 ff.

Ders., Die Inhaltskontrolle von Gesellschaftsverträgen, in ZGR 1978, S. 1 ff.

Ders., Die Personengesellschaft als herrschendes Unternehmen im Konzern, in ZHR 143 (1979), S. 485 ff.

Ders., Die Personengesellschaft als Konzernunternehmen. Ein Beitrag zum Entstehen eines Sonderrechts für die anhängige und die konzernierte Personengesellschaft, in BB 1980, S. 1057 ff.

Ders., Konzernbildung, Konzernleitung und Verlustausgleich im Konzernrecht der Personengesellschaften – zugleich ein Beitrag zur Bedeutung des Gervais-Urteils für die Entwicklung des Konzernrechts, in ZGR 1980, S. 511 ff.

Ders., Konzernleitung als Rechtsproblem. Überlegungen zu einem Konzernverfassungsrecht, in BB 1981, S. 249 ff.

Ders., Das Recht der Konzernfinanzierung, in ZGR 1984, S. 497 ff.

Ders., Die Fortentwicklung des Handelsregisters zum Konzernregister, in WM 1986, S. 181 ff.

Schreiber, Otto, Die Kommanditgesellschaft auf Aktien. Eine handelsrechtliche Untersuchung, 1925 [zitiert: *Schreiber*, KGaA]

Schulze-Osterloh, Joachim, Der gemeinsame Zweck der Personengesellschaften, 1973 [zitiert: *Schulze-Osterloh*, Gemeinsamer Zweck]

Schünemann, Wolfgang B., Grundprobleme der Gesamthandsgesellschaft, 1974 [zitiert: *Schünemann*, Gesamthandsgesellschaft]

Schütz, Carsten/Bürgers, Tobias/Riotte, Michael (Hrsg.), Die Kommanditgesellschaft auf Aktien. Handbuch, 2004
[zitiert: *Bearbeiter*, in: Schütz/Bürgers/Riotte, KGaA]

Schwenn, Dirk, Der Ausgleichs- und Abfindungsanspruch der außenstehenden Aktionäre im Unternehmensvertrag bei Eintritt neuer Umstände, 1998
[zitiert: *Schwenn*, Ausgleichs- und Abfindungsanspruch]

Semler, Johannes, Leitung und Überwachung der Aktiengesellschaft. Die Leitungsaufgabe des Vorstands und die Überwachungsaufgabe des Aufsichtsrats, 2. Aufl., 1996 [zitiert: *Semler*, Leitung]

Sethe, Rolf, Die Besonderheiten der Rechnungslegung bei der KGaA, in DB 1998, S. 1044 ff.

Ders., Die personalistische Kapitalgesellschaft mit Börsenzugang. Die reformierte KGaA als Mittel zur Verbesserung der Eigenkapitalausstattung deutscher Unternehmen, 1996 [zitiert: *Sethe*, Personalistische Kapitalgesellschaft]

Sieger, Jürgen J./Hasselbach, Kai, Die Holzmüller-Entscheidung im Unterordnungskonzern. Ungeschriebene Hauptversammlungskompetenzen in einer beherrschten AG, in AG 1999, S. 241 ff.

Dies., Der Ausschluss von Minderheitsaktionären nach den neuen §§ 327a ff AktG, in ZGR 2002, S. 120 ff.

Sina, Peter, Grenzen des Konzern-Weisungsrechts nach § 308 AktG, in AG 1991, S. 1 ff.

Sonnenschein, Jürgen, Die Eingliederung im mehrstufigen Konzern, in BB 1975, S. 1088 ff.

v. Staudinger, Julius., Kommentar zum Bürgerlichen Gesetzbuch mit Einführungsgesetz und Nebengesetzen, Buch 1: Allgemeiner Teil, 13. Bearb., 1995 [zitiert: *Bearbeiter*, in: Staudinger, BGB]

Stehle, Heinz, Abhängigkeitsbericht oder Beherrschungsvertrag?, in AG 1966, S. 233 ff.

Strothmann, York/Vieregge, Ralf, Gesellschaft bürgerlichen Rechts und ordentliche Kündigung. Zur Einschränkung des jederzeitigen Lösungsrechts durch das Bestandsinteresse der Mitgesellschafter, in Festschrift für Walter Oppenhoff, 1985, S. 451 ff. [zitiert: *Strothmann/Vieregge*, FS Oppenhoff]

Bericht der ***Studienkommission des Deutschen Juristentages zur Reform des Konzernrechts***, 1967 [zitiert: *DJT-KonzernR*]

Sudhoff, Heinrich, Rechte und Pflichten des Kommanditisten, 3. Aufl., 1986 [zitiert: *Sudhoff*, Kommanditist]

Ulmer, Peter, Schutz der GmbH gegen Schädigung zugunsten ihrer Gesellschafter? Zur Relevanz der Rechtsprechung zu § 266 StGB für das Gesellschaftsrecht, in Festschrift für Gerd Pfeiffer, 1988, S. 853 ff. [zitiert: *Ulmer*, in FS Pfeiffer]

Ders., Ungeschriebene Mitwirkungsbefugnisse der Hauptversammlung?, in AG 1975, S. 15 f.

Ders., Der Gläubigerschutz im faktischen GmbH-Konzern beim Fehlen von Minderheitsgesellschaftern, in ZHR 148 (1984), S. 391 ff.

Ders., Gläubigerschutz im „qualifizierten" faktischen GmbH-Konzern. Bemerkungen zum „Autokran"-Urteil des BGH vom 16.9.1985, in NJW 1986, S. 1579 ff.

Ders., Die Gesamthandsgesellschaft – ein noch immer unbekanntes Wesen?, in AcP 198 (1998), S. 113 ff.

Veil, Rüdiger, Die Kündigung der KGaA durch persönlich haftende Gesellschafter und Kommanditaktionäre, in NZG 2000, S. 72 ff.

Veit, Klaus-Rüdiger, Unternehmensverträge und Eingliederung als aktienrechtliche Instrumente der Unternehmensverbindung, 1974 [zitiert: *Veit*, Unternehmensverträge]

Vetter, Eberhard, Zur Aufhebung eines Beherrschungs- und Gewinnabführungsvertrages im GmbH-Recht, in ZIP 1995, S. 345 ff.

Walter, Gerhard, Der Gesellschafter als Gläubiger seiner Gesellschaft, in JuS 1982, S. 81 ff.

Wanner, Sibylle, Konzernrechtliche Probleme mehrstufiger Unternehmensverbindungen nach Aktienrecht, 1998 [zitiert: *Wanner*, Unternehmensverbindungen]

Werner, Winfried, Zur Treuepflicht des Kleinaktionärs, in Festschrift für Johannes Semler, 1993, S. 419 ff. [zitiert: *Werner*, FS Semler]

Westermann, Harm Peter, Vertragsfreiheit und Typengesetzlichkeit im Recht der Personengesellschaften, 1970 [zitiert: *Westermann*, Vertragsfreiheit]

Ders., Die grundsätzliche Bedeutung des Grundsatzes der Selbstorganschaft im Personengesellschaftsrecht, in Festschrift für Marcus Lutter, 2000, S. 107 ff. [zitiert: *Westermann*, FS Lutter]

Westermann, Harry, Rechtsstreitigkeiten um die Rechte aus § 90 AktG, in: Festschrift für Eduard Bötticher, 1969, S. 369 ff. [zitiert: *Westermann*, FS Bötticher]

Wichert, Joachim, Die Finanzen der Kommanditgesellschaft auf Aktien, 1999 [zitiert: *Wichert*, Finanzen]

Ders., Satzungsänderungen in der Kommanditgesellschaft auf Aktien, in AG 1999, S. 362 ff.

Ders., Die GmbH & Co. KGaA nach dem Beschluß BGHZ 134, 392. Besprechung des Beihefts 67/1998 zur ZHR, in AG 2000, S. 268 ff.

Widmann, Siegfried/Mayer, Dieter, Umwandlungsrecht, 3. Aufl., Stand: 2003 [zitiert: *Bearbeiter*, in: Widmann/Mayer, UmwG]

Wiedemann, Herbert, Die Übertragung und Vererbung von Mitgliedschaftsrechten bei Personengesellschaften, 1965 [zitiert: *Wiedemann*, Übertragung]

Ders., Verbandssouveränität und Außeneinfluß. Gedanken zur Errichtung eines Beirats in einer Personengesellschaft, in Festschrift für Wolfgang Schilling, 1973, S. 105 ff. [zitiert: *Wiedemann*, FS Schilling]

Ders., Unternehmerische Verantwortlichkeit und formale Unternehmensziele in einer zukünftigen Unternehmensverfassung. Eine rechtsvergleichende und rechtpolitische Studie, in Festschrift für Carl Hans Barz, 1974, S. 561 ff. [zitiert: *Wiedemann*, FS Barz]

Wilhelm, Hermann, Die Beendigung des Beherrschungs- und Gewinnabführungsvertrags, 1976 [zitiert: *Wilhelm*, Beendigung]

Wilhelm, Jan, Kapitalgesellschaftsrecht, 1998 [zitiert: *Wilhelm*, KapitalgesellschaftsR]

Würdinger, Hans, Theorie der schlichten Interessengemeinschaften, 1934 [zitiert: *Würdinger*, Interessengemeinschaften]

Ders., Aktienrecht und das Recht der verbundenen Unternehmen. Eine systematische Darstellung, 4. Aufl., 1981; Aktien- und Konzernrecht, 3. Aufl., 1973 [zitiert: *Würdinger*, AktienR; Vorauflage wird kenntlich gemacht]

Zeidler, Finn, Ausgewählte Probleme des GmbH-Vertragskonzernrechts, in NZG 1999, S. 692 ff.

Ders., Zentrales Cashmanagement in faktischen Aktienkonzernen, 1999 [zitiert: *Zeidler*, Cashmanagement]

Zöllner, Wolfgang, Die Schranken mitgliedschaftlicher Stimmrechtsmacht bei den privatrechtlichen Personenverbänden, 1963
[zitiert: *Zöllner*, Stimmrechtsmacht]

Ders., GmbH und GmbH & Co. KG in der Mitbestimmung. Referat, in ZGR 1977, S. 319 ff.

Schriftenreihe zum Gesellschafts- und Kapitalmarktrecht

Herausgegeben von Lutz Michalski,
Axel Jäger und Klaus-Rudolf Wagner

Band 1 Volker Schulenburg: Bankenhaftung bei geschlossenen Immobilienfonds. Zugleich eine Untersuchung der Wissenszurechnung im Konzern. 2002.

Band 2 Jan Wittenberg: Der Bestandsschutz von Arbeitsverhältnissen im Umwandlungsrecht. 2002.

Band 3 Christian A. Eichner: Management-Buy-Out-Gestaltungen beim Konzern-Spin-Off. Unter besonderer Berücksichtigung der Unternehmenssteuerreform. 2002.

Band 4 Thomas Wunsch: Tracking Stocks - Geschäftsbereichsbezogene Gewinnbeteiligungen bei Aktiengesellschaften. Eine systematische gesellschafts- und steuerrechtliche Betrachtung. 2002.

Band 5 Jan Blumentritt: Die privatrechtlich organisierte Börse. Ein Beitrag zur Diskussion um die Neuordnung des Börsenwesens. 2003.

Band 6 Michael Grüner: Die Beendigung von Gewinnabführungs- und Beherrschungsverträgen. 2003.

Band 7 Holger Pittroff: Die Zurechnung von Stimmrechten gemäß § 30 WpÜG. 2004.

Band 8 Wolfgang Höhn: Ausgewählte Probleme bei Lock-up Agreements. 2004.

Band 9 Gunter Reiff: Gesellschaftsrechtliche Aspekte des regulären Delistings. 2004.

Band 10 Christoph Radke: Die Entsprechenserklärung zum Deutschen Corporate Governance Kodex nach § 161 AktG. Grundlagen und Haftungsfragen. 2004.

Band 11 Gordon Geiser: Gesellschaftsorganisation und Gesellschaftsinnenrecht virtueller Unternehmen. 2004.

Band 12 Gero F. Pfeiffer: Die Kommanditgesellschaft auf Aktien als Beteiligte eines Beherrschungsvertrags und einer Eingliederung. Ein Beitrag zum Konzernrecht einer hybriden Rechtsform. 2005.

www.peterlang.de

Peter Lang · Europäischer Verlag der Wissenschaften

Lars Kölling

Gestaltungsspielräume und Anlegerschutz in der kapitalistischen KGaA

Frankfurt am Main, Berlin, Bern, Bruxelles, New York, Oxford, Wien, 2005.
XXII, 280 S., 6 Abb.
Europäische Hochschulschriften: Reihe 2, Rechtswissenschaft. Bd. 4194
ISBN 3-631-53918-5 · br. € 51.50*

Der Beschluss des BGH vom 24. Februar 1997 zur Zulässigkeit einer KGaA mit einer GmbH als Komplementärin hat die wohl gestaltungsreichste deutsche Rechtsform in den Mittelpunkt des gesellschaftsrechtlichen Interesses gerückt. Die kapitalistische KGaA vereint die Vorteile der GmbH und der AG und bietet dem Satzungsgeber weitaus mehr Gestaltungsfreiheit als die AG. Für kapitalmarktaktive Unternehmen bestehen mit der Rechtsform der GmbH & Co. KGaA dem Gesetz nach ideale Möglichkeiten, die Unternehmensführung und Kapitalaufbringung zu trennen. Ziel der Arbeit ist es, den hieraus resultierenden Konflikt zwischen der Gestaltungsfreiheit und dem Anlegerschutz zu vermessen und auf der Ebene der KGaA-Satzung und des Gesellschaftsvertrages der Komplementärgesellschaft Gestaltungsvorschläge zu unterbreiten, um eine Machtbalance zwischen Geschäftsführung und Kommanditaktionären zu erzielen.

Aus dem Inhalt: Die Rechtsform der KGaA · Strukturprinzipien und Typus der kapitalistischen KGaA · Anlegerschutz durch Publizität und Transparenz · Anlegerschutz durch Wahrnehmung satzungsrelevanter Gestaltungsspielräume · Anlegerschutz durch Vermeidung von Gestaltungsmissbrauch

Frankfurt am Main · Berlin · Bern · Bruxelles · New York · Oxford · Wien
Auslieferung: Verlag Peter Lang AG
Moosstr. 1, CH-2542 Pieterlen
Telefax 00 41 (0) 32 / 376 17 27

*inklusive der in Deutschland gültigen Mehrwertsteuer
Preisänderungen vorbehalten

Homepage http://www.peterlang.de